落合　功著

江戸内湾塩業史の研究

吉川弘文館

目次

終　章　地域から産地へ

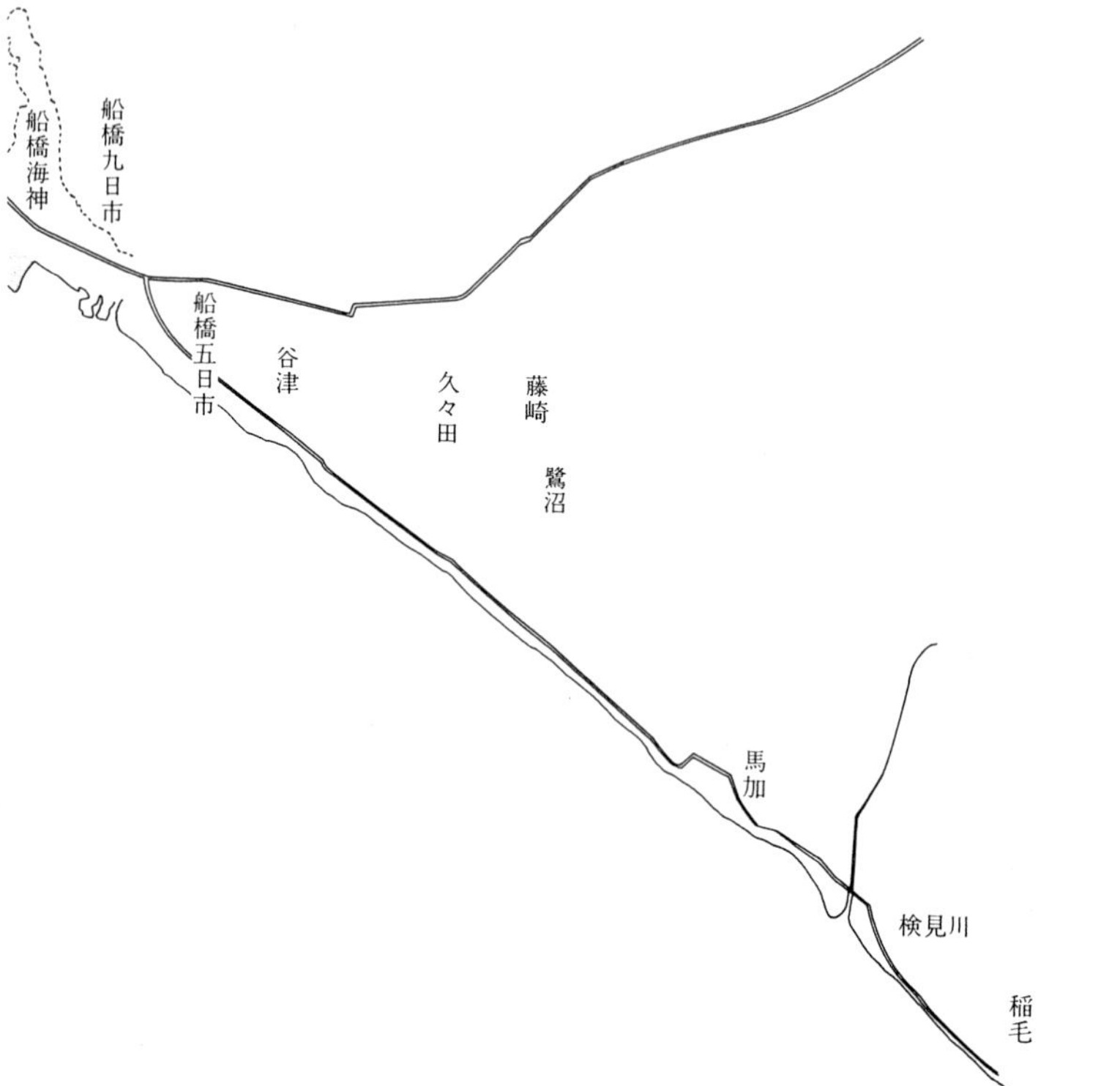

(明治16年　千葉県管内実測図を参考)

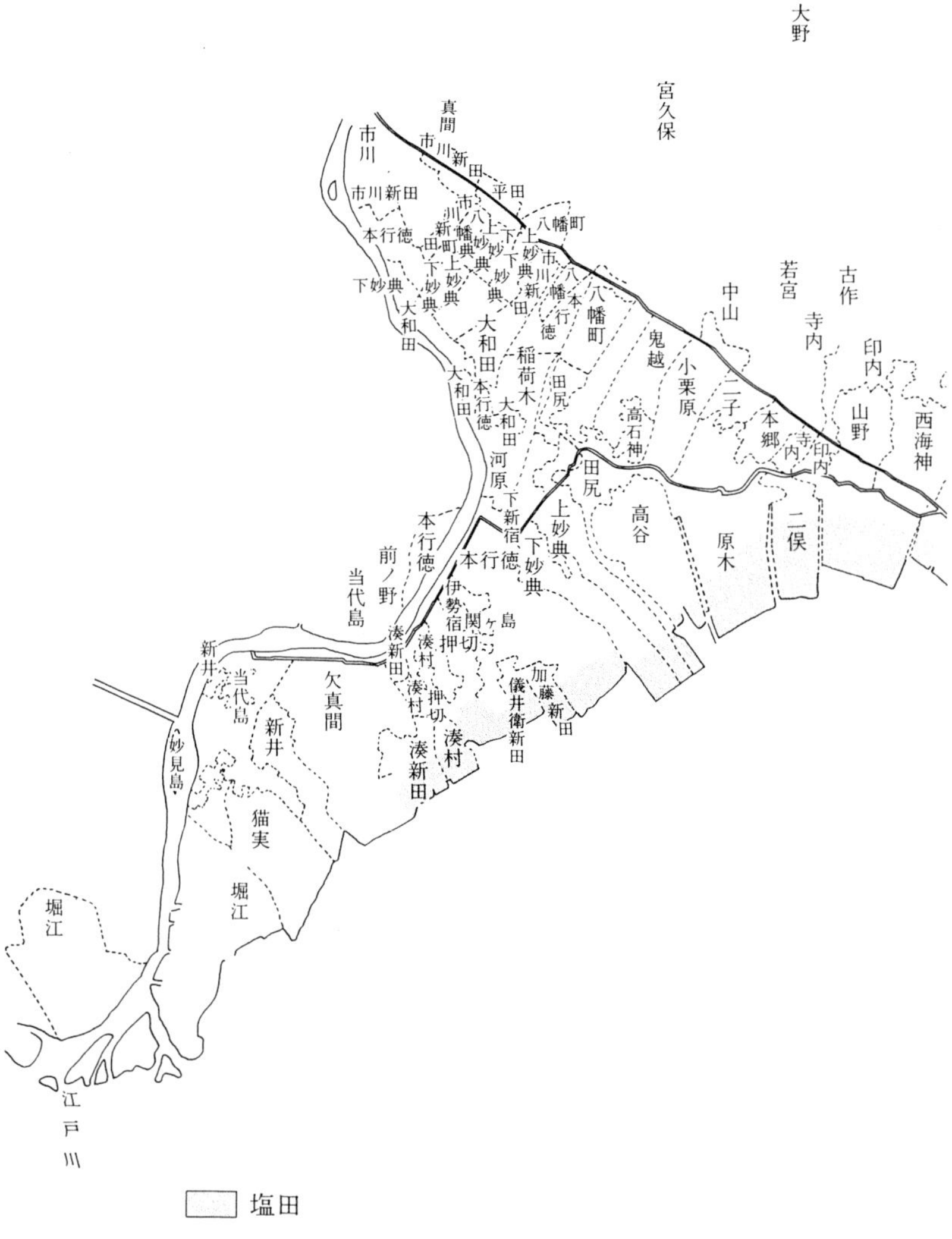
大野
宮久保
真間
市川
市川新田
平田
八幡町
本行徳
下妙典
上妙典
大和田
稲荷木
中山
若宮
古作
寺内
印内
鬼越
小栗原
二子
本郷
山野
西海神
高石神
田尻
河原
下新宿
高谷
原木
二俣
前ノ野
当代島
関ヶ島
伊勢宿
押切
湊新田
湊村
欠真間
新井
加藤新田
儀兵衛新田
妙見島
猫実
堀江
江戸川
塩田

行徳塩田および周辺図

序章　本書の課題と研究視角

はじめに

塩は生活必需品であり、日本には岩塩が存在しないことから、古代より国内の海岸部で製塩が行われていた。しかし、商品流通の展開のなか、立地条件や政策的対応によって、製塩地は淘汰・開発されるのである。

本論は、江戸内湾における塩業について、近代を展望しつつ、その存続要因を地域の問題から言及していくことを目的とする。すなわち、瀬戸内の製塩業が全国市場を掌握するなか、江戸内湾の塩田は淘汰されることなく、存続し続ける事実を積極的に評価し、この点から近世社会を展望したい。

特に本書では、以下の三つの点を軸に据えて検討を進めていくことにする。

①江戸内湾の製塩地が、消費地にどのように関与し、販売圏を確保、そして拡大したのか。特に大消費都市江戸についてどうであったのか。

②江戸内湾の塩田の存続を可能にした地域社会の有り様は如何なるものであったのか。

③果たすべき権力の役割について、公権力の問題を視点に据えて考えるという立場から、地域社会を維持するために存在する幕藩権力の対応は如何なる特質を有していたのか。そして、それを受けて地域民衆は如何なる対応をし、地域社会はどのように変容したのか。

まず最初に、塩業史研究の成果を整理しつつ、江戸内湾塩業史の研究視角について、そして地域史研究の研究成果と展望について、言及していくことにしたい。

第一節　塩業史研究の成果と課題

塩業史研究の成果は、戦前から見ることができる。戦後になると、多くの研究成果を得、一層の研究の深化が見られるようになった。これらの塩業史研究をまとめた成果は、これまでもいくつか見ることができ[1]、筆者も、戦前から現在に至るまでの研究動向と論点について整理したことがある[2]。個々の研究成果とその概要は、そちらを参照するとし、本項では塩業史研究の流れを、戦前と戦後、そして戦後の中でも地域的に瀬戸内海地域と瀬戸内海以外の地域という三つに分け、江戸内湾に展開した塩業史を考える上での視点を展望する。

一　戦前の研究動向

戦前の塩業史研究の成果には以下のものがある。

土屋喬雄は、加賀藩・仙台藩における塩専売制の問題を、財政政策という藩政史との関わりから明らかにした[3]。楫西光速は、行徳塩業を素材として、幕府政策・製塩技術・塩業経営（生産・販売）、近代塩業（専売制・塩田整備）と多様な視角からの検討を行っている[4]。吉村宮男「近世塩業史序論」では、周防三田尻浜の塩浜休浜法の必然的要因について、瀬戸内塩田の発展→塩浜開発に伴う生産過剰→塩価低落→塩浜休浜法という基本的な流れを提示した。戦前期に瀬戸内塩業の特質である休浜法の問題を取り上げた先駆的な研究といえよう[5]。そして、鶴本重美の『日本食塩販売

史』は、塩の流通組織と販売の実態を明らかにしている。(6)

以上の四つが戦前期の代表的な成果だが、土屋論文に見られる塩業政策、楫西論文に見られる個別塩田分析、吉村論文に見られる瀬戸内塩業の特質論、鶴本論文に見られる流通構造という研究視角が、以後の塩業史研究の原型を築き、戦後塩業史研究が開花したのである。

二　戦後の研究動向——特に瀬戸内塩田を中心として——

戦後の塩業史研究はもっぱら瀬戸内塩田を対象として議論が進められてきた。それは、瀬戸内地域の塩田は全国の塩生産の約八割を占めたといわれ、(7)その意味で近世塩業の主要産地として重要な意味があったと考えられたからである。同時に、今はすでにその面影を残すにすぎないが、戦後直後は塩田塩業がなお続いていたことも大きな理由の一つであろう。

研究視角は多岐にわたるが、その成果として重要なのは塩田の基礎構造の問題として位置付けられる一軒前経営の問題である。また同時に、戦後から一九六〇年代は、瀬戸内地方に塩田が存在しており、塩田形態が入浜塩田から流下式塩田、さらには塩田塩業の終焉を告げるイオン交換膜法へと変貌した時期であった。(8)この塩田の変貌は塩業整備を伴うことから、基礎構造（＝一軒前）の問題は、塩田の在り方を考えるうえで現実的な課題でもあったのである。

そこで議論された点もまた多岐にわたる。なかでも重要な視点として、単位当りの作業面積の問題をあげることができよう。つまり、入浜塩田における単位当りの作業面積は、近世初期には、一反にも満たない程度であったのが、徐々にその規模を拡大し、最終的に一町から一町五反程度となっている。しかし、この一町から一町五反程度から規模の拡大が見られず、一九五〇年代の流下式塩田への転換まで続いていることが指摘されている。(9)さらに、この一町から一町五反の塩田と共に、煎熬設備である釜屋や、浜子が在住する浜子小屋などが合せて装備されていた。つまり、一定の再生産が可能であるため一軒前といわれたのである。[10] この一軒前に見られる単位当りの作業面積をめぐる議論は、適正規模の問題を始めとして、この一軒前を基礎にした生産構造に見られる雇傭労働の存在形態、[11] これらを含めた分業の在り方をめぐる製塩マニュ論、[12] 塩田地主論、[13] そして休浜法の問題など[14] 多くの成果を生んできた。[15] そして、これらの成果は、渡辺則文[16]・廣山堯道[17]・河手龍海[18] などの著書によって結実されている。[19]

三　戦後の研究動向――瀬戸内以外の地域の塩田を中心として――

以上の瀬戸内塩田を対象とした研究成果と比較して、瀬戸内以外の地域の塩田を対象とした研究成果は必ずしも多いとはいえない。しかし、そのなかでも注目できる成果がある。

近世を通じて専売制を実施していた加賀藩の塩専売制については、高瀬保の成果がある。[20] 氏は、近世中後期以降、瀬戸内塩の販売先であった北陸市場に対し、能登塩が進出したことを指摘し、その積極的な市場進出の背景には、加賀藩が実施した二重価格制にあることを明らかにしている。また、青森県八戸地域の塩田を対象とした斎藤潔の成果。[21] こうした地方文書を利用した成果とは別に、各所において実施されている発掘調査などによって得られる成果も多く見られる。[22]

これらの一連の成果を概観するとき、特に興味深いのは、瀬戸内塩業の発展に伴い、瀬戸内塩が全国市場を掌握していく過程で、瀬戸内以外の既存の製塩地がいかなる対応を行ったのかという点である。井川一良は、瀬戸内塩の流入に伴い、羽州の塩浜が荒廃していることを明らかにしている。[23]

また、江戸内湾に展開した塩業を概観すると、行徳塩田の研究は、千野原靖方らの成果があげられるほか、[24] 最近では、自治体史編纂の過程で個別塩田について触れられることも多い。しかしながら、これらの成果は個別塩田の存在形態の解明にとどまっているため、(25)江戸内湾塩業史を総体で把握し、かつ塩業史研究の中で位置付ける作業が求められるのである。

四　江戸内湾塩業史研究への課題

以上の点から明らかなように、瀬戸内塩田の豊富な成果と比較して、瀬戸内地域以外の塩田を取り上げる研究成果は少ない。江戸内湾の塩業史研究に限定すると、個々の塩田については明らかにされているものの、全国的な塩業の展開から展望するという意味では、十分な成果を得てきたとはいえないであろう。

近世塩業史を考える際、瀬戸内に展開した塩田が中心であり、全国市場を掌握する存在として位置付けられる。しかしながら、瀬戸内以外の各地にも塩田が存在したことも事実である。実際、江戸内湾の塩田では、下り塩の流入に伴い荒廃し塩畑になる場所も多く見られるものの、行徳塩田を始めとして近世を通じて存続する塩田も多く見られる。しかも、近世後期から明治期にかけて、塩田を開発する地域を見ることもできるのである。これまで、このように行徳塩田が存続し続けた理由として、幕府の保護政策が指摘されてきた。本書では、こうした江戸内湾に展開した塩田について単に例外的な事例や幕府の保護として捉えるのではなく、より積極的に評価したい。かかる保護政策の問題について、本書では地域に対する幕府の公権力的な対応と考えて検討する。

また、こうした視角を含めつつ、最近積極的に議論されてきている地域論の研究成果を生かした検討も重要であろう。つまり、一般に「安価で良質」といわれる瀬戸内で生産された下り塩は、近世初期から幕末に至るまで江戸へ大量に流入する。それに対し江戸内湾各地に存在した塩田は、一元的に荒廃するとは限らない。荒廃するか否かの選択は、個々の塩田（地域—地域民衆）の能動的な対応によるのである。この個々の塩田における能動的対応の要素は、幕藩権力への訴願や技術受容、そして市場への参加の有り方など多様である。本書では特に、かかる塩田が地域として如何に対応し、それを受け公権力が地域に如何なる対応をしたのか、という点について言及したい。

また、過去に筆者は、江戸内湾の塩田について、塩浜の存廃の様子から、①荒廃していく塩田、②存続していく塩田、③近世中後期以降開発していく塩田、の三つに類型化したことがある。[26] こうした三つの塩田の在り方を総合的に展望することは、近世社会を展望する上でも重要であるといえよう。かかる視角を踏まえ、本書では、行徳塩田を中心として、他の塩田も対象としつつ、江戸内湾塩業の展開を検討していくことにする。

注

（1）廣山堯道「近世初期の製塩業—その研究成果と課題—」、河手龍海「近世中・後期における塩業研究の成果」、太田健一「幕末・明治前期の塩業構造—研究史の整理と今後の課題—」、柴田一「幕末・明治期の塩流通史研究の問題点」、これら四成果は『日本塩業の研究』第一一集（一九六八年）にまとめられている。また最近では、西畑俊昭「近世塩業史研究の成果と課題—個別諸問題の更なる深化と全体像の構築に向けて—」（『日本塩業の研究』第二二集、一九九三年）がある。

（2）拙稿「近世塩業の研究史的考察」（中央大学大学院『論究』、文学研究科篇、第二五号、一九九三年）、塩業史研究全体の総合的な研究史の整理は、そちらを参照されたい。なお、本節の内容は、この「近世塩業の研究史的考察」と「関東塩業史研究の課題と展望—近世を中心として—」（『日本塩業の研究』第二三集、一九九四年）を踏まえたものである。合せて参照されたい。

（3）土屋喬雄「旧金沢藩の財政・旧仙台藩の財政」『封建社会崩壊過程の研究』（一九二七年、弘文堂）。

（4）楫西光速『下総行徳塩業史』（アチックミューゼアム彙報　第四九、一九四一年、後『日本常民生活資料叢書』第四巻、一九七三年に再録）。

（5）吉村宮男「近世塩業史序論」（『歴史地理』六八—三、一九三六年）。

（6）鶴本重美編『日本食塩販売史』（一九三八年、全国塩元売捌人組合連合会）。

（7）岡光夫「入浜塩田の生産構造」（日本専売公社『日本塩業大系　近世（稿）』一九八二年、日本専売公社編）を参照すると、全国の塩生産高の八割五分を瀬戸内で産出していたと指摘している。

（8）近代塩業の過程で塩田整備・塩業整備は、四度にわたり実施された。第三次塩業整備は、昭和三四年から三五年にかけてのもので、入浜塩田から流下式塩田への転換を目的としたものである。そして、第四次塩業整備は、昭和四六年に実施されたもので、流下式塩田からイオン交換膜による製塩法へ転換することを目的として行われた。

（9）一軒前について、たとえば渡辺則文は、「成立当初の入浜塩田は播州赤穂にみられるごとく、単位面積四～五畝という狭少な経営規模で、農業経営の一環としての塩田経営にすぎず、家計補充を意味するものであった。したがって塩業労働も、家族労働を主とする塩田経営にほかならなかった。しかしながら近世前期を通じて元禄ごろまでに、急速に経営規模の拡大がみられる。その原因は基本的には塩民層の階層分化にともなう塩田の集積によるものであるが、それは単なる集積ではなく、在来の個別塩田の廃合をともない、一塩田の経営面積四～五畝のものが一反になり、さらに二反・五反・七反から一町ないし一町五反へと経営規模の拡大が進行する」と指摘している（「近世塩業の基本構造」『日本塩業史研究』一九七一年、三一書房）。

（10）先駆的な成果として、河手龍海「基本的経営面積から通じて見たる日本塩業の発展段階」（『文化史学』五、一九五二年）。

（11）河手龍海「備前勇崎押山浜に於ける雇傭労働関係」（『文化史学』二、一九五一年）、中部よし子「安芸国竹原塩浜における浜子の雇傭労働条件」（『近世史研究』一―四、一九五四年）、渡辺則文「近世後期における塩業労働者の闘争形態とその背景」（『歴史評論』七〇、一九五五年）。

（12）山田舜「『近世的マニュ』成立の基盤」（『商学論集』二二―五、一九五四年）、廣山堯道「製塩マニュファクチュア成立の事情」（『社会経済史学』二一―三、一九五五年）、加茂詮・渡辺則文「瀬戸内塩業の発展」（『社会経済史学』二五―六、一九六〇年）。

（13）ナイカイ塩業株式会社社史編纂委員会編『備前児島　野崎家の研究―ナイカイ塩業株式会社成立史―』（一九八一年）、相良英輔『近代瀬戸内塩業史研究』（一九九二年、清文堂）、渡辺則文「近世日本塩業における地主―小作制・17Ｃ～19Ｃ」、加茂詮「近代日本塩業における地主―小作制・19Ｃ～20Ｃ」（渡辺・加茂両成果とも『日本塩業の研究』第二五集、一九九七年）。

（14）渡辺則文「十州塩業同盟の推移―明治前期の塩業問題―」（『日本塩業の研究』第二集、一九五九年）、河手龍海「日本塩業史における休浜替持法の研究」（『日本塩業の研究』第八集、一九六五年）、同「日本塩業史における休浜替持法の研究（2）」（『日本塩業の研究』第九集、一九六六年）、同「日本塩業史における休浜替持法の研究」（『塩業時報』一八―五、一九六六年）。

（15）岡光夫『日本塩業のあゆみ』（一九八二年、国書刊行会）、『塩業・漁業』（講座　日本技術の社会史　第二巻、一九八五年、日本評論社）、廣山堯道『塩の日本史』（一九九〇年、雄山閣出版）、塩業史研究の成果としてもっともまとまっている成果は、日本専売公社『日本塩業大系　近世（稿）』（一九八二年、日本専売公社編）。

（16）渡辺則文『広島県塩業史』（一九六〇年、広島県塩業組合連合会）、『日本塩業史研究』（一九七一年、三一書房）。

（17）廣山堯道『赤穂塩業史』（一九六八年、赤穂市役所）、『日本製塩技術史の研究』（一九八三年、雄山閣出版）。

（18）河手龍海『日本塩業史』（一九五六年、関書院）、『近世日本塩業の研究』（一九七一年、塙書房）。

（19）他に近代史研究の成果であるが、加茂詮『近代日本塩業の展開過程』（一九九三年、北泉社）が挙げられ、現代の成果では、原豊『現代塩産業論』（一九九七年、同友館）がある。

（20）高瀬保「能登塩の他領進出と瀬戸内塩」（『日本歴史』三一一、一九七四年）、「加賀藩の塩専売制の成立とその背景」（『日本塩業の研究』第一六集、一九七五年）、「能登塩の他領進出と十州休浜同盟」（『日本塩業の研究』第一九集、一九八〇年）、「瀬戸内塩の加賀藩領への進出」（『瀬戸内海地域史研究』第四輯、一九九二年、文献出版）。

（21）斎藤潔「八戸藩の製塩」（『日本塩業の研究』第二〇集、一九九一年）、「天明期八戸藩の塩事情」（『日本塩業の研究』第二一集、一九九二年）。

（22）たとえば、茨城県教育財団『沢田遺跡』（一九九一年）は、揚浜塩田の様子を発掘調査の成果に基づき紹介している。

（23）井川一良「近世の製塩技術と塩業経営」（『交流の日本史』一九九〇年、雄山閣出版）。

（24）千野原靖方『行徳塩浜の変遷―下総行徳塩の歴史と運命―』（一九七八年、崙書房）。

（25）内田四方蔵「横浜の塩業」（『幕末の農民群像』一九八八年）、川崎市教育委員会編『大師河原の民俗―川崎市民俗文化財緊急調査報告書　第二集―』（一九八三年）、村上直「近世における川崎の塩業―「池上家文書」を中心に―」（『神奈川県史研究』第六号、一九七〇年）。

（26）拙稿「関東塩業史研究の課題と展望―近世を中心として―」（『日本塩業の研究』第二三集、一九九四年）。

第二節　地域史研究の成果と課題

戦後の村落史研究・地方史研究は多くの成果を生んできた。そこでは、近世村落を一つの枠組としながらも、それだけではなく、小名・庭場などの村落内に存在する小集落の問題や、改革組合村・水利組合など村落間結合の問題など多くの点が明らかにされてきた。そしてこうした重層的・複合的に存在する地域を検討するなかで、様々な成果をあげてきたといえる。(1)近世史研究全体が普遍化・一般化の議論が展開される一方で、地域史研究は、多様な地域独自の性格を摘出し、豊かな近世史像を提示してきた。

本節では地域論をめぐる成果のうち、江戸内湾塩業史を考える上で必要な研究史の流れを、地域編成論と地域変容論の二つの成果から指摘しておきたい。

一　地域編成論の展開

地域編成論は、幕藩権力が地域をどのように掌握するかという点を視点としたものである。地域編成論が注目されるのは、国家の領域的な編成や、分散入組の知行形態に対する広域支配の議論が展開されてからのことである。(2)具体的な検討課題として、国郡制や領制、あるいは改革組合村などが素材とされてきた。

かかる一連の成果の中で、特に本書のフィールドである関東を素材として取り上げられてきた成果から次の三点を指摘したい。

まず第一に、江戸城城付地論に対する視点である。この江戸城城付地論は、江戸を支える周辺地域固有の地域的特質の問題として検討が進められている。(3) この江戸城城付地をめぐる議論は、大石学の議論に代表される。氏の議論は、一九七〇年代後半の幕藩制国家論の提起や、江戸の城付を錯綜した知行形態の補強と位置付けた北島正元の指摘、(4) 江戸の発展を支える上で周辺農村との結合を重視し都鄙共生論を提示した伊藤好一の指摘を踏まえつつ、(5) 将軍の居城する（王権が存在する）江戸城を支える周辺地域の問題について、江戸地廻り経済論に見られるような、江戸の消費を支えた後背地という経済的要素だけではなく、治安など政治的要素からもアプローチしている。特に、大石氏の主張する将軍の拠城としての江戸城を支える周辺地域が固有の支配編成の性格を有しつつ、近世を通じて存在したという指摘は、現在でも有効な研究視角であるといえよう。例えば、天保一四年（一八四三）六月の上知令に際して、「今度御取締之ため江戸御城最寄一円御料所ニ可被成旨……」と、江戸ではなく江戸城の周辺地域を対象としている。これは江戸城周辺の特殊な性格が文言として表れる事例として興味深い。(6) こうしたことから、かかる江戸城城付地論を射程にいれた成果も多い。(7) もちろん、その江戸城城付地の持つ性格が、近世を通じて不変であったというわけではなく、江戸城城付地の範囲の問題を取り上げても、朱引・公儀鷹場・江戸十里四方・御府内など重層的・複合的に存在している。(8)

このように、江戸周辺地域（広げて考えると関東）において存在する固有の性格を如何なる点に求めるかは、今もなお課題として位置付けられるが、ここでは特に、大石氏の指摘する江戸城城付地の軍事的性格を明らかにした点を成果として指摘しておきたい。ただ、ここで注意しておくべき点として、一面的に、江戸城城付地の持つ軍事的性格は、近世を通じて存在するものの、必ずしもその性格は不変であったわけではない。こうした軍事的性格の質的変化や、その画期をいつに求めるかは、今後検討していくべき課題といえる。

第二は、上記の議論とも関連するが、江戸周辺地域に展開した領の問題である。これは、沢登寛聡が近世以前からの支配編成単位を基礎に支配再編成が行われるという視点から提起したことに始まる。(9)このことは、江戸周辺地域の鷹場の再編成とも関連したため、享保元年(一七一六)に鷹場制度が再編・強化され、江戸周辺地域の鷹場を六筋に分け、その筋を単位として領が地域編成されたとの指摘をも導き、さらに役賦課の問題や民衆運動の運動体など多角的に明らかにされてきている。(10)

すなわち領は、中世以来存在していたが、近世に至ってもその遺制として形骸化したわけではなく、その質的意味を変えながら、江戸周辺地域における地域民衆の結集単位として、有効に機能し続けたのである。(11)従って、江戸周辺地域における地域編成を考える上で、領が如何なる形で存続・機能していたのか、そして内的変容がどのように展開するのかという点について考察することは、地域編成を考える上でもなお重要な意味があるといえよう。

第三は、改革組合村の問題である。これは、文政一〇年(一八二七)の「御取締筋御改革」触に基づき、村々が編成されたものである。(12)川越藩領・小田原藩領あるいは増上寺領など自領の村々だけで組合村を結成することもあるが、(13)一般には旗本領・寺社領などの分散入組の所領構成を超えた地域編成が行われる。そしてこの場合、編成の母体は水利普請組合や助郷組合など多様な既存の地域的結合形態を基礎としている。(14)かかる改革組合村に関しては、①編成のあり方、(15)②組合村惣代・取締役に見られる組合村をとりまとめる担い手、(16)③寺領組合など他の組合村との関係、(17)④改革組合村の実態などから明らかにされてきている。(18)地域編成論は、関東に限らず、郡中惣代制の問題との関連など、全国的にも多くの成果を見ることができる。(19)しかしこの場合、所領の枠組を前提とした編成単位を対象としており、関東における領や改革組合村は領主制的支配編成を超えた地域編成である。かかる点を関東固有の地域的特質として念頭に据えつつ検討して行くことが求められよう。

二　地域変容論の展開――特に由緒論との関係から――

地域変容論は、地域自体が自生的な展開の中で既存の地域的枠組を利用し、地域的性格の内的展開（質的変容）を見せるといった視点に基づいている。そして地域は、権力によって一方的に編成されたのではなく、むしろ地域民衆自身の運動によって常に変容していくことを指摘する。水利・普請組合や助郷組合など必要に応じた形で結集が見られる村落間結合や、[20]俳諧サークルや婚姻関係、[21]さらには信仰圏といった文化的交流による地域的な結合関係など、[22]これまで多くの点から明らかにされてきた。その一方で、近年では庭場や小名などの村落内小集落を対象とした議論も多く展開されてきている。[23]このように、複合的・重層的に存在した地域をトータルで地域の問題として考えることが求められるのである。

こうした地域変容の契機の一つが、訴願であった。訴願とは、要求を実力行使で訴える一揆とは異なり、合法的な運動形態といえる。代表的なものとして、国訴を挙げることができよう。ただし訴願運動とは、国訴に見られるような、国郡を単位とした千単位の村々が結集する民衆運動の問題のみに限定されるべきではなく、[24]むしろ年貢減免や村内運営に関わる訴願一般もまた日常的な運動形態であることを積極的に評価すべきであろう。訴願自体は、原則的には合法的な運動であった（訴願の内容が却下されることはあっても、取り上げることを拒否されることはない）。[25]よって、幕藩権力は地域・社会集団の固有の性格・慣習・規範などを尊重しつつ公権力性を保とうとしたことから、その訴願の内容に正当性が認められれば、公権力的対応を行う必要があったのである。地域民衆もまた訴願において正当性を主張することによって、こうした公権力的対応を期待したのである。こうした権力と地域との間に見られる互酬的な側面も念頭に据える必要があるのである。

以上の点を踏まえた時、研究視角として注目できるのは、捉え返しの問題である。ここで指摘する捉え返しとは、地域民衆が、権力の編成論理を逆手に取って（捉え返すことで）、地域の論理として位置付け、さらに訴願などに盛り込むなかで、権力の公権力的要素を引き出すことである。ここでは、幕藩権力と地域民衆との媒体として存在する訴願論理が如何なるものであったのかという点が重要となる。

この訴願論理の内容は、時代と共に変化している。近世前期は、その要因を述べることで、権力の公権力性を引き出し得たのであるが、その後幕藩権力との関連性を強調した「御為筋」という表現が訴願論理として引用されるようになる。そして、一八世紀中ごろからは各地で展開した論理として、「由緒」が、また同時期から幕末になるにつれて、「御国益」や「御国恩」なども引用されていった(26)。それは、権力の質的変化とも関連させながら、地域がそれに応じた訴願の正当性を論拠として主張したことを示すのである。

こうした視点から取り上げられた研究は、由緒論として大友一雄や井上攻、そして山本英二によって積極的に議論されてきた(27)。

由緒論というのは、記載主体が如何なる意図で叙述したのかを重要な課題とした議論である。本項との関わりで指摘すれば、元来、地域の人々が由緒を作成するのは、権力と地域とを取り結ぶことを目的としている。よって、地域的アイデンティティーの要素が幕藩権力とのすり合わせの中でどのように叙述されるのかという点が重要となろう。

訴願論として地域に利用される由緒は、書上の提出を求め編纂するそれとは質的に違いを見ることができる。地域において由緒が書き上げられる理由が、訴願などの正当性を主張することを目的としたことから、由緒の内容には自ずと思想性が含まれてくる。由緒が書き上げられていることを、訴願の正当性の問題として注目するだけでなく、由緒それ自体がもつ思想性が如何なる点にあるのか、またそれが当時において如何なる意味をもつものなのか、という点は注意すべきであろう。

三　地域史研究の視座

地域論をめぐる成果と問題点について、地域編成論と地域変容論の二つの議論から明らかにしてきた。本書では、以上の点を念頭に据えながら、基本的に行徳塩田という一つの地域を対象として検討する。

一定の地域を対象とする場合、地域編成論の立場と地域変容論の立場のいずれをとるのかという二者択一的なものではなく、この両側面を共に考える必要がある。なぜなら、権力による地域編成に対して、地域民衆は是か否かといった反応ではなく、むしろ権力による地域編成を含み込んだ上での対応を常に行っているからである。また逆に、権力が地域編成を行う場合でも、無原則に編成するのではなく、地域の実態に即した形で行っている。つまり、幕藩権力による編成単位としての地域と、民衆の生活の場としての地域の両側面が同一地域において存在していたのである(28)。

こうして考えると、幕藩権力が当該地域をどのように理解し、何を基調としてどう編成したのかという点と、逆に、地域民衆が当該地域をどのように理解し、何を基調としてどう行動し、さらに再組織されたのかという相互の関わりについて、定地点分析により展望する視点は重要であるといえよう。

むろん、地域を媒体とした視角は、幕藩権力と地域民衆の問題だけではなく、地域民衆の間においても各階層間で捉え方の違いがでてくる。また、当該地域に関係のない他所の人々の当該地域への捉え方なども異なってくる。そこで①地域に生活する人々、②幕藩権力、③当該地域とは関係ない人々(他者)の三者がそれぞれ地域をどのように理解していたかという点の検討が必要になってくるであろう。

以上の点を踏まえつつ、本書では、江戸内湾塩業史の研究について、地域論の問題から考える上で、主として次の四つの点を視点としたい。

第一には、検討地域として江戸内湾最大の塩田であり、江戸城城付地としての性格をも有した行徳塩田を基礎に据えて分析する。ただし、本書の場合、行徳塩田のみで、江戸内湾塩業の一般化や独自性を明らかにすることは困難であるので、大師河原塩田などいくつかの江戸内湾の塩田をも検討の対象に加えることにしたい。この検討を通じて、行徳塩田の特殊性と普遍性を明らかにし、江戸内湾塩業の特質について解明する。

第二に、地域編成と地域変容の相互の運動の中に歴史的な展開を見出し、近世の地域社会の展開を展望する。具体的には、主として行徳塩田を対象とし、行徳領の意味と、行徳塩田で作成される塩浜由緒書、公権力と関わる塩浜御普請と地域民衆の対応を検討したい。

第三に、従来から取り上げられてきた権力と地域民衆（当該地域における民衆）の二者だけでなく、新たに他所の人々（塩の消費者など間接的には関わりを持ちつつも、直接的に関わりを持たない人々）の塩浜（特に行徳塩田や塩浜開発）に対する理解という側面にもできるだけ注目する。

第四には、塩を生産し販売する塩田という地域を対象とするため、流通の問題を展望する。すなわち、塩田という場に存する地域民衆にとって権力との相互関係だけが関心の的なのではなく、市場の動向も重要な関心事であった。そのため、江戸・北関東の販売先の動向や瀬戸内で生産された下り塩の動向とそれに対する対応についても言及することにしたい。

注

（1） 関東近世史研究会の一九八六年度大会「関東の地域と民衆」の提起「（「地域」）は通常、民衆の上からかぶせられる一定の枠組を意味するものであり、多分にイデオロギー的要素を帯びた支配の枠組を指すことも多い。このような意味での「地域」はそれ自体歴史具体的な検討の対象として重要なものであるが、同時に、そのような枠組を一旦相対化し、民衆自身の視点から見直しを試みることも必要ではなかろうか」という指摘は重要であろう（関東近世史研究会常任委員会「関東の地域と民衆」『関東近世史研究』第二二号）。この視点が、まさに豊かな地域論を提示する嚆矢となったと考える。また、地域史研究全体の研究史の整理は、渡辺尚志「日本近世における地域」（『近世の豪農と村落共同体』一九九四年、東京大学出版会）にも詳細に行われている。

（2）本節の地域編成論についての研究史整理については、拙稿「関東地域史研究と畿内地域史研究について」（関東近世史研究会編『近世の地域編成と国家』一九九七年、岩田書院）を参照されたい。

（3）江戸城付地の指摘は、北島正元の指摘にすでに見ることができるが（北島正元『江戸幕府の権力構造』一九六四年、岩波書店）、いわゆる江戸城城付地論として将軍の居城する（王権が存する）江戸城とそれを支える周辺農村の問題として積極的に議論が見られるのは、大石学「享保期における鷹場制度の再編・強化とその意義」（『史海』二三・二四合併号、一九七七年）の鷹場論との関わりからであろう。なお、大石学の成果は、『享保改革の地域政策』（一九九六年、吉川弘文館）によって結実されている。また、同書の議論を進めた成果として、同「近世後期〜幕末維新期における江戸周辺の地域編成—鷹場・『領』制度を中心に—」（関東近世史研究会編『近世の地域編成と国家』一九九七年、岩田書院）がある。

（4）北島正元『江戸幕府の権力構造』（一九六四年、岩波書店）。

（5）伊藤好一「江戸と周辺農村」（『江戸町人の研究』第三巻、一九七四年、吉川弘文館）。

（6）渋谷重徳家文書「上知ニ付書上其外諸色控」（『町田市史史料集』第三集、一九七一年）、北島正元「『三方領知替』と上知令」（徳川林政史研究所『研究紀要』昭和四八年度、一九七四年）。

（7）根崎光男「江戸幕府鷹場制度の形成と機能」（『法政大学大学院紀要』第五号、一九八〇年）、君塚仁彦「江戸城御用炭役と村」（『関東近世史研究』第二五号、一九八九年）、太田尚宏「近世江戸内湾地域における『御肴』上納制度の展開と漁業秩序」（『関東近世史研究』第二八号、一九九〇年）、實形裕介「江戸城活鯛納制と内湾漁村」（『千葉史学』二九、一九九六年）、桑原功一「寛政期における江戸周辺大筒稽古場運営制度の展開—徳丸原大筒稽古場を中心として—」（関東近世史研究会編『近世の地域編成と国家』一九九七年、岩田書院）、太田尚宏「御鷹野御用組合の形成・展開と地域」（関東近世史研究会編『近世の地域編成と国家』一九九七年、岩田書院）など。

（8）根崎光男「「江戸十里四方」の地域的特質」（『地方史研究』二一五号、一九八八年）など。
（9）沢登寛聡「近世初期の国制と『領』域支配―『徳川政権』関八州支配の成立過程を中心に―」（『関東近世史研究』第一五号、一九八三年）。
（10）岩田浩太郎「関東郡代と『領』」（『関東近世史研究』第一六号、一九八四年）、熊沢徹「江戸周辺農村における「領」と「触次」制―武蔵国荏原郡六郷領の事例をもとに―」（東京大学近世史研究会編『論集きんせい』九号、一九八四年）、同「江戸の下肥値下げ運動と領々惣代」（『史学雑誌』九四―四、一九八五年）、伊藤好一「江戸周辺農村における肥料値下げ運動」（『関東近世史研究』第七号、一九七五年）、沢登寛聡「三田領の成立と地域秩序」（『歴史手帖』一三巻一二号、一九八五年）、青木直己「江戸廻りにおける鷹野支配と『領』」（『立正史学』第五八号、一九八五年）。
（11）斉藤司「近世初頭、江戸周辺の代官支配について」（地方史研究協議会編『地方史の新視点』一九八八年、雄山閣出版）、小松修「割元役と組合村制の成立」（『関東近世史研究』第一八号、一九八五年）、岩田浩太郎「武蔵国の『領』と地域秩序」（『地方史研究』二〇〇号、一九八六年）。
（12）森安彦「文政改革と関東農村」（村上直編『論集関東近世史の研究』、一九八四年、名著出版）や、久留島浩「村と村の関係―組合村（村連合）研究ノート―」（『歴史公論』一〇六、一九八四年）などに研究史が整理されている。
（13）高橋実「文政取締改革をめぐる対応形態の諸相」（『茨城史林』第一四号、一九九〇年）、なお改革組合村をめぐる高橋実の成果は『幕末維新期の政治社会構造』（一九九五年、岩田書院）にまとめられている。
（14）太田富康「文政改革期における小川村組合の編成と先行する組合村」（『埼玉県立文書館紀要』第四号、一九九〇年）、米崎清実「武蔵国多摩郡日野宿組合―助郷徴収システムと地域秩序―」（『新立川市史研究』五、一九八九年）、池田真由美「助郷組合の編成と地域」（『関東近世史研究』第三九号、一九九六年）。
（15）本間清利「文政改革組合村―武州越ケ谷地域を中心として―」（『埼玉研究』二五、一九七四年）など。
（16）特にこうした視点としては、最近取締役の議論が多く見られる。例えば、井出徹「近世後期北関東における農村支配機構―上州の『郡中取締役』制を中心に―」（『群馬歴史民俗』九、一九八七年）、小松修「寛政期の『取締役』制について―多摩地域を中心に―」（多摩川流域史研究会編『近世多摩川流域の史的研究（第二次研究報告）』、一九九四年）、馬場弘臣「小田原藩における近世後期の改革と中間支配機構―取締役と組合村をめぐって―」（『おだわら―歴史と文化―』八、一九九五年）、西沢淳男「関東における天保期の取締役―武蔵国一宮氷川神社領取締役を中心にして―」(『関東近世史研究』第四〇号、一九九六年)。
(17) 増田節子「幕末維新期の東叡山領組合」(『論集きんせい』六号、一九八一年)。
(18) 米崎清実「改革組合村の構造」(『幕藩制社会の展開と関東』、一九八六年、吉川弘文館)。
(19) 久留島浩「直轄県における組合村―惣代庄屋制について―」(『歴史学研究』一九八二年度大会報告特集号、一九八二年)、「備中の幕領における郡中惣代制について」(『岡山県史研究』三、一九八二年)、前田美佐子「摂河泉幕領における郡中惣代制について」(『ヒストリア』一〇七、一九八五年)。
(20) また、石原佳子「近世水利組織と村落―淀川右岸中流域三ケ牧組四ケ村を中心に―」(『ヒストリア』一〇一号、一九八三年)、貝塚和実「近世普請組合の機能と性格」(『埼玉県史研究』一七、一九八六年)。最近では馬場弘臣「牛久沼をめぐる『地域』構造史論―水利秩序と地域社会―」(『龍ケ崎市史近世報告書II』一九九六年)が、牛久沼の水利組合を中心として、近世前期から中期までの地域社会の動向を議論した成果として挙げられる。
(21) 石井修「幕末期の地域結合と民衆」(『関東近世史研究』第二二号、一九八七年)。
(22) 外山徹「高尾山信仰圏の構造と展開」(『法政大学大学院紀要』第三一号、一九九三年)、石山秀和・實形裕介・外山徹「石に刻まれた文化交流―石造物の寄進名から―」(『袖ヶ浦市史研究』第五号、一九九七年)は表題の通り、石造物の寄進名を取り上げたものである。必ずしも考察にまでは至っていないものの、その意図としての文化的交流の広がりを指摘した点は注目することができよう。
(23) 桜井昭男「近世の村における庭場と組」(多摩川流域史研究会編『近世多摩川流域の史的研究(第二次研究報告)』一九九四年)、伊藤陽啓「相給村落における『入地』結合」(千葉歴史学会編『近世房総の社会と文化』一九九四年、高科書店)。
(24) 藪田貫『国訴と百姓一揆の研究』(一九九二年、校倉書房)、谷山正道『近世民衆運動の展開』(一九九四年、高科書店)など。
(25) この問題についての自身の見解としては、拙稿「近世中後期における訴願論理と実現過程―新堀江町の町立の論理と特質を中心として―」(『中央史学』第二一号、一九九八年)を参照されたい。
(26) 拙稿「近世砂糖業から見た幕府国産化政策の特質」(『社会文化史学』三〇号、一九九三年)では、池上氏が訴願文の中で記した砂糖製法伝播の契機に関する文面が「御為筋」から「御国益」という表現に変化したことを指摘している。
(27) 井上攻「増上寺領村々の由緒と諸役免除闘争」(『日本史研究』三二四、一九八九年)、「由緒書と村社会」(『地方史研究』二三四、一九九一年)、大友一雄「献上役と村秩序」(徳川林政史研究所『研究紀要』昭和六一年度、一九八七年)、「近世の献上儀礼にみる幕藩関係と村役」(徳川林政史研究所『研究紀要』第二三号、一九八九年)、山本英二「浪人・由緒・偽文書・苗字帯刀」(『関東近世史研究』第二八号、一九八九年)、「甲斐国『浪人』の意識と行動」(『歴史学研究』六一三、一九九〇年)。

(28) 関東近世史研究会では、一九九二年度大会で「関東における地域認識と民衆」を取り上げ、「制度あるいは儀礼を始めとした様々な要因に規定された民衆が、地域をどのように把握し、如何なる行動をしたか」という点を問題としている(関東近世史研究会常任委員会「関東における地域認識と民衆」『関東近世史研究』三四号、一九九三年)。つまり、地域認識の問題は、単に権力の側から地域を取り上げる問題であるとか、民衆の側から地域を取り上げるかといった、いずれの立場から地域を理解するかといった問題なのではなく、権力と民衆の両側面から理解する必要があるという提起であり、筆者と同じ問題意識に立つものと考える。また、本論とは直接には関係しないが、宮嶋博史「植民地朝鮮」(『歴史のなかの地域　シリーズ世界史への問い8』、一九九〇年、岩波書店)は、朝鮮における植民地期の地方行政区画改変とその意義を取り上げており、同論文は、権力による地域編成の問題を考える上では興味深い指摘である。

第三節　本書の内容と構成

以上、塩業史の研究史を整理し、そこで最近の地域史研究の成果を踏まえる必要性を指摘し、その上で地域史の研究史の整理から本書の位置付けと課題を明らかにしてきた。個別の論点については、次節以降の個々の章・節で指摘することとし、本節ではその内容について概観しておく。

まず、本書のテーマである江戸内湾塩業史研究の課題については、以下の点からアプローチしたい。

瀬戸内塩田は、気候的・立地的条件に恵まれた自然条件を背景に、入浜塩田を形成した。全国市場を掌握し、近世中後期には全国の塩生産の八割以上を有したといわれる。この瀬戸内塩田で生産されたいわゆる十州塩が全国に流通するなかで、生産力が低位な塩浜が荒廃することも多く見られた。関東においても、近世初期からすでに十州塩（＝下り塩）が江戸にも多く送られ、さらに江戸から関東各地へ送られている。その結果、元禄期ごろには塩浜が荒廃する場合が多く見られたのである。

しかし他方で、荒廃することなく存続し続ける塩田も多い。代表的な塩田が行徳塩田だが、その他各所に塩田が存在していた。しかも、江戸内湾の中には、幕末になるにつれて、開発が行われる塩浜も見られたのである。

本書では、①江戸内湾に展開した塩田が瀬戸内塩田と比して生産力が低位である点、②実際、下り塩自体も大量に江戸および関東に流入されていく点、③それにも関わらず、江戸内湾の塩田が存続し続けたという三つの事実を踏まえつつ、a個々の塩業独自の問題、b製塩地の規定要素であり、公権力的対応を受ける場としての地域の問題、c江戸内湾における塩の流通の問題を明らかにしたい。しかも、近代以降も（とくに専売制以前）、瀬戸内塩の方が質的にも優位であるのに、行徳塩田に代表される江戸内湾の塩田が衰微するとは限らず、新たに開発が進んでいることも見逃すことはできない。これは、単に江戸・東京の近郊という地理的要素だけによるものではないであろう。かかる点を念頭に据えながら、江戸内湾塩業の展開を近世から近代にかけて展望していきたい。

序章　本書の課題と研究視角

本章のことで、本書の課題について、①塩業史研究、②地域史研究の二つの研究動向から明らかにした。特に、①では、これまで瀬戸内塩業史の研究が中心であったことから、他地域（特に江戸内湾地域における塩田）の塩業史研究の重要性を指摘し、下り塩が全国市場を掌握しつつも、各所において存続し続ける点について、地域社会の問題から言及することを課題として提示した（第一節）。それを受けて、②では、地域編成論と地域変容論の二つの成果から塩業史研究を展望している。そして、地域編成論と地域変容論は相いれない議論ではなく、相互の展開の中で地域は存在するとしている。そして、幕藩権力と地域民衆との間を結ぶ要素が、権力の公権力としての側面であり、それを引き出しうるのは訴願であるとしている。その上で本書の目的と概要を明らかにしている（本節）。

第一章　瀬戸内塩業と江戸内湾塩業

江戸内湾の塩田の生産力の低位性について、明治三六年（一九〇三）の統計から、各地域の塩田面積・竈数・製塩高を、主として瀬戸内塩田との比較から明らかにした。近世の段階での製塩技術の比較でないことを念頭に据える必要はあるが、江戸内湾塩業の方が瀬戸内のそれと比較し生産力が低位であることを指摘した。また、瀬戸内塩業が優位な要素について、①自然的特性、②立地条件、③資金供給、④全国市場の成立、⑤一軒前経営、⑥余剰労働力の六つの要素から述べている。そして、江戸内湾の塩田が、瀬戸内に見られる塩田形態になりえなかった要因について、自然的要素以外もあったことを提示している。

第二章　近世江戸内湾塩業の成立

近世前期における江戸内湾塩業について検討した。特に、幕府が政策的に取った軍事的産業立地の編成とその変化という側面から明らかにした。

はじめに、近世前期の商品流通史研究の成果を含めながら、関東における塩業の展開を展望する（第一節）。その上で荒廃していく塩田と存続し続ける塩田の二つの方向性を、伊豆諸島の製塩業と行徳塩業をそれぞれ対象として検討した。まず、伊豆諸島に見られる塩年貢―扶持方米制について、塩年貢の納入先が、御要害の地としての下田周辺に備蓄されることを明らかにし、伊豆諸島での製塩業が、軍事的な色彩が強いことを明らかにしている。そして、塩田荒廃の直接的な原因となる貞享・元禄期に現物納から金納への切り替えの意味について言及している（第二節）。次に、近世を通じて存続し続けた行徳塩田について、元禄一五年（一七〇二）の塩浜検地の実態とその意味について言及した。そして、この塩浜検地を通じて土地所持権が確定し、塩浜が軍需物資としての塩を生産する場から田畑と同様耕地として把握され再編成されたことを指摘している（第三節）。

第三章　近世江戸内湾塩業の展開と地域社会

本章では、近世中後期に見られる江戸内湾塩業の展開について、特に地域社会の動向から明らかにした。

第一節では、塩浜由緒書の内容と特質について述べている。塩浜由緒書は、塩浜年貢の減免や、塩浜堤が破損した際の御普請要求の訴願などにおいて、正当性を主張する論拠として作成されていたことに言及した。この点を踏まえつつ塩浜由緒書の内容から、地域的アイデンティティーの要素が徳川将軍イデオロギーに基づく地域編成論理に対する行徳塩田における地域民衆の捉え返しによって作り出されているとしている。その上で、塩浜由緒書が訴願のみならず、棒手売などの保護をめぐる行徳塩田内部での紐帯を確認するものとして位置付けられたことを提示している。

第二節では、塩浜囲堤の破損などに際し、幕府公権力に対して行われる地域（行徳塩田）民衆の運動について、訴願運動から明らかにした。この訴願に際して、如何なる論拠を正当的な論拠としたのかという点と、塩浜普請をめぐり、この時幕府はどのような対応を行ったのかという点から、公権力の質的変容についても言及している。

第三節では、江戸内湾に展開した塩田のうち行徳塩田に次ぐ広さを有する大師河原塩田を取り上げ、そこで見られる塩垂仲間の組織や塩業者を取りまとめる塩浜請負人の存在形態について明らかにした。そして第四節では、江戸周辺以外の江戸内湾の塩田の特質について言及した。

第四章　行徳塩業の展開と地廻り塩問屋

本章では、近世中後期の流通の問題という側面で、江戸内湾の塩田が地廻り塩問屋から自立していく過程について、行徳塩田を中心に産地問屋の成立・棒手売による活動・相場決定などの諸要素から検討した。大消費地江戸の存在に注目し、江戸内湾地域で生産した塩（特に行徳塩と大師河原塩）を荷受けする地廻り塩問屋と江戸内湾の塩田との関係について述べている。第一節では、近世前中期に、行徳塩田は普請金の費用などを調達することで、問屋制的な前貸を受け、近世後期になるにつれ産地問屋を形成し、さらには普請金などの捻出を目的とした塩会所の設立を志向するなど、江戸の問屋からの自立を図っていくことを指摘した。そして第二節では、江戸における塩市場をめぐり地廻り塩問屋と競合関係にあった下り塩問屋と、地廻り塩問屋の特質を明らかにした。また、下り塩問屋については、寛政四年（一七九二）における取引方法をめぐる一件について、下り塩廻船・下り塩問屋・下り塩仲買の三者間の軋轢の問題から紹介し、さらに下り塩廻船の荷主が江戸へ送らなくなる要素を取引方法から展望している。他方、地廻り塩問屋の特質として、株の譲渡は商圏（得意先）を含めた販売権の譲渡をも意味することを示した。

第三節では、幕末期に見られる地廻り塩問屋と行徳塩田の取引の変化を明らかにしている。近世後期になると、江戸に送られていた下り塩が、行徳河岸や神奈川湊へ送られ、それが北関東を始めとした後背地にまで送られた。特に、行徳で苦汁分を除去した古積塩が作られたのを契機に多くの下り塩が行徳へ送られ、そこから北関東・江戸へ送られるようになった。さらに、江戸へは棒手売による直接販売が行われるようになる。こうした行徳塩田側の積極的な塩販売を通じて、塩の価格の決定は、月三度の江戸地廻り塩問屋と製塩地との出会相場で決定されることとなったのである。

第五章　近代江戸内湾塩業の展開

第五章では、近代における江戸内湾塩業の展開について、幕藩制的な規制が失われつつも、行徳塩田においては製塩地面積を拡大している様子を明らかにしている。

まず第一節では、近代における江戸内湾塩業の存在形態について概観し、千葉県域の塩田の存在形態について、①

外房地域、②東葛飾郡・千葉郡地域、③その他の内房の三つに分け検討している。そして①外房地域は、荒廃の一途をたどる。②内房のうち、東葛飾郡・千葉郡の塩田は、製塩地面積を拡大する（特に旧行徳塩田は横這いで、船橋方面へ製塩地を広げている）。③その他の内房では、おおよそ製塩地面積は横這いで存続し続けている。といったそれぞれの流れを示している。

第二節では、近代に入り、必ずしも生産力が高いとはいえない袖ヶ浦地域に塩田開発が行われている事例を紹介した。近代の塩田開発の契機を明治七年（一八七四）の水面埋立の無代価許可に求めつつ、この時行われた袖ヶ浦での塩田開発の担い手である鳥飼氏について名望家の行動として位置付け、その開発の経緯について明らかにした。その上で、当該地の塩業経営の特質について、松葉などを燃料として利用し、製品を周辺地域に販売するといった、地域経済に根差していた点を指摘している。

第三節では、近代国家の公権力的な対応（勧業政策）の特質と質的変化という側面で、川崎の大師河原に設置された製塩試験場を取り上げた。特に、大師河原に製塩試験場を設置した理由から、当時の勧業政策には、国内塩業の生産力向上があった点を指摘している。その上で、明治三二年に津田沼（千葉県）・松永（広島県）に製塩試験場が移転する意味について、国際競争力に対抗するものであると展望した。

そして第四節において、第二次製塩地整理（昭和）まで存続した江戸内湾の塩田として、行徳塩田と大師河原塩田の経営動向を取り上げた。その結果、薪炭を燃料とし、地元を販売先として、家族労働を基調とした塩田（大師河原塩田の場合）と、逆に東京を販売先とし、石炭などに燃料を転換し奉公人を雇用しながら東京に市場を求めた塩田（行徳塩田の場合）の二通りの有り方が共存しつつ存続し続けたことを示している。

最後に、幕府の公権力としての対応であった塩浜御普請について、明治一〇年以降は原則的に県が担っていたことを指摘した。つまり、国が担うのは、内国勧業博覧会の開催や製塩試験場の設置であり、これまで行われた塩業に対する公権力的な対応は国と県によってそれぞれ分有されていることを展望している。

終章　地域から産地へ

江戸内湾塩業の展開について、明らかにした点を総括している。本書を通じて特に行徳塩田を例にした場合、①近世における江戸内湾の塩田では、領主による公権力性を引き出すのは、塩浜の人々自体では困難で、原則的には村役人をファクターとしていたという点。そのため、近世における江戸内湾の塩業経営は、村を核とした地域社会が基調であったという点。②近世における江戸内湾の塩田は、領を単位として構成されており、その範囲内では――新浜・古浜の差があるにせよ――存続しうる要件を公権力が担っていた。しかし、それが幕末になるに従い桎梏化していった点。③近代になると、こうした構成単位が形骸化し、構成単位を再組織化し、塩業者自らが訴願の主体となり直接国・県などに請願することで産地としての自立化を果たしたことを明らかにしている。さらに江戸を販売先とする塩田と、塩田周辺地域を販売先とする塩田が二層的に存在したことを展望した。

なお本書は、学位論文『江戸内湾塩業史の研究』を踏まえつつ、再構成したものである。本来は、初出一覧を挙げるべきであろうが、個々の成果については、大幅に改訂したものも多いことから、ここでは取り上げず、各章・節ごとに適宜紹介したい。

第一章　瀬戸内塩業と江戸内湾塩業

第一節　日本塩業における生産力地域差

はじめに

本節では、「市町村別塩生産高（明治三六年）」をもとに、製塩業における地域間の生産力隔差を考える前段階として、各製塩地の生産力の実態を把握し、その地域的傾向について検討する。(1) この「市町村別塩生産高」とは、『塩専売史』に掲載されているもので、明治三八年（一九〇五）に塩専売制が施行され、四月一日の税務監督局から塩務局への引き継ぎにあたり、製塩を許可した地域（許可した製造人員・反別・生産見込高）について記録したものである。(2) よって、同資料には、明治三八年までに荒廃した塩田は記録されていない。また、明治政府の勧業政策の影響を受けた内国勧業博覧会の開催や、製塩試験場の設立により、技術的な進歩も見られ、必ずしも近世の実態を示すとは言い難い。

しかしながら、同資料からは、町村を単位に全国の合計五八六地域の塩田が網羅的に概観でき、その生産高・塩田面積・竈数から「一町歩相当の生産高」と「一竈相当の生産高」を算出して、生産力のおおよそをうかがうことが可能である。

ここから導き出される個々の製塩地における生産力は、単年度の結果ではなく、近世期以来明治の技術・流通・生産・政策などの歴史的所産を反映した結果であると考えられ、明治三六年段階での塩業の全国的な実態を概観することは意味があるといえよう。

さて製塩工程は、主に塩田から濃い塩水（鹹水）を取り出す採鹹作業と、濃い塩水を蒸発して塩を採取する煎熬作業の二工程に分けられる。従って、製塩における生産力は、この両要素によって左右されることになり、製塩業の生産力を考察する場合には、採鹹作業場としての製塩地面積と、煎熬回数を示した竈数を把握することが重要になってくるのである。

かかる視点は、小沢利雄によって、二度の製塩地整理との関連から、すでに指摘されてきている(3)。また、製塩業を考える上で、塩田地盤などにも質的な差異があり、また、砂の質・燃料費・人件費なども地域によって異なる。こうした個別の詳細な検討はここでは触れない。本節では、明治後期の段階での製塩業の全体像について、①生産高から見た検討、②塩田面積と一町歩相当の生産高の関係、③竈数と一竈相当の生産高の関係、④塩田面積と竈数の二要素から見た塩生産地域差、⑤その中で見ることができる関東塩業の位置、の五つの側面から検討する。

一　生産高による検討

本項では、塩生産高について塩田の存立傾向を軸に検討したい。まず最初に、各地域ごとの塩生産高の比較検討を行う。製塩地は、長野県の大鹿村を除き海岸部に製塩地が限定されている。生産高の多少にこだわらず考えると、製塩地面積のおおよそは、瀬戸内を中心に海岸部各地に塩浜が展開していたと見てよいであろう。日本海側の石川県や、太平洋沿岸から九州にかけても製塩が行われているが、いずれも少量である。

また、不明分を除いた五五三地域の塩生産高の合計は、六六三万五〇〇〇石余りであった。この内、一万石以上の

表1　10,000石以上の塩生産高の塩田地域

府県名	町村数	市　町　村　名
宮　城	2	渡波町，稲井村
福　島	1	松ケ江村
千　葉	2	船橋町，行徳町
愛　知	7	童浦村，塩津村，味沢村，衣崎村，保定村，吉田村，大浜町
三　重	2	西黒部村，東黒部村
石　川	4	鵜島村，日置村，大崎村，大谷村
兵　庫	11	曽根村，大塩村，北浜村，的形村，八木村，白浜村，網干村，塩屋村，赤穂町，新浜村，尾崎村
岡　山	13	鹿忍村，味野村，赤崎村，胸上村，山田村，田井村，玉野村，日比村，田ノ口村，鴻村，小田村，玉島町，寄島町
広　島	14	大津野村，竹原町，鷺浦村，三原町，吉和村，柳津村，松永町，大崎中野村，瀬戸田町，南生口村，名荷村，北生口村，向島西村，向島東村
山　口	18	小松志佐村，柳井津村，曽根村，平生町，麻郷村，下松町，末武南村，徳山町，富田村，福川村，牟礼村，中関村，西浦村，秋穂村，秋穂二島村，佐山村，王司村，豊西上村
香　川	21	丸亀市，六郷村，坂出町，金山村，林田村，松山村，王越村，宇多津町，土器村，詫間村，牟礼村，潟元村，古高松村，東浜村，弦打村，下笠居村，高松村，引田村，与島村，直島村，土庄町
徳　島	7	撫養町，鳴門村，瀬戸村，八万村，斎津村，沖洲村，見能林村
愛　媛	8	多喜浜村，波止浜村，東伯方村，西伯方村，岩城村，生名村，津倉村，岡山村
高　知	1	十市村
福　岡	4	曽根村，苅田村，小波瀬村，津屋崎町
長　崎	1	佐々村
大　分	8	和田村，封戸村，高田町，姫島村，大内村，杵築町，東大分村，佐伯町
熊　本	5	腹赤村，鍋村，不知火村，文政村，阿村
鹿児島	5	帖佐村，東国分村，垂水村，鹿児島市，串木野村

⑴専売局編『塩専売史』（1915年）参照
⑵明治36年の調査

生産高を有する塩田は表1のように一三四地域にしぼられる。この一三四地域で、五七六万五〇〇〇石余りの生産高を占め、これが全国塩生産の八割五分以上に相当していたのである。

塩生産高が一万石以上の塩田も、瀬戸内に多く点在しているが、唯一石川県域に四地域もあることは、注目できよう。

表2を参照してみよう。すなわち、塩生産高の上位一〇地域で全国の塩生産のおおよそ三割を占め、上位二〇地域に広げると、全国の塩生産の約四割を占めていた。さらに、上位三〇地域では、全国の塩生産の五割を占めていた。また、これら三〇地域の製塩地は、いずれも瀬戸内海に面し、三八番目に至ってようやく瀬戸内以外の地域である愛知県吉田村の記録が見られるようになる。この時期までに製塩業は瀬戸内地域に特化していることがわかるだろう。

また、県別に塩生産高の多い順に並べたのが表3である。この表3からもわかる様に、上位八県は瀬戸内海に面した地域であり（香川県・山口県・兵庫県・徳島県・岡山県・広島県・愛媛県・大分県）、瀬戸内地域で製塩業が盛んであったことをここにも裏付けることができる。(4)

これらの資料からも、瀬戸内の塩田は、全国の塩生産高の八割を占め、全国の塩市場の中心となっていたことを指摘できる。また逆に、生産高としては少量だが瀬戸内以外の製塩地が散在していたことも確認できる。

瀬戸内海に面していない地域で生産高が二万石以上の地域をあげると、表4の通りである。これらの地域は、それぞれ知多湾・三河湾、鹿児島湾、東京湾と、ほとんどが湾内に位置し、入江という自然条件が生産高の高い製塩地を形成したものといえる。

以上、簡単ではあるが生産高の側面から塩田の存立傾向を明らかにしてきた。つまり、製塩地は全国的に散在しているものの、自然条件に恵まれ、近世初期以来入浜塩田など製塩技術を取り入れた十州塩田が生産の主流をしめてい

表3　県別塩生産高・塩田面積

府県名	製塩石高	塩田面積
香　川	1,279,978	1,014.40
山　口	998,881	1,094.20
兵　庫	835,763	976.50
徳　島	642,504	539.10
岡　山	568,230	521.30
広　島	542,670	633.10
愛　媛	371,871	366.40
大　分	223,338	276.00
愛　知	171,205	275.10
鹿児島	139,278	315.30
石　川	138,979	202.60
熊　本	138,214	250.00
福　岡	122,086	302.40
千　葉	76,007	199.00
三　重	59,771	108.70
宮　城	55,900	197.10
長　崎	44,768	82.20
福　島	37,483	141.12
高　知	35,025	106.58
岩　手	30,604	5.40
宮　崎	21,426	87.80
静　岡	17,221	96.20
沖　縄	16,791	109.00
佐　賀	16,504	33.60
和歌山	14,763	47.84
神奈川	11,439	47.10
新　潟	7,251	137.20
福　井	5,030	12.40
茨　城	4,272	3.06
青　森	3,910	0.00
島　根	1,531	0.00
秋　田	1,310	9.10
鳥　取	510	0.40
京　都	390	14.70
山　形	193	0.20
長　野	1	0.00

(1)専売局『塩専売史』(1915年)
(2)明治36年(1903)の調査による
(3)製塩石高の単位は石，塩田面積の単位は町

表2　全国塩生産高

内　容	石高(石)	割合(%)
全国塩生産石高	6,635,097	100.0
上位10塩田石高	1,884,166	28.4
上位20塩田石高	2,729,601	41.1
上位30塩田石高	3,332,087	50.2

(1)専売局編『塩専売史』(1915年)より算出
(2)明治36年の調査

表4　瀬戸内以外の生産高20,000石以上の塩田地域

市町村名	府県名	生産高
吉田村	愛　知	43,316
垂水村	鹿児島	40,500
津屋崎町	福　岡	38,475
行徳町	千　葉	38,022
衣崎村	愛　知	37,800
腹赤村	熊　本	36,128
小波瀬村	福　岡	32,560
東黒部村	三　重	30,335
渡波町	宮　城	28,000
大谷村	石　川	20,222

(1)専売局『塩専売史』(1915年)
(2)明治36年の調査による
(3)生産高の単位は石

た。また他方で、愛知県・鹿児島県・千葉県・宮城県・石川県など特定の地域でも全国市場の成立のもと淘汰されることなく、製塩業が展開していたことも指摘できるのである。

二　塩田面積と一町歩相当の生産高の関係

塩田面積と一町歩相当の生産高の関係について考察していく。日本全国の塩田のうち面積が判明する五〇五地域の合計面積は、八二〇五町歩である。そのうち、塩田総面積が三〇町歩を超えている地域を県別にまとめたものが表5である。合計七一地域あり、おおよそ四八〇〇町歩、全体の塩田面積の六割近くを占めている。

また、全国の塩田面積の六割以上が瀬戸内塩田である。なお、先に、生産高の高い県として石川県をあげたが、同表には出てきていない。

ここで、再び表3を振り返りつつ考察してみよう。塩田面積を大分県・鹿児島県・福岡県の三県で比較すると、大分県の方が生産高では上位であるにも関わらず、鹿児島県・福岡県の方が塩田面積では大分県を上回っている。また、生産石高の面で、大分県と愛知県とを比較すると五万石以上の差が見られるにもかかわらず、塩田面積はほとんど同じである。つまり、これは単位面積あたりの生産力の問題となる。

そこで、一町歩相当の生産高が一〇〇〇石を超える七五の地域を表6に示した。その中で塩田面積二〇町歩以上を有した塩田について星印を付し、次にその具体的な傾向を見ていくことにする。

なお、一町歩の生産高が極端に多い、鹿児島県西方地域・東方地域は、機械製塩による生産であり、また広島県栗原村は、塩田面積の狭少がこうした数字として表われたものとして理解できることから、例外として考えたい。

さて表6を参照すると、各地域にばらつきを見ることができる。特に、最大の製塩地面積を有する山口県の場合、

表５　塩田面積30町歩を超える地域（県別）

府県名	市　町　村　名	塩田面積	地域数
宮　城	野蒜村	45.0	1
福　島	福浦村	48.8	1
千　葉	行徳町，船橋町	139.7	2
愛　知	吉田村，衣崎村，塩津村	147.2	3
三　重	東黒部村	46.1	1
新　潟	潟町村	41.1	1
兵　庫	大塩村，塩屋村，赤穂町，白浜村，新浜村，的形村，尾崎村，曽根村，八木村	892.6	9
岡　山	山田村，由井村，味野村，赤崎村，鴻村，玉野村，日比村	326.5	7
広　島	松永町，竹原町，柳津村，向島東村，向島西村	297.7	5
山　口	中関村，秋穂村，西浦村，小松志佐村，末武南村，秋穂二島村，平生町，下松町，福川村，曽根村，牟礼村，王司村，麻郷村	895.4	13
徳　島	撫養町，鳴門村，瀬戸村，見能林村，斎津村	506.3	5
香　川	坂出町，宇多津町，潟元村，詫間村，林田村，松山村，下笠居村，金山村，東浜村	693.4	9
愛　媛	東伯方村，波止浜村，多喜浜村	235.1	3
大　分	杵築町	38.9	1
熊　本	腹赤村，文政村，鍋村	101.0	3
福　岡	津屋崎町，小波瀬村，苅田村，曽根村	215.3	4
鹿児島	串木野村，帖佐村	82.2	2
沖　縄	美里間切	31.3	1

⑴専売局『塩専売史』(1915年)
⑵明治36年の調査による
⑶塩田面積の単位は町

表6　1町歩相当が1,000石を超える塩田地域

市町村名	府県名	塩生産高（石）	塩田面積（町）	1町歩相当生産高（石）	塩田20町歩以上
国分村	茨城	1,000	0.7	1,429	
日立村	茨城	2,000	1.2	1,667	
大浜町	愛知	15,900	14.9	1,067	
宮崎村	石川	2,183	1.9	1,149	
上戸村	石川	6,301	5.6	1,125	
直村	石川	9,467	7.1	1,333	
日置村	石川	14,096	5.1	2,764	
大崎村	石川	12,586	8.0	1,573	
大谷村	石川	20,222	13.7	1,476	
輪島町	石川	26,375	0.1	3,750	
東村	鳥取	510	0.4	1,275	
白浜村	兵庫	106,632	98.6	1,082	★
味野村	岡山	57,204	46.7	1,225	★
赤崎村	岡山	45,355	40.2	1,128	★
山田村	岡山	88,841	86.0	1,033	★
田井村	岡山	67,620	54.5	1,241	★
玉野村	岡山	37,707	32.0	1,178	★
田ノ口村	岡山	15,466	13.9	1,113	
鴻村	岡山	43,525	36.0	1,209	★
小田村	岡山	32,495	22.6	1,438	★
玉島町	岡山	29,310	22.7	1,291	★
寄島町	岡山	33,152	30.0	1,105	★
吉名村	広島	3,450	3.1	1,113	
木谷村	広島	8,320	7.0	1,189	
栗原村	広島	42,750	0.1	7,500	
浦崎村	広島	5,800	4.3	1,349	
柳津村	広島	68,000	42.1	1,615	★
東野村	広島	7,000	6.7	1,045	
瀬戸田町	広島	26,500	16.0	1,656	
南生口村	広島	14,400	11.1	1,297	
重井村	広島	3,500	3.3	1,061	
小松志佐村	山口	58,991	45.8	1,288	★
柳井津村	山口	27,000	25.1	1,076	★
末武南村	山口	52,350	47.9	1,093	★
福川村	山口	40,000	34.9	1,146	★
中関村	山口	303,756	293.5	1,035	★
西浦村	山口	68,041	67.7	1,005	★
宇津賀村	山口	1,816	1.5	1,211	

六郷村	香川	36,600	20.0	1,830	★
坂出町	香川	209,660	153.0	1,370	★
金山村	香川	37,120	30.1	1,233	★
林田村	香川	80,606	54.5	1,479	★
松山村	香川	56,577	48.0	1,179	★
王越村	香川	28,303	19.1	1,482	
宇多津町	香川	201,240	150.0	1,342	★
土器村	香川	40,610	22.7	1,789	★
詫間村	香川	116,100	87.4	1,328	★
仁尾村	香川	7,680	6.7	1,146	
潟元村	香川	163,440	90.9	1,798	★
古高松村	香川	15,920	13.9	1,145	
下笠居村	香川	44,734	39.9	1,121	★
引田村	香川	20,000	16.6	1,205	
与島村	香川	20,300	19.0	1,068	
直島村	香川	35,960	26.9	1,337	★
撫養町	徳島	303,898	239.6	1,268	★
鳴門村	徳島	187,687	132.3	1,419	★
瀬戸村	徳島	53,703	40.6	1,323	★
波止浜村	愛媛	82,150	63.9	1,286	★
東伯方村	愛媛	97,005	68.9	1,408	★
西伯方村	愛媛	14,396	11.5	1,252	
岩城村	愛媛	10,648	8.2	1,299	
生名村	愛媛	11,282	10.3	1,095	
弓削村	愛媛	2,300	2.0	1,150	
津倉村	愛媛	26,000	23.2	1,121	★
盛口村	愛媛	9,736	8.9	1,094	
岡山村	愛媛	23,356	18.7	1,249	
喜々津村	長崎	9,100	7.4	1,230	
和田村	大分	23,750	22.7	1,046	★
姫島村	大分	30,444	29.0	1,050	★
大内村	大分	28,336	22.4	1,265	★
佐伯町	大分	15,941	9.4	1,696	
腹赤村	熊本	36,128	35.1	1,029	★
垂水村	鹿児島	40,500	26.6	1,523	★
名瀬方	鹿児島	67,270	0.2	1,350	
西方	鹿児島	67,840	0.1	8,400	
東方	鹿児島	67,600	0.1	6,000	

(1)専売局『塩専売史』(1915年)
(2)明治36年の調査による

一町歩当りの生産高という点では、決して上位に位置しているとは言い難い。同様に、兵庫県内の一町歩相当の生産高が最も高い、白浜村でも六一番目と、必ずしも瀬戸内地域の生産効率がいいとは限らないように見られる。逆に、一町歩相当の生産高が高い製塩地は、石川県に多い。石川県の場合、輪島町・日置村を筆頭に、大崎村・直村といずれも上位にみられる。これは、揚浜塩田という日本海岸に展開した製塩方法に基づき、狭い塩田地盤から効率よく生産高を得ようとした結果として理解できるのである。

しかしながら、これを二〇町歩以上の製塩地面積を有する地域で、かつ一町歩当たり一〇〇〇石以上の製塩高を有する地域にしぼると(星印)、ほとんどが瀬戸内地域にしぼられる。狭い塩田地盤を効率的に製塩するという意味では、石川県域の各地域の塩田は、瀬戸内塩田に勝るが、一定面積以上で、かつ高い生産高を考えるとき、やはり瀬戸内塩田に集中することがわかるだろう。

三　竈数と一竈相当の生産高の関係

本項では、煎熬回数を示した竈数と一竈当たりの生産高の関係を検討していくことにする。まず、竈数(煎熬釜数)から検討すると、一地域、一〇〇個以上の竈数を有する地域は表7の通りである。竈数の多い瀬戸内地域では、徳島県・山口県・香川県・兵庫県にそれぞれ一地域と、極めて少なく、石川県・高知県・愛知県などに多い。

つぎに一竈相当の生産高について見ると、一竈当たりの生産高が二〇〇〇石以上を示す地域は、表8の通りで、圧倒的に瀬戸内地域に集中している。また同時に、先に指摘した竈数一〇〇個以上の地域で、一竈当たりの生産高が二〇〇〇石以上の地域は、山口県中関村、徳島県撫養町の二地域であり、瀬戸内塩田の中でも、いわゆる「塩処」といわれる二地域にしぼられる。

表７　竈数100個を超える塩田地域

市町村名	府県名	竈数（個）	１竈当り生産高（石）
久能村	静岡	260	4
吉永村	静岡	180	17
川崎町	静岡	252	20
相良町	静岡	280	15
地頭方村	静岡	152	2
塩津村	愛知	217	54
味沢村	愛知	162	67
衣崎村	愛知	185	204
保定村	愛知	120	122
吉田村	愛知	325	133
東黒部村	三重	101	300
河崎村	新潟	112	30
松波村	石川	103	80
鵜島村	石川	105	110
日置村	石川	107	132
大崎村	石川	121	104
大谷村	石川	202	100
由良村	京都	127	1
新庄村	和歌山	222	7
塩屋村	兵庫	102	1,303
中関村	山口	138	2,201
撫養町	徳島	106	2,867
坂出町	香川	105	1,997
前浜村	高知	132	5
三和村	高知	200	42
十市村	高知	350	40
三里村	高知	113	49
新居村	高知	152	14
入野村	高知	120	9
富田村	宮崎	150	10
広瀬村	宮崎	172	32
細田村	宮崎	205	24
福島村	宮崎	101	26
北方村	宮崎	130	34
指宿村	鹿児島	105	68
垂水村	鹿児島	217	187
龍郷方	鹿児島	113	5
宇若狭町宇泊	沖縄	118	65
美里間切	沖縄	202	18

(1)専売局編『塩専売史』(1915年)
(2)明治36年の調査による

つまり、瀬戸内に展開した塩田の竈数は、生産高に応じた形で決定している。それに対し、瀬戸内地域以外の場合、過度に竈数を増加して生産高の増加を図ったのである。石川県域の一竈当たりの生産高はおおよそ一〇〇石前後であり、生産高としては、瀬戸内地域のそれと比較すると一〇分の一程度であった。

四　全国の製塩業と生産力の関係について

以上、全国における製塩地の塩生産について、①生産高、②塩田面積と一町歩相当の生産高、③竈数と一竈相当の生産高、の三つの側面から検討してきた。本項では、これらの問題について総合的に考察していきたい。その際、一

表8　1竈2,000石を超える塩田地域

市町村名	府県名	竈数(個)	1竈当り生産高(石)	市町村名	府県名	竈数(個)	1竈当り生産高(石)
				斎津村	徳島	15	2,336
成岩町	愛知	2	2,288	沖洲村	徳島	5	2,698
大塩村	兵庫	66	2,157	六郷村	香川	12	3,050
福良町	岡山	1	2,587	林田村	香川	39	2,067
味野村	岡山	25	2,288	松山村	香川	26	2,176
赤崎村	岡山	22	2,062	王越村	香川	14	2,022
田井村	岡山	31	2,181	宇多津町	香川	91	2,211
玉野村	岡山	17	2,218	土器村	香川	11	3,692
小田村	岡山	13	2,500	詫間村	香川	56	2,073
玉島町	岡山	13	2,255	潟元村	香川	50	3,269
寄島町	岡山	16	2,072	弦打村	香川	5	3,570
忠海町	広島	2	3,000	高松村	香川	8	2,147
木谷村	広島	4	2,080	引田村	香川	6	3,333
浦崎村	広島	2	2,900	与島村	香川	10	2,030
柳津村	広島	21	3,238	直島村	香川	15	2,397
東野村	広島	3	2,333	東伯方村	愛媛	35	2,772
瀬戸田町	広島	8	3,313	西伯方村	愛媛	6	2,399
名荷村	広島	5	2,100	岩城村	愛媛	4	2,662
小松志佐村	山口	27	2,185	生名村	愛媛	5	2,256
柳井津村	山口	13	2,077	弓削村	愛媛	1	2,300
麻郷村	山口	12	2,202	津倉村	愛媛	12	2,167
福川村	山口	17	2,353	盛口村	愛媛	4	2,434
中関村	山口	138	2,201	岡山村	愛媛	9	2,595
西浦村	山口	34	2,001	大内村	大分	10	2,834
撫養町	徳島	106	2,867	佐伯町	大分	6	2,657
鳴門村	徳島	65	2,887	喜々津村	長崎	4	2,275
瀬戸村	徳島	20	2,685	福田村	長崎	1	3,552
八万村	徳島	4	2,993	満島村	佐賀	1	6,141

(1)専売局編『塩専売史』(1915年) 参照
(2)明治36年の調査による

つの指標として、瀬戸内地域の場合と、瀬戸内以外の地域に分けて分析していく。

1　瀬戸内地域の場合

瀬戸内海に面した地域の塩田は、合計で全国の塩生産高のおおよそ八割をしめ、また全国の塩田面積の六割以上を有したことは先に指摘した通りである。

また、年間生産高一〇万石以上の大塩田地域は、表9で示した通りである。いずれも日本を代表する塩田地域といえよう。

これらの地域における塩田面積は八〇町歩以上、一町歩相当の生産高も七〇〇石以上、竈数も五〇個以上で、一竈相当の生産高も一〇〇〇石以上と、バランスよく圧倒的な生産力と設備を有していたことがわかる。

日本国内では、天日塩や岩塩が存在せず、塩田塩業であることから、その生産力は、塩田面積と竈数によって規定される。そして、総体的に検討すると、塩田面積が鹹水の製造高を決定し、その結果として竈数が決められている。これは、単位当り一町から一町五反の面積で再生産を可能にした瀬戸内の一軒前と呼ばれる形態によるところが大きいといえよう。一定の作業規模に一つの竈が設置されており、必要以上の煎熬回数の必要もなかったのである。

2　瀬戸内以外の塩田の場合

瀬戸内以外の地域の塩田といっても多様であるが、これまで明らかにしてきた点を踏まえると三つに類型化できる。この三つの類型に該当した塩田地域を取り上げたのが表10である。

まず、第一に福岡県津屋崎町・小波瀬村、熊本県腹赤村の塩田の事例があげられる。これらの地域は、同生産高の

表9　塩生産高100,000石以上の塩田地域

市町村名	府県名	生産高（石）	塩田面積（町）	1町歩相当生産高（石）	竈数（個）	1竈当り生産高（石）
大塩村	兵庫	142,375	161.8	880	66	2,157
白浜村	兵庫	106,632	98.6	1,081	60	1,777
塩屋村	兵庫	132,867	180.0	738	102	1,303
赤穂町	兵庫	123,143	126.1	977	73	1,687
中関村	山口	303,756	293.5	1,035	138	2,201
撫養町	徳島	303,898	239.6	1,268	106	2,867
鳴門村	徳島	187,687	132.3	1,419	65	2,887
坂出町	香川	209,660	153.0	1,370	105	1,997
宇多津町	香川	201,240	150.0	1,342	91	2,211
詫間村	香川	116,100	87.4	1,328	56	2,073
潟元村	香川	163,440	90.9	1,798	50	3,269

(1)専売局編『塩専売史』（1915年）参照
(2)明治36年の調査による

表10　塩田地域諸類型

市町村名	府県名	生産高（石）	塩田面積（町）	1町歩相当（石）	竈数（個）	1竈当り生産高（石）
小波瀬村（第1）	福岡	32,560	57.2	569	24	1,357
腹赤村（第1）	熊本	36,128	35.1	1,029	39	926
津屋崎町（第1）	福岡	38,475	42.3	910	25	1,539
吉田村（第2）	愛知	43,316	44.3	978	325	133
東黒部村（第2）	三重	30,335	46.1	658	101	300
垂水村（第2）	鹿児島	40,500	26.6	1,523	217	187
鵜島村（第2）	石川	11,499	16.0	719	105	110
日置村（第2）	石川	14,096	5.1	2,764	107	132
大崎村（第2）	石川	12,586	8.0	1,573	121	104
衣崎村（第2）	愛知	37,800	63.0	600	185	204
大谷村（第2）	石川	20,222	13.7	1,476	202	100
船橋町（第3）	千葉	16,037	39.0	411	17	943
行徳町（第3）	千葉	38,022	100.7	378	61	623

(1)専売局編『塩専売史』（1915年）参照
(2)明治36年の調査による

瀬戸内地域の塩田とほぼ同面積の塩田および竈数を有している。つまり、設備・生産力において瀬戸内地域と同じ傾向であり、同程度の生産性を有していたと言える。

第二に、愛知県衣崎村・吉田村、鹿児島県垂水村、三重県東黒部村の事例や、特に石川県の各地域で展開している製塩地の例があげられる。ここでは、竈数を極端に増加させることによって生産効率を補足している。

第三に千葉県行徳町の事例をあげることができる。この地域は、同程度の生産高を有する他地域の塩田と比較し圧倒的な塩田面積を有し、竈数も六一個と相対的に多い。つまり、生産力の低さを、塩田面積と竈数（煎熬釜数）の増加によって補足している塩田であると指摘できる。

3　同一生産高から見た製塩地域の特質

最後に同一生産高のものを摘出し、地域の傾向について検討していく。生産高について、七〇〇一石から一万石までの範囲のデーターを提示した表11を素材にして検討する。

この表を参照すると、高知県三和村の二〇〇個を筆頭に、沖縄県宇若狭町宇泊一一八個など多量の竈の個数によって生産高の確保を行っている地域と、逆に愛媛県盛口村、長崎県喜々津村など少ない竈数で多量の生産量を得る地域に分けられる。石川県直村などは、一町歩相当の生産高が高いことが示されるが、これは、先に指摘した竈数の増加に裏付けられたものということができよう。また、千葉県葛飾村などは一竈相当の生産高は比較的高い方に位置されるが、これは逆に塩田面積の広さによって生産高を補っているのである。

表11　生産高7,001～10,000石の塩田地域

市町村名	府県名	生産高（石）	塩田面積（町）	1町歩相当生産（石）	竈数（個）	1竈当り生産高（石）
駒ケ嶺村	福島	9,000	23.6	381	17	529
葛飾村	千葉	9,610	22.3	431	9	1,068
直村	石川	9,467	7.1	1,333	100	95
鉢崎村	石川	9,202	11.9	773	58	159
松波村	石川	8,255	9.8	842	103	80
浜郷村	三重	9,549	28.7	333	12	796
紀三井寺村	和歌山	7,242	10.0	724	16	453
大津村	兵庫	9,629	20.0	481	8	1,204
木谷村	広島	8,320	7.0	1,189	4	2,080
東生口村	広島	7,500	8.0	938	5	1,500
麻里府村	山口	9,120	13.6	671	6	1,520
伊保庄村	山口	7,700	14.4	535	12	642
淵崎村	香川	7,725	10.3	750	8	966
仁尾村	香川	7,680	6.7	1,146	4	1,920
松原村	香川	7,142	14.7	486	10	714
盛口村	愛媛	9,736	8.9	1,094	4	2,434
三和村	高知	8,400	19.3	435	200	42
草地村	大分	9,000	9.5	947	5	1,800
和間村	大分	8,200	12.9	636	6	1,367
喜々津村	長崎	9,100	7.4	1,230	4	2,275
水俣村	熊本	9,920	25.9	383	71	140
喜入村	鹿児島	9,360	16.3	574	32	293
指宿村	鹿児島	7,170	22.1	324	105	68
宇若狭町宇泊	沖縄	7,656	16.6	461	118	65

⑴専売局編『塩専売史』（1915年）
⑵明治36年の調査

五　日本塩業における関東塩業

以上、全国の製塩地の傾向を検討してきた。その上で、本項では関東に展開した塩田のみを表12として取り上げ、その位置付けを明らかにしていく。表12に示される神奈川・千葉両県の塩浜はおおよそ江戸内湾に面している。先に指摘した通り、日本国内に展開した塩浜のうち、瀬戸内地域以外は、明治三〇年代になると、比較的立地条件の恵まれた入江に集中してくる。

表12を参照してもわかる様に千葉県内に展開した塩田は、近世以来の行徳塩田とその周辺地域（行徳町・船橋町・葛飾村）が中心となっていた。実態面から述べると、行徳塩田・大師河原塩田など近世以来存続した塩田が基本となり、明治三〇年代まで続いたと言えるのである（むろん、本書で以下指摘するように、その内実に大きな変化はある）。このような江戸内湾に展開した塩田の特質は、以下の様にまとめることができよう。

行徳塩田に属する、行徳町・船橋町・葛飾村の生産高は、行徳町の三万八〇〇〇石を筆頭に一万石前後である。この数値は、瀬戸内の生産高が多い塩田に匹敵する。しかしながら、同一生産高の瀬戸内十州塩田と比較すると、広い製塩地面積と多くの竈数を指摘できる。江戸内湾塩田の高生産高は、生産力を背景としたのではなかったのである。

おわりに

以上、「市町村別塩生産高（明治三六年）」に基づき、生産力の地域差について検討してきた。

一般に指摘されるように、瀬戸内塩業の有利性は、塩田面積（採鹹地面積）と竈数（煎熬釜数）という生産力を左右する二要素からも明らかとなった。それは、一軒前に基づき成立したもので、瀬戸内塩業は、日本塩業の主導的な位置

表12　関東に存在した塩田地域

市町村名	府県名	生産高（石）	塩田面積（町）	1町歩相当生産（石）	竈数（個）	1竈当り生産高（石）
松岡村	茨城	900			5	180
坂上村	茨城	73	0.40	183	3	24
日高村	茨城	8	0.20	40	1	8
国分村	茨城	1,000	0.70	1,429	4	250
高鈴村	茨城	257	0.50	514	6	43
日立村	茨城	2,000	1.20	1,667	15	133
村松村	茨城	4	0.01	400	1	4
前渡村	茨城	30	0.50	600	3	10
三川村	千葉	120				
一松村	千葉	280				
東浪見村	千葉	300				
太東村	千葉					
高神村	千葉	15				
八幡町	千葉	1,242	10.00	124	9	138
津田沼町	千葉	6,804	15.00	454	10	680
船橋町	千葉	16,037	39.00	411	17	943
葛飾村	千葉	9,610	22.30	431	9	1,068
行徳町	千葉	38,022	100.70	378	61	623
南行徳村	千葉	3,577	12.00	298	27	132
大師河原村	神奈川	4,158	20.20	206	18	231
町田村	神奈川		1.10			
横浜市	神奈川	975	4.90	199	3	325
六浦荘村	神奈川	697	8.20	85	82	9
金沢村	神奈川	3,049	11.70	261	80	38
葉山村	神奈川	2,500				
武山村	神奈川	60	1.00	60	6	10

(1)専売局編『塩専売史』（1915年）参照
(2)明治36年の調査による

を常に有しながら展開したのである。

また一方、低生産力でありながらも、製塩業が行われ続けた地域も多い。それらの地域は、生産高を竈数や塩田面積の拡大によって補ったのである。結果としてこれらの地域は、明治から大正にかけて不良塩田の整備を目的とした製塩地整理によりほとんどが廃止となる。しかしながら、明治三六年以前を考えるとき、瀬戸内以外の地域でも、淘汰されることなく製塩業が継続し続けた塩田があることに注目できよう。

江戸内湾に点在した各塩田は、このような塩田に相当するが、生産量のみで指摘するのならば、瀬戸内塩田と大差はない。しかも、近代以降に製塩地面積が拡大する地域もあった。それは何故か。本書の課題は、こうした点に着目したものである。

注

（1）日本塩業大系編集委員会編『日本塩業大系　特論地理』（一九七六年）。

（2）専売局編『塩専売史』（一九一五年）。

（3）小沢利雄「日本塩業の地域差について」（『日本塩業の研究』第一〇集、一九六七年）、「日本塩業整備の地域差について（第二報）」（『日本塩業の研究』第一三集、一九七二年）。

（4）徳島県は、地理的には瀬戸内海に面していないが、阿波国は瀬戸内十州の一つに数えられていることから、ここでは、瀬戸内地域として含めて考察することにする。

第二節　瀬戸内塩業の特質

前節でのべた時期をさか上る近世後期に、すでに瀬戸内塩田では、全国における塩消費量のおおよそ八割を生産していたといわれている。[1] 瀬戸内塩田の中でも産地間の隔差はあるが、おおよそ瀬戸内が塩の特産地として、全国の塩市場を掌握したということができるのである。

入浜塩田は、一七世紀初頭に、播磨国荒井浜を先駆として登場した。[2] その後、改良を進め、阿波国撫養塩田や播磨国赤穂塩田などで大規模塩田が開発されるようになったのである。[3]

こうした入浜塩田が瀬戸内に開発される要因は、①年間降雨量が少ないという瀬戸内海気候に見られる自然的特性、②入浜塩田成立のためのデルタ地帯という恵まれた立地条件と、砂質が粗く表面積が広い花崗岩を多く含んだ土壌、③藩による殖産興業政策や城下町特権商人による商人資本を背景とした資金供給、④幕藩制的な全国市場の成立に伴う販路の拡大、⑤一町から一町五反の作業規模を有し、採鹹—煎熬といった一連の作業工程を完結することを可能にした一軒前の成立、⑥塩田作業従事に必要な浜子の存在を可能にした周辺農村からの余剰労働力の創出、などが指摘できる。

その内容について、関東の塩田と比較しながら、もう少し詳しく紹介していくことにしよう。[4]

一　自然的特性の問題

海水から鹹水を採取するとき、塩田地盤を利用した方法は、古代の藻塩焼きの製塩法から昭和四一年（一九六六）のイオン交換膜法による採鹹法に転換するまでは変わらない。イオン交換膜法による採鹹法によって初めて塩田地盤による製塩法の必要が失われたのである。[5]『日本海水学会誌』は、日本塩業の技術発展をリードしてきた雑誌であるが、この雑誌を参照しても、イオン交換膜法に転換する昭和四一年までは、蒸発量の季節的変化や天日塩田の問題、苦汁の利用などが製塩技術の上で中心の課題となっている。[6] 塩田改良といった視点での現実的課題であった表われといえよう。

さて、塩田地盤を利用する場合は、少しでも雨になると、その日の採鹹作業が中止となり、水泡に帰してしまう。「雨よ降るなよ子持が泣くよ、塩田浜師の俺も泣く」という浜子唄もあるように、製塩作業と天気とは密接不可分の関係であった。(7)

瀬戸内地域は四国山脈と中国山地によって挟まれ、国内では比較的降雨量の少ない瀬戸内海気候の地として知られている。そして、年間降雨量の違いは、塩浜の作業日数（持浜期間）と直接関係してくる。雨天の日が少ない瀬戸内地域は、他地域と比較し持浜期間が長い。(8) このような自然的条件によって、瀬戸内海地域は、入浜塩田が築造される以前から、島嶼地域を中心に塩の産地として知られた。こうした中、弓削島は「塩の荘園」と呼ばれ代表的な島として、知られたのである。(9)

二　立地条件の問題

先にも指摘した通り、入浜塩田の立地条件はデルタ地帯であり、合せて干潮水位と満潮水位が大きいということも(10)重要となってくる。また、砂の毛細管現象によって砂の表面に浸み出した海水が、太陽と風に当り水分を蒸発させ、砂に塩分が付着することから、砂質も大いに関わってくる。花崗岩石は石質が粗く、表面積が広いので蒸発量が多くなり、かつ毛細管現象を高めることができることから塩浜の砂としては適していた。こうした立地条件を兼ね備えた場所が瀬戸内地域の海岸に広く点在していたのである。

三　資金供給

入浜塩田は、砂が流れないように石垣による堤防で固めなくてはならなかったため、相応の資金を必要とした。これには、村内レベルでは対応しきれず、資金的な背景を必要としたのである。この資金の調達には、一つは藩の殖産興業政策の一環として行われる開発資金の供与があり、もう一つは城下町商人などによる商人資本の参入の二つが挙げられる。

前者は、国産奨励政策との関わりでも把握できる問題である。[11] 国産奨励政策は、一般に藩札の発行を財政的基盤とすることが多く、領域経済を取りやすい藩領の方が殖産興業を実行しやすかったといえる。[12] 瀬戸内塩田を例にしても、大規模な塩田として著名な塩田は、ほとんどが大藩である。[13] この詳細については、今後一層の検討が必要であるが、こうした藩経済政策や城下町商人の資金の投下により、[14] 入浜塩田が築造されたのである。

四　幕藩制的な全国市場の成立に伴う販路の拡大

塩は生活必需品であり、全国的な市場、特に北国から大坂に廻送される諸物資の返り荷として瀬戸内塩が各地に送られた。[15] 全国的な製塩地を参照しても、石川県域に塩田が散在するのを除いて、日本海における塩田は淘汰されていく。石川県域は、近世の段階では加賀藩が藩専売制を実施していた地域である。[16] 近代以降の塩田存続の要因は、今後の課題であるが、恐らく近世以来の塩田と燃料供給地との共存的な関係によって維持され続けたのであろう。いずれにせよ、ほとんどの日本海沿岸の塩田は、近世前期から中期にかけて、北前船の発達とともに荒廃していく。[17]

瀬戸内による塩が全国市場を掌握するのは、おおよそ一八世紀前半の享保期ごろといわれる。[18] そして、一九世紀中ごろには、全国の塩生産高の八割以上を産出したのである。[19]

五　一軒前の成立

瀬戸内塩田の場合、近世前期段階では一筆相当面積が五畝程度であったのが、その後拡大を続け、最終的には一町から一町五反程度になる。[20]この一町から一町五反の単位当り面積は、その後確定され、昭和三〇年前後に入浜塩田から流下式塩田へと転換するまで一軒前として継続する。また、この一軒前は、単位当りの作業面積を示すだけではなく、釜屋・浜子小屋などをも含み込んだ、生産に必要な設備を兼ね備えた単位でもあった。[21]従って、この一軒前といわれる形態は入浜塩田の基礎構造を示すものとして重要であるといえよう。[22]江戸内湾の場合は、一筆相当の面積は二反から五反までの塩浜がほとんどであり、[23]近世を通じて変化しない。さらに、釜屋などの所持形態は多様だが、共同で利用することも多かった。つまり、零細の塩田形態のまま存続し、燃料が薪から石炭へと変り、[24]個々の生産技術も発展するが、一軒前という形態への転換は行われなかったのである。

六　周辺農村からの余剰労働力の創出

この点は、五の問題とも関わることであるが、一軒前当り七名から一〇名ほどの浜子を雇用していた。[25]つまり、周辺農村から雇傭労働力を供給する必要があったのである。瀬戸内に限らず、関東においても、農村には余剰労働力が存在したが、江戸内湾の塩田の場合、零細な塩田であることから、農間渡世・家族労働あるいは小作によって賄われていた。[26]よって、瀬戸内のような浜子を組織するまでには至らなかったのである。

おわりに

以上、瀬戸内塩田の有利性について、江戸内湾の塩田と比較しながら六つの点より述べてきた。そこで明らかにした通り、瀬戸内の塩田の有利な条件は、自然条件だけでない多くの要因があった。その意味から考えると、瀬戸内塩田と他地域の塩田との間にみられる生産力の地域差は、単に自然条件だけではなく、歴史的な所産として位置付けられるものであったといえよう。実際、塩田の一筆相当の面積は、近世前期の段階では、瀬戸内の塩田も江戸内湾の塩田もほぼ同じであった。しかしその後、瀬戸内の塩田の場合は分け浜などが進行して(27)、単位当りの作業面積を拡大し、一町から一町五反の単位当り面積を確定していく。それに対し、江戸内湾の塩田の場合は基本的には変化しない。そして、幕藩制的な全国市場の成立に伴い、全国に瀬戸内の塩が流通しても、江戸内湾の塩田は存続し続けるのである。

ここで二つの点を課題として指摘することにしたい。

一つは、江戸内湾の塩田が存続した理由である。江戸内湾の塩田は、瀬戸内塩田と比較した時、圧倒的に生産力が低かったが、逆に言えば、それでは何故存続し得たのかという点である。単純に生産力の地域差だけでは解決できない問題があると言えよう。この点、塩の価格の問題も考えられるが、それ以外の要素を重視し、本書では、特に地域社会の問題から言及していきたい。

もう一つは、なぜ瀬戸内塩田のような入浜塩田が築造されなかったのかという点である。瀬戸内塩田の方が自然条件では優位であるが、入浜塩田築造や一軒前にみられる経営形態をとること自体(前記要素の三から五)は、本来江戸内湾の塩田でも決して不可能ではなかった。実際、行徳塩田などで瀬戸内と同様の入浜塩田が築造される。しかし、それは明治以降のことであった。この点については、普請事業の性格から言及していくことにしたい。

この二つの点を課題として、本書では、江戸内湾に展開した塩業について検討する。

注

(1) 「入浜塩田の生産構造」(日本専売公社編『日本塩業大系　近世(稿)』一九八二年)では、三浦源蔵の「塩製秘録」を参照しつつ、十州塩田における塩産出高が、全国の八六パーセントを占めていることを明らかにしている。
(2) 入浜塩田の初期的なものとしては、播磨国荒井浜がある。「入浜塩田の生産構造」(日本専売公社編『日本塩業大系　近世(稿)』一九八二年)。
(3) 阿波国の斎田浜は慶長一〇年(一六〇五)、安芸国竹原浜は慶安から明暦にかけて(一六四八~五六)、赤穂藩領(播磨国)塩屋浜は元和六年(一六二〇)に開発されている。
(4) 本項は、拙稿「瀬戸内の塩業」(地方史研究協議会編『地方史事典』五二五頁、一九九七年、弘文堂)の内容を基礎にしながら作成したものである。合わせて参照されたい。
(5) 加茂詮は『近代日本塩業の展開過程』(一九九三年、北泉社)において、塩田塩業の廃止を取り上げ、入浜塩田から流下式塩田の転換の問題と関連させながら明らかにしている。
(6) 『日本海水学会誌』は、その前身の機関誌としては、塩技術研究会『塩技術研究』(一九四八年から一九五〇年)、日本塩学会『日本塩学会誌』(一九五〇年から一九六五年)がある。日本海水学会による『日本海水学会誌』の発刊は昭和四〇年(一九六五)のことであった。ただ、基本的には、前組織の発展的な解消による改名であることから、ここでは同一団体として把握した。ちなみに日本塩学会誌などを参照すると、市川一夫「天日製塩法塩田土壌地盤の硬度(第三報)ローラーの輾圧方法が締め固めに及ぼす影響に就て」(『日本塩学会誌』第五巻　第一号、一九五一年)、関口武「日本各地の気候の乾燥度」(『日本塩学会誌』第五巻第二号~第三号、一九五一年)、三代川清造他「入浜塩田の地盤構造と採取鹹水の成分に関する研究」(『日本塩学会誌』第五巻第六号、一九五一年)、というように、塩田塩業の改良を模索した論文が多く見られる。しかしそれが、昭和三〇年代後半になると、諏訪小一郎「イオン交換膜を用いる電気透折装置」(『日本塩学会誌』第一六巻第六号、一九六三年)のようなイオン交換膜に関する論文が増えている。
(7) 浜子唄については、「瀬戸内海の浜唄」(日本塩業大系編集委員会編『日本塩業大系　民俗』、一九七七年)、なお拙稿「入浜塩田の労働者と作業」（廣山堯道編『近世日本の塩』一九九七年、雄山閣出版）も参照されたい。

（8）大正期段階であるが、大師河原塩田（関東江戸内湾）における持浜日数が八四日（採鹹日数、一一一日）となっているのに対し、三田尻浜の場合、持浜日数は一四〇日（採鹹日数、二五〇日）となっている。

（9）清水三男「塩の荘園伊予国弓削島」（『歴史学研究』七―五、一九三七年、後『中世荘園の基礎構造』史籍刊行会）、渡辺則文「中世における内海島嶼の生活」（魚住惣五郎編『瀬戸内海地域の社会史的研究』一九五二年、柳原書店、後『日本塩業史研究』一九七一年、三一書房収録）、新城常三「中世瀬戸内島嶼民衆の経済生活―東寺領伊予弓削島荘―」（『日本常民文化紀要』三〈成城大学〉一九七七年）、同「荘園年貢の海上輸送―東寺領伊予弓削島荘―」（『日本歴史』三四四、一九七七年）、山内譲「伊予国弓削島荘の悪党と農民」（『地方史研究』一五二、一九七八年）、同「南北朝室町期の弓削島庄と水運」（地方史研究協議会編『瀬戸内社会の形成と展開』一九八三年、雄山閣出版）など。なお、中世塩業史研究の研究成果については、拙稿「中世塩業史研究の成果と課題」（『日本塩業の研究』第二二集、一九九三年）参照のこと。

（10）廣山堯道『日本製塩技術史の研究』（一九八三年、雄山閣出版）。

（11）安芸国竹原塩田は藩営により開発が行われた（「近世入浜塩田の成立」『広島県塩業史』一九六〇年、広島県塩業組合連合会）。

（12）藩札による資金供給に伴う藩殖産政策の問題を取り上げた成果は多いが、取り敢えず、拙稿「幕末期広島藩藩札と大坂商人―嘉永五年の改印札発行を中心として―」（藤野保編『近世国家の成立展開と近代』一九九八年、雄山閣出版）を参照されたい。

（13）「十州地方における入浜系塩田築造年代一覧」（日本専売公社編『日本塩業大系　近世（稿）』一九八二年）。

（14）以前、筆者が明らかにした備後国尾道の対岸に位置する富浜塩田では、広島城下町商人である天満屋治兵衛により開発が行われている。拙稿「元禄期における塩浜村落の一考察」（『芸備地方史研究』一七六号、一九九一年）。

（15）拙稿「近世竹原塩業の成立と構造」（『日本塩業の研究』第二〇集、一九九一年）によると、北国米の返り荷として竹原塩を積載して運んだことを明らかにしている。

（16）例えば、高瀬保「能登塩の他領進出と瀬戸内塩」（『日本歴史』三一一、一九七四年）、「加賀藩の塩専売制の成立とその背景」（『日本塩業の研究』第一六集、一九七五年）、「能登塩の他領進出と十州休浜同盟」（『日本塩業の研究』第一九集、一九八〇年）など。

（17）井川一良「近世の製塩技術と塩業経営」（地方史研究協議会編『交流の日本史』一九九〇年、雄山閣出版）。

(18) 竹原塩田では、享保期になると訴願の内容にも「塩浜近年打続塩直段不宜……」という文言をしばしば見ることができる。
(19) 「入浜塩田の生産構造」(日本専売公社編『日本塩業大系　近世(稿)』一九八二年)。
(20) 渡辺則文「近世塩業の基本構造」(『日本塩業史研究』一九七一年、三一書房)。
(21) 拙稿「元禄期における一軒前経営の一考察」(『日本塩業の研究』第二一集、一九九二年)では、富浜塩田を対象とし、一軒前の問題について、単に単位当り作業規模だけでなく、再生産に必要な設備が整っている状態を勘案する必要性を指摘している。
(22) 河手龍海「基本的経営面積を通じて見たる日本塩業の発展段階」(『文化史学』五、一九五二年)、廣山堯道「製塩マニュファクチュア成立の事情」(『社会経済史学』二一―三、一九五五年)など。なお瀬戸内塩業の研究史については、拙稿「近世塩業の研究史的考察」(中央大学大学院『論究』文学研究科篇、第二五号、一九九三年)を参照されたい。
(23) 行徳塩田を素材とした例としては、本書第二章第三節「元禄期における行徳塩業の基礎的研究」を参照のこと。
(24) 塩田で石炭を燃料として利用するのは、一八世紀中ごろのことである。ちなみに安芸国生口島の場合、寛政一二年(一八〇〇)からのことである(「塩浜石炭焚につき百姓騒動一件」『瀬戸田町史』資料編、一九九七年)。安芸国竹原塩田の場合は、文化期から天保期にかけて漸次松葉焚から石炭焚への切り替えが行われている(渡辺則文「近世塩田と背後地農村」(『日本塩業史研究』一九七一年、三一書房)。また瀬戸内塩田のうち周防国三田尻浜は、安永七年(一七七八)という早い時期に石炭焚に転換している。
(25) 渡辺則文「近世塩業の基本構造」「近世塩田と背後地農村」(『日本塩業史研究』一九七一年、三一書房)、山田舜「『近世的マニュ』成立の基盤」(『商学論集』二二―五、一九五四年)、中部よし子「安芸国竹原塩浜における浜子の雇傭労働条件」(『近世史研究』一―四、一九五四年)、「竹原製塩業の二、三の問題」(『日本塩業の研究』第二集、一九五九年)渡辺則文「近世後期における塩業労働者の闘争形態とその背景」(『歴史評論』七〇、一九五五年)。
(26) 行徳塩田の一筆相当の面積については、拙稿「元禄期における行徳塩業の基礎的研究」(『日本塩業の研究』第二三集、一九九四年)を参照のこと。なお、同内容については本書第二章第三節に収録。
(27) 西畑俊昭「初期『一軒前』経営の成立とその実態」(『瀬戸内海地域史研究』第四輯、一九九二年)など。

第二章　近世江戸内湾塩業の成立

はじめに

前章では、全国的な製塩地のあり方を概観し、瀬戸内塩田の優位性を明らかにしてきた。そこでは、自然条件・一軒前という塩田の経営形態など入浜塩田に有利な諸条件が備わっていたことを指摘した。しかし、このことは幕藩制的市場構造に基づいた全国市場の成立を前提としており、近世前期の段階では必ずしも該当するとは限らない。一方、生活必需品であり軍需物資であった塩の確保は幕藩権力にとって重要な課題であったはずである。この点は近世前期の江戸内湾の展開を考える上で重要であるといえよう。

天正一八年（一五九〇）に徳川家康が関東に入国して以来、近世を通じて、関東は徳川氏の権力基盤として位置付けられ[1]、軍事を基調とした地域編成がなされた。近世初期は、鷹狩とその休息場としての御殿設定は重要な視点となる[2]。同様に、軍需物資であり、かつ生活必需品であった塩の確保が重要な課題となったのである。行徳領における由緒書にも、徳川家康は、行徳における塩作りの様子を見て「軍用第一、御領地一番之宝」と喜んだ記述があることはよく知られている。

中世以来、江戸内湾の各所に塩浜が存在していた。それらの塩浜が、いわゆる近世的な塩浜として編成される。本章では、この近世前期における江戸内湾の塩業について、①幕府は、どのような点を基調として塩浜の編成（掌握）

が行われたか、②製塩業自体の様子はどうであったのか、③近世前期において、下り塩はどのぐらい流入していたのか、そしてそれに対し江戸内湾の塩田は如何なる変容を遂げたのか、という三点から言及することにしたい。

注

（1） 北島正元『江戸幕府の権力構造』（一九六四年、岩波書店）。

（2） 村上直「小杉御殿と小杉陣屋に関する一考察」（『川崎市史研究』創刊号、一九九〇年）では、小杉御殿を例にして、小杉御殿が領民との接点の場としての意義を持ち、単なる休泊所としての性格ではなく、陣屋支配の補強的性格を有していたことを指摘している。同様に、外山徹「近世前期玉川流域における鮎「上納」に関する一考察」（『関東近世史研究』第二九号、一九九〇年）では、府中御殿を題材にその機能について代官陣屋と共に地域支配の重要な拠点であるということを指摘している。

第一節　近世前期、関東における塩業の展開

はじめに

江戸内湾各地では、中世においても製塩業が展開していたが、地域的な市場を対象としていた。徳川家康が関東に入国し、さらには将軍の居城としての江戸城が築城され、江戸幕府の拠点となるべく都市江戸が形成される。さらに、参勤交代が制度化されると、各地の諸大名が江戸に集住するようになり、消費都市の性格を色濃くもつようになった。本節では、このような政治的・経済的立地条件と関連させ、近世前期段階における関東の塩業の展開について概観したい。

一　行徳塩田と江戸城城付地

天正一八年（一五九〇）の関東入国直後から、徳川家康は、江戸城下町建設はもちろんのこと、家臣団の配置・検地など多方面から政策が企図された。[1]その一つが軍需物資であり、生活必需品である塩の確保であった。江戸の消費を支えるためにも周辺地域の海付村々に製塩場を確保し、輸送路の整備が必要であったのである。

本項では、かかる点について、従来から幕府の保護政策の一つとして言われる、行徳塩田への拝借金貸付けと、小名木川水運の開鑿の二つの点から紹介することにしたい。

1　近世前期における幕府の拝借金貸付

行徳塩田における「塩浜由緒書」を参照すると、[2]「行徳領塩浜之儀、元来上総国五井与申所ニ而往古ゟ塩ヲ焼覚江家業之様ニ致候ヲ、行徳領之もの近国之事故折節罷越見覚候而、当村拾四ヶ村之内本行徳村・欠真間村・湊村三ヶ村之もの習候而、行徳領村附遠干潟砂場之内ヲ見立、塩を少々宛焼習ひ、其節者渡世ニ仕候程之儀ニ者無之、自分遣い用迄之塩を焼候処ニ、近所百姓共段々見習ひ焼方を覚江、他所へも出し候得共、其節者塩年貢与申者も無之候」と記載されている。つまり、製塩技術は、五井から伝播したといわれ、徳川家康が関東に入国する以前からすでに、塩焼が行われていた。さらに、「権現様関八州御領地ニ罷成、東金江御鷹野ニ被為成候節、行徳領御通行之砌塩焼候を御覧被遊、甚悦喜被遊塩之儀者御軍用第一之事御領地一番之宝与被思召候、随分百姓共出情仕候様、塩焼百姓共野先江被召出上意有之、金子等被下置相続」と記載されているように、軍需物資の塩を「御領地一番之宝」とし、野先で金子を与えられている。また、一時中断があったにせよ、近世を通じて行われた鷹狩は、軍事調練と民情視察の意味を持ったとされ、近世初期の段階では遠方へも鷹狩に行っていたことが知られている。[3] この機会に、家康が塩焼の様子を見たというのである。その後、二代将軍秀忠は三〇〇〇両を、三代将軍家光も二〇〇〇両を拝借金として与えている。このように行徳塩田は、塩を生産し拝借金を与えられた地域として位置付けられたのである。

2　小名木川開鑿

こうした塩田の確保と共に、輸送路の整備も図られた。家康の入国直後の慶長年中には、小名木四郎兵衛に命じて行徳と江戸小網町の間の水路開鑿に着手している。いわゆる小名木川の開鑿である。

〈史料1〉[4]

○小名木川　村の南を流る、幅十八間、此川慶長年中小名木四郎兵衛掘割し故の名と云り、正保改国図にうなぎさや堀とあり

○渡船場　中川渡と号す、行徳道にして西船堀村へ達す、船路凡五丁許此渡慶長十六年伊奈備前守奉り当村にて指揮する事を命すと云

〈史料2〉[5]

一船渡場　　而本行徳河岸場ゟ小網町
　　　但　行徳河岸迄河路三里余

右是者百六拾三年前寛永九申年船往還之儀伊奈半十郎様被　仰付、当村ゟ小網丁岸橋迄安房・上総・常陸・下総旅人漕送候、年中　御公儀様御用人様方其外御大名様方御参府并御発足御私領方御役衆中様迄御用人馬壱ヶ村ニ而相勤申候、其上屋敷八町七反四畝五ト之所江反ニ永七百五拾三文宛屋敷増御年貢与申永納六拾五貫八百

廿五文ツヽ年々御上納仕候、当村ゟ岸橋船賃之訳幷継馬之訳左ニ記申候（後略）

徳川の関東入国直後に小名木川の開鑿が実施されていることから、幕府が積極的に行徳と江戸との流通網を整備し、塩の確保政策を取ったことがわかる。近世初期の軍事的な地域編成のなかで行徳は軍需物資である塩を生産し、江戸城を支える城付地として位置付けられたのである。

二　江戸内湾塩田における負担と存在形態

近世前期における江戸内湾の塩田の存在形態について述べていくことにしたい。

江戸湾西岸（現在の神奈川県域）の塩田の存在と負担の様子については、『正保郷帳』によって確認することができる。(6)この『正保郷帳』は、近世前期の村高を知る上での好史料である。ただし、村高が確定するのが寛文・延宝・元禄期の総検地以降のことであったことから、この段階では検地を一応の村高決定の前提条件としながらも、なお抓み高の村高を内包していた点に留意しなくてはならない。(7)その上で本論との関係から指摘すると、武蔵国と限定付きだが、製塩に関係した村々の負担についての状況を表13のように知ることができる。

この表13から現在の神奈川県域各地に存在していた塩田について、大きく以下の三点が指摘できる。

第一は、幕藩権力の製塩地掌握の方法である。幕藩権力が製塩地を把握する場合、煎熬場である釜屋の数によって把握する方法と、採鹹作業の場である塩浜面積によって把握する方法の二つがあげられる。これは、製塩工程が、塩田によって濃い塩水（鹹水）から採取する採鹹作業と、濃い塩水（鹹水）を煮焚きし塩を採取する煎熬作業の大きく二工程から成り立っていることに起因している。

製塩地の把握が釜屋の数で行われる理由は、塩浜が自然浜であり、塩浜の位置が流動的で確定できないことが指摘できる。潮の干満の状態、あるいは地形の変動によって、製塩地が移動するため、煎熬段階の釜の数を把握することが、製塩業を掌握する重要な指標となったのである。

他方、塩田面積で把握する場合、塩田地盤が確定していることが条件となる。自然浜としての状態から、一定度発展した揚浜塩田あるいは入浜塩田によって塩田地盤を確定した段階が前提とされる。

『正保郷帳』を参照すると、製塩地の把握は、塩場役によって把握されている。田方・畑方については、石高で記載されるのに対し、塩浜の場合は、塩場

表13 『武蔵田園簿』から見た塩負担

郡名	村名	負担名	負担	負担高	支配代官名
久良岐郡	六浦寺分	塩場役	塩	四九俵一斗〇升三合	八木次郎右衛門代官所
久良岐郡	六浦平分	塩場役	塩	四七四俵	八木次郎右衛門代官所
久良岐郡	六浦社家分	塩場役	塩	九三俵〇斗二升〇合	八木次郎右衛門代官所
久良岐郡	須崎村	塩場役	塩	四七五俵〇斗九升五合	八木次郎右衛門代官所
久良岐郡	町屋村	塩場役	塩	二四三俵〇斗〇升五合	八木次郎右衛門代官所
久良岐郡	寺前村	塩場役	塩	三三八俵一斗一升二合	八木次郎右衛門代官所
久良岐郡	谷津村	塩場役	塩	三七俵〇斗二升六合	八木次郎右衛門代官所
久良岐郡	釜利谷村	塩場役	塩	五六五俵〇斗二升二合	八木次郎右衛門代官所
久良岐郡	釜利谷村	山手役	塩	一五一俵〇斗〇升五合	八木次郎右衛門代官所
久良岐郡	上郷	萱野塩場役	永	五貫二一二文	間宮権三郎代官所
久良岐郡	下郷	萱野塩場役	永	二二〇文	間宮権三郎代官所
久良岐郡	永田村	萱野塩場役	永	七一三文	間宮権三郎代官所
久良岐郡	太田村	塩場役	塩	一三三俵	八木次郎右衛門代官所
久良岐郡	蒔田村	塩場役	塩	五六俵	八木次郎右衛門代官所
久良岐郡	戸部村	塩場役	塩	一一一俵	八木次郎右衛門代官所
久良岐郡	中村	塩場役	塩	一七石五斗	間宮権三郎代官所
久良岐郡	堀ノ内村	塩場役	塩	一〇石五斗	間宮権三郎代官所
久良岐郡	森村	萱野塩場役	永	二七八文	間宮権三郎代官所
都筑郡	二俣川村	萱野役	塩	三〇〇俵	伊奈半十郎代官所
都筑郡	今井村	萱野役	塩	八〇俵	伊奈半十郎代官所
都筑郡	市ノ沢村	萱野役	塩	七四俵	伊奈半十郎代官所
都筑郡	白根村	萱野役	塩	四七俵	伊奈半十郎代官所
都筑郡	今宿村	萱野役	塩	二三俵二斗一升〇合	伊奈半十郎代官所

役や萱野役として、永高・石高・俵数の三種類で記載されている。田方・畑方に見られるように石高制に基づき統一的に把握したものとは性格を異にし、塩浜に対する負担の有り様は、塩浜役永や塩年貢など一様でないが、江戸内湾西岸の場合は塩場役などの役として把握されていた。ちなみに、江戸内湾の塩浜に対して検地が行われるのは、元禄検地の段階のことであった。

第二は、実際に製塩に直接従事しない地域でも、野場役・萱野役・山手役などという名目によって、負担が塩として現物納されている地域が存在するという点である。これらの役と製塩地との関わりを直接示す史料は見つからないが、恐らく、これらの地域は、製塩地へ燃料を供給していたと考えられる。そして、生活必需品である塩という性格から、周辺地域は、萱や柴などの燃料を製塩地に供給し、その代りに塩を現物で受け取ってい

都筑郡	川井村	萱野役	塩	六八俵	伊奈半十郎代官所
橘樹郡	保土谷村	萱野役	塩	二〇俵	伊奈半十郎代官所
橘樹郡	仏向村	萱野役	塩	三二俵	伊奈半十郎代官所
橘樹郡	片倉村	萱野役	塩	一俵一斗七升五合	伊奈半十郎代官所
橘樹郡	三枚橋村	萱野役	塩	一俵	伊奈半十郎代官所
橘樹郡	鶴見村	萱野役	塩	一五俵	伊奈半十郎代官所
橘樹郡	小田村	野場役	塩	七俵	伊奈半十郎代官所
橘樹郡	小田村	塩場役	塩	二俵	伊奈半十郎代官所
橘樹郡	大島村	野場役	塩	六六俵二斗七升九合	伊奈半十郎代官所
橘樹郡	中島村	野場役	塩	九俵一斗二升二合	伊奈半十郎代官所
橘樹郡	大師河原村	野場役	塩	一〇俵	伊奈半十郎代官所
橘樹郡	菅沢村	野場役	塩	三俵	伊奈半十郎代官所
橘樹郡	市場村	野場役	塩	二二俵	伊奈半十郎代官所
橘樹郡	矢向村	塩場役	塩	三六俵	伊奈半十郎代官所
橘樹郡	矢向村	野場役	塩	二〇俵	伊奈半十郎代官所
橘樹郡	末吉村	萱野役	塩	八〇俵	伊奈半十郎代官所
荏原郡	六郷八幡塚町		塩	四俵二斗五升四合	伊奈半十郎代官所
荏原郡	麹屋村	野場役	塩	二〇俵一斗八升三合	伊奈半十郎代官所
荏原郡	大森村	野銭場役	石塩	四六俵	伊奈半十郎代官所

北島正元校訂『武蔵田園簿』（一九七七年、近藤出版社）参照

たのであろう。そして、その分が山手役・萱野役として現物の塩で請け負われていたのである。こうした山手役や萱野役を現物の塩として負担を負わせることで、領主は、それらの地域について、製塩地へ燃料を供給する場として位置付けたのである。

そして第三は、少なくとも近世前期には開発されたと考えられる大師河原塩田の中心地である大師河原村において、負担が野場役のみで、塩場役としての負担が見られない点である。これらについては、大師河原塩田も行徳塩田と同じく元禄検地によって、塩田面積が確定したため、それ以前の正保郷帳の段階で、負担の対象となっていなかったものと考えられる。

つぎに、江戸湾東岸（千葉県域）の塩田について、いくつかの史料から拾ってみる。(8)

〈史料3〉

塩高弐百廿壱石六斗六升五勺九才

浦高九石四斗五升

舟高四石

中島村惣高

一高千弐百六拾九石弐斗三升九合壱勺四才（後略）

〈史料4〉

（五井村）

（前略）

一塩場弐拾八町三反三畝拾壱歩

一塩三百六拾壱石壱升四合　　定納塩年貢
（中略）
一農業の間かせきに男女ともニ塩を焼、野方へ出て塩売、またハ蛤蜊を取、野方へ出て是を売

中島村とは上総国望陀郡、現在の木更津市に位置する。この中島村の場合、宝暦四年（一七五四）にも塩年貢勘定目録が作成され、塩年貢を恒常的に納入していた。[9]また、文化・文政期に作成された質地証文を見ると、塩場と記載されている場所の地目が下田・田などとなっている。近世初期・前期には、塩浜であった場所が荒廃し、田畑などに変貌したものと考えられる。

同様に『木更津市史』を参照しても「中島、瓜倉村では、安土、桃山時代から江戸時代初期にかけて製塩が行われたことは中世史でも触れてあるが、これらの塩田も江戸時代初期からは次第に廃田となり、水田としての開発が行われた」と記載されているように、近世前期において荒廃・廃止される塩田が多く見られる。[10]

一方、行徳塩田よりも先にあったといわれる五井村には、江戸時代を通じて三〇町歩近くの塩田面積を有し、塩年貢として三六一石強が納められていた。農間余業ではあるが、中島村や五井村のように荒廃することなく、近世を通じて存続し続けた塩田も多く見られるのである。[11]

以上、江戸内湾に展開した負担の有り方と塩田形態について、江戸内湾の西岸と東岸のそれぞれの塩田を述べてきた。江戸内湾における製塩地は、河川と江戸湾の交流地に多く分布している。それは、薪などの燃料補給と、内陸部への塩の輸送という二つの理由が考えられよう。近世前期における江戸内湾の塩田形態は、大きく①江戸の市場を対象とした塩田、②塩田周辺の地域を対象とした塩田、③塩田を維持し続けることができず荒廃してしまう塩田、の三つに類型化することができる。以下、この類型に沿って塩田の存在形態について述べてみる。

まず第一番目に、行徳塩田や大師河原塩田などの江戸周辺地域に展開した塩田を見てみよう。これらの塩田では、塩場役などの負担が課せられていなかった。行徳塩田の場合は、寛永段階から塩浜役永として課せられたと言われるが確証がない。行徳に塩浜を有した関ケ嶋村で、名主役を勤めていた田中家に伝来している、寛政二年（一七九〇）に写したとされる寛永六年（一六二九）八月の「下総国勝鹿郡行徳之内関ケ嶋村屋敷御検地水帳」には、(12) 屋敷地だけでなく、その他「水帳」の二冊の寄が掲載されている。それによると、田畑の記載を見ることができるが、塩浜の記載は無い。よって、塩浜の検地が行われたかどうかはわからない。(13) このように、江戸周辺に存在した塩田は、負担を課せられていなかったと考えられる。塩を生産し、江戸の需要に少しでも対応できることを主眼とした結果と考えられる。さらに、領主は山手役や萱野役を製塩地周辺の燃料供給地に対し、塩で納入させることで、製塩地への燃料供給場の確保を図ったのである。

第二番目として、江戸周辺に位置せず、地域市場を対象とし、個々に存在した塩浜を見てみよう。天保九年（一八三八）における今津朝山村の「村差出書上帳」を参照すると、(14)「男女農業之間稼、男女とも浜ニ出、浅蜊・蛤とも、男野方え売出申候、又は日刺相続候得は塩稼第一仕候」と、農間余業として製塩業が行われている。同様に、延享二年（一七四五）八月における野手村の書上によると(15)「漁猟之網拵、或ハ塩焼稼仕候」と、男の農間余業として塩浜稼ぎが記載されている。さらに、「塩釜之事」として「是ハ先年幾郷ト申塩焼組入御座候え共、其後地引網稼専一ニ仕候故、当時ハ農業魚漁之手透を見合、人夫多キ者自分ニ遣イ塩斗相焼候事ニ御座候」とあり、漁業や農業の合間に、自己の消費や地元販売のための製塩を行っていたことがわかる。さらに、享和二年（一八〇二）に作成された下総国飯沼村の明細帳によれば、塩浜年貢として米二俵が納められていたことがわかるが、(16) 現物の塩、あるいは代銭として納めるのではなく、米で納めている。これらの塩田の様に、江戸への販売をせず、農間余業で局地的な市場を対象としながら、存続し続ける塩浜も見られるのである。

そして最後に、下り塩の浸透によって、塩浜から畑・漁場へと変貌する例を紹介しておく。寛文年間に作成したと考えられる奈良輪村絵図を参照すると、塩浜の存在を確認できる。[17] しかし、これらの塩浜は、近世中期ごろに荒廃する。近世後期の奈良輪村の村絵図を参照すると塩浜から田地へと変貌している。[18] また、宝永七年（一七一〇）に作成された奈良輪村の検地帳を参照すると、「塩場新田検地帳」という表題を見ることができ、[19] 宝永期以前には塩浜から田地へと変貌したことをうかがい知ることができる。奈良輪村にあった塩田も、元禄・宝永期ごろに荒地となり、その後田地となったのである。先に触れた通り、隣村の中島村でも塩場が存在したが、[20]「一此度検分之場所塩場ニ御座候所荒地ニ相成候ニ付、中嶋村ゟ面々御地頭所江願立いたし田地ニ致度由ヲ申ニ付、鍬下三ヶ年御年貢不納致差遣シ候所、当年ゟ毛附致候年限ニ付田給御地頭所江掛合ニ及ひ候所、其御屋敷ニ而可然様御取斗可被下段申来り候ニ付、自分御地頭所黒川左京様ゟ被仰出候ニハ、此度之儀者蔭山半左衛門同悴丞治郎同道ニ而検分可致旨被仰渡候ニ付、御地頭所方五給惣代為検分子二月廿八日ニ中嶋村江参り申候……」との記載からも、[21] 塩場が荒地となり、その後、奈良輪村の塩浜と同様、田地となっていることがわかる。江戸内湾ではないが、相模国前河村においても、延宝二年（一六七四）に「……片浦山并箱根山ニ而薪を取塩ヲ焼申候ニ付、余村ニ相替り大分に被仰付候、只今ニ罷成馬数無御座候得者薪も取不申、尤塩畠も荒地御座候故、塩御年貢も毎年買納に而御上納仕候、就夫五年以前にも書付を以御訴訟申上候得共、御取上ケ無御座何共迷惑ニ奉存候、以上……」[22] との記載が見られる。塩浜自体は荒地となり、現物納を原則とした塩年貢は、他地域から買い納められている。こういった塩浜が荒廃していく経過は、下り塩の関東への浸透と関係があろう。幕藩制的な全国市場の成立に伴う下り塩の流入により、塩浜から漁村あるいは荒地へと変貌する塩浜も少なからずあったのである。

三　榎本弥左衛門覚書から見る塩の流通

近世前期における塩の流通について、川越周辺の塩仲買であった榎本弥左衛門の動向から検討していこう。

この榎本弥左衛門は、大野瑞男によって紹介され[23]、近世前期以来塩仲買を勤め川越周辺を商圏としていた人物として知られている。四代目榎本弥左衛門が記した自伝的な記録、「榎本弥左衛門覚書」[24]から、塩の購入・販売の様子をよく知ることができる。関連するいくつかの記述に注目してみよう。

〈史料5〉[25]

拾九才ノ時、又壱人金四十壱両持候て、とちぎへたばこ買ニ参候所ニ、川越ゟとちぎへ飛脚参候義ハ、江戸ニ塩きれ買出シなく、川越ニ而塩ノ商ノ間欠候間、すぐニ江戸へ罷越候へと状参候間、右買申候たばこニ荷印を仕、へや川岸へ出シ、舟ニつみ渡シ、江戸へ廻し申候、我等ハ則小賀ノ町ゟくり橋ノ大渡シを越、せんじゆへかゝり、江戸堀江町へ参着申候……

〈史料6〉[26]

一廿六才之時、弥商ニ情を入かせき申候間、江戸中買之内、一番なみの塩目きゝしやとほめられ候、我等買申塩ハ、悪敷とも諸人能塩ニ而可有候と被存候、弥商のいせいつよく成り……

〈史料7〉[27]

塩ノ買出しニ江戸へ参候事も不罷成、其上正月ゟ十月迄雨ふりつゝき、塩高直ニ而、江戸ニても塩払底ニ而候間、川越もきらし、売子もちり可申候と存候所ニ、先年父榎本弥左衛門殿正直ニ而、塩問屋衆・手代衆共ニ大切ニ被成、我等ニも其通ニ仕候へとおしへ被成候間、御同前ニ塩といや衆ニ背不申候付、此戌年不仕合ニ、何れ被入御

情、塩商ノ間をかき不申様ニ被成候間、売子もちり不申候

〈史料8〉(28)

一塩商ハ、大上リ大下リ有候而、大事之商ニ而候、ようせう𠮟只今迄相勤申候間、気をとられ心うきくもの様ニ罷成、大物忘れ仕、世渡リニさゝハり申候事

〈史料9〉(29)

一行徳ノ家数、半分つふれなかれ候、立水三四尺五尺壱丈迄上リ候故也、塩場・鎌舟ともニ水入、くつれ候間、閏八月𠮟極月迄四ケ月ハ、塩やき申候事不成候、皆家普請、はまかまや普請がゝり、互ニ隙入候、其上塩たれやく道具なかれ、無之候間、御公儀へ御訴訟仕、もらい申候て、極月すへ方𠮟少宛塩やき申候へとも、十ノ物壱つ分いてき申候

〈史料10〉(30)

一慶安四卯年正月十日𠮟、本塩問屋と八十人之中かへの者中絶したる也、同日ニ、我等も中間へ金三両出したまり候、此金にて、同六月中塩かい申候、猪津弐斗壱升入廿六表、かしにて中間之金子ともにてかい申候、辰之霜月二日に蔵𠮟出し候へハ、我等三両之金代壱両壱分にやうやう成申候、此もめ合之時、新問屋とて四人定候、近藤・銭や・阿波や・三原屋也、此もめやいハ、脇うりを中かへ𠮟とめんと云、といやハいやと云𠮟おし合て、本問屋中替之内、金持たる手前よきものをは数申候𠮟初りたり、是𠮟辰巳之年迄、幾度ともなくくづれて、本といやにてかい候へハ、又寄合てハかたまり、又ハくづれ又ハかたまり、埒つかぬ也、中替之者ニ分別者なく、新といやにも能者なき故也

〈史料11〉(31)

一承応三午年七月中、大ニいわしとれ候て、ひたちはまべゟ塩上舟廿余艘も卅さうもうれ申候故、江戸塩といやにて大ニかいつゝく、上り口にて成、六月のさうはより三わりも上り候……

〈史料12〉(32)

一午九月朔日ゟかつさ塩参候、三斗壱升入廿六表、是ハ八月中ニハ上舟有故不参候、此かつさ参候ヘハ、人心さかり可申候と存事ニ候、以上

まず最初に〈史料8〉を参照してみよう。同史料を参照すると、「塩商ハ、大上リ大下リ有候而、大事之商ニ而候」と記されているように、他の商品と比較し、塩相場は高下が激しく不安定であった。「榎本弥左衛門覚書」を参照すると、斎田塩・荒井塩を始めとして下り塩の相場が頻繁に記載されている。近世の段階から下り塩が江戸へ相当量入荷していることがわかる。しかしながら、塩相場の高騰・下落の要素は、天候による下り塩の移入もさることながら、〈史料11〉に見られるように、鰯などの大漁に際し、大量の塩が使われる時も塩相場が三割高騰している。また〈史料12〉は、雨天続きで塩価が高騰したとき上総塩が送られたことを示す史料である。この時、江戸に入津された上総塩は、八石程度でわずかであった。しかし、上総塩が送られることで、「人心さかり可申候と存事ニ候」と江戸の町人に安心を与えている。江戸の塩相場も不安定な近世前期の段階において、地廻り塩は下り塩の移出入が不安定な様子を補完する役割を担っていたのである。

塩仲買である弥左衛門にとって、こうした不安定な塩の相場を的確に把握することが重要であった。例えば、〈史料5〉を参照してもわかるように、塩が不足したときは、飛脚を通じて情報を得ていた。さらに、〈史料6〉〈史料7〉にある通り、江戸の塩問屋や、実際に販売を担う売子の信頼を得、塩の払底した際にも、問屋からは不足の無いようにしてもらい、売子（小売）も逃げ出さずに済んでいる。

また、各塩浜の様子についても詳細に把握していることがわかる。〈史料9〉の様に行徳塩田の様子について示したものや、紙面の都合で掲載しなかったが、阿波国斎田浜周辺の塩浜の様子について記したものもあり[33]、廻船の船頭あるいは仲間などを通じて情報を得ていたようである。

以上の点をまとめると、次の点が指摘できる。

第一に、関東における塩の流通組織について、少なくとも慶安の段階で、問屋―仲買―小売（売子）の関係が成立していたということである。制度的に保証されていたわけではないが、問屋が四軒として確定するのが、慶安四年（一六五一）のことであった。榎本弥左衛門は、塩仲買であったが、仲買（この段階で八〇名）同士の横の連携と、問屋と売子の縦の連携の両側面に注意を払っていたことがわかる。従来の問屋との付き合いにおいて、「正直」な関係を保ち、信用を得ていた。このため、塩が払底した時、問屋から斟酌してもらい必要分の塩を工面してもらっている。「正直」自体の内容は、同史料からは判断できないが、問屋―仲買の相互関係は、単に売買取引上だけでなく、私的な側面（信用）も大きかったのである。同時に、仲買間の紐帯が見られ、結果問屋に対し、結束して対抗することもあった。〈史料10〉では、対立の要因はわからないが、問屋から塩を購入しないなどという形で対抗している。しかも、問屋から塩を購入せず仲買間で金を出し合うことで、「猪津塩」を購入し、当座をしのいでいることもわかる。この「猪津塩」については、次節で触れるが、伊豆諸島で生産した塩年貢のことであろう。恐らく、江戸において入札に出されたものと考えられる。

第二に、この時期、塩の移出入や塩の相場が不安定であった点を指摘することができる。しかも、江戸の相場がダイレクトに川越周辺の相場にも反映している。そのため、榎本弥左衛門にとって重要なのは、江戸（購入先）・川越（販売先）の塩の有無を知らせる情報を常に得ることであり、飛脚の手配が周到に行われていた。そして、榎本弥左衛門の所在は常に周知され、塩価に大きな変化がある場合、即座に江戸に行く態勢が整っていたのである。しかも、行徳塩田など江戸周辺の塩田だけでなく、遠く阿波国斎田浜などの様子まで知られていたのである。

第三に、上総塩が江戸に運ばれた例に見られるように、江戸周辺での製塩高は少量であった。しかしながら、塩の移入が不安定な近世前期の段階で、下り塩が送られず、払底した際に、少量ながらも地廻りの塩が江戸に送られることで、人心を安心させる役割を果たしたのである。

おわりに

以上、近世前期における江戸内湾の塩業の展開について述べてきた。簡単にまとめておくことにしたい。

近世前期は、瀬戸内各地において入浜塩田が開発し始めた時期であった。しかしながら、海運自体も整備されておらず、江戸に送られる塩の移入状況は不安定であった。このため、江戸周辺の地域は江戸城を支える場として位置付けられたのである。塩も生活必需品のみならず軍需物資であることから、家康以来その確保に積極的であった。その具体的な取り組みが、小名木川の開鑿であり、行徳塩田に対する拝借金貸付であった。小名木川の開鑿は行徳と江戸を結ぶ交通路として、拝借金貸付は塩浜に対する資金供給として、それぞれ積極的な意味を持つことができる。また、こうした江戸周辺に位置した、塩浜に対しては塩年貢・塩浜役永の負担も少なかったようで、さらに燃料の薪炭を供給する塩浜周辺の地域に対しても、山手役や野場役としての負担を塩で納入するようにさせ、塩浜に対する燃料供給の場としての性格を維持し続けたのである。

また、江戸の流通組織も十分ではなく、塩問屋が四軒として確定したのは慶安期ごろのことであった。この時期には問屋—仲買の間に問題が多くあり、商い慣行として流通組織が整備されるのはもう少し後のことであった。こうしたことから塩の相場には、相当の高下が見られる。塩仲買であった榎本弥左衛門の動向を見ると、塩を恒常的に確保するために塩の相場・塩の有無・製塩地の様子など情報の収拾を飛脚を利用して積極的に行うと共に、問屋・売子（小売）との信用、仲買間の連携に重視していたのである。

また、江戸内湾の塩田は、江戸の消費に十分な塩を生産していたとはいえない。しかし、下り塩の流入状況が不安定であった近世前期の段階では、少量ながらも補完し、人心を安定させる潤滑油の役割を果たしたのである。

注

（1） 藤野保『新訂幕藩体制史の研究』（一九七五年、吉川弘文館）、北島正元『江戸幕府の権力構造』（一九六四年、岩波書店）。

（2） 「塩浜由緒書写」（『市川市史』第六巻上、四七六頁、一九七二年）。

（3） シンポジウム「近世の地域編成と国家」を参照すると（関東近世史研究会編『近世の地域編成と国家』、一二四頁、一九九七年）、大石学は、近世初期の将軍の鷹狩は遠くに行っていたのが、吉宗の段階では回数は多いものの日帰りであることを指摘している。

（4） 〈史料1〉は、「小名木村」『新編武蔵風土記稿巻之二十五　葛飾郡之六』（『新編武蔵風土記稿　第二巻』大日本地誌大系、六〇頁、一九六三年、雄山閣出版）。

（5） 「本行徳村村明細帳」（『市川市史』第六巻上、二四〇頁、一九七二年）。

（6） 北島正元校訂『武蔵田園簿』（一九七七年、近藤出版社）。盛本昌広「後北条領国における海村の負担」（『日本中世の贈与と負担』一九九七年、校倉書房）において、『武蔵田園簿』をも参照しつつ、塩を含めた海村の負担について論述している。

（7） 北島正元「解説」（『武蔵田園簿』一九七七年、近藤出版社）。

（8） 〈史料3〉は「中嶋村惣高」参照（武内千代松・武内博共編『上総国望陀郡中島村史料集』一四頁、一九七二年）。〈史料4〉は、「五井村村鑑明細帳」参照（『千葉県史料近世篇上総国下』三四頁、一九六一年）。

（9） 「宝暦四年塩年貢勘定目録」（武内千代松・武内博共編『上総国望陀郡中島村史料集』、三七頁、一九七二年）。

（10） 木更津市史編集委員会『木更津市史』（一九七二年、二九二頁）、なお、この地域に塩田が存在していた理由について、同書中世の部分（一五二頁）を引用しておく。「室町末期になって、金田中島の沿岸で製塩が行われたことは、天正一八年（一五九〇）三月一日に里見義康が中島の百姓中に出した塩年貢の文書（小倉貞太郎文書）によって明らかである。その製塩法が揚浜法か入浜法で行われたのか文献の上では、明らかでないが、現在中島の地に「入浜」という小字名が残っていることから、ここが製塩場跡であり、また入河という潮を導入した跡も残存することからも、入浜法による製塩が行われていたことが立証される」と記載されている。

(11) 「五井村村鑑明細帳」（『千葉県史料近世篇上総国』一九六一年、三四・三五頁、なお、作成年代は不明である）。
(12) 市立市川歴史博物館蔵、田中家文書。
(13) ただし、「塩浜由来書」などを参照すると（『市川市史』第六巻、史料近世上、四八二頁、一九七二年）、「反取永之義古来ゟ相極候由百廿八年以前寛永六巳年伊奈半十郎様御支配御検地之節、猶又御取極被遊候……」と寛永六年に検地が実施されているとしている。
(14) 「天保九年五月　今津朝山村差出書上帳写」（『市原市史』資料集近世編一、六〇〇頁、一九九二年）。
(15) 「野手村外八箇村明細帳」（『千葉県史料　近世篇　下総国上』、一九五八年、二三五頁）。
(16) 「飯沼村明細帳」（『千葉県史料　近世篇　下総国上』、一九五八年、四九八頁）。
(17) 「奈良輪村絵図（寛文年間）」（『袖ヶ浦町史』史料編Ⅱ、一九八三年）。
(18) 「奈良輪村絵図（江戸後期）」（『袖ヶ浦町史』史料編Ⅱ、一九八三年）。
(19) 『袖ヶ浦町史』史料編Ⅰ（一九八四年）を参照すると、「奈良輪村塩場新田検地水帳」「坂戸市場村塩場新田検地帳」などの検地帳を見ることができる。
(20) 「文化一三年二月、上総国望陀郡中嶋村塩場一件」（剣持利恵子所蔵文書）。
(21) 「文化一三年二月、中島村塩場田地検分之節覚控」（剣持利恵子所蔵文書）。
(22) 「前川村塩年貢減免願証文」（熊沢重一氏所蔵史料、『神奈川県史』資料編四近世1、一九七一年）。
(23) 大野瑞男「『榎本弥左衛門覚書』について―その紹介と彼の商業活動からみた近世前期の市場構造の検討―」（『史料館研究紀要二』一九六九年）。
(24) 川越市「榎本家文書、榎本弥左衛門覚書」（『川越市史』史料編近世Ⅱ、一九七七年）、同史料は、「三ツ子ゟ之覚」と「万之覚」

の二冊存在する。同書所収の「町方史料編解説」を参照のこと。

(25) 寛永二〇年、榎本弥左衛門一九歳、(「三子ら之覚」『川越市史』史料編近世Ⅱ、一二頁、一九七七年)。

(26) 慶安三年、榎本弥左衛門二六歳、(「三子ら之覚」『川越市史』史料編近世Ⅱ、一七頁、一九七七年)。

(27) 明暦四年、榎本弥左衛門三四歳、(「三子ら之覚」『川越市史』史料編近世Ⅱ、二三頁、一九七七年)。

(28) 「三子ら之覚」(『川越市史』史料編近世Ⅱ、三〇頁、一九七七年)。

(29) 延宝九年、榎本弥左衛門五七歳、(「三子ら之覚」(『川越市史』史料編近世Ⅱ、三六頁、一九七七年)。

(30) 慶安四年、榎本弥左衛門二七歳、(「万之覚」『川越市史』史料編近世Ⅱ、一〇一頁、一九七七年)。

(31) 承応三年、榎本弥左衛門三〇歳、(「万之覚」『川越市史』史料編近世Ⅱ、一三五頁、一九七七年)。

(32) 承応三年、榎本弥左衛門三〇歳、(「万之覚」『川越市史』史料編近世Ⅱ、一二八頁、一九七七年)。

(33) 「万之覚」(『川越市史』史料編近世Ⅱ、一一五頁、一九七七年)を参照すると、阿波国撫養塩田の様子について、「才田浜・明神嶋・田猪津・越道・小田嶋・黒崎、此所は皆近所とも也、大小之かまや合三百余かま有と也……右六月朔日ら同七月十三日迄四十三日之間に、塩数廿万表出来申候積也……」と、記述されている。

第二節　伊豆諸島の製塩業

近世前期における伊豆七島では、絹ないしは塩を年貢として現物納し、その代りに扶持方米の給付を受けていた。伊豆諸島の島々のうち、利島・御蔵島・八丈島の島民は絹年貢を、大島・新島・神津島・三宅島の島民は塩年貢をそれぞれ納めさせ、扶持方米として米を与えていたのである。これを塩年貢—扶持方米制と呼ぶことにする。

近世における伊豆諸島の産業に関して、伊藤好一による成果を中心にいくつか見ることができる。(1) 本節では、こうした成果に学びつつ、近世初期に行われた伊豆諸島での塩年貢—扶持方米制の持つ意味について、①塩年貢—扶持方米制は、如何なるシステムのものなのか、②塩年貢はどこに納められたのか、③塩年貢—扶持方米制の廃止の要因は何か、という三点の問題について言及していく。これら三点から、近世前期における幕府の産業立地の問題について検討したい。

一　塩年貢—扶持方米制とその廃止について

塩年貢—扶持方米制の史料はあまり残されていないが、その廃止の訴願を通じて、いくつかの内容を知ることができる。本項では、こうした訴願内容を二点紹介し、塩年貢—扶持方米制の実態と、廃止の要因について探っていくことにしたい。

〈史料1〉(2)

乍恐以書付御訴訟申上候事

一伊豆国之内大嶋・新嶋・三宅嶋・神津嶋御年貢塩之儀、御扶持方米被為下置候、為其代り塩煮指上ケ申候、然共累年塩下直ニ御座候、御介抱ニ被為下置候、御扶持方米与積り合見申候得者、御公儀様御損多ク御座候、従是塩屋仕立申候ニ諸道具数多入申候、其上三年ニ一度宛立直シ申候、塩煮釜毎年塗立直シ申候、嶋ニより釜弐三具宛御座候、釜一具を百日焙かため申候ニ薪一日ニ五尺縄ニ而五六〆宛入申候、右道具木取釜仕立候か成□焼薪焙木塩煮申候時入申小材木、塩煮申候日数一ヶ村惣人数弐百五六拾日程掛り申候、塩釜操悪敷御座候得者□知之外□□多懸り申候、如何ニ仕候義ニ御座候哉、弐百日余諸事支度仕候而茂釜悪敷出来仕候者、塩煮申儀不被仰候事折々御座候、右之通積り仕候得者百姓共難儀仕候間、被為下置候御扶持米之替りニ塩煮立申候薪を伐替塩之直段四拾五表之積り御定被為遊金納被為仰付可被下候、殊に塩船積仕候得者御運賃大嶋へ七分、新

嶋・神津嶋へ十分、三宅嶋へ十五分之御運賃被下置候得者、弥以御費多御座候哉願上ヶ申候、金納之積りニ而御公儀様へ唯今迄よりハ御損少にて可在御座候、百姓共者日数多不掛薪不費山も木弥多罷成御願を以末々迄相続、殊に勝手も能御座候、誠自由成願之儀ニ御座候得共、畏御慈悲ニ被為仰付被下候ハヽ、難有可奉存候、以上

貞享三年八月十三日

新嶋神主名主年寄

惣百姓大嶋神津嶋

三宅嶋連判

御代官様

〈史料2〉(3)

差上ヶ申証文之事

一塩千五百拾三俵弐斗六升　但、三斗五升入定納　新嶋

此金弐拾五両永弐百弐拾九文　但、金壱両ニ六拾俵替江

一同弐千弐百八俵壱斗七升五合　但、同断　大嶋

此金三拾六両三分　永五拾八文五分　但、右同断

一同三百三俵　但、右同断　神津嶋

此金五両永五拾文、但、右同断

一同九百九拾五俵　但、右同断　三宅嶋

此金拾六両弐分永八拾三文五分　但、右同断

塩合五千弐拾俵八升五合

此金八拾三両弐分永百七拾壱文

右之通嶋々御年貢塩先規ゟ只今迄塩焼立上納仕来候所、毎年塩竈損シ不納迷惑仕候ニ付、向後金納ニ被仰付被下候様ニと度々御訴訟申上候所ニ、段々御僉儀之上被聞召届、今度御公儀様江御窺被遊、右之塩金壱両ニ六拾俵替之積り、百姓願之通当巳ノ年ゟ年々金納ニ被仰付、普ク百姓共難有奉存候、然上者前方申上候通年々無滞急度金子ヲ以上納可仕候、若以来迄少成共違背仕候者如何様之曲事ニ茂可被仰付候、為後日嶋々百姓共連判仕指上申候、仍如件

元禄弐年巳ノ十一月

豆州大嶋神主　采　女　印
同　所名主　市郎左衛門　印
同　所年寄　久右衛門　印
同　八郎左衛門　印
同　源五右衛門　印
同　三左衛門　印
同　八郎右衛門　印
同　所　惣百姓　印
豆州新嶋神主　長門守　印
同　所名主　八兵衛　印
同　所年寄　孫兵衛　印

〈史料1〉は、年貢塩の金納を願い出た文書であり、〈史料2〉は金納が許可されたことによる連印証文である。この二つの史料を参照すると以下の三点がわかる。

①伊豆七島のうち、大島・新島・神津島・三宅島の四島が塩を年貢として納入し、扶持方米を請けていた。具体的には表14にまとめた通りである。負担の合計は、五〇一九俵で、石高で換算すると、一七五七石余りであった。一人当りの塩の年間消費量を一斗とすると、おおよそ一年間で一万八〇〇〇人程度の需要に応じることができたのである。

②塩年貢―扶持方米制の廃止の理由として、a塩の価格が安価になっていること、bさらに運賃や薪などの燃料費だけでなく、三年に一度、塩屋などの建て直し、毎年の塩煮釜の塗り直しなど諸費用がかさむ点、c各村々で塩年貢を果たすために二五〇日程度必要であるということ、の三点を指摘している。その上で「御公儀様御損多く御座候」と主張している。

③以上を踏まえた上で、現物納として納めた塩年貢の金納を願い出ている。なお〈史料1〉の貞享三年の段階では、

表14　伊豆諸島塩年貢

島名	塩年貢（俵）	塩年貢（石高）	扶持方米（俵）	扶持方米（石高）	代金納
新嶋	一五一三俵二斗六升〇合	五二九石八斗一升〇合	二八〇俵〇斗〇升〇合		金二五両、永二二九文
大嶋	二二〇八俵一斗七升五合	七七二石九斗七升五合	二四六俵〇斗〇升〇合		金三六両三分、永五八文五分
神津嶋	三〇三俵〇斗〇升〇合	一〇六石〇斗五升〇合	六七俵二斗七升三合		金五両、永五〇文
三宅嶋	九九五俵〇斗〇升〇合	三四八石二斗五升〇合		四七石四斗八升〇合	金一六両二分、永八三文五分
合計	五〇二〇俵〇斗八升五合	一七五七石〇斗八升五合			金八三両二分、永一七一文

「年貢塩ノ金納許可ニ付百姓等連印証文」（日本塩業大系編集委員会編『日本塩業大系』史料編近世三、一九七七年）参照

一両相当四五俵（三斗五升入）換算で納入することを願い出ているが、結局〈史料2〉で示す通り、一両換算で六〇俵として金納を願い出ている。一俵相当の塩相場が年を経るごとに安価になっていることがわかるだろう。

以上、〈史料1〉と〈史料2〉の内容について紹介してきたが、これらの史料のうち注目できる点は、塩年貢の金納が伊豆諸島の島民の側から能動的に訴え出されたことである。伊藤好一によれば、「新島の水産業、御蔵島の黄楊材伐出しなど、江戸を市場とする商品の積出しが、年貢を上納して扶持方米を受けるよりも、より有利に展開してきた」と代替産業の登場を指摘している。(4) また同時に幕藩制的全国市場の成立のもと商品流通の浸透によって、江戸市場での塩の確保は一定度果たされ、伊豆諸島の製塩業の生産強制を必要としなくなったのである。

薪の伐採や釜焚など製塩業に従事する期間が一年のうち七割以上であり、島嶼地域全体が製塩業に関与した塩の島で生活の中心は塩生産であった。塩年貢の金納化は、一定の商品生産─流通ルートを確保すればよく、島民はこの方向を志向していた。

さらに、扶持方米の支払について、世話・保護・御救の意味として「御介抱」という表現が利用されている点に注意したい。つまり、伊豆諸島において塩年貢─扶持方米制度は、生産性の低い島嶼地域への幕府側の公権力的対応として位置付けられていたのである。

結局、三年後の元禄二年（一六八九）に認められたのだが、なぜ貞享三年（一六八六）八月にこうした訴願が提出されたのであろうか。この点について、次の項で検討してみることにしよう。

二　年貢塩の流通

瀬戸内における入浜塩田の築造と、海上輸送の整備は、江戸への塩の供給を安定的なものにした。それによって、製塩の島として位置付けられていた伊豆諸島の各島は変貌を遂げることになった。

それでは、伊豆諸島に納められた塩年貢はどのようにして江戸へ送られたのであろうか。表15を参照してみることにしよう。表15は『江戸町触集成』に収録されているもののうち、年貢米など諸品の払下げに関する入札の町触について、延宝六年（一六七八）までのものを中心に作成したものである。

江戸における入札自体の問題は、別に改めて検討したいが、簡単に入札品目とその概要について確認しておく。『江戸町触集成』には入札に関する記述が多く(5)、年貢米などの諸品の払下げ以外にも多岐にわたって入札が行われている。それらは、二つに大別できるが、一つは廻米などの運送を請け負う時であり、もう一つは、橋などの掛け直しなどの普請の時であった。

入札は町年寄・月行事を通じて町中に告知され、適性と考えられる価格で入札されない場合、落札を延期することもあった。具体的な入札方法については、知ることはできないが、これらの史料を見る限り、「町中不残可被相触候」という文言に代表されるように、入札の対象者は限定されておらず、一面的にはフラットな方法が取られていたことがわかる。また表15を参照すると、浅草御蔵に入れられた米や大豆は御蔵勘定所において入札されることが多いが、支配代官への上納物などについては、代官の自宅で入札されている。さらに興味深いのは、運上品としての鮭などの生鮮品の場合は、該当の場所で入札が行われていた点である。

表16は、塩の入札に関して作成したものである。こうしたなか、行徳塩田において産出した塩（年貢塩）と伊豆諸島で産出した塩（島塩）が入札の対象となっている。これらを表記した史料として、〈史料3〉から〈史料8〉を掲げる。

〈史料3〉(6)

入 札 日	触 出 日	差 出	備 考
	寛文５年11月８日		
	寛文６年３月９日		
	寛文６年３月27日		再度入札
16日雨天の場合17日	寛文６年４月８日		
28日	寛文６年４月26日		
18日雨天19日	寛文６年９月15日		
10月２日	寛文６年９月29日		一俵３斗６升１合
11月２日	寛文６年11月１日		敷金30両
11月10日～12日	寛文６年11月7日		
３月29日	寛文８年３月27日		
５月19日	寛文８年５月19日		
６月10日前	寛文８年５月19日		６月10日は札披，委細は伊奈半十郎へ
６月10日前	寛文８年５月26日		６月15日は札披
６月10日	寛文８年６月８日		
８月15日	寛文８年８月12日		
２月11日	寛文10年２月７日	町年寄三人	
６月15日	寛文10年６月３日	町年寄三人	布川で札ひらき（現地）
７月27日	寛文10年７月23日	町年寄三人	
11月４日～６日	寛文10年11月２日	町年寄三人	
11月20日	寛文10年11月19日	町年寄三人	
12月14日	寛文10年12月11日	町年寄三人	
正月26日	寛文11年正月29日	町年寄三人	
３月10日	寛文11年２月29日	町年寄三人	
	寛文11年３月29日	町年寄三人	
６月15日	寛文11年６月２日	町年寄三人	

表15　寛文５年から延宝６年入札一覧

資料番号	入　札　品　目	入　札　場　所
483	御蔵真綿	10日御丸御蔵，12日木部藤左衛門
525	巳ノ羽州油利丸岡領御蔵米3840石余御払米	羽州代官松平市右衛門
534	巳ノ信州年貢米幷所払入札	天羽七右衛門
539	浅草御蔵大豆2000石程	
544	奥州福島領御城米御払1500俵程	伊奈半十郎広間
579	浅草・雉子橋御蔵払大豆	浅草
584	最上御蔵米，江戸御城米御廻ぬれ米534俵	深川・新田島
599	浅草蔵餅米300俵余	浅草御蔵
604	御蔵漆	太田六左衛門御宅
664	浅草御蔵御払米200石余	浅草勘定所
681	御蔵年貢漆	太田六左衛門宅
681	鮭運上	布川町重兵衛方で注文
685	総州箕和田浦鯉取運上	小泉次太夫宅
688	浅草御蔵払米120余	浅草勘定所
700	浅草御蔵払大豆1162石余	浅草勘定所
741	浅草御蔵払大豆2000石余	浅草御蔵
765	伊奈半十郎殿御代官所常陸国布川通ニ而，当年鮭取候網代運上	彼地へ参入札仕候様
785	浅草御蔵払大豆	浅草御蔵
807	御蔵漆	鳶坂ノ上，太田六左衛門宅
809	福島年貢漆225貫目余	牛込御門，国領半兵衛屋敷
815	浅草御蔵払米260俵余	彼地
838	浅草御蔵払大豆1400俵	御勘定所
847	鮭之他諸魚川運上	鷹匠町近所猿楽町小泉次太夫宅
865	小泉次太夫代官所新島領川鮭其他諸魚運上	小泉次太夫宅
878	伊奈半十郎代官所常陸利根川通布川金江津橋向三ケ所	布川

6月6日〜14日	寛文11年6月6日	町年寄三人	町年寄から名主月行事へ廻している
6月15日	寛文11年6月12日	町年寄三人	
6月25日	寛文11年6月20日	町年寄三人	
7月5日	寛文11年6月29日	町年寄三人	
正月22日	寛文12年正月19日	町年寄三人	
正月23日	寛文12年正月20日	町年寄三人	
2月26日	寛文12年2月23日	町年寄三人	
3月4日	寛文12年3月1日	町年寄三人	
3月11日	寛文12年3月9日	町年寄三人	
3月18日	寛文12年3月16日	町年寄三人	
3月25日	寛文12年3月24日	町年寄三人	
4月6日	寛文12年4月2日	町年寄三人	
5月1日	寛文12年4月28日	町年寄三人	
6月10日，雨天11日	寛文12年6月7日	町年寄三人	
6月13日	寛文12年6月9日	町年寄三人	
6月24日	寛文12年6月20日	町年寄三人	
閏6月14日	寛文12年閏6月12日	町年寄三人	
閏6月20日	寛文12年閏6月18日	町年寄三人	
閏6月21日	寛文12年閏6月20日	町年寄三人	
8月12日	寛文12年8月11日	町年寄三人	
10月3日	寛文12年10月1日	町年寄三人	敷金100両持参
10月16日	寛文12年10月20日	町年寄三人	
11月5日〜7日	寛文12年11月4日	町年寄三人	
11月5日・6日	寛文12年11月4日	町年寄三人	
11月10日	寛文12年11月6日	町年寄三人	
入札入直り	寛文12年11月11日	町年寄三人	

879	秋鹿内匠殿御代官所信州より遠州舟明山へ出る御榑木の残榑木	三川町三町目西之裏山本平右衛門宅
880	浅草御蔵上方米10000石程	御蔵勘定所
888	秋鹿内匠代官所信州より舟明山へ出る榑木江戸廻し残榑木61万丁余	三河町三町目裏山本平右衛門宅
892	浅草御蔵にて払米5000石程	御蔵勘定所
946	浅草御蔵にて伊豆御城米258俵	御蔵勘定所
948	行徳年貢塩	伊奈左門宅
963	浅草御蔵払米	御蔵勘定所
968	浅草御蔵払米6000俵程	御蔵勘定所
972	浅草御蔵払米6000余	御蔵勘定所
973	浅草御蔵払米	御蔵勘定所
978	浅草御蔵払米	御蔵
981	浅草御蔵払米12000俵程	御蔵勘定所
988	沼津領払米300俵余	浅草蔵前
995	浅草御蔵払米	御蔵勘定所
996	ふく島米1000俵余	谷御蔵
1005	浅草御蔵払米	御蔵勘定所
1009	浅草御蔵払米300石程	御蔵勘定所
1011	浅草御蔵払米	御蔵勘定所
1013	駿州沼津領年貢米浅草御蔵払米で選び出し393俵	浅草御蔵前
1027	浅草御蔵払米	御蔵勘定所
1042	浅草御蔵払米2000石程	御蔵
1044	野村彦太夫代官所，下板橋村・関村・遅之井村三ヶ所枯れ木1200本余	野村彦太夫宅
1049	御蔵漆・生蠟払	鳶坂之上弓町
1049	神奈川御詰米	伊奈半十郎宅
1050	浅草御蔵払米	御蔵勘定所
1052	伊奈半十郎代官所神奈川領御詰米悪米	伊奈半十郎御宅

	寛文12年12月1日	町年寄三人	
正月18日	寛文13年正月14日	町年寄三人	
2月7日	寛文13年2月4日	町年寄三人	
2月22日	寛文13年2月19日	町年寄三人	
2月26日	寛文13年2月21日	町年寄三人	中川八郎左衛門宅へ参り枯木改の帳面を写取，林へ参り枯木見分之上入札認，野村彦太夫へ持参
2月28日	寛文13年2月25日	町年寄三人	
3月28日	寛文13年4月2日	町年寄三人	
5月25日	寛文13年5月23日	町年寄三人	
6月8日	寛文13年6月4日	町年寄三人	
6月29日	寛文13年6月27日	町年寄三人	
10月18日	寛文13年10月17日	町年寄三人	
正月24日見分，26日入札	延宝2年正月19日	町年寄三人	
3月10日	延宝2年3月7日	町年寄三人	
6月6日	延宝2年6月3日	町年寄三人	
7月8日	延宝2年7月5日	町年寄三人	
	延宝2年7月29日	町年寄三人	
8月5日	延宝2年8月2日	町年寄三人	
8月10日	延宝2年8月6日	町年寄三人	
10月26日	延宝2年10月24日	町年寄三人	
11月3日	延宝2年10月晦日	町年寄三人	
11月20日	延宝2年11月12日	町年寄三人	
11月16日	延宝2年11月15日	町年寄三人	
2月12日～14日	延宝5年2月11日	町年寄三人	
4月17日	延宝5年4月12日	町年寄三人	
4月23日	延宝5年4月21日	町年寄三人	
6月5日	延宝5年6月4日	町年寄三人	

1059	浅草御蔵払米6200俵余	御蔵勘定所
1069	浅草御蔵払米34000俵程	御蔵勘定所
1077	浅草御蔵払米	御蔵勘定所
1085	浅草御蔵払米	御蔵勘定所
1086	野村彦太夫・中川八郎左衛門代官所，下板橋・関村・遅野井村御林枯木	中川八郎左衛門宅
1088	浅草御蔵大豆1000俵余	御蔵勘定所
1100	浅草御蔵払米	御蔵勘定所
1111	伊奈左門代官所行徳領亥子両年之年貢塩	伊奈左門宅
1119	浅草御蔵払米	御蔵勘定所
1128	浅草御蔵払米10000俵	御蔵勘定所
1148	酒井左衛門尉預り所羽州丸岡御領御城米波懸米150俵	谷六番之蔵前
1182	浅草御蔵払米	御蔵勘定所
1196	浅草幷谷両所御蔵米大豆払	浅草御蔵勘定所
1221	浅草御蔵払大豆	御蔵勘定所
1239	浅草御蔵払米	御蔵勘定所
1248	羽州由利御城米３斗俵180俵	谷之御蔵
1249	行徳筋丑ノ年分年貢塩	伊奈左門宅
1252	浅草御蔵払米	御蔵勘定所
1269	谷ノ御蔵払米	谷ノ御蔵
1270	谷ノ御蔵払米	谷ノ御蔵
1272	浅草御蔵ニ而払米10000俵程	御蔵勘定所
1274	伊奈兵右衛門代官所伊豆国島々子丑両年の御年貢塩7000俵程，伊豆国東浦之内川原村御蔵ニ有之	伊奈兵右衛門宅（増上寺切通）
1305	信州伊奈郡納米6200石余	設楽源右衛門宅
1337	浅草御蔵払大豆	御蔵勘定所
1341	浅草御蔵払大豆3700石余	御蔵勘定所
1348	浅草御蔵払大豆	浅草勘定所

	延宝５年６月15日	町年寄三人	
６月25日	延宝５年６月24日	町年寄三人	
７月10日	延宝５年７月６日	町年寄三人	
７月10日・11日	延宝５年７月９日	町年寄三人	
８月16日	延宝５年８月15日	町年寄三人	
８月23日	延宝５年８月22日	町年寄三人	先の入札で誰も来なかったことから再入札
正月26日	延宝６年正月24日	町年寄三人	
２月９日・10日見分，11日・12日入札	延宝６年２月８日	町年寄三人	
６月３日	延宝６年５月晦日	町年寄三人	
６月３日～７日	延宝６年６月３日	町年寄三人	
６月24日	延宝６年６月20日	町年寄三人	
６月29日	延宝６年６月28日	町年寄三人	
７月３日	延宝６年６月28日	町年寄三人	
７月23日	延宝６年７月18日	町年寄三人	
７月29日	延宝６年７月28日	町年寄三人	
９月２日	延宝６年８月26日	町年寄三人	
８月30日	延宝６年８月29日	町年寄三人	
９月22日	延宝６年９月21日	町年寄三人	
11月10日	延宝６年11月７日	町年寄三人	
12月朔日	延宝６年11月29日	町年寄三人	
12月27日	延宝６年12月26日	町年寄三人	

1355	曽根源兵衛代官所，下総国橋向金江津長鮭鯉取運上	源兵衛御宅
1357	浅草御蔵払大豆	御蔵勘定所
1361	浅草御蔵払荏	御蔵
1362	本庄古材木蔵古木払	本庄材木蔵
1371	浅草御蔵払塩3856俵	伊奈兵右衛門宅
1373	伊豆国島々年貢塩入札	伊奈兵右衛門宅
1439	伊豆国年貢塩2654俵御蔵前	伊奈兵右衛門宅
1441	天草より廻り候榑木腕木払	本庄竹蔵
1468	武州山口領林村諸木払	今井九右衛門宅
1469	曾根源兵衛御代官所橋向村金江津村前利根川	曽根源兵衛宅
1475	浅草御蔵払米40000俵	浅草御蔵
1477	最上漆山領納米1300俵	米支配人青山半左衛門・山田市左衛門
1478	浅草御蔵払米40000俵	御蔵勘定所
1481	浅草御蔵払米40000俵	御蔵勘定所
1482	浅草御蔵払米3000俵	御蔵勘定所
1489	浅草御蔵払米30000俵	御蔵勘定所
1490	浅草御蔵払米	御蔵勘定所
1498	国領半兵衛代官所福島城米3000俵余	谷野蔵
1517	成瀬五左衛門代官所，相州藤沢御殿年貢米2000俵	浅草御蔵
1524	浅草御蔵払米	御蔵御勘定所
1536	三島詰米浅草御蔵不納分1190俵余	伊奈兵右衛門宅

『江戸町触集成』参照

表16　塩年貢入札書上

資料番号	入　札　品　目	入　札　場　所	入札日	触　出　日	差　出
948	行徳年貢塩	伊奈左門宅	正月23日	寛文12年正月20日	町年寄三人
1111	伊奈左門代官所行徳領亥子両年之御年貢塩	伊奈左門宅	5月25日	寛文13年5月23日	町年寄三人
1249	行徳筋丑ノ年分年貢塩	伊奈左門宅	8月5日	延宝2年8月2日	町年寄三人
1274	伊奈兵右衛門代官所伊豆国島々子丑両年の御年貢塩7000俵，伊豆国東浦之内川原村御蔵ニ有之	伊奈兵右衛門宅（増上寺切通）	11月16日	延宝2年11月15日	町年寄三人
1371	浅草御蔵御払塩3856俵	伊奈兵右衛門宅	8月16日	延宝5年8月15日	町年寄三人
1373	伊豆国島々年貢塩入札	伊奈兵右衛門宅	8月23日	延宝5年8月22日	町年寄三人
1439	伊豆国年貢塩2654俵御蔵前	伊奈兵右衛門宅	正月26日	延宝6年正月24日	町年寄三人
2100	下総行徳領年貢塩酉年分1212俵，戌年分1316俵	本郷弓町万年長十郎宅へ持参	閏5月10日	天和2年閏5月6日	町年寄三人
2159	行徳領御年貢塩	飯倉町四ツ辻近所池田新兵衛宅	12月2日	天和3年12月3日	町年寄三人
2253	行徳領払塩	池田新兵衛宅	11月2日	貞享元年10月27日	町年寄三人
2410	伊豆諸島塩7373俵（3斗5升入），伊豆国中村御蔵，伊豆国稲取村御蔵	龍慶橋竹内三郎兵衛宅へ参，塩見分，その上10日までの内入札持参	2月10日	貞享3年2月1日	町年寄三人
2561	島塩5029俵1斗3升6合（豆州下田近所御蔵に有）	龍慶橋竹内三郎兵衛宅へ参，塩見分，その上28日までの内入札持参	3月28日	貞享3年3月25日	町年寄三人
2619	行徳領御年貢塩	池田新兵衛宅	10月22日	貞享4年10月20日	町年寄三人

『江戸町触集成』参照

一行徳領御年貢塩、寅ノ年ゟ午年迄五ヶ年分壱万弐千俵余、入札被仰付候間、望之者ハ入札相認、来ル廿三日ニ深川伊奈左門殿御宅へ持参可申候、塩之様子承度候ハヽ、明廿一日ニ左門殿江参承候様ニ、町中不残可被相触候、以上

未七月廿日　　町年寄三人

〈史料4〉[7]

覚

一伊奈兵右衛門殿御代官所豆州川奈村・御蔵島御年貢塩、辰巳午三ヶ年御詰置被成候処、此度御払被成候間、望之者ハ来ル十一日ニ、入札認并質金五拾両ツヽ、相添、入札兵右衛門殿御宅へ持参可申候旨、町中不残可被相触候

八月六日　　町年寄三人

〈史料5〉[8]

一下総国行徳領御年貢塩、酉之年分千弐百拾弐俵、戌ノ御年貢弐千三百拾六俵、入札ニ而御払被成候間、望之者ハ、来ル十日四ツ時分入札相認、質金五拾両宛相添、本郷御弓町万年長十郎殿御宅へ持参可被申候、少も油断有間敷候、以上

閏五月六日　　町年寄三人

〈史料6〉[9]

一先日も相触候通、行徳領御年貢塩御払ニ付、望之者ハ来ル二日ニ、飯倉町四ツ辻近所ニテ池田新兵衛殿御宅へ入札持参可仕旨、町中不残可被相触候、以上

十二月三日　町年寄三人

〈史料7〉(10)

一塩七千三百七拾三俵、但三斗五升入、内五千六百九拾弐表伊豆国中村御蔵ニ有、千六百八拾壱表ハ同所稲取村御蔵ニ有、右ハ豆州島々御年貢塩御払被成候間、望之ものハ龍慶橋竹内三郎兵衛殿御宅へ参様子承、塩致見分、其上来ル十日迄之内入札持参申候様ニ、町中不残可被相触候、以上

二月朔日　町年寄三人

〈史料8〉(11)

一島塩五千弐拾九俵壱斗三升六合、但三斗五升入、右之塩豆州下田近所御蔵ニ有之候、今度御払ニ被仰付候間、望之者ハ来ル廿八日迄之内、竜慶橋之近所竹之内三郎兵衛殿御宅へ参り様子承、入札可仕旨、町中不残可被相触候、以上

三月廿五日　町年寄三人

これらの史料以外にも、延宝九年（一六八一）九月二八日にも行徳領の御年貢塩二四二四俵が、翌一〇月三日に近山六左衛門宅で入札が行われる町触れが見られる。このように、いくつかの史料からも行徳塩・伊豆諸島の塩の入札の様子が散見できる。これらの史料から以下の三点を指摘することができる。

まず第一に、伊豆諸島で納められる年貢塩が、伊豆半島の下田周辺の御蔵に納められている点である。

当時、伊豆国下田には、下田番所が設置され、「御要害御固め」体制のもと、関東を防備する軍事的な拠点として享保五年（一七二〇）十二月に浦賀番所に移転するまで機能した。(12)〈史料7〉〈史料8〉からは、このような番所のある伊豆国下田周辺の御蔵に、伊豆諸島で強制的に作られていた塩が納められていたことがわかる。伊豆諸島で生産し

た塩が相当量入札された例として、延宝八年の〈史料4〉があげられるが、「御蔵島御年貢塩、辰巳午三ケ年御詰置被成候処」と記述されていることから、延宝四年・五年・六年の三年間に納められた塩が入札の対象となっていたことがわかる。すなわち、新たに塩が納められたことにより、以前に備蓄されていた塩が入札に出されたのである。軍需物資の塩を備蓄する目的で伊豆諸島で生産した塩は、軍事的拠点であった伊豆半島下田とその周辺の蔵へ納められたということになる。

また、年貢塩として伊豆諸島から上納された分の相当量が、貞享三年（一六八六）に入札の対象とされている。〈史料7〉では、一年の上納分以上に相当する七三七三俵の塩が一挙に入札品として放出され、翌貞享四年の〈史料8〉には、島塩五〇〇〇俵強が入札されている。前項で見たように、伊豆諸島で納入する塩俵数は、五〇一九俵であり、おおよそこれに相当する塩が一度に入札で放出されている計算になる。ここで塩が一挙に放出されたのが貞享三年・四年であったこと、そして、こうした塩を備蓄していた箇所が、伊豆国中村御蔵・伊豆国稲取村御蔵など、伊豆国下田周辺の御蔵であった点が注目できる。

すなわち、貞享三年の入札の町触は、これまで伊豆の各所に備蓄されていた塩の全てを放出したことを意味した。これは翌年の貞享四年正月に生類憐みの令が出され(13)、その一環として鷹場制度が廃止されたことによって、軍事を基調とした地域編成から、新たな地域編成が見られるようになった。こうした経緯が時代的背景として連動して、軍需物資として備蓄されていた塩年貢が放出され、下田および周辺の塩備蓄体制が解かれたと見てよかろう。

こうして考えると、先に指摘した〈史料1〉の訴願も、単に伊豆諸島の島民側の論理によって行われたわけでないことがわかる。この備蓄体制の解除が、幕府による塩年貢―扶持方米制の意味を失わせる結果となり、それが島民の塩年貢の金納化という主張を可能にしたのである。

第二に指摘できる点は、他の〈史料3〉〈史料5〉〈史料6〉の行徳塩の入札例からもわかるように、行徳塩および伊豆諸島で生産された塩は、いずれも最終的には入札によって江戸で販売されていた。伊豆諸島における塩年貢―扶持方米制は、第一義的には軍需物資としての塩の確保であるが、第二義的には江戸市中への販売・確保であった。同時に、「浅草御蔵御払塩」という文言に見られるように、浅草御蔵に納入されたものもあるが、ほとんどの場合、池田新兵衛宅や、万年長十郎宅など各担当役人の屋敷で入札されている。これらの塩は、支配代官宅に直接送られたものなのか、あるいは江戸城のいずれかに備蓄されていたのかは不明である。ただし、いずれにせよ、伊豆諸島の塩年貢が下田周辺の備蓄用として、行徳塩は将軍のひざ元としての江戸の消費を支える城付地としての性格を見ることができる。また「行徳領御年貢塩」という文言からも、近世前期の段階ですでに、行徳塩田は行徳領の村々が構成単位としていた。

第三点目は〈史料4〉から、入札の手付金として「質金五拾両」を納めていたことがわかる。つまり、町中のだれもが入札に参加できることがたてまえでありながら、質金五〇両という相当の額を前納する必要があった。その意味では、入札者が極めて限定されていたと考えることができよう。このためか、延宝五年（一六七七）八月には、入札に際して参加者がなく再入札が行われている。(14)

おわりに

以上、伊豆諸島の製塩業について、塩年貢―扶持方米制の問題を中心に明らかにしてきた。近世前期における伊豆諸島は（大島・新島・神津島・三宅島）、塩を強制的に作らされた塩の島であった。塩年貢を納入することで、扶持方米が与えられ、一面では「御介抱」という文言に見られるように、零細な生産性を前提とした伊豆諸島の保護的な意味も少なからずあった。また、同時に関東における軍事的な地域編成によって、「御要害」体制のもと、軍需物資の塩生産地として位置付けられていた。伊豆諸島で生産された塩は、伊豆半島の下田周辺に送られて、備蓄された後、江戸に送られ販売されているように、江戸の消費にも対応しているが、伊豆諸島における塩年貢―扶持方米制は、江戸の消費に対応することを第一義として実施されたわけではなく、軍事的な地域編成を基調とした産業立地のなかで位置付けられるものであったのである。

しかし、やがて軍事的意図が薄れ、下り塩も安定的に江戸に送られるようになった結果、貞享三年（一六八六）に、幕府は伊豆半島でこれまで備蓄していた塩を解放し、同時に、島民からは塩年貢の金納が願い出されたのである。

そして元禄二年（一六八九）になると、塩年貢の代金納が許可され、製塩業は行われなくなって塩年貢の意味が変容したのである。

注

（1）伊豆諸島の塩業についての成果は、伊藤好一「伊豆諸島における近世産業の展開（1）」（『江戸地廻り経済の展開』一九六六年、柏書房）、同「近世伊豆諸島の製塩」『日本塩業の研究』第一七集、一九七六年）、伊木寿一「三宅・御蔵両島古文書類調査報告」（東京都教育委員会『伊豆諸島文化財総合調査報告』第一分冊、一九五八年）など。

（2）「年貢塩ノ金納願」（日本塩業大系編集委員会編『日本塩業大系』史料編近世（三）、一九七七年、二六六頁）。

（3）「年貢塩ノ金納許可ニ付百姓等連印証文」（日本塩業大系編集委員会編『日本塩業大系』史料編近世（三）、一九七七年、二六八頁）。

（4）伊藤好一「伊豆諸島における近世産業の展開（1）」『江戸地廻り経済の展開』（一五頁、一九六六年、柏書房）。

（5）特に、この関係の史料が収録されているのは、近世史料研究会編『江戸町触集成』の第一巻と第二巻である。また入札の関係については、「東照宮本」（「東照宮本町触」）に収録されていることが多い。

（6）『江戸町触集成』（第一巻、一五九二〈延宝七年〉四六一頁）。

（7）『江戸町触集成』（第一巻、一七〇四〈延宝八年〉四八七頁）。
（8）『江戸町触集成』（第二巻、二一〇〇〈天和三年〉五一頁）。
（9）『江戸町触集成』（第二巻、二一五九〈天和三年〉六三頁）。
（10）『江戸町触集成』（第二巻、二四一〇〈貞享三年〉一二二頁）。
（11）『江戸町触集成』（第二巻、二五六一〈貞享四年〉一五八頁）。
（12）渡辺和敏「全国市場の形成と下田・浦賀番所」（『近世交通制度の研究』一九九一年、吉川弘文館）を参照すると、下田番所に見られる「御要害御固め」体制の事例について紹介している。
（13）生類憐みの令が出される意味については、塚本学『生類をめぐる政治』（一九八三年、平凡社）を参照のこと。
（14）『江戸町触集成』一三七三（延宝五年）を参照すると、八月一五日に払塩の入札の町触れが出され、「壱人も不参候ニ付、重而又相触候……」と再度入札が行われていることがわかる。

第三節　元禄期における行徳塩業の基礎的研究

はじめに

元禄検地は、一般に近世初期以来の新開地の増加・小農民経営の展開に伴う生産力の発展を明確にとらえようとしたもので、幕藩領主の新たな農政転換への基礎作業として位置付けられる。この元禄検地をめぐる成果は多い。たとえば、所理喜夫は、この元禄検地を「元禄地方直し」と関連付けて検討し、「無主空白地への検地→新地打出し→幕領編入・旗本領」という一連の流れを明らかにし、財政強化策と旗本への統制強化という二面性を指摘している。(1)なかでも、元禄検地が、田畑の細分化と無主空白地に対するものであったとの指摘は注目することができよう。行徳塩田においてもこの時期検地が行われている。

本節では、元禄期における行徳塩田について、元禄検地帳を中心に、他の時期の塩浜検地帳も比較検討しながら、①行徳塩田を有する村々にとって元禄検地帳はいかなる意味を有するのか（帳面を所持していることの意味）、②本行徳村を中心とした元禄検地の際の塩田の実態について、③その後の塩浜検地との相違（特に作業単位面積）についての三点を検討する。(2)

一　行徳領塩浜付村々における元禄検地帳

行徳領の塩浜において検地が実施された意味と、それに基づいて作成された元禄検地帳自体の意味について簡単に述べていくことにしよう。

行徳では、寛永期に検地が行われていることが知られている。(3)しかし、塩浜役永が確定したことがわかるのみで史料は残されていない。関ケ嶋村のみ寛永検地帳が残されているが、これは寛政二年（一七九〇）四月に名主六兵衛によって写されたものである。この寛永六年（一六二九）八月の「下総国勝鹿郡行徳之内関ケ嶋村屋敷御検地水帳」には、(4)屋敷地だけではなく、二冊の「水帳」の小計が掲載されており、田畑の記録を見ることができる。しかしながら、塩浜については記載がなく、塩浜に対して検地が行われたかは定かでない。

それに対し、元禄検地帳は控や写しが多く残されている。また、元禄検地以降は、新田開発として開発された塩浜の検地帳は見られるものの、基本的に既存の塩田は、検地を実施していない。つまり、元禄期に実施された塩浜検地が、近世中後期における基本的な台帳として位置付けられたのである。(5)そして、元禄検地による名請を通じて土地所持権が確定したのである。

享保六年（一七二一）七月、高谷村では、名主役が交替する際、元禄一五年の「塩浜御検地帳」と「屋敷畑御検地帳」の二冊が引き継がれている。(6)つまり、元禄検地帳は、当時現用文書として利用され、名主の引継文書の一つとして授受されたのである。また、元禄一五年の「下総国葛飾郡本行徳村御検地水帳」によると、(7)「右、水帳先年類焼ニ付、此度野帳吟味を以清帳出来ニ付、長左衛門印形斗ニ而出之者也」と記載され、焼失した元禄検地帳を野帳から復元して再作成していることがわかる。元禄検地における検地奉行であった池田新兵衛と平岡三郎右衛門は、当時すでに病死しており、比企長左衛門しか生存していなかった。このため、比企長左衛門のみが印鑑を押している。比企長左衛門の生没は不明だが、池田新兵衛は、宝永四年（一七〇七）正月二三日に、平岡三郎右衛門は、正徳元年（一七一一）五月一七日に死去していることから、(8)元禄検地帳の復元は、正徳元年以降に行われたことがわかる。このように、近世を通じて、元禄検地帳が基本的な台帳となっていた。

この元禄検地帳の奥書について、注目できる点をもう一つ指摘しておく。それは、現在まで行徳領に残されたすべての元禄検地帳の奥書に「病死　池田新兵衛、病死　平岡三郎右衛門、比企長左衛門㊞」の記載が見られるということである。つまり、この元禄検地帳は、各村々で個々に管理されていたのではなく、行徳領内の特定な場所に一括して管理されていたものと考えることができるのである。(9)

以上のことから、元禄検地帳は、近世を通じて基本台帳として位置付けられ、名主の引継文書でもある現用文書であった。そして、近世前期の段階では、検地帳は行徳領の村々で特定の場所に一括して保管されていたのである。行徳領は、編成単位のみならず、地域内秩序の単位としても位置付けられたのである。

一般に塩浜は、中世以来「公私共利」の原則の下に置かれた山野河海と同様の無主空白地としての性格が強かったといわれる。そのため、中世において塩浜は国衙領＝公領となるのが一般的な在り方であった。(10)元禄期の塩浜検地は、無主空白地として位置付けられる塩浜に対し、名請による土地所持者を確定することになったのである。一方、それ以前から塩浜役永といわれる負担は、すでに存在しており、それが、元禄検地による近世的な土地所持関係の基礎となった[11]。

また塩浜に関して、『地方凡例録』には、「塩浜之事」として以下の様な記載を見ることができる[12]。

〈史料1〉

一塩浜ハ反別許りにて反高場に入れ、村高にハ結ばず、去ながら古来ハ高入に成たる場処も有にや、古き浜にハ高入になりて、塩年貢を本途の内に入たるも見ゆるといへども、近年の新塩浜ハすべて反高なり、一年貢は上浜にて凡そ永五百文位、中は三百五拾文、下ハ弐百文ほど納ることにて、大概百五拾文下りに付る、尤も塩は其海により格別に善悪も有ことにて、至て悪きハ塩辛きあり、苦きあり、味甘きあり、播州赤穂の塩などハ味よく利も強く最上の塩とす、又浜にも善悪あり、又出来上りの多少もあるゆへ、年貢も国々にて異同あり、右ハ関東塩浜年貢当りの大概なり、何れにしても畑年貢よりハ余程高く付ることなり、又年貢を塩にて正納する処もあり、尤も正納になれバ、金拾両に何百俵と直段吟味の上正納申付る、下総国行徳・五井辺の正納塩ハ、金拾両に五斗入弐百俵が近来文化の頃の定直段なり、風雨等の変にて浪荒・浪欠等ありて、浜損ずれバ見分の上年貢引方を申付といへども、普請成就して元に復し、反別に減少なけれバ定の通りに定納を申付ることなり……

同史料は、塩浜について①検地に際する位付けの方法、②塩浜の掌握方法、③負担と塩質について、の三つの側面から紹介している。この史料から以下の点が指摘できる。

①塩浜の位付の方法は、塩田地盤ばかりではなく、浪の様子や塩田堤などの諸要素を勘案して決定していること。

②塩浜は反別の記載にとどめており、村高に含まれていない。よって塩浜は石高編成の場として位置付けられない地域であった。

③塩質の善悪は、味と利きが基本であった。「辛い」「苦い」「甘い」という要素は、塩の質としては悪質であった。

田畑検地帳の記載と異なり、浜の位付けと面積の記載は見られるが、塩浜検地帳には石高の記載は見られない。年貢割付状などを参照した場合、田畑の高とは別に塩浜役永として見ることができる。行徳塩田内においては、元禄塩浜検地として塩浜の位付けと反別、そして所持者の記載が見られるが、石高の記載は見られず、村高にも含まれていなかった。行徳の塩浜検地の有様を参照しても、『地方凡例録』の記載は妥当であったと理解できよう。

宝暦期以降に作成されたとされる「塩浜由来書」[13]によると、元禄期の行徳塩田に様子について、いくつか簡潔にまとめられている。ここでその一部を見てみよう。

〈史料2〉

一反取永之義、古来ゟ相極候由百廿八年以前寛永六巳年伊奈半十郎様御支配御検地之節猶又御取極被遊候、其後元禄(ママ)十五年御検地之節も反永之義者矢張寛永年中御極之通ニ御座候

一四分一塩四分三金納之義者五拾五ケ年以前元禄十五午年平岡三郎右衛門様御支配御検地之節御定法ニ罷成候、古来者塩納之義何分一ト申御極も無御座候哉、村々不同ニ御座候、大概五分一位ニ相見申候

塩浜御役永之義高外浮役ニ御座候故歟、古来より御割付面ニも相見不申御皆済目録ニ斗相見申候、七拾六ケ年以前天和元酉年近山六左衛門様・万年長十郎様御支配之節初而御割付面ニ相見申候

〈史料2〉からは、①塩浜に対する検地の場合、先に指摘した通り負担の算出方法は、反取永であり、元禄検地の場合も寛永検地を踏襲したものであった（ただし、寛永検地の実態については一切不明である）。②四分一塩四分三金納は、

元禄検地を契機に行徳塩田内で統一的に実施されるようになった、という二点が指摘できる。この点は、行徳塩田内の高谷村の年貢割付状の塩浜役永の部分を抄録した〈史料3〉[14]と〈史料4〉[15]からも確認することができる。

〈史料3〉

一永五拾三貫五百八拾五文　塩浜役
　内
　　四拾三貫三百三拾五文　金納
　　拾貫弐百五拾文　塩納
　此塩弐百五俵　但五斗入

〈史料4〉

永弐拾八貫百三拾四文
　内
　　弐拾壱貫八拾四文　金納
　　七貫五拾文　塩納
　此塩百四拾壱俵　但五斗入

〈史料3〉は、元禄五年（一六九二）、〈史料4〉は元禄一六年（一七〇三）の年貢割付状からの抄録である。高谷村の年貢割付状は、元禄期を中心に残されているが、元禄一六年以降記載内容が異なってくる。

右の両史料を比較すると、塩浜役永の負担と、金納と塩納の負担の比率が異なることを指摘できる。元禄検地以前の金納と塩納の比率はおおよそ四対一であるのに対して、元禄検地以後の比率は三対一に変化している。つまり、高谷村塩浜においては、元禄検地以降四分一塩四分三金納が定着したのである[16]。

元禄一五年の塩浜検地は、いわゆる元禄新検と呼ばれた検地である。幕府権力は、塩浜に対し塩浜役永としての負担を課しており、寛永期にはすでに負担が行われていた。しかし、検地として具体的な形で土地の所持関係が確定するのは元禄検地のことだった。元禄期に実施した塩浜検地によって行徳塩田内の各村々において「四分一塩四分三金納」が統一的に実施されることとなり、その際に作成された検地帳が、その後の基本台帳として位置付けられたのである。また、同時期に各村の塩浜検地帳が書き改められている。つまり、行徳領内の検地帳は、各村々の塩浜で保管されたのではなく、一括して同一箇所に保管されていたのである。

さらに、この元禄検地を境として塩浜囲堤破損に対する幕府の対応が異なってくる。元禄検地以前では、塩浜囲堤が破損したときは、自普請で対応していたのが、元禄検地以降になると、拝借金や御普請のような、幕府の対応が見られるようになった(17)。

検地は、名請による土地所持者を決め、一筆ごとの土地面積と地位を確定する作業である。たとえ、質地などによる土地所持権の移動があっても、基本的にはこの一筆相当の土地が単位となったのである。

二　元禄検地帳に見る行徳塩田の特質

前項では、塩浜における元禄検地の位置付けについて指摘してきた。本項では、具体的に元禄検地帳から、元禄期の行徳塩田の特質について考える。

行徳塩田内全体で実施した元禄検地の結果は、表17のとおりである。表17の注記に記載したとおり、同表は「塩浜由来書」から作成したものであり、実際の塩浜検地帳の数値と若干の差異が見られる。例えば、本行徳村の場合、「塩浜由来書」には、面積三七町五反五畝八歩、永高一〇一貫六五〇文一分と記載されているが、「本行徳村塩浜御検地塩浜帳」には、三七町五反五畝六歩、永高一〇二貫六六一文と記載されている。何故「塩浜由来書」に誤差が見られるのかは不明である。ただし、数値の誤差は若干であり、一六村個々の塩浜面積および塩浜役永が統一的に把握できる。

表17を参照すると、永高全体の五〇七貫四五三文一分のうち四分の一に当たる一二六貫八六三文相当の塩が現物で納められ、その他が代金納であった。最大の塩浜面積は本行徳村であり、永高が最も高いのは下妙典村である。つまり、本行徳村は、広域的に塩浜を有するが、下浜・下々浜が多い。これに比して下妙典村の塩浜には、中浜・上浜が多いからである。塩浜の位付けの基準については明らかでないが、塩付けの善悪や浪の様子・堤土手の状態などが基準の一つとして考えられる。

表17　行徳塩田内の各塩浜面積（元禄15年）

村　名	面　積	永　高
二俣村	4町0反6畝12歩	8貫474文4分
原木村	6町9反8畝29歩	14貫680文8分
高谷村	13町3反2畝10歩	28貫133文8分
田尻村	9町2反8畝17歩	24貫817文0分
上妙典村	19町5反4畝21歩	50貫240文7分
下妙典村	20町8反9畝15歩	102貫661文2分
関ケ島村	3町1反3畝11歩	9貫466文7分
伊勢宿村	4町1反2畝17歩	13貫272文0分
押切村	13町3反9畝25歩	38貫676文0分
湊村	12町0反3畝02歩	32貫714文0分
湊新田	6町5反1畝23歩	16貫766文0分
欠真間村	28町6反1畝12歩	77貫830文0分
新井村	9町3反0畝17歩	24貫872文0分
下新宿村	1反0畝0歩	300文0分
河原村	2町8反9畝14歩	7貫942文9分
本行徳村	37町5反5畝08歩	101貫650文1分
合　計	191町7反7畝24歩	507貫453文1分

「塩浜由来書」参照

つぎに、行徳塩田の塩浜付村々のうち、最大の塩浜面積を有し、かつ行徳河岸を有する、本行徳村の元禄検地帳を素材に行徳塩田の実態を明らかにしたい。本行徳村は、元禄郷帳によると一〇八八石一斗一升二合と、行徳塩田内の村々では最大の村高を有し、塩浜の面積を記載した「下総国葛飾郡本行徳村御検地塩浜帳」(以下、「塩浜検地帳」に略す)の他に、「下総国葛飾郡本行徳村御検地葭野帳」(以下、「葭野検地帳」に略す)と「下総国葛飾郡本行徳村御検地水帳」(以下、「検地水帳」に略す)が六冊と合計八冊の元禄検地帳が残されている。「塩浜検地帳」では塩浜の畝数の記載と上々

表18　元禄15年本行徳村検地帳による土地所持者と筆数

名　　前	屋敷	上田	中田	下田	下々田	上畑	中畑	下畑	下々畑	悪地下	上々浜	上浜	中浜	下浜	下々浜	葭	その他	筆数合計
伊右衛門	1		8	4	1			1	4									19
伊兵衛	1													1				2
加右衛門	1		1	2		2												6
喜右衛門	1				1			1	3							1		7
喜左衛門	1		2	1	1	2						1	1					9
喜兵衛	1		3	5	2	1	1		1									14
吉右衛門	2		9	9			1	2										23
★久右衛門	4		15	11	1	2		2	1		1	1						38
久五郎	1																	1
久左衛門	1		4	10	1	2		1	1			2				1		23
久兵衛	2		8	5	1		1	3	2	1	1	1	1	2				28
金右衛門	1																	1
金左衛門	1																	1
金兵衛	1																	1
九左衛門				1				1										2
権右衛門	2		4	8	1		2	1										18
権左衛門	1																	1

権三郎	1																	1
権四郎	1																	1
権兵衛	3		4	4	1		1	3	1						2			19
源左衛門	1		1		1													3
源八	2		7	6	3		1	1		1					1			22
源八郎									1									1
源兵衛	1			2	1	1	2	2										9
五郎右衛門	2		6	3			1	1				2						15
五郎左衛門	1		4	9	5			4	8				1					33
五郎兵衛	1		6	7	1		1								1			17
佐右衛門	3		14	6	2	1	3	4	11	1		1		1	2			48
佐左衛門				1											1			2
佐次右衛門									1	1	1	1	1		1			6
佐兵衛	1	1	3	6				1			1							13
作左衛門	1		1	1	1			1										5
三右衛門	2				1	1			2									6
三左衛門	6		18	45	33	1	5	19	13	1	1			3	1	2		148
三郎兵衛	2		6	7	5	1			1									22
四郎右衛門													1			2		3

四郎左衛門	1																	1
市右衛門	1		3	4	3			2										13
市郎右衛門	·1		3	2				1										7
市郎左衛門	2		5	11	1			4	4									27
市郎兵衛				1			1		2					1				5
次右衛門	1		12	4	1	1			4									23
次左衛門	2		6	3	3			1	2						2			19
★次兵衛	1		11	7	3		2	4				1						29
次郎右衛門	1		9	3			1	1	5				1	2	1	1		25
治左衛門						1												1
治郎右衛門	1																	1
七右衛門									5							1		6
★七左衛門	3		9	11		2		6	1			2	2	1		1		38
七兵衛	2		7	10				5	3	1					2	1		31
七郎兵衛	2		2	7				1	1		1				2			16
宗右衛門	1																	1
宗兵衛	1			1														2
十左衛門	1		2							1								4
十兵衛	3		3	5	2			2										15

★重左衛門			5	3		1			5	1				2	1	2		20
重兵衛			2	5	1			2										10
助右衛門															1			1
助左衛門	1		8	4		1			1						2			17
小左衛門	2		3	2		1		1	1						1	2		13
小兵衛	1		3	5											1			10
庄左衛門	1		3	6				1										11
庄三郎	1		2	4				1										8
新左衛門	1		10	4	1			3	1									20
仁右衛門															1			1
仁左衛門	2		6	6	1			4	4				1	2				26
仁兵衛	1		10	6	1		1	3	5									27
甚右衛門	1																	1
甚兵衛	1		5	4			1	1										12
清右衛門	1																	1
清左衛門	1																	1
清兵衛	2		7	5	2			1	3		1							21
善七	1		5	5		1	1											13
善兵衛	1		2	7	1		2	5	1					2	1			22

惣右衛門			8	8		1	2	2	4	1					1			27
惣左衛門									1			1						2
惣兵衛			5	6	2		2	3	2		2	1		1	2			26
孫之進	1		7	2			1	1										12
孫兵衛	3		4	2	6				4						1			20
多兵衛	1				1													2
太左衛門									1									1
太兵衛	1		6	8	1	1	1	2	10	1								31
太郎右衛門	1																	1
忠左衛門	1		11	13	1		1	1	1									29
長右衛門	2		4	5	2	1	1	2	2			2		1	0	1		23
長左衛門															1			1
長兵衛	2																	2
★伝兵衛	1		11	6	4		1	3	3		1	1				1		32
藤四郎	1		5	12	2			2	3									25
徳右衛門	1		5	6	1			1	3									17
徳左衛門	1																	1
徳兵衛	1																	1
八右衛門	1																	1

八左衛門			4	5				2										11
八兵衛	1		5	7	2		2		1						1			19
八郎右衛門	1		5	6			2	1	1			1		1				18
八郎左衛門	1														1			2
★八郎兵衛	3		17	8	2		1	5	7									43
半右衛門																1		1
半三郎	1																	1
彦右衛門	1		1	2	1			1	1									7
彦左衛門	1		6	5			1	2	1							1		17
彦七	2		4	4			1		1							1		13
武右衛門	1		6	2	3			3	2					1				18
武兵衛	1		12	9	3	5	2	4	1		1	1	3					42
文右衛門	1			1	1		1											4
平右衛門	1		5	8	2	1	1	3										21
平左衛門	2		10	8		1		4										25
平七	1		7	2	1	1	1											13
平兵衛	1		4	5				1								1		12
豊右衛門			3	3					1									7
亦右衛門				1														1

亦　三　郎				2														2
亦　兵　衛				1														1
又右衛門	1		2	3				1	2					1				10
又左衛門									1				1					2
又　三　郎			4	5				1	2									12
又　兵　衛	1		3	3		2		2										11
茂右衛門	1		4	3	3		3											14
茂左衛門	3		5	8	1		1	4										22
茂　兵　衛	2		6	4	1			5	1						1			20
杢右衛門	2		9	8				2	1						1			23
門右衛門	1		4	9	2		1	1	1									19
弥左衛門	1																	1
弥次右衛門	2		10	7	4			2	3									28
弥次左衛門			1	1		1			1									4
弥次兵衛	1		11	11	2			2	7	1		3			1	1		40
弥　兵　衛	1		5	7	2				3	2				2	2			24
与右衛門	1		2	4	1													8
与五左衛門	1		2	5	1			3	8						1	1		22
与惣右衛門			1	1														2

与惣左衛門	2		4	13			2	1										22
与　兵　衛	1		9	5					2									17
利右衛門	3		1	7			1	2	2	1								17
利左衛門	1		4	1					1	1		1	1		2	1		13
利　兵　衛	2		8	4	4			2	1							1		22
理右衛門			1	1			1											3
理左衛門			2	1				1	8									12
理　兵　衛			1															1
六右衛門	1		4	4	3		1		1	2		1	1			1		19
六　兵　衛	1																	1
円　頓　寺						1												1
教　善　寺						2												2
金　剛　院	1																	1
自　性　院				2		1												3
常　運　寺	1			1		1												3
浄　閑　寺	1					1												2
信　行　寺				1		1												2
正　讃　寺						1												1
長　松　寺						1												1

徳願寺				2				2										4
徳蔵寺						1												1
法泉寺						1												1
法善寺			1			3												4
本久寺				1		1												2
末応寺						1												1
妙応寺						1												1
妙覚寺						2												2
妙頂寺						1												1
中次郷分					2													2
番所																	1	1
会所																	1	1
不明		1	2														3	6
合計	161	1	527	559	144	56	59	171	193	17	11	23	15	24	39	25	5	2027

(1)元禄15年「本行徳村検地帳」（『市川市史第6巻下』1972年）より作成
(2)★は同一名称で複数の人が考えられる場合

浜から下々浜までの塩浜の位付けが見られる。また、「葭野検地帳」には葭野の面積が、「検地水帳」には、田・畑・屋敷の所持者・面積・位付けの記載が見られる。

　全体として二〇二七筆、土地所持者は一四一名、寺社その他二二軒にのぼる。これらを位付けごとに分類し、表にまとめたのが表18である。表18から以下の点が明らかになろう。

まず第一に、本行徳村の土地所持者の内、おおよそ八割が屋敷地を所持している。また、屋敷地を所持していない場合は、他村から入作が行われる場合か、屋敷地を複数所持している分から借り受けているかのいずれかと考えることができる。第二に、所持地の内、屋敷地のみの所持者は二二名にもなる。彼らは生産活動を営んでいたのではなく、行徳河岸を活動の場としていたものと考えられよう。また第三は、塩浜所持の筆数は一一二筆であり、五四名に及ぶ。つまり、塩浜所持者一人当りの平均の筆数はおおよそ二筆程度であった。さらに、田畑を所持せず、塩浜のみを所持しているのは、助右衛門・仁右衛門・長左衛門・半右衛門の四人のみであり、おおよその人は塩浜のみを所持するのではなく田畑・屋敷も共に所持していた。また、他者と比較して塩浜の筆数が多い場合は田畑所持の筆数も多い。次項で指摘するが、一筆の単位当り面積は必ずしも広くなく、一筆のみで生計が成り立ったとは考えがたい。行徳塩田において行われていた製塩業は、基本的に農業の間の生計補充が目的であったのである。

元禄期に塩浜構成員が分散した傾向は、他村の塩浜でも同様である。表19は、筆数と所

表19　各村々の塩浜所持者の筆数書上（元禄15年）

村名＼筆数	5以上	4	3	2	1	合計
田尻村	1	1	3	15	25	45
高谷村		4	10	19	23	56
河原村				2	13	15
伊勢宿村				6	7	13
関ケ嶋村			1	6	4	11
下妙典村	3	4	5	16	14	42

各村々の塩浜検地帳を参照

表20　行徳塩田内の各塩浜個々の地位書上

村名＼地位	上々浜	上浜	中浜	下浜	下々浜	合計
田尻村		12	21	16	24	73
高谷村		12	28	35	32	107
河原村	2	1	4	5	5	17
伊勢宿村	5	3	7	2	2	19
関ケ嶋村	1	3	6	9		19
下妙典村	6	17	16	28	26	93

各村々の塩浜検地帳を参照

表21　元禄検地後の検地に見る塩浜所持者の筆数書上

項目＼筆数	5以上	4	3	2	1	合計
明和 9 年原木村検地帳				4	2	6
安永 8 年原木村検地帳				5	6	11
天明 3 年原木村検地帳			2	3		5
天保 2 年下妙典村検地帳	5	2	1	2	1	11
天保 2 年本行徳村検地帳	9	10				19
天保 2 年田尻村検地帳	3				3	6
天保10年本行徳村検地帳	6					6
嘉永 2 年高谷村検地帳			5			5
嘉永 2 年下妙典村検地帳	5					5
嘉永 2 年上妙典村検地帳	6	1				7
嘉永 2 年田尻村検地帳			3			3
安政 6 年原木村検地帳	4			1		5
安政 6 年田尻村検地帳			2	1		3
安政 6 年下妙典村検地帳	5					5

各塩浜の塩浜検地帳参照

持人数の関係を示したものであり、表20は、塩浜の位付けを示したものである。他村の塩浜の場合でも、一人当り一筆所持が塩浜での基本であり、一筆および二筆の所持が全体の七割を超える。また、五筆以上の塩浜を所持する人は下妙典村に三人、田尻村に一人いるにすぎない。表20においても、塩浜の位付けの基準は定かでないが、下浜・下々浜でおおよそ半分になり、塩浜として決して良質とは言い難い土地柄であった。

ちなみに、その後の塩浜筆数と所持人数の関係を表にした表21を参照すると、明和・安永期の原木村検地帳では一筆ないしは二筆が中心であったが、その後筆数が多くなり、四筆ないしは五筆以上を所持している人数が多くなっている。また、嘉永二年（一八四九）の高谷村の場合、一人当り下浜一筆、下々浜二筆の三筆分を五人均等に割り当られている。なお、これらの塩浜検地帳は再検地が実施されたのではなく、開発を契機として作成されたものである。そのため、複数の塩浜所持者の方が多くなっている。彼らは農間渡世ではなく、塩業経営を専業としていた開発地主と考えられる。近世中期以降における製塩業は、農業の間に行われる家計補充を目的とするのではなく、製塩業自体で生計が成り立つような専業的形態へと移行したと考えることができるのである。

以上、元禄期の塩浜検地帳を中心に、①本行徳村を対象とした元禄期の田畑所持と塩浜所持の関係、②他村における元禄塩浜検地の実態、③その後の塩浜検地に見る塩浜所持の変化、の三点について検討してきた。簡単にまとめておきたい。

本行徳村の元禄検地帳を参照すると、塩浜の所持は一筆ないしは二筆の場合が圧倒的に多かった。塩浜のみの所持者はごく少なく、田畑も合せて所持していた人がほとんどであった。他村においても、三筆以上の所持者はあまり見ることができない。その意味では農間渡世的な色彩の濃いものであったといえよう。[18]しかし、その後の塩浜検地帳を分析すると、塩浜複数所持が主流となる。つまり農間渡世的な経営から専業的な塩業へと漸次変化を遂げたのである。

三　行徳塩田における一筆相当の面積（作業単位規模）について

本項では行徳塩田における一筆相当の経営規模（＝作業単位規模）について、元禄期以降の基礎台帳となった、元禄塩浜検地帳と、元禄期以降において開発された塩浜について明和九年（一七七二）から安政六年（一八五九）までの検地帳の二種の検地帳を題材にして検討したい。

作業単位規模についての議論の多くは、瀬戸内塩田の基礎構造となる一軒前の問題を中心としてきた。一軒前とは塩浜における生産工程（採鹹―煎熬）を塩田一区画において完結する形態である。この一軒前について渡辺則文は、「成立当初の入浜塩田は播州赤穂にみられるごとく、単位面積四～五畝という狭少な経営規模で、農業経営の一環としての塩田経営にすぎず、家計補充を意味するものであった。したがって塩業労働も、家族労働を主とする塩田経営

表22　元禄15年の塩浜検地における一筆相当の面積

面積＼村名	本行徳村	伊勢宿村	田尻村	河原村	高谷村	関ケ嶋村	下妙典村
0 以上～ 5 未満					4	1	2
5～ 10	2	2	26	3	41	2	10
10～ 15	12	3	25	5	32	5	22
15～ 20	9	4	15	4	19	5	18
20～ 25	11	4	4	2	5	4	10
25～ 30	11	3	2	1	3		11
30～ 35	15	2		2	1	2	7
35～ 40	18		1		1		3
40～ 45	13				1		2
45～ 50	9	1					1
50～ 55	4						3
55～ 60	2						1
60～ 65	2						1
65～ 70							1
70～ 75	3						1
75～ 80							
80～ 85	1						
85～ 90							
90～ 95							
95～100							
	112	19	73	17	107	19	93

(1)各塩浜の「塩浜検地帳」参照
(2)面積の単位は，畝で表示，例えば17の場合１反７畝

にほかならなかった。しかしながら近世前期を通じて元禄ごろまでに、急速に経営規模の拡大がみられる。その原因は基本的には塩民層の階層分化にともなう塩田の集積によるものであるが、それは単なる集積ではなく、在来の個別塩田の廃合をともない、一塩田の経営面積四〜五畝のものが一反になり、さらに二反・五反・七反から一町ないし一町五反へと経営規模の拡大が進行する」[19]と指摘している。一軒前は元禄期ごろに成立したとされ、右の通り、当初五畝前後であったのが一町から一町五反程度となり、その後昭和二〇年代の入浜塩田から流下式塩田への転化が見られるまで継続する。つまり、入浜塩田成立当初は、瀬戸内塩田も行徳塩田と同様に零細な作業面積で家計補充を目的としていたわけであるが、その後塩田の統廃合を通じて一町から一町五反へと拡大したわけである[20]。

行徳塩田について、元禄一五年（一七〇二）の塩浜検地帳から一筆相当の面積を書き上げた表22と、その後の明和九年から安政六年（一八五九）の各塩浜における塩浜検地帳の一筆相当の面積を書き上げた表23を通じて考えることにしよう。

表22を参照すると、元禄検地段階の一筆相当の面積は、三反歩前後が基本であった。本行徳村においては、佐次右衛門所持の下々浜が八反二畝一五歩あり、七反歩以上の面積を有している塩浜も見られるが、全体としては一割にも満たない。また、塩浜一筆当たりの面積が七反歩を超えるのは先に指摘した佐次右衛門のほか、仁右衛門（七反一畝八歩）、又右衛門（七反二畝一八歩）、三左衛門（七反）の三人が見られるが、表18からも明らかな様に、いずれも田畑を多く所持している。同様に、本行徳村以外の下妙典村では、一反から二反の範囲が中心であった。つまり、元禄検地段階での一筆相当の面積は全体的に狭かったといえよう。また、塩浜を所持していながら田畑を所持していないのは五人であった。おおよそが半農半塩の経営形態であったのである。

その後の塩浜の一筆当りの面積について表23を参照すると、主として一反から二反が中心であり、狭少な作業面積

表23　元禄検地後における塩浜一筆相当の面積

項目 / 面積	明和9年 原木村	安永8年 原木村	天明3年 原木村	天保2年 下妙典村	天保2年 本行徳村	天保2年 田尻村	天保10年 本行徳村	嘉永2年 高谷村	嘉永2年 下妙典村	嘉永2年 上妙典村	嘉永2年 田尻村	安政6年 下妙典村	安政6年 田尻村	安政6年 原木村
0～ 5	2	4			40				13	10		20	2	2
5～ 10	3	12	3	21	43	12	8	5	10	32	4	10	4	11
10～ 15	4		9	9	27	9	32	9	4	11	5	2	2	18
15～ 20	1			11	9	2	23	1	7	3		8		12
20～ 25				6		1	3							7
25～ 30				2										
30～ 35				1										
	10	16	12	50	119	24	66	15	34	56	9	40	8	50

(1)各塩浜の「塩浜検地帳」参照
(2)面積の単位は畝で表示，例えば17の場合1反7畝

であった。つまり、元禄検地以降も、狭少な作業面積という製塩形態は変らなかった。こうした理由には、関東特有の製塩法としての笊取り法など技術的要因もある。しかし、それと共に元禄検地によって確定された、名請に伴う土地所持権が維持されたこともあげられよう。質地などによって土地の権利が移動されても、検地で確定された一筆相当の面積を単位としたことが、塩浜の統廃合をも不可能としたのである。

また、前項で指摘した通り、塩浜の所持が特定の人に集積するようになり、農間余業的な経営形態から、専業的な経営形態へ移行したとも考えられる。ただし、瀬戸内塩田のような塩浜の統廃合は見られず、依然として狭少な作業面積を基礎としていたのである。

最後に、関ケ嶋村の塩浜として元禄検地の段階で確定した土地について、潮気が薄いことから塩浜として不向きで

あった。このため、新たに新田開発の土地とし、年貢を上納した段階で、初めて塩浜年貢の免除を願い出ている。(21) このように、塩浜から新田として変更する場合でも許可を必要としていたのである。そしてそれらの基本は、元禄検地帳をもとにして行われたのである。

おわりに

元禄検地は一般に、近世初期検地以来の新開地の増加、小農民経営の展開に伴う生産力の発展を明確にとらえようとしたものであり、幕藩領主の新たな農政転換への基礎作業として位置付けられている。無主空白地とされていた塩浜においても、この元禄検地を画期として、幕府によって掌握されることになった。行徳では元禄検地以降、新たに全面的な検地は実施されず、元禄検地帳は、その後の近世を通じ基本台帳として位置付けられたのである。(22)

元禄検地によって、土地所持者が確定され、年貢請負をはじめとした負担を負うことになる。他方、土地所持権を確定することによって、夫食や塩浜囲堤破壊の御普請など、幕府の公権力的な対応が行われる。この点は第三章第二節を参照してほしい。

また、元禄検地帳自体について分析すると、塩浜所持者は基本的には田畑も所持し、半農半塩的な性格が強かった。しかし、その後の検地帳を分析すると、近世後期になるにつれ土地所持面積が増え、製塩業だけでも成り立つような専業的な経営形態へと転化している。

一方、一筆相当の面積は、一反から三反がほとんどであり、狭少な面積であるという点は近世を通じて変化しない。一筆相当の面積(単位当たりの作業面積)が拡大しないということは、塩田の統廃合が行われず、瀬戸内塩田に見られるような一軒前を志向したものではなかったということができる。その要因は、製塩技術の問題によるところも大きいが、それだけでなく、元禄検地帳が基本台帳として確定することで、作業面積が確定した点も重要であろう。質地などによる土地所持権の移動はあくまでも検地によって確定された一筆を単位としていたのである。さらに元禄検地によって塩浜へと確定したことから、その後新田などに転地する場合でも許可を必要としたのである。

注

(1) 所理喜夫「元禄検地」と「元禄地方直し」の意義」(『徳川将軍権力の構造』一九八四年、吉川弘文館)。
(2) 本節の内容については、「元禄期における行徳塩業の基礎的研究」(『日本塩業の研究』第二三集、一九九四年)を改稿したものである。合せて参照されたい。
(3) 寛永期に検地が実施されたことを示す直接的な史料はないが、「塩浜由来書」(『市川市史』第六巻上、四八四頁、一九七二年)には、寛永六年(一六二九)に「伊奈半十郎様御検地村々塩浜御役永」という文言で、当時塩浜が存在していた村々の永高が記載されている。ちなみに同史料を参照すると、「寛永六巳年御検地御水帳ニ而者反別不分明候……」と永高のみの記載で、測量に基づいたものではないことがわかる。
(4) 寛永六年「下総国勝鹿郡行徳之内関ケ嶋村屋敷御検地水帳」(市川歴史博物館所蔵田中家文書)。
(5) 現在、これらの検地帳は、一括して、市川市立歴史博物館に所蔵されている。なお、その中で元禄検地帳である、「下総国葛飾郡本行徳村御検地塩浜帳」「下総国葛飾郡関ケ嶋村御検地塩浜帳」「下総国葛飾郡伊勢宿村御検地塩浜帳」「下総国葛飾郡下新宿村御検地塩浜帳」「下総国葛飾郡田尻村御検地塩浜帳」「下総国葛飾郡高谷村御検地塩浜帳」「下総国葛飾郡河原村御検地塩浜帳」のいずれを参照しても、検地帳が改めて作成されたことがわかり、「病死池田新兵衛、病死平岡三郎右衛門、比企長左衛門」という記述が見られる。ちなみに、伊勢宿村の塩浜検地帳のみは写しであるが同様の記述である。これらの元禄検地帳が残された村は、すべて行徳領塩浜の構成村落である。
(6) 享保六年七月「検地帳請取証文」(『市川市史』第六巻上、一八一頁、一九七二年)。
(7) 「下総国葛飾郡本行徳村御検地水帳」(『市川市史』第六巻下、三五二頁、一九七二年)。
(8) 平岡三郎右衛門については、元禄二年四月二九日に代官になり、正徳元年五月一七日に死去するまで勤めている(『寛政重修諸家譜』第五、一五六頁、一九六四年、続群書類従完成会)。また、池田新兵衛については、天和三年六月二八日から、宝永三年正月二九日まで代官を勤め、宝永四年正月に死去している（『寛政重修諸家譜』第五、一七一頁、一九六四年、続群書類従完成会）。ちなみに比企長左衛門は、元禄七年六月三日に代官になり、正徳五年七月朔日に死去するまで勤めている（『寛政重修諸家譜』第二二、三七八頁、一九六六年、続群書類従完成会）。

（9）冨善一敏「検地帳所持・引継争論と近世村落」（『関東近世史研究』第三八号、一九九五年）によると、検地帳を所持することは村役人を勤める家にとって、自家の正当性・永続性を主張する根拠となり、由緒を裏付けるものとして指摘している。

（10）拙稿「中世塩業史研究の成果と課題」（『日本塩業の研究』第二二集、一九九三年）、こうした視点の研究は、網野善彦『中世東寺と東寺領荘園』（一九七八年、東京大学出版会）、『日本中世の非農業民と天皇』（一九八四年、岩波書店）を参照されたい。

（11）拙稿「中世塩業史研究の成果と課題」において、課題の一つとして「中世において『無主の地』として存在している塩浜が、近世社会の石高制論理に如何なる時期に、どのような点を契機に編成されるか」という点を指摘した。この点、行徳塩田では、元禄検地を画期として位置付けることができると考えている。

（12）大石慎三郎校訂『地方凡例録』（上巻、一三八頁、一九六九年、近藤出版社）、なお史料としては「巻之二之下　塩浜之事」に掲載されている。

（13）「塩浜由来書」（宝暦六年以降成立）（『市川市史』第六巻上、四八二頁、一九七二年）。

（14）「年貢割付」（元禄五年一一月）（『市川市史』第六巻上、三八九頁、一九七二年）。

（15）「年貢割付」（元禄一六年一〇月）（『市川市史』第六巻上、三九二頁、一九七二年）。

（16）「塩浜由来書」（宝暦六年以降成立）（『市川市史』第六巻上、四八二頁、一九七二年）。

（17）延宝八年（一六八〇）の津波の被害に際しては、塩浜に対し、一切援助が行われていない。このため、普請費用の調達のために、江戸の町人田中恒右衛門に口入れしてもらい、九〇〇両もの借金を受けている。一方、同時期には田地の御救御普請が行われている。しかし、元禄一六年（一七〇三）の地震および翌宝永元年の洪水に際しては、塩浜役永の六分免除などが認められている。詳細は、第三章第二節を参照のこと。

（18）天明六年「本行徳村明細帳」の「農業之間訳」によると「是者男女共当領之儀者塩浜稼第一ニ仕……」と記述されている（『市川市史』第六巻上、二四一頁、一九七二年）。

（19）渡辺則文『日本塩業史研究』（五二頁、一九七一年、三一書房）。

(20) この一軒前経営の成立に至るまでの塩浜の統廃合の問題について検討した研究には、西畑俊昭「安芸国竹原塩田にみる近世塩業の成立過程—元禄六年の「分け浜」を中心として—」(『瀬戸内海地域史研究』第二輯、一九八九年)がある。
(21) 「弘化三年 乍恐以書付奉願上候(新田開発仕度候ニ付)」(市川歴史博物館所蔵田中家文書)。
(22) 寛政二年(一七九〇)二月に作成された関ケ嶋村の「村鑑銘細書上帳」(市川歴史博物館所蔵田中家文書)を見ると、元禄一五年の検地から記録が始められており、元禄一五年に作成された検地帳が、その後の基礎となっていることがわかる。

おわりに

塩は生活必需品としてだけでなく、軍需物資でもあった。このため、徳川家康が関東に入国すると、すぐに塩の確保に着手した。特に、行徳塩田(行徳領に存在した塩田)で生産した塩を江戸に運ぶために、小名木川の開鑿に着手し、さらに拝借金の付与を通じて、塩田の維持に努めたのである。一方、伊豆諸島の各島(大島・新島・神津島・三宅島)に対しては、扶持方米を与える代りに塩年貢の納入を強要した。(1) 行徳塩田で生産した塩は江戸に送られ、伊豆諸島で生産した塩は伊豆半島の下田番所周辺の各所の蔵へと納められたのである。近世初期の下田は関東を守るための拠点(「御要害」)として位置付けられる。そこに軍需用の塩が備蓄され納められたのである。行徳塩田と伊豆諸島は、軍事的な意味を色濃くもつ製塩地であった。また、こうした江戸周辺地域における塩田は、非常時の軍事用塩供給地という性格だけを有していたわけでなかった。近世前期には、瀬戸内で生産された塩が恒常的に江戸へ送られているとは限らない。そのため、江戸周辺で塩を作り、江戸に送ることで、江戸の消費に十分な対応がなされないにせよ、払底状況への急場をしのぐ意味をも合せ持ったのである。

こうした産業立地の軍事的な色彩が薄まるのが貞享・元禄期ごろのことであった。その影響は、塩田においても少なからずあった。行徳塩田の塩浜由緒書を参照しても、拝借金の付与が行われたという記述が見られるのは、家康・秀忠・家光将軍時のことであり、それ以降の記述は見られない。また、伊豆諸島から伊豆下田番所周辺の御蔵へ納められていた塩を解放し、江戸で入札が行われるのも貞享三年（一六八六）のことであった。また、この時期、瀬戸内塩が全国的に流通することで、各所で製塩が行われなくなり荒廃する地域が多い。江戸周辺地域も同様で、行徳塩田の場合も、延宝八年（一六八〇）の津波による塩浜破損に際して、何ら援助が与えられず、田中恒右衛門の口入れによって江戸の町人から金子を借用することで、存続が図られたのである（この普請事業については、次章第二節を参照されたい）。

こうした幕府の軍事的な産業立地に基づく地域編成の色彩が薄まったことを受けて、伊豆諸島では塩年貢から代金納への訴願が行われた。これは、訴願内容に見られる塩の価格の低下や、釜の修繕費・運賃・燃料費が嵩むなどの内的な要因だけでなく、右に見られる幕府の対応の転換を受けたものであった。幕府による軍事的な地域編成が薄まることで、なかば強制的に塩を作る場として位置付けられていた伊豆諸島や行徳塩田の人々にとって対応する選択肢が与えられたのである。伊豆諸島の島民にとって、この金納願いは、塩年貢を果たすために二五〇日程度拘束される（製塩従事期間が一年のうち七割以上）製塩業に見切りを付け、漁業などの新たな産業を模索することを意味した。一方、行徳塩田の場合は、そのまま製塩業を続けることで、元禄検地による幕府の新たな掌握が行われたのである。いうまでもなく、元禄検地は、塩浜もまた田畑と同様に土地所持権を確定し、名請に基づく負担が行われたことを意味する。つまり、軍事的物資を生産する場としての塩浜が田畑と同様の場へと平準化することを意味した。しかし、それにより公権力的な対応も得ることが可能となったのである。先の延宝八年の津波による塩浜の破損では、普請費用の援助を受けることができなかったが、元禄一六年（一七〇三）の地震や翌年の宝永元年の大洪水の時には、拝借金の貸与・塩浜役永の減免といった援助を受けている。この点については、次章第二節を参照されたい。塩田が元禄検地の対象となったのは、行徳塩田だけのことではなかった。大師河原塩田の場合は、元禄八年（一六九五）に検地が実施されているし、また三浦郡の浦郷村においても、同じ元禄八年に検地が実施されている(2)。正保郷帳には大師河原村の負担として野場役はあるものの塩場役の記載が見られない。つまり、大師河原塩田は、元禄検地によって負担が確定したのである。

近世前期の関東では、下り塩（瀬戸内塩）が恒常的に入ってきたとはいえず、相場も不安定であった。このため、問屋―仲買―売子（小売）の連携、製塩地の動向や塩の在庫状況などの素早い情報収拾が求められた。しかし、問屋と仲買が対立するときには、仲買が問屋から塩を購入しないこともあった。そういう場合は、仲買同士で金を出し合い行徳塩田や伊豆諸島から送られた年貢塩を入札によって買う方法も取られたのである。

慶安期になると、下り塩問屋が四軒に確定し流通組織も整備される。少なくとも元禄期には関東全域に相当量の下り塩が送られていた。その結果、江戸内湾における各所の製塩地が荒廃する。また、塩を原料とする醬油醸造業もこの時期から開始する。浜口儀兵衛家（ヤマサ醬油）は、元禄期に醬油醸造業を始めたといわれるが、この浜口儀兵衛家の創業当時の経営を示す「年々宝治帳」を参照すると、赤穂塩や竹原塩が多く見られる。浜口儀兵衛家の醬油醸造業も安定し、原料である塩の確保と醬油の販売を目的とした広屋吉右衛門を江戸小網町に派遣するようになるのは享保期のことである(3)。醬油醸造業の開始も、小麦・大豆の生産はもちろんのこと、安定的に下り塩の流入が行われたことを意味するといえよう。

以上のことを前提として実施されたのが、元禄一五年（一七〇二）の元禄検地であった。元禄検地は、田畑のみならず塩浜なども対象とし、その後の基本台帳として存在することになる。元禄検地の実施は、軍事的産業立地による地域編成が薄まり、荒廃しつつあった塩浜に対する、新たな再編成の実施を意味した。元禄検地を通じて、名請人を確定し負担を明確化すると共に、田畑と同質化することで行政的対応が改めて行われるようになったのである。

注

（1）無論、扶持方米の支払について、「御介抱」であると述べられているように、島嶼地域に対する近世初期段階の幕府の公権力的対応でもあった。

（2）元禄八年四月における「三浦郡浦郷村塩場帳」（『日本塩業大系』史料編近世（三）、二三六頁、一九七七年）によると、一筆当りの塩田面積は、一畝から九畝の範囲で、全体として四町歩と狭いながら塩業が展開されていることがうかがえる。またその経営面積は表24に見られるように一つの経営面積のほとんどが一畝から四畝であり、全体として一二五筆と小規模な経営単位で塩田が展開していた。また実質的には表25に見られるように七三人が塩田に従事している。塩田所持者については、複数所持している塩田面積を合計した場合でも、最高が、三反七畝一三歩であることから、塩業経営が極めて零細な状態であったことをうかがうことができる。

表24　三浦郡浦郷村塩場一筆相当面積

面　　積	筆数
〜1畝	3
1畝〜2畝	26
2畝〜3畝	42
3畝〜4畝	20
4畝〜5畝	9
5畝〜6畝	9
6畝〜7畝	7
7畝〜8畝	2
8畝〜9畝	2
9畝〜1反	1
1反〜	4

表25　三浦郡浦郷村1人当り塩場所持面積

面　　積	人数
〜1畝	1
1〜2畝	9
2〜3畝	19
3〜4畝	13
4〜5畝	8
5〜6畝	3
6〜7畝	4
7〜8畝	3
8〜9畝	1
9〜10畝	0
1反〜2反	8
2反〜3反	3
3反〜	1

（3）林玲子「銚子醬油醸造業の開始と展開」（同編『醬油醸造業史の研究』一九九〇年、吉川弘文館）、なお、醬油醸造業に関する資料を参照すると、原料として使用する塩のほとんどが斎田塩か赤穂塩である。

第三章　近世江戸内湾塩業の展開と地域社会

はじめに

前章では、近世前期における江戸内湾塩業の展開について明らかにした。近世前期、江戸周辺の塩田に対する幕府の政策基調は軍事であった。その意図が薄れた時に元禄検地が行われ、塩浜もまた田畑と同様耕地として把握されたのである。

この元禄検地によって、それ以前に見られるような、拝借金（近世初期段階の意味での）や塩年貢―扶持方米制などの、製塩業に対する塩確保を第一義に据えた軍事的編成に基づく領主―地域関係ではなく、むしろ、土地所持―負担といった近世的な土地所持関係に基づく領主―地域関係へと再編成された。

この時期、江戸では下り塩問屋―仲買の流通組織が整備され、関東各地に下り塩が浸透するようになった。享保期の醤油醸造業は、下り醤油に依存していたが、文化・文政期には地廻り醤油によって賄われるようになる。これは、下り醤油を関東醤油（地廻り醤油）が凌駕したことを意味する。この地廻り醤油の原料である塩は、おおむね斎田塩や赤穂塩と呼ばれる下り塩であった。地廻り醤油の発展の一つに瀬戸内地域によって生産した下り塩の安定的な確保を挙げることができるのである。

本章では、こうした下り塩の流入に対して地廻り塩（江戸内湾における塩田）がいかなる対応をし、存続したのかという点について、地域社会の視点から言及する。

従来の研究成果を見ると、楫西光速は、由緒書の記載内容を微細に検討し、行徳塩田の存続の理由を「幕府の保護政策」として位置付けている。(1) その後も、安沢秀一は「十州製塩業が全国的に君臨している中で、関東・東北地方での製塩業としては筆頭を占め、江戸という大市場に隣接しているという好条件に加えて、幕府の保護があつかった点に行徳塩業の特色があったといえる」と指摘している。(2) このように行徳塩田に関する研究成果は、江戸を始めとした関東の消費を担う塩田であった点を特質として見出し、幕府の保護政策が、瀬戸内で生産した下り塩が大量に江戸に入った以降も塩田存続を可能にしたとして研究が進められた。

こうした一連の議論は、一面的には賛成だが、十分な理解とは言い難い。近世前期から江戸内湾には、零細な塩田が多く見られる。それらの塩田の多くは、下り塩の流入によって荒廃している。この点を念頭に据えると、本来的には行徳塩田もまた下り塩の流入によって荒廃すべき存在であった。にもかかわらず、江戸内湾の塩田は、下り塩の流入によって一元的に荒廃するとは限らず、行徳塩田のように存続し続けたものもあった。その存続の要因について、上記に指摘したような単に江戸近郊であるという点や幕府の保護政策のみに求めるのは必ずしも適切とはいえない。元禄検地による土地所持権に基づきながら江戸内湾の塩田は、個々の塩田の能動的な運動を通じて存続が図られたのである。

以上の点を踏まえつつ、本章では近世中後期における江戸内湾塩業の展開について、製塩業存続のために各々の塩田が地域として如何なる対応を行ったのかという点に焦点を据えて明らかにしていきたい。

注

（1） 楫西光速『下総行徳塩業史』（アチックミューゼアム彙報　第四九、一九四一年、後『日本常民生活資料叢書』第四巻、一九七三年に再録)。

(2) 安沢秀一「行徳の塩業」(地方史研究協議会編、『日本産業史大系』4、関東地方篇、一九五九年)。

第一節 塩浜由緒書の成立と特質

はじめに

近世中後期の文書群のなかで多く見ることができる由緒書をめぐる議論は、最近多くの成果を挙げてきた。序章の研究史の整理でも簡単に触れたが、本節の必要上、簡単に再論しておきたい。

従来、由緒書をめぐる議論は、由緒書の内容の真偽をめぐる議論が中心であった(1)。それは、第二章で引用したように、近世前期においては史料が限定されることから、由緒書の史料批判を前提として利用されたためである。

しかし、こうした議論とは別に、由緒書について記載されたこと自体の問題が取り上げられている。藤野保が「幕藩体制が兵農分離による身分制秩序の成立のうえに、幕藩領主とその家臣団による支配の体制であり、かつ高度に整序化し細分化された政治のしくみのなかで、家系・格式が極度に尊重され、それをもって体制維持の原理とされたことの反映である」と指摘するように、由緒書は既存の秩序維持を目的として作成されたものである(2)。

最近、近世中期以降に由緒書が農村に多く残されている点に着目した成果が多く見られる。これらの成果は、役の負担軽減(3)や、特権を主張する論理的根拠として由緒が利用された事例を紹介している(4)。こうした成果を踏まえ井上攻は、「由緒書を作る主体から分けるならば、個人や家、村、様々な集団が、それぞれの正当性を主張するために由緒

書を作成する」と指摘している。(5)

以上の成果を踏まえると、①何故由緒書がこうした正当性を主張しうる論拠となるのか、②具体的に由緒書の論拠がどのように利用されているのか、という二つが今後の課題として挙げられよう。

本節では、明和六年（一七六九）以降、行徳塩田で作成され、内外に広く知られていた塩浜由緒書を取り上げ、①塩浜由緒書の成立について、②その上で具体的に塩浜由緒書の内容そのものについて、③塩浜由緒書の作成による訴願などでの地域社会への影響（訴願による塩浜由緒書の実効性ついては、塩浜御普請との関係で次節で明らかにする）の三点から明らかにし、地域で作成した由緒書が如何なる性格をもつものであったのかという点について展望していきたい。(6)

一　近世塩業の展開と塩浜由緒書

まず、塩浜由緒書作成の直接的な契機について検討していく。塩浜由緒書の前文に、以下の様な文言を見ることができる。(7)

〈史料1〉

明和六年丑冬、行徳領塩浜御年貢引方之儀、布施弥市郎被申立候処、引方難相立由御勘定所ニ而申渡有之候処、左候而者百姓共難立ニ付、前々之儀聞合有之書面之通書付遣候、御勘定奉行吟味役中評議之上　有徳院様厚キ思召杢進覚書慥成事尤之儀ニ付、伺之通引方可申付申渡有之、伺之通相済

つまり、明和六年（一七六九）に行徳領塩浜の年貢減免を願い出た時、当初は認められなかった。しかし、その後、権現様以来の事績を顕彰しつつ、行徳塩田の取り組みを明らかにした塩浜由緒書を提出することで、その正当性が認められ、「有徳院様厚キ思召杢進覚書慥成事尤之儀ニ付、伺之通引方可申付申渡有之」と年貢減免となったのである。

つまり、この塩浜由緒書作成の直接的な原因は、年貢減免の訴願であった。従来は、簡単に年貢減免が許可されたのに対し、明和段階ではなかなか認められなくなってきたのである。行徳塩田に対する幕府の公権力的対応については、第二節の御普請の問題に関連づけて検討するが、幕府権力が大風雨・地震・津波による塩浜囲堤の大破に際し行う具体的な対応は、年貢減免と塩浜御普請であった。しかし、このうちの年貢減免が明和期に不許可となった。この年貢減免の不許可に対する行徳塩田側の新たな対応として提出されたのがこの塩浜由緒書であったのである。

二　塩浜由緒書の成立と特質

つぎに、塩浜由緒書の内容を検討し、この塩浜由緒書作成の背景について考察しよう。地域において作成された由緒書が領主と地域の媒体となるのならば、その媒体となる要素はどういう点に求められるのであろうか。由緒書は過去の事績を示したものであるが、叙述には常に多くの事実からの取捨選択が求められる。特に、先に指摘した通り、由緒書の作成契機は相互間の関係が弛緩した時であり、この弛緩した側面を再び確認するものであるとすれば、由緒書の記載内容は思想性を帯びたものといえよう。実際、塩浜由緒書もまた年貢減免の許可を目的として作成されている。よって、ここでは、由緒書の内容から事実を摘出するのではなく、いかなる点に重点をおいて叙述されているかを記載内容から明らかにする。この塩浜由緒書は、よく知られた史料だが、検討のため必要なことから、全文を掲載する。(8)

〈史料2〉

「塩浜由緒書写」

明和六年丑冬行徳領塩浜御年貢引方之儀、布施弥市郎被申立候処、引方難相立由御勘定所ニ而申渡有之候処、

左候而者百姓共難立ニ付、前々之儀聞合有之書面之通書付遣候、御勘定奉行吟味役中評議之上
有徳院様厚キ思召杢進覚書樵成事尤之儀ニ付、伺之通引方可申付申渡有之伺之通相済

覚

行徳領塩浜之儀、元来上総国五井与申所ニ而往古ゟ塩ヲ焼覚江家業之様ニ致候ヲ、行徳領之もの近国之事故、
折節罷越見覚候而、当村拾四ヶ村之内本行徳村・欠真間村・湊村三ヶ村之もの習候而、行徳領村附遠干潟砂場
之内ヲ見立、塩を少々宛焼習ひ、其節者渡世ニ仕候程之儀ニ者無之、自分遣い用迄之塩を焼候処ニ、近所百姓
共段々見習ひ焼方を覚江、他所へも出し候得共、其節者塩年貢与申者も無之候
権現様関八州御領地ニ罷成、東金江御鷹野ニ被為成候節、行徳領御通行之砌塩焼候を御覧被遊、甚御悦喜被遊塩
之儀者御軍用第一之事御領地一番之宝与被思召候、随分百姓共出情仕候様、塩焼百姓共野先江被召出上意有之、
金子等被下置相続
台徳院様ニ茂右之通上意有之、其節者段々百姓共塩稼ヲ覚出情仕候ニ付、金子三千両之拝借被仰付塩ヲ以年々返
納仕候
大猷院様御代ニ者上方ゟ段々塩ヲも船廻ニ而差下し候得者、行徳塩之儀者江戸御城中ニ有之茂同前之儀御軍用御要
害御手当ニ罷成候間、出情仕候様可仕旨差図東金江
御成之節、行徳領近所船橋村ニ御殿茂有之、（当時御殿之跡も有之候）塩浜百姓共御庭江被召出塩浜稼出情仕候様ニ上意有之、
金子弐千両拝借与申被下置、右之通上ゟ段々手当被仰付夫食等も被下置候故、百姓共勝手ニも罷成段々塩浜繁
昌百姓家居等も相応ニ仕罷在候故、塩浜年貢御代官ゟ申付候、然共塩之儀六月・七月暑気強御座候節第一相稼、
八月・九月・十月頃者稲作之取収百姓手隙もなく、十一月・十二月・正月・二月・三月者塩垂候事滴少く、

漸々仕当一はい位ニ罷成、四月・五月者例年雨天打続塩垂百性男女共ニ手を空く仕罷在候、塩之儀一日雨降候へ者休、三四日照続不申候而者塩稼不罷成候、其訳者潮水ヲかけ塩水をたらし、其水を塩竈ニ入焼立申候、塩竈之拵方一竈拵候ニ、手間掛り申候、塩焼立候ニ松葉ハ下直ニ当り候へ共塩之出来方あしく色も黒く罷成、格別下品ニ而塩之利目薄く御座候、萱木ニ而焼立候得者、格別塩之出来方宜敷御座候、然共萱木ハ直高ニ御座候、右之通行徳領塩之儀者江戸御城下武家町家を始、関八州上下之要用ニ罷成御軍用第一之御重宝ニ而兵糧同事与申儀ニ而随分百姓共勝手罷成、塩焼百姓壱人ニ而も多く罷成候様ニ

権現様　台徳院様　大猷様御代々ゟ取斗、年々塩浜稼之様子ニ応し雨天打続又風波等ニ而減し候得者、塩浜年貢引方相立来申候、田畑之取斗方与違申候、勿論年ニ寄塩浜稼方天気能夏中夥敷塩出来直段下直ニ罷成、塩焼百姓勝手ニ不罷成年者、右之塩公儀江御買上ニ被仰付候而、直ニ郷蔵江詰置直段見合御払ニ申付、御買上之金子則返納仕候、私支配之節享保年中御買上之趣も被仰付候、右之訳ニ而享保六丑年大水ニ而塩浜荒地大分出来仕候

有徳院様達　上聞塩浜古来之訳有馬兵庫頭殿ヲ以御尋有之ニ付、古来之訳前々御代々上之思召申伝候趣、私支配所之儀故申上候処、塩浜絵図面ヲ以有馬兵庫頭・加納遠江守両人立会御白書院渡於御廊下ニ御尋有之ニ付、御普請被仰付可然段申上候処御聞達

有徳院様上意ニ茂御軍用第一之儀、其上廻船ニ而上方ゟ塩相廻り候得共、万一海上風破相続廻船相滞候節、行徳領之塩ニ而諸人上下之助ニ罷成候間、早々御普請申付候様ニ被仰渡、同寅年之春右塩浜堤入堀等之御普請金千両余之御入用ニ而、御普請被仰付、塩焼百姓共勝手ニ茂罷成、尤荒地も大分立返り、御益筋も有之候、通例田地御取ケ(箇)之取斗と違、御損徳(得)之訳ニ拘り不申、何れ之道ニも塩稼取続塩之出来方罷成、百姓相続仕候様ニ取斗

候、得与

有徳院様上意有之、年々吟味委細ニ仕、引方ニ行届候様ニ仕候、何程塩多焼出し候とも田作之米方与違、塩浜年貢一反之取永相増候儀者不罷成候、不稼之年者其年之天気合不宜時節を考実々焼出し候塩少く、尤直段合迄遂吟味ヲ定、永年貢之内ヲ申立引方申付候、如此引方申付候事、其年者御損失之様ニ御座候得共、年柄悪敷不稼ニ而引方も被下候与申而、百性共荒浜起返りを第一ニ仕、自然与荒地起返り御徳用ニ罷成候、年柄悪鋪候而茂引方不申付候得者、宜敷場所之塩浜をも荒地ニ打捨置自然与荒浜引方相願申候間、年々荒浜多く罷成荒地引出来反而御損失ニ罷成候

右之通行徳領塩浜古来之訳

有徳院様御尋有之様子承糺申上候処、江戸表武家町家平日之助ニ罷成御軍用第一之儀、塩浜之分者無年貢地ニも可被仰付程之思召ニ候得共、左候而者百性共奢之心生し、後々塩稼未熟ニ可罷成候間油断不仕、亦取続茂能キ様心ヲ付取斗候様ニ可申付与有馬兵庫頭・加納遠江守両人立会於新部屋ニ享保八年卯八月廿一日

上意之趣被申渡候

右者行徳領塩浜之儀御聞合ニ付、書留置候を写進申候、以上

明和六丑年八月　　小宮山杢進

右に掲載した塩浜由緒書は、行徳塩田内の下妙典村の名主役を勤めていた岩田家に伝来したものによっている。表題は無いが、この塩浜由緒書とほとんど同内容のものが、国立史料館にも残されている[9]。また同館には、「塩浜古来之事[10]」と題したやはり同内容の史料や、近代以降に書かれた「塩浜秘鑑」も所蔵されている[11]。さらに、これら「塩浜

由緒書」と同内容の史料は、関ケ嶋村の田中家にも伝来している。この田中家に伝来した史料の表紙には「小宮山杢之進様朱印帳」と記載されており、表題としては「行徳領拾四ケ村塩浜起り一件覚書写」と記されている[12]。内容自体は〈史料2〉とほぼ同じだが、本文末部に「明和六年丑八月　小宮山杢之進朱印」と記載されている点は興味深い[13]。

ここで再び、岩田家文書の「塩浜由緒書写」を見ると、最後の明和六年（一七六九）の下に「小宮山杢進」との記載が見られ、さらに、国立史料館所蔵の「塩浜古来之事」および「塩浜秘鑑」の二つの文書には、「小宮山杢進　朱印」との文言が見られる。つまり、小宮山杢之進の名前を記載することで、由緒書の権威付けが行われたのである。

この小宮山杢之進については、『寛政重修諸家譜』[14]『断家譜』[15]などで事績を見ることができる。ここでは内容として詳細な『寛政重修諸家譜』を引用し、その動向を確認しておきたい。

〈史料3〉

昌世

源三郎　木工進　実は辻弥五左衛門守誠が四男。母は岡田五右衛門俊易が女。昌言が養子となる。

正徳元年三月十八日はじめて文昭院殿に拝謁し、享保六年閏七月二十五日遺跡を継、二十七日御代官となり、十七年八月二十四日支配所牧場の普請を配下のもの一人にまかせしにより、不正のはからひをなし、金子を貪るにいたる。これ昌世が等閑なるがいたすところなりとて支配所を減じて出仕をとゞめられ、十一月十七日ゆるさる。十九年七月五日去年井沢弥惣兵衛為永をして昌世が代官所に下され、巡見の趣よろしく談合にをよぶべきのむね命ぜらるゝのところ、為永が不審せし条々をまうしひらきしまでにて租税の損益を議する事なし。しかのみならず凶年により、宥免ありし免をもつて平年のことに引当し状、畢竟我意をたてしにもきこえ、剰国役をゆるされしものをもおさめしむるやうにしるせしなど、すべて其職事に意をもちひざるゆへなりとて小普請に貶し、出仕をとゞめられ、十一月二十七日ゆるさる。二十年十月四日職にあるのあひだ、米金の上納いまだをはらず、されど私欲の趣もきこえざるにより、このゝち年賦に返弁する事をゆるさる。其怠をも咎らるべしといへども、米をばさきにおさめ終りしにより、罪を宥めて閉門せしめられ、三月十日ゆるさる。宝暦九年八月五日致仕す。

つまり、小宮山杢之進は、享保一九年（一七三四）七月に支配所牧場の普請の不正・金子の貪り、さらには米金上納の滞納などが理由となり代官を解任され、宝暦九年（一七五九）に隠居し、安永二年（一七七三）に死去している。この享保一九年の小宮山の解任は、単なる小宮山個人の問題としてではなく、年貢請負的な在地性の強い世襲・給人代官から純粋な地方行政官たる吏僚代官へと変質する一連の享保期の代官編成の流れのなかで理解する必要がある。(16)小宮山杢之進の地方巧者の側面は、検地に関する注意事項を記した『正界録』(17)、あるいは吉宗の意を受け御側衆有馬兵庫頭氏倫の尋問に対する答申を記載し、享保一〇年（一七二五）九月の代官所経費の支払方法の改正に影響を与えたといわれる『地方問答書』など(18)、多くの地方書が残されていることからも判明する。

行徳塩田に対しても、小宮山杢之進は堤防築造の計画を行い、いわゆる小宮山土手と呼ばれる堤防を築いており、当地においても地方巧者として知られた代官であった。(19)

そのため、右に述べてきた塩浜由緒書の作者もまた小宮山杢之進といわれている。しかし、この小宮山は安永二年に亡くなっている。塩浜由緒書が作成されたとされる明和六年には生存しているものの、宝暦九年に引退し、当時政治的に発言する力を持っていたとは考えにくい。よって、小宮山が塩浜由緒書の作成に関わりを持っていたとは考え難い。むしろ地方巧者として知られ、享保期に行徳塩田の堤普請などに積極的に関わり、行徳塩田に大きく尽力した小宮山杢之進の名を塩浜由緒書に載せることで、塩浜由緒書の正当性を強調したと考えるべきであろう。写しに「小宮山杢進」と記載されたり、関ケ嶋村の名主役を勤めていた田中家に伝来する塩浜由緒書の表紙にも、「小宮山杢之進朱印帳」と記載されているのも、こうした理由によるといえる。さらに、明治以降の作成者として「小宮山杢進朱印」と書かれているのは、右のような理由によると思われる。

つぎに、由緒書に記載された内容がどういう意味を有するか、また数ある史実のなかで、どのような意図からこうした事実を摘出したか、という点を念頭に据えて、塩浜由緒書の内容を検討する。

塩浜由緒書の内容は、家康（権現）、秀忠（台徳院）、家光（大猷院）の拝借金貸付けの事柄と、近世前期の行徳塩田に対する対応の摘出、そしてこの徳川三代を受けた吉宗（有徳院）の対応についての記載がその骨子となっている。

まず、行徳塩田と家康の接触の機会については、塩浜由緒書では民情視察（地域把握の機会）の意味や、軍事的・儀礼的に重要な意味を持つとされる鷹狩りの際、「軍用第一・御領地一番之宝」と、塩を軍需物資として重要視していたことが記されている。享保期以降の鷹場の六筋編成では、葛西筋の一つとして行徳領が設定されたが、その行徳領の存在を強調したものとして位置付けられたのである[20]。

つぎに、秀忠政権期については、百姓の塩稼に対して金子三〇〇〇両の拝借金を与え、その返納を現物である塩で返却させていることが記されている[21]。この現物（塩）返済を通じて、行徳塩田と江戸城との結び付きを指摘し、その重要性を強調している。元禄検地以降、年貢負担の在り方が四分一塩四分三金納として定着することは、先に指摘した通りである。そして現物納分は江戸城御春屋へ納められていた[22]。

さらに、家光政権期の記載では、下り塩の江戸への流入に対し、「行徳塩之儀者江戸御城中ニ有之茂同前之儀御軍用御要害御手当ニ罷成候間、出情仕候様」と記述し、行徳塩田を「御要害御手当」としてとらえ[23]、江戸廻りの行徳塩田の位置付けを確認している。しかも「東金江御成之節行徳領近所船橋村ニ御殿茂有之……塩浜百姓共御庭江被召出塩浜稼出情仕候様ニ上意有之、金子弐千両拝借与申被下置……」と地域支配の重要な拠点であった御殿で[24]、船橋御殿における金子二〇〇〇両の拝借金授受を通し、行徳塩田を幕府の重要地として位置付けたのである。

以上に見られるように、塩浜由緒書は行徳塩田に対する、家康・秀忠・家光の三代の政権期の対応をそれぞれ述べ、その重要性を指摘している。さらに吉宗政権の記載には、「江戸表武家町家平日之助ニ罷成、御軍用第一之儀塩浜之分者無年貢地ニも可被仰付程之思召ニ候得共、左候而者百姓共奢之心生し後々塩稼未熟ニ可罷成候間、油断不仕亦取続茂能キ様心ヲ付取斗候様ニ可申付……」とあり、吉宗が年貢免除を意図したかのように記述している。まさに、この部分は塩浜由緒書作成の直接的なきっかけである年貢減免の問題を意識し言及したものといえるのである。

加えて、行徳で生産した塩は、下り塩に比すと塩質が劣ることについて、「右之通行徳領塩之儀者江戸御城下武家町家を始関八州上下之要用ニ罷成、御軍用第一之御重宝ニ而兵糧同事与申儀ニ而随分百姓共勝手罷成、塩焼百姓壱人ニ而も多く罷成候様ニ　権現様　台徳院様　大猷院様御代々ゟ取斗」との記述を通じて、城下町としての江戸および徳川の領国としての関東の「要用」としての性格を強調している。瀬戸内十州が全国の塩市場を一定度把握するのは、享保期ごろといわれ、吉宗政権期は、下り塩が江戸市場に浸透した時期であった。右の叙述は、こうした点を念頭に据えたものということができよう。

以上で明らかな通り、①初代将軍家康政権期の鷹狩と行徳塩田との関係、②二代将軍秀忠期の江戸城御春屋への納入を展望させる江戸城への現物納の取り組み、③三代将軍家光政権期の下り塩の江戸流入に対する行徳への位置付け、④八代吉宗政権期の年貢免除の指摘と下り塩との関係は、各政権期の特質と、当時行徳塩田で顕在化した問題点を念頭に据えた記載ということができるのである。

また、四代家綱以降、綱吉・家宣・家継政権期における事績は見ることができない。これらの期間は、近世初期以来の鷹場制度の廃止なども見られ、既存の地域編成から変容しつつある時期でもあった[25]。そして、この時期には塩浜の荒廃が各所で見られる。また地震・津波・大風雨などにより、塩浜が荒廃する時に商人資本に依存しつつ塩田存続を図ったのもこの時期である。[26] 幕府権力の塩浜への対応が見られないのはこうした理由によると言えよう。

以上を踏まえつつ、塩浜由緒書の内容的特質を簡単に述べていきたい。塩浜由緒書作成の契機は、直接的には、塩浜年貢の引き下げ願いであった。当初塩浜年貢の引き下げは却下されたが、「御勘定奉行吟味役中評議之上　有徳院様厚キ思召杢進覚書慥成事尤之儀ニ付、伺之通引方可申付申渡有之……」と記述されているように、塩浜由緒書の作成を経て、年貢の引下げが認められた。この塩浜由緒書に見られる内容の特質は、まず家康・秀忠・家光三代の将軍の行徳塩田への取り組みを通じて、幕府権力と行徳塩田との関係を述べ、さらに下り塩の流入に対する、行徳塩田の重要性を指摘し、その上で吉宗以降の行徳塩田の江戸廻りとしての性格に対する理解を踏まえたものとなっている。つまり塩浜由緒書は、領を基礎に据えた行徳塩田の領主的な地域編成単位としての論理、あるいは、家康政権以来の行徳塩田の位置を念頭に据えて作成し、領主側の地域編成論理を利用することによって、塩業経営内部に表われた問題点＝塩浜の問題点（塩浜荒廃にともなう経営不振）の解決を図る正当性の論理的根拠となったのである。

塩浜由緒書について、その内容と性格について述べてきたが、つぎにこの塩浜由緒書、そしてこうした由緒書に記載された行徳塩田が社会的にどのように位置付けられていたかという点について言及することにしよう。

三　塩浜由緒書と江戸名所図会

明和六年（一七六九）に作成された塩浜由緒書は、明和六年の年貢減免の訴願のみで終わる一過性のものだったのだろうか。

先にも指摘した通り、塩浜由緒書は行徳塩田内の各所に残された文書であった。また、行徳塩田のみならず広く江戸にも知られていた。天保期から安政期に活躍した向山源大夫が編纂した、『蠹余一得』にも「下総行徳領塩浜由来書」として、この塩浜由緒書とほぼ同内容の史料が掲載されている。(27)ちなみにそこにも、小宮山杢之進の記載が見られる。また、天保五年(一八三四)に成立した『祠曹雑識』にも同様の記載を見ることができる。(28)この史料の前文には、「往年中山参詣ノ次行徳ノ塩浜ヲ歴覧ス此塩ノ国用トナル事甚多シ、今ノ人ハ飲食奢侈ニ流レ唯砂糖ヲ貴テ塩ヲ見ル事泥土ノ如ク、其米穀ト同シキヲ知ラス砂糖ハ終年ナクトモヤムヘク塩ハ一日モナカルヘカラス、小宮山杢之進トイフ県吏ハ頗心アル人ニテ此塩ノ事ヲ記シ置ヌ、興利ノ為ニ甘蔗植付ノ徒ニ勝ル事遠シ件ノ手記、其略左ノ如シ」との記載が見られる。つまりこの史料は、砂糖植付の増加に対する批判を述べると共に、塩の重要性を説く際に、この塩浜由緒書を引用したものといえよう。この史料の内容は、砂糖国産化が進展するなかで、(29)塩の必要性を指摘したものといえる。その際、小宮山杢之進の「手記」を掲載したと述べているが、先の通り小宮山自身の「手記」が残されていたとは考えられない、むしろ塩浜由緒書を引用したものとして考えられるのである。

天保五年・七年(一八三四・三六)に斎藤幸成によって刊行された『江戸名所図会』にも行徳の塩浜の記載が見られる。(30)

〈史料4〉

塩浜　同所海浜十八箇村に渉れりと云、風光幽趣あり、土人云、此塩浜の権輿ハ最も久しくその始をしらすといへり、然に天正十八年関東御入国の後、南総東金へ御遊猟の頃、此塩浜を見そなはせられ、船橋御殿へ塩焼の賤の男を召し、製作の事を具に聞し召れ、御感悦のあまり御金若干を賜り、猶末永く塩竈の煙絶す営て、天か下の宝とすへき旨欽命ありしより、以来、寛永の頃迄ハ、大樹東金御遊猟の砌ハ、御金抔賜り、其後風浪の災ありし頃も、修理を加へ給ハるといへり(事跡合考に云、此地に塩を焼事ハ凡一千有余年にあまれりと、又同書に、天正十八年御入

国の後、日あらす此行徳の塩浜への船路を開かせらるゝ由みゆ、今の小奈木川是なり）

此地の塩鍋ハ、其製他に越堅強にして保事久しとそ、東八州悉くこれを用ひて食料の用とす

この〈史料4〉を参照しても、「南総東金へ御遊猟の頃」や「船橋御殿へ塩焼の賤の男を召し、製作の事を具に聞し召れ、御感悦のあまり御金若干を賜り」などの文言からも、小名木川の記載を除けば、ほとんどが塩浜由緒書の叙述に基づいた記載であったことがわかる。この段階では、由緒書が史実として、江戸の人々を始めとして一般に広く知られていたのである。

なお、『江戸名所図会』を参照すると、「行徳汐浜」「行徳塩竈之図」と二つの絵が掲載されている。(31) 図1と図2がそれである。これらの絵はまさに、行徳塩田の様子が、濃塩水を採取する鹹水作業の場である塩浜と、採取した濃い塩水から蒸発させ塩水を取りだす煎熬作業の場を描いている。特に図2の「行徳塩竈之図」を参照すると、①濃い塩水（鹹水）を汲みだす作業、②竈で煮焚きしている作業、③燃料に萱を利用していること、④笊で運ばれている様子、⑤小売りが行われる様子など、行徳塩業の製塩工程の特徴を窺い知ることができる。無論、『江戸名所図会』の作成意図は、行徳塩業を明らかにするのではなく、江戸周辺の名所を図会を通じて明らかにし、関心を喚起することにあったが、(32) 江戸の人々の世界観の中でも、行徳は江戸の名所として位置付けられ、生活必需品である塩を生産する場として理解されていたことは注目できよう。

水戸藩の郡方役人であり学者でもあった坂場流謙により水戸藩の農政上の重要な問題を解明することを目的として書かれた地方書『国用秘録』を参照すると、(33) 行徳塩田について「行徳村ニ大塩場あり、上塩少く荒塩多し、塩竈百軒余」と紹介されている。この記述から製塩地帯が広がりながらも、「上塩少く荒塩多し」と、塩質の悪い点を指摘している。注目できる点は、水戸藩が国産品として製塩業を始めるに当り、行徳塩の存在を由緒書に基づき検証する必

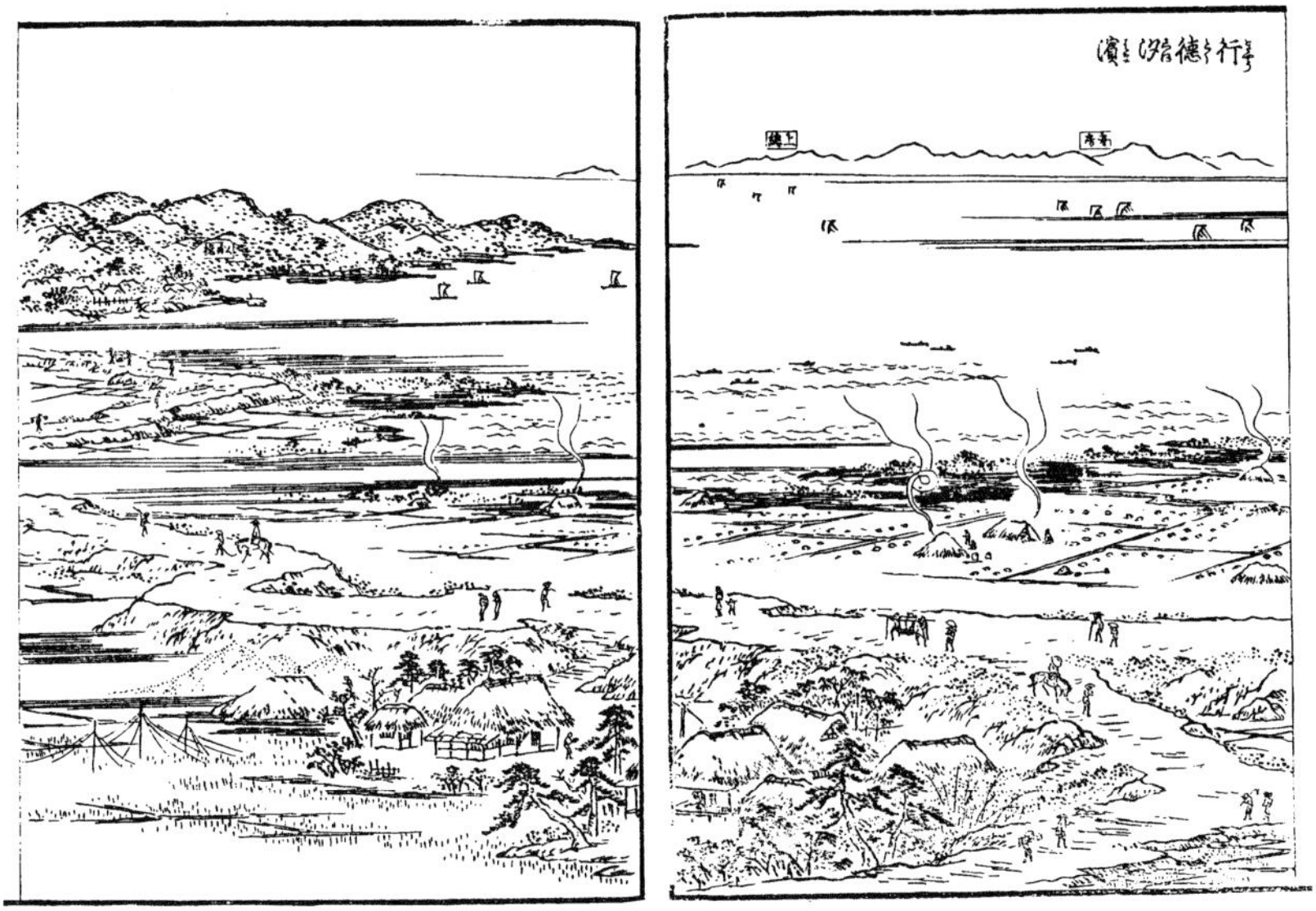

図1

図2

要はなく、むしろ塩質などを中心に叙述されていることであろう。当時水戸藩が製塩業を殖産興業としてどれだけ推進しようとしたかはわからないが、行徳の塩は産地間競争としての対象商品としてみなされており、その結果塩の品質が記述の中心となったのである。

以上の様に、行徳塩田は塩浜由緒書の叙述内容を通じて、江戸周辺に位置付けられた生活必需品である塩を生産する場として、江戸の人々や領主層から認識されていた。また、塩浜由緒書の内容は、近世中後期の塩浜御普請・年貢減免など訴願に際して、その正当性を主張する論理的武器として、あるいは行徳塩田における地域内部の紐帯を維持する根拠として存在したのである。この点については、改めて次節以降で紹介していくことにしたい。

おわりに

以上本節では行徳塩田において作成された塩浜由緒書について、第一に作成の背景を明らかにし、第二に内容とその思想性を言及し、第三に、塩浜由緒書の持つ社会的位置付けを見てきた。

行徳塩田は、近世前期から行徳領を単位とした塩浜付村々を構成単位として成立した。そして、小名木川水運の開鑿に見られるように、江戸廻りとして位置付けられた。そこで生産された塩は、一部現物納として御春屋にも納められる。一方、行徳塩田が村落としてではなく地域として位置付けられることは、訴願などが行徳領の塩浜付村々を通じて行われたことからも言うことができる。

こうした領主側の地域編成の論理を、年貢減免の正当性の根拠として捉え直し、作成したのが塩浜由緒書であった。塩浜由緒書の性格では、特に徳川家康以来の秀忠・家光の三代の将軍および八代将軍吉宗の行徳塩田に対する事績が紹介され、また、享保期に地方巧者として知られ、かつ行徳塩田の普請事業に多大な功績を残した小宮山杢之進の名前をも記載し、行徳塩田の位置付けを明らかにしている。その内容では、家康が鷹狩の際に塩焼の状況を見て述べたとされる「軍用第一」という文言、秀忠の拝借金、家光期の下り塩に対して「行徳塩之儀ハ江戸御城中ニ有之」「御軍用御要害」という位置付け、御殿での拝借金の下付など、当時の幕府政策に密接に関係していることに触れ、また、普請事業について「有徳院様上意ニモ御軍用第一之儀、其上廻船ニ而上方より塩相廻り候得共万一海上風波相続廻船相滞候節、行徳之塩ニ而諸人上下之助ニ罷成候間、早々御普請申付候様ニ被仰渡、同寅之春右塩浜堤入堀等之御普請金千両余之御入用ニ而御普請被仰付塩焼百姓共勝手ニ茂罷成、尤荒地も大分立返り御益筋も有之候……」と普請の重要性を指摘し、さらに「江戸表武家町家平日之助ニ罷成、御軍用第一之儀塩浜之分ハ無年貢地ニも可被仰付程之思召ニ候得共、左候而ハ百姓共奢之心生し後々塩稼未熟ニ可罷成候間、油断不仕亦取続茂能キ様心ヲ付取斗候様ニ可申付与……」と年貢に対する理解を示している。これは、まさに塩浜御普請や年貢減免の訴願を念頭においた叙述であるということができるであろう。さらに、地方巧者としての小宮山杢之進を作成者として取り上げている点も、正当性を強調する重要な意味があるといえる。この様に、塩浜由緒書は、単なる過去の叙述にとどまらない思想性を持って当該地を叙述したものであったのである。

さらに、この塩浜由緒書は、行徳塩田内のみに限らず広く知られていた。それは、生活必需品である塩を生産する場として領主のみならず社会的にも周知されていたことを示す。その意味では、近世後期に農村で作成された、村の由緒書や家の由緒書とは性格を異にしている。また、塩浜由緒書自体は、なんら有効な実効性をもたないものの、極めて巧妙に徳川家と行徳塩田の関係を指摘し、地域のアイデンティティーを主張する論拠として存在した。そして、普請の訴願であるとか地廻り塩問屋との訴訟、さらに、地域内の紐帯を確認する根拠として、重要な意味を持ったのである。

注

(1) たとえば糸割符由緒書をめぐる議論などはよく知られたところである。中田易直「『糸割符由緒書』の仲間発端記事の信憑性をめぐって」(『近世対外関係史の研究』一九八四年、吉川弘文館)など。
(2) 「家譜・由緒」(『日本古文書学講座』第六巻近世編Ⅰ、一九七九年、雄山閣出版)。
(3) 井上攻「増上寺領村々の由緒と諸役免除闘争」(『日本史研究』三二四、一九八九年)。
(4) 大友一雄「献上役と村秩序」(徳川林政史研究所『研究紀要』一九八七年)、「近世の献上儀礼にみる幕藩関係と村役」(徳川林政史研究所『研究紀要』一九八九年)、山本英二「浪人・由緒・偽文書・苗字帯刀」(『関東近世史研究』第二八号、一九九〇年)、「甲斐国『浪人』の意識と行動」(『歴史学研究』六一三、一九九〇年)。
(5) 井上攻「由緒書と村社会」(『地方史研究』二三四、一九九一年)。
(6) 本節は、拙稿「行徳塩業と塩浜由緒書」(『関東近世史研究』第三三号、一九九二年)を改稿したものである。また同内容の簡単な紹介は、以前「年貢減免願いと由緒書」(『古文書通信』第三一号、一九九六年)に紹介したことがある。またこの問題とは別に、以前「『敵に塩を送る』という話について」(『古文書通信』第一五号、一九九二年)と題する簡単なコラムを書いたことがある。そこでは、この「敵に塩を送る」という話が一般に知られはじめたのは、元禄期前後であったことを指摘し、実際にあった話というよりも、越後商人が信州の商圏を維持することを目的に書かれたものではないかと指摘したものである。
(7) 「塩浜由緒書写」(市立市川歴史博物館蔵「岩田家文書」、『市川市史』第六巻下、一九七二年)。
(8) 「塩浜由緒書写」(市立市川歴史博物館蔵「岩田家文書」、『市川市史』第六巻下、一九七二年)。
(9) 「(行徳領塩浜之儀ニ付小宮山杢之進覚書)」(国立史料館所蔵、祭魚洞文庫旧蔵水産史料、六五二)。
(10) 「塩浜年貢ニ付小宮山杢之進覚書并本行徳村村鑑明細書上帳之写」(国立史料館所蔵、祭魚洞文庫旧蔵水産史料、六五三)。
(11) 「下総国東葛飾郡行徳塩浜沿革志附塩浜秘鑑」(国立史料館所蔵、祭魚洞文庫旧蔵水産史料、六五〇)。
(12) 明和六年「行徳領拾四ケ村塩浜起り一件覚書写」(市川市立歴史博物館所蔵、田中家文書)、なお、同史料の裏表紙には「下総国葛飾郡行徳領関ケ嶋村田中六兵衛所持」と記載されている。
(13) なお、関ケ嶋村では、天明六年三月に名主役が交代しているが、この時の引継文書の目録を参照すると、水帳・村鑑明細帳・割付帳・皆済目録・絵図面だけでなく、「小宮山杢之進様御書付」の記載がある。この「書付」が「行徳領拾四ケ村塩浜起り一件覚書写」のことを指すのか否かは不明だが、行徳塩田と小宮山杢之進との関わりを示す史料が名主引継文書として位置付けられ、重要な史料であったことがわかる（「覚（引継文書、絵図、印鑑目録）」市川市立歴史博物館所蔵、田中家文書）。

(14)『新訂寛政重修諸家譜』（第二二、三八二頁、一九六六年、続群書類従完成会）。

(15)『断家譜』（第二巻、二七六頁、一九六八年、続群書類従完成会）。

(16) 大石慎三郎「享保改革における地方支配機構の整備について」（『享保改革の経済政策』増補版、一九七九年、御茶の水書房）。

(17) 小野武夫編『近世地方経済史料』（第八巻、一九三二年、吉川弘文館）。

(18) 小野武夫編『近世地方経済史料』（第八巻、一九三二年、吉川弘文館）。

(19)『松戸市史中巻』（一九七八年）には、享保期の小宮山杢進の牧場支配について詳細に紹介されており、地方巧者としての側面を明らかにしている。また、小宮山杢之進の事績については、鈴木淳「小宮山木工進昌世年譜稿」（『国文学研究資料館紀要』第二〇号、一九九四年）、「続小宮山木工進昌世年譜稿」（『国文学研究資料館紀要』第二一号、一九九五年）が参考になる。ちなみに、同成果によれば、明和六年に「下総国行徳領の塩浜の由来について上呈する」としている。当時小宮山杢之進の年齢は、八一歳であった。

(20) 岩田浩太郎「関東郡代と「領」」（『関東近世史研究』第一六号、一九八四年）は、享保期に江戸周辺地域を鷹場の鳥見役人の管轄区分として六筋に編成されたことを明らかにしている。それによると、行徳領は葛西筋の一つとして位置付けられている。

(21) 拝借金は、一般に江戸幕府が財政援助を目的として、大名・旗本・御家人・寺社・町人・宿駅などに対して無利息で貸与した金銭のことをさす。その意味で、恩恵的な側面が強いとされる。

(22)「塩浜由来書」（『市川市史』第六巻、史料近世上、一九七二年）、天保三年（一八三二）の史料に「当辰御年貢御春屋正塩割合書上帳」（市川市立歴史博物館蔵、岩田家文書）がある。同史料を参照すると、納人惣代が各村々で割当て、約二五〇石を納めていたことがわかる。ちなみに、この御春屋上納の石高が二五〇石となるのは文化九年（一八一二）のことである。この文化九年「塩浜相続致兼候ニ付、御吟味御伺御下知済御請証文之写書」（市川市立歴史博物館所蔵、田中家文書）を参照すると、「私共村々塩浜海面堤去ル午年及大破候、以来塩稼難相成百姓共相続致兼候ニ付、御吟味御伺之上左之通被仰渡候」と記載され、年貢塩御春屋上納分二五〇石分が記載されている。

(23) 渡辺和敏『近世交通制度の研究』（一九九一年、吉川弘文館）では、宮下豊の成果（「浦賀番所の研究」『海事史研究』三〇号、一九七八年）を参考にしている。そこでは、下田番所創設の翌元和三年、今村重長の建策により、非常時に出動する伊駄天丸をはじめ五艘の「追御船」を建造し、続いて元和六年には大福丸と替生丸の二艘の「御召船」を造立して下田湊に配備したことを紹介している。この非常時の警備体制について、御要害御固め体制と表現している。

(24) 村上直「小杉御殿と小杉陣屋に関する一考察」（『川崎市史研究』創刊号、一九九〇年）によると、小杉御殿を例にして、小杉御殿が領民との接点の場としての意義を持ち、単なる休泊所としての性格ではなく、陣屋支配の補強的性格を有していたことを指摘している。外山徹「近世前期玉川流域における鮎「上納」に関する一考察」（『関東近世史研究』第二九号、一九九〇年）でも、府中御殿が代官陣屋と共に地域支配の重要な拠点であったということを指摘している。

(25) この点についての議論は、塚本学『生類をめぐる政治』（一九八三年、平凡社）の成果に代表される。また、近世前期における鷹場編成については、斉藤司「近世前期、関東における鷹場編成」（『関東近世史研究』第三二号、一九九二年）を参照のこと。

(26) 「塩浜由来書」（『市川市史』第六巻、史料近世上、一九七二年）。

(27) 「下総国行徳領塩浜由来書」（『内閣文庫所蔵史籍叢刊　蠹余一得（一）』二〇九頁、一九八一年、汲古書院）。

(28) 「行徳ノ塩浜沿革」（『内閣文庫所蔵史籍叢刊　祠曹雑識（一）』五五〇頁、一九八一年、汲古書院）。

(29) 拙稿「近世砂糖業から見た幕府国産化政策の特質」（『社会文化史学』三〇号、一九九三年）。

(30) 『江戸名所図会』。なお、『江戸名所図会』の出版許可を受けたのは、寛政一〇年（一七九八）のことである。

(31) 『新版　江戸名所図会』下巻（一九七五年、七二八頁、角川書店）。

(32) 鈴木章生「名所記にみる江戸周辺寺社への関心と参詣」（『都市周辺の地方史』一九九〇年）では、名所記には寺社の記載が多い点に注目しつつ、参詣という行為との関連で明らかにしている。そのため、寺社参詣の問題を取り上げているが、結論の、「名所記の十八世紀以降の記述変化は江戸の人々の営みを象徴的に示すものであり、江戸と周辺とを江戸の生活者の価値意識から取り込んだ文化的世界を描いたものとして意味付けできよう」という指摘は注目できる。

(33) 茨城県史編さん委員会編『近世史料１　国用秘録上』（三四頁、一九七一年）の冒頭に、瀬谷義彦による解説が付されている。

第二節　行徳普請事業の展開と行徳塩業

はじめに

塩浜囲堤が破損した際、塩田を生業とした人々は修繕費用を充当するだけの自己資金を有していなかった。このため行徳塩田では、幕府権力による御普請に期待するか、あるいは江戸の商人資本に依存することが求められたのである。

権力が権力として成立するためには、公権力としての側面が求められるという視点は、これまでも多くの研究成果が明らかにしてきたところである。幕藩権力において、この公権力としての側面は質的な変化を見せながらも、必要不可欠な存在として位置付けられた。

幕藩権力における普請事業については、すでに大石慎三郎・大谷貞夫などの研究によって多くの成果を見ることができる(1)。特に大石慎三郎は治水及び用排水条件の保善による農民たちの生産条件の維持は、幕領代官の最重要業務であった点を指摘している。こうした御普請の論理は幕府権力の公権力的な側面から理解できる点である。

この点を勘案すると、幕府権力が行う御普請事業は近世中後期における幕府の公権力的側面を端的に示す事例として位置付けられる。行徳塩田では、塩浜御普請として宝永期以降積極的な対応が行われた。この点について、これまでの研究では幕府の保護政策として位置付けられてきた。しかし、この御普請は近世中後期以降、どこにでも見られる対応ともいえ、必ずしも行徳塩田に限られたことではなかった。よって、幕府の保護政策として評価するのではなく、塩浜御普請について幕府権力の公権力的対応として理解すべきであろう。

塩田に対する普請の在り方には、開発の際の普請と塩浜堤が破壊された際に修繕する普請の大きく二つある。かかる点を念頭に据えて、本節は、幕藩権力と地域の関係を取り結ぶ事例として、普請事業を歴史的に取り上げ、幕府における公権力的側面の質的変化を検討したい。

また、前節において、幕府と行徳塩田との関係を取り結ぶ媒体を、明和六年（一七六九）作成の塩浜由緒書に求め、この塩浜由緒書が訴願などで正当性を主張する根拠となりうる点を明らかにしてきた。本節では、塩浜由緒書の問題を具体的にどのような点で利用されてきたかという点についても言及したい。

なお、本節では行徳塩田に対する普請事業について、その性格の変化から三つの時期に区切って検討したい。すなわち塩浜堤の破損に際し、拝借金などの対応は見られるものの、基本的に自普請であった。しかし、御普請として領主の資金的援助が見られるようになり、行徳塩田に対する領主的な対応の質的な変化が見られる正徳期までを第一期としたい。その後、様々な内的問題を孕みつつも塩浜御普請として近世後期に展開した時期を第二期、そして弘化二年（一八四五）の大風雨に際しての自普請、および安政の大地震・津波による塩浜堤大破の際、御普請が行われる幕末期を第三期とする。(2)

一　第一期――行徳塩浜御普請の成立――

近世前期における塩浜普請をめぐる史料は、皆無に近いが「塩浜由来書」を参照すると、普請の動向は表26の通りとなる。この「塩浜由来書」には、「御普請始り之義も古来之義ニ而延宝八申年津浪之節古キ書物等不残流失仕候ニ付相知不申候、其以後寛保二戌年大水之節水腐ニ罷成候故証拠書物等無御座候、伝々演説或ハ老人等覚申候義申上候得者塩浜之義大切ニ被思召……」との記載からも史料の吟味が求められるが、他の史料からもいくつかの事実を確認することができる。よって、おおよその事実に誤りがないものとして考えたい。次に、表26と「塩浜由来書」から抄録した〈史料1〉を参照しつつ行論を進めたい。(3)

〈史料1〉

一延宝八申年閏八月六日、当領津浪ニ而欠真間村之内香取并湊新田ニ而五拾五人流死都而当領にて百人程流死いたし候、家財塩浜諸道具雑穀等悉く流失いたし候、其節御代官伊奈左門様御支配ニ而仕入金村々願出候得共相叶不申、江戸町人之金子九百両也、田中恒右衛門殿口入ニ而、借受仕入いたし候、川除并田地潮除堤大破ニ付、

表26　正徳期以前における塩浜普請事業について

年代	支配代官名	原因	破損状況	普請種類
延宝八年閏八月六日	伊奈半左衛門	津波	欠真間村之内香取・湊新田五十五人流死 家財塩浜諸道具雑穀悉流矢	
元禄十六年十一月二十三日	平岡三郎右衛門	大地震	荒浜	
宝永元年七月七日	平岡三郎右衛門	大洪水	塩浜囲堤大破	自普請
宝永六年	南条金左衛門		原木・二俣両村塩浜囲堤大破	御入用御普請
宝永七年	南条金左衛門		湊村塩浜囲堤大破	御入用御普請
正徳元年	南条金左衛門		欠真間村・両湊・本行徳四ヶ村塩浜囲堤大破	御入用御普請
正徳五年	松平九郎左衛門		原木・二俣両村塩浜御普請所大破	御入用御普請

「塩浜由来書」(『市川市史』第六巻上、一九七二年、四八一頁)参照

人足壱人ニ付鐚百文ツヽ被下置御救御普請被成下候、其外夫食拝借等無之候、尤未申両年御年貢塩幷置籾流失いたし候、御改請不申不納いたし候ニ付、右申年ゟ三拾四ヶ年過正徳三巳年御順見様御改ニ付弁納被仰付候

一元禄十六未年十一月廿三日夜、大地震平岡三郎右衛門様御支配之節ニ而地形ゆり下ヶ塩浜海面塩除堤保チ不申荒浜致出来候

宝永元申年右御同人様御支配之節七月七日大洪水、居村ニ而水丈三尺江戸川ゟ一面ニ塩浜江水押開塩浜囲堤致大破候、未申両年村々夥敷荒浜出来塩浜御役永六分通御用捨ニ而塩納御赦免ニ候、其上為夫食御貯麦物備被仰付候、塩浜自普請金として壱町歩ニ付弐両ツヽ被仰付候

一宝永二酉年、右御同人様御支配之節、五月中より盆前迄永雨ニ而塩浜不稼、依之御願申上候得共塩納三分二御用捨ニ而元永上納被　仰付候

延宝八年（一六八〇）の津波は、塩浜を始めとして多大な損害をもたらした。流死したのは欠真間村の内香取・湊新田内だけでも五五人にものぼり、行徳領内全体で一〇〇名にのぼると言われている。さらに、家財・塩浜諸道具・雑穀など全てが流失した。その際、「仕入金村々願出候得共相叶不申、江戸町人之金子九百両也、田中恒右衛門殿口入ニ而、借受仕入いたし候」と記されているように、仕入金を幕府に訴願するものの受け入れられず、江戸町人から借受けている。この点、九年後の行徳領における当該村々から田中源右衛門へ提出した「証文之事」を参照すると、この時に借受けた九〇〇両の内、一五〇両しか返済されず、毎年七五両の年賦で支払うことを取り決めている。その一方で、田地についてはどうであったであろうか。田地に関しては「川除幷田地潮除堤大破ニ付、人足壱人ニ付鐚百文ツヽ、被下置御救御普請被成下候」と、同時期の津波における潮除堤の大破に際し、御救御普請となっている。この時期、領主にとって田地は御救御普請が行われたのに対し、塩浜へはいわゆる撫民行為を受ける対象地域にならなか

った。つまり、この時期の普請事業からみた行徳塩田への位置付けについて、幕藩権力は災害の際、田地が優先され、塩浜では、資金的援助が得られていなかった。その結果、塩浜は多額の普請資金を都市商人資本に依存せざるをえず、塩浜を生業とする人にとって大きな負担となったのである。享保期以前の塩浜は荒廃することが多いが、それは、このように普請を行うだけの自己資金を有していなかったというところが大きいのである。(5)

しかし、それが元禄一六年(一七〇三)の地震と、翌宝永元年の大洪水によって、塩浜の囲堤は大破し、多くの荒浜が見られるが、その時の対応とそれ以前を比較すると、変化を見ることができる。その際の幕府の対応は、延宝期の普請の際と同様に自普請ではあるが、塩浜役永の六分減免と同時に「為夫食御貯麦物備被仰付候」と麦の貯えを命じている。(6)夫食について、延宝段階では「夫食拝借等無之」という文言からも明らかなように、幕府権力における塩浜に対する位置付けに変化が見られる。(7)さらに、塩浜の囲堤大破における普請として、「右ハ行徳領塩浜去冬地震以来高潮満上、其上当七月満水ニ而塩浜囲及大破自力ニ相叶不申、就夫自普請金拝借奉願候処願之通被仰付、則塩浜壱反歩ニ付永弐百文宛之積右書面之通拝借仕候、然上ハ村切ニ反別書上仕候通銘々割渡シ早速囲普請仕塩家職可仕候、返納之儀ハ来酉ゟ丑迄五ケ年ニ元金ニ而毎年六月中急度返納可仕候、若右拝借人之内如何様之義御座候共相残者共急度弁納可仕候、為其連判手形差上申候所、仍如件」と、自普請として一反当り二〇〇文、全体として三五〇両弱の拝借金を領主から借受けている。(8)また、行徳領塩浜に対し普請が行われているものの、普請金は村切りという形を取り、塩浜の面積に応じて村ごとに貸与されている。

この延宝八年と宝永元年の塩浜普請に見られる領主的な対応の変化は、如何なる理由によるものであろうか。この理由について、直接示す史料は無いが、元禄一五年(一七〇二)の検地が考えられよう。行徳塩田内で最大の面積を有する本行徳村では、塩浜はもちろん、村方および葭野の検地帳が残存する。(9)享保期以前においても、寛永六年(一六二九）までには、塩浜役永が定められており、年貢割付状、年貢皆済目録にも塩浜役永として金納あるいは現物納として納められている。(10)行徳における元禄検地の様子は、前章第二節で触れたので詳細は述べないが、この元禄検地帳を通じて、塩浜の石高を一筆ごとに把握し、塩浜に上々浜・上浜・中浜・下浜・下々浜の五つの位付けを行い、それに対応して反別に永を掛けて永高を決めている。(11)こうして行徳塩田においても、元禄検地帳により、土地所持者や作業単位などの把握が行われ、基礎台帳として重要な意味を有したのである。

元禄期以前に行徳塩田に対して検地が行われているかは、判然としないが、少なくとも元禄一五年（一七〇二）に検地が実施され、この検地によってその後の高持を規定していること。また、この時期を契機として塩浜普請が自普請にせよ、多額の拝借金の貸与が行われ、また御年貢役永の減免、あるいは夫食としての「御貯麦物備」が命じられている。つまり、塩浜の荒浜に対する幕府権力の対応が積極的になってきている。

さらに、宝永六年（一七〇九）以降塩浜に対する普請は自普請だけでなく御普請の記載が見られる。原木・二俣両村の塩浜囲堤の大破の際には、幕府は行徳塩田に対して麁朶・羽口などは山野村の御林から現物支給し、葉・唐竹・葉直竹は、代永として金銭を与えている。さらに人足に対しても、扶持米として一人当り米一升ずつが与えられている。

この自普請から御普請への変化の理由は、直接的に示す明確な史料が無く、明らかにはできない。しかし、少なくとも宝永六年（一七〇九）段階で行徳塩田への普請方法が自普請から御普請へと変化する事実は、幕府権力の塩浜に対する位置付けの変化として見ることができる。そして、その大きな理由として、元禄検地の実施を指摘することができるのである。

二　第二期——行徳塩浜普請の展開——

1　塩浜御普請と近世社会

宝永期以降、塩浜囲堤に対する普請は御普請という形態を取りながら頻繁に行われる。そして、享保期になると小宮山杢之進による塩浜御普請がより一層具体的なものとして位置付けられるようになる。地方巧者として知られる小宮山杢之進が、行徳の代官になったこと自体、幕府の行徳塩田への積極的な対応として見ることができる。小宮山杢之進が行徳地域の代官となった翌年の享保七年（一七二二）、大嵐・高浪により塩浜囲堤が大破している。その御普請金として二一〇〇両を捻出している。しかも、小宮山杢之進は、単に塩浜囲堤の築造に尽力するだけでなく、内堤には芝を植え、外堤には葭を植えるなど堅固な堤の普請を行っていることは注目できよう。[12]享保八年・九年にも堤の修復が随時行われている。享保期以降、行徳塩田に対して行なわれる御普請は、拝借金などの借金貸与ではなく、普請費用の金銭援助となったのである。近世前期の拝借金付与のような徳川将軍と行徳塩田の特殊な関係に基づく対応ではなく、享保期以降は、由緒を根拠としながらも行政的な対応を基調としたのである。小宮山杢之進は、地方巧者として知られ、多くの事績・著書がある。現在でも市川市内には小宮山という地名が残されている。少なくとも、こうした小宮山杢之進の代官当時の事績が顕彰され、地域に位置付けられた点は、塩浜由緒書にも作成され、その後における塩浜の御普請を正当化する論理的根拠となっていく。

地震・大風・津波などで塩浜囲堤が破損したとき、行徳塩田の村役人は、①塩浜堤の破壊に際し、その破損状況を代官に対して報告、[13]②その上で、普請願書の作成、[14]③普請が許可されると、見積りを記載した仕様帳の作成、[15]④普請が完成した時点で出来形帳の作成、[16]の大きく四つの手続きが行われている。また、御普請の訴願は、行徳領の塩浜付村々が共同で行う場合と、個別の村で行う場合があった。文政一二年（一八二九）の場合、田尻村の村役人は普請金を荒井平兵衛役所から直接受け取っている(17)。年代が不明だが、行徳領塩浜付村々一六ヵ村で御普請を実施した際には、「行徳領左之村々役人共奉申上候、私共地内塩浜囲堤御普請御下ヶ金之儀、銘々罷出候而者御普請御仕立中用多差支ニ相成候間、右名前之者共江御下ケ金被成下置候様奉願上候」と御普請金の下ケ金は本行徳村の名主権三郎と下妙典村の名主藤左衛門の二人が担当している(18)。

領主に対して合法的な訴願を行う時、塩浜だけの問題ではなく、行徳領を構成単位とした塩浜付村々の村役人が共通の村の問題として把握することで初めて訴願を可能とした。つまり行徳塩田の場合、生産・年貢収納に際し村落が基礎であったが、普請などの一村単位では解決できない場合、行徳領を単位とした塩浜付村々が行徳塩田の構成単位として重要な意味をもったのである。同時に塩焼百姓のみの諸要求としては受入れられず、訴願など領主との対応は常に村役人層の承認を必要とした。塩浜の御普請の訴願は村全体の理解と領主の認可によって行われたのである。塩浜囲堤の普請を行うため、御普請などで得た資金を村役人が着服する事例が見られる。天明八年（一七八八）の本行徳村の事例を紹介しよう(19)。

〈史料2〉

乍恐以書付御訴訟奉申上候

行徳領本行徳村

塩焼百姓六拾四人惣代

五郎左衛門

訴訟人　茂　兵　衛

百姓共相掠メ私欲之
取斗仕候出入
同村名主　喜左衛門
紋右衛門
相手
百姓　政六
同　源助
同　六右衛門

右訴訟人百姓惣代五郎左衛門・茂兵衛・紋右衛門奉申上候、去々年午年水難ニ付百姓為御救之、去ル未之春中川通内郷海面塩浜共御手伝御普請被仰付難有奉存候、依之惣百姓相談之上、川通内郷者名主次左衛門掛り塩浜者喜左衛門掛と振分ケ御普請相仕立候所、塩浜御普請一式之儀者　御出役御役人様ゟ被　仰付候由ニ而喜左衛門伯父政六壱人ニ而人足銭諸色請払とも取斗御普請御急キニ付、塩焼百姓共銘々罷出相仕立候処、喜左衛門・政六・源助・六右衛門四人ニ而相触候ニ付、百姓共塩稼相止メ一同罷出御普請仕方出精仕候処、最初之内者追々ニ人足賃銭相渡候得共、去ル未之二月廿二日ゟ同三月二日迄　御公儀様ゟ御金相渡シ不申由ニ而人足賃銭一向相渡シ不申、無賃ニ而人足相遣ひ困窮之百姓共甚難儀至極仕候、御普請相済候後右人足賃銭相渡し呉候様ニ喜左衛門・政六方へ再応掛合候得共未タ御金相渡り不申候、曽々権勢之挨拶而已仕一向取敢不申候、右御普請一件諸入用何程相掛り　御公儀様ゟ御金何程頂戴仕候哉之旨相尋候処、政六申候ハ御普請諸入用之儀ハ金四百九拾両ニ而出来仕、御金請取方之儀者年寄次郎兵衛百姓代七左衛門・七郎兵衛・六右衛門四人之者共罷出請取候之旨申之ニ付、右之者共江掛合候処、御役所様ゟ両度金三百拾両請取、右金子ハ不残政六方江相渡シ跡金之儀者誰罷出請取候哉一向不存旨申之ニ付、猶又右之趣政六方へ掛合候処、跡金請取人一向不申聞甚難儀仕、殊ニ当村方之儀者御普請中二月朔日大風雨ニ而海面ゟ高浪打上ケ御普請所破損仕候ニ付再御見分之上御普請御仕立直し相成、最初之御積ゟ余程金高相増候由ニ付、御仕様帳相見立御金請取高茂相調江諸勘定相見立呉候様ニ再応名主喜左衛門・政六両人江掛合候得共、彼是申今以一向相訳り不申殊更右御普請之儀者御割増等も被下置候よし御座候処、是又一向無沙汰致置諸勘定合も不仕等閑ニ捨置候段全ク相手之者共御普請金押領仕候儀与乍恐奉存候、此段御吟味奉願上候

（中略）

前書箇条を以御願申上候処相違無御座候、右之通名主喜左衛門幷同人親類共一同馴合権威を以百姓共相掠メ私欲之取斗仕候故、日増百姓共困窮相募り甚難儀至極仕候間、無是非右相手之者共被為　召出右ケ条之趣逸々御吟味被成下候様偏奉願上候

天明八年　　　　　　　　　　　行徳領

正月十六日　　　　　　　　　本行徳村

　　　　　　　　　　　　　　　　塩焼百姓

右の史料は、本行徳村の塩浜百姓惣代五郎左衛門を中心に六四人が、同村の名主である喜左衛門を始め、その親類である政六・源助・六右衛門を相手として提出した訴状である。簡単に内容を記すと以下の通りである。

天明七年（一七八七）に行われた海面塩浜の御手伝御普請に際し、作業に急を要することから、塩焼百姓は塩稼ぎをせずに御普請を行った。作業開始当初は、人足賃銭を受け取っていたのだが、その後賃銭の支払いが受けられず、無賃で働かされ困窮している。このため、今回の御普請に際して使われた経費や、公儀からいくら受け取ったかを尋ねている。返事は、公儀から二度に渡り三一〇両を受け取り、経費はこれまで四九〇両かかったとしているが、甚だ曖昧である。そして何度か、喜左衛門をはじめとして掛けあったのだが返事は無く、計算も曖昧であり、御普請金を押領したものと考えられる。

こうした不正は天明七年の御普請だけのことではなかった。何度か御普請金を着服したり、あるいは畑方年貢永の減免許可を受けたはずなのに、その旨が小前百姓に伝達されず、例年通り支払いが行われたのである。中略として掲載しなかった部分はかかる内容を示したものである。こうして、「右之通名主喜左衛門幷同人親類共一同馴合権威を以百姓共相掠メ私欲之取斗仕候故、日増百姓共困窮相募り甚難儀至極仕候間、無是非右相手之者共被為召出、右ケ条之趣逸々御吟味被成下候様偏奉願上候」と、訴願を提出したのである。

幕藩制社会に基づく村請制村落の場合、原則として訴願は、小前が直接に領主へ訴えることはできず、村役人から出願するか、名主など村役人の添簡を必要とした。このため、村役人の不正も多く見られたのである。村役人の不正は、文書を公開する運動へと結びつく契機となった。塩業史の側面から指摘すると、この史料からは断定できないが、塩浜御普請は村役人層にとって全てを普請費用に充当するというよりも、自己の運用資金に充当するものであり、塩焼百姓との利害が不一致となっている点を示している。村落上層の金銭の不正は、御普請などに見られる顕著な事例として指摘できる。その意味で、天明八年（一七八八）の一件は浜方と地方の利害の質的差異が表面化した一つとして考えることができるのである。

2　寛政元年の西海神村駆込訴訟一件

宝永期以降、塩浜に対する普請の位置付けが自普請から御普請への転換として見ることができる。しかし、それは行徳塩田内での塩浜堤の破損に対し、常に御普請が認められたわけではなかった。行徳領内の西海神村惣代である五郎左衛門と八郎左衛門は、関東郡代である伊奈忠尊（摂津守）の添簡を持たず、当時の勘定奉行である久世広民（丹後守）へ、塩浜御普請を願い出て駆込訴訟を行っている。この一件について詳しい史料は、「寛政元年行徳領西海神村

表27　西海神村塩浜普請訴願一件について

天明五年	西海神村塩浜御高入
天明六年七月	洪水で塩浜囲堤破損、御入用御普請訴願→許可
天明七年	御手伝御普請出来
天明八年六月四日	大風高浪堤除崩、御普請訴願→却下→他借を尽、自普請
天明八年十二月	大風高浪堤切所、御普請訴願→却下
寛政元年二月三日	久保田佐渡守(政邦)当時勘定奉行へ駆込訴訟
寛政元年二月九日	支配役所添簡無之→却下(二月九日)
寛政元年二月十七日	大風高浪、囲堤・諸道具共流失
寛政元年二月十九日	御普請願上→却下
寛政元年五月	久世丹後守(広民)当時勘定奉行へ駆込訴訟
寛政元年五月	西海神村村役人訴訟人二人と共に駆込訴訟を踏まえ、普請訴願
寛政元年九月	伊奈摂津守の吟味について、駆込訴願の二人、書付を提出

「寛政元年行徳領西海神村塩浜駆込訴状」(船橋市立図書館所蔵)
「御吟味ニ付書付を以奉申上候」(国立史料館所蔵)

塩浜駆込訴状[20]」と「御吟味ニ付書付を以奉申上候[21]」である。前者は寛政元年(一七八九)の五月に西海神村惣百姓惣代である五郎左衛門と八郎左衛門が、久世丹後守に駆込訴訟を起こした際の文面と、村役人と訴訟人二人と共に御普請を代官である伊奈忠尊に願い出た書付である。後者は同年九月に久世丹後守に行った駆込訴訟は取り下げられ、改めて伊奈摂津守役所に対して願い出た書上である。この西海神村一件から行徳塩田のあり様を展望してみることにしよう。

安永九年(一七八〇)西海神村の新田開発証文には、内藤新宿の平左衛門からの相談を受けて開発が行われることが記されている[22]。そして、この開発をめぐる一札を取り交わした五年後の天明五年(一七八五)には、三ヵ年の鍬下年季が過ぎ、検地を願い出ている[23]。その際の惣金主は牛込築明神下又四郎店佐兵衛であり、内金主は江戸瀬戸物丁長兵衛店重兵衛と駒込下千駄木平八の二人であった。江戸の町人が開発を請け負ったものと考えることができよう。同史料を参照すると、「何卒御慈悲ヲ以右町歩之儀御見分被成下候上御検地被　仰付相応之御取箇被　仰付被下置候様奉願上候、何卒願之通被　仰付被下置候様奉願上候」と積極的に検地を願い出ている。

紙面の都合で寛政元年九月に提出した史料と、一連の内容を簡単にまとめた表27を提示しつつ検討を行っていくことにしたい。[24]

〈史料3〉

御吟味ニ付書付を以奉申上候

下総国葛飾郡西海神村塩浜之儀ハ、天明五巳年ゟ御高入ニ相成御春屋正塩納仕田畑ハ御年貢御上納仕候処、去ル午七月中出水ニ而荒浜ニ相成候間御入用御普請奉願上候処、去々未年御手伝御普請被仰付候所、去申六月四日大風高浪ニ而田畑塩浜囲堤凡七百間余被打崩、其外大切所弐ヶ所出来仕候ニ付、右段当　御役所様江御訴申上置候処同十二月二日大風高浪ニ而右場所不残被打崩塩浜并田畑共汐入ニ相成稼相休罷在候得共、自普請ハ及兼、無是非奉願上候所再応之儀御取上ケ無御座捨置候而ハ、旧来丹誠を以取立候御新田亡所仕候儀恐多、殊ニ同領拾六ヶ村内新開場自普請所当時ハ御入用御普請被仰付候間、右同様被仰付度旨申上候処、右拾六ヶ村者古浜同様ニ付何様相願候共、右同様之御取斗ニ者難被仰付旨被仰渡候得共、自普請ニ可仕事茂無之候ニ付、無拠当二月三日久保田佐渡守様江欠込御訴訟仕候処　御支配様御添簡無之願ニ付、御取上ケ茂無御座候所同十七日夜又候大風高浪ニ而残堤諸道具等迄流失仕候間、訴上猶又御普請奉願上候所、又候御取上ケ茂無之候ニ付内談仕候ハ内郷堤之義、以来御普請相止メ外囲江引替御普請被成下候様奉願上候処、御見分之上被仰聞候者塩浜者内郷与違、年々之様ニ及大破殊ニケ所間数茂引合不申内郷ニ茂御差置難被遊ヶ所茂御座候間、引替御普請者不相成候間願相止候様被仰聞候得共、自普請者迚茂難相成候ニ付、不奉顧恐を茂猶又奉願上候所、同領塩浜之御取斗ニ者難被遊旨所々被仰渡候ニ付、願書相下ケ惣百姓江申聞候処、左ニ而ハ村方立行不申全惣代之者願方未熟ニ付、御取上ヶ茂無之由申之騒立惣百姓惣代を以奉願上候者、元来当浜之儀古浜之所去ル元禄拾六未年十一月大地震之節、皆荒浜ニ相成候得共全古田跡ニ而御水帳茂所持仕、小宮山杢之進様御代官所之砌享保年中迄亡所之塩浜永納仕罷在候得共一同困窮差募難儀至極仕候ニ付、永納御免被成下候様奉願上候得者願之通被仰付難有奉存罷在候、然ル処当村之儀ハ本田手狭ニ而村高ニ不応人別多御座候ニ付、塩浜稼不仕候而ハ村方一統困窮弥増難立行候ニ付、先年宮村孫左衛門様御代官所之節ゟ開発取掛候所五分通者御当地之者所持仕候処、多分之金子差出村方江引請惣百姓持ニ致候、無間茂度々被打崩稼茂不仕再応自普請相加候得共、此上者自普請ニ可仕事茂無御座、御大切之御田地亡所仕候を見捨置候茂恐多引続追々金子差入取立候処、右体相成候而ハ村方退転仕候茂同様此上御普請不被仰付候而者、潰百姓多分出来仕候段歎敷実々百姓困窮仕候段奉達御聴兎茂角茂成行可申旨申之、又候　久世丹後守様江欠込訴仕場所幷村柄御見分被成下候様奉願上候処　御支配御役所江相願候者格別差越願ニ付御取上ケ難被成旨被　仰渡候間、前書之趣猶又奉願上候所何様申立候共引替御普請者難被仰付旨御利解被為仰聞、惣百姓一同奉承知候、乍然前書ニ申上候通此上ハ自普請可仕手段何様ニ茂無御座捨置候而ハ一村退転仕候ニ付、格別之御勘弁を以当壱ケ年斗御普請被為仰付被下置候様奉願上候、然ル上ハ以来如何様ニも取繕大破不仕候様手入仕、可成丈御普請御願申上間鋪候間、此度之儀被為　仰付塩浜百姓御救被成下候様偏ニ奉願上候、依而ハ御新田相続も仕潰百姓等茂出来不仕御仁恵を以一村相助難有仕合奉存候以上

寛政元酉年九月

下総国葛飾郡行徳領
西海神村
願人　五郎左衛門　㊞
惣百姓惣代
同　八郎左衛門　㊞

伊奈摂津守様
御役所

安永期ごろより、開発が進められた西海神村の塩浜は、三年の鍬下年季の後、天明五年（一七八五）に検地が実施され、高入が行われている。このため、翌天明六年の洪水により塩浜囲堤が破損した際の御普請願は、幕府から許可を受けている。それを受けて、天明七年に御手伝御普請として破損箇所を堅固に修築したのである。しかし、天明八年以降は御普請として認められなくなる。天明八年六月には大風高浪によって堤防が崩れるが、その際の御普請の訴願は「再応之儀ニ付御取上難被遊」と幕府から認可されなかった。このため各所からの借金により普請が行われたのである。しかし、同年一二月に再び大風高浪により塩浜堤が切れてしまう。この時の御普請の訴願も、幕府（代官所）から認められず、その結果、当時勘定奉行であった久保田佐渡守に駆込訴訟を行ったのである。しかし、この駆込訴訟は支配役所の添簡がないことを理由に取り下げられている。そのまま当惑しているうちに、西海神村の塩浜囲堤や諸道具は、再三の大風高浪により流失してしまった。このことから御普請の訴願を行うが認められず、勘定奉行の久世広民に駆込訴訟を行っている。この時も「御支配様御添簡無之願ニ付、御取上ヶ難被遊旨被仰渡願書御下ヶ被為遊承知奉畏候得共……」と添簡が無いことから取り下げられている。かくして、西海神村の惣百姓惣代の五郎左衛門と八郎左衛門の二人が願人として伊奈摂津守役所へ書付を提出したのが〈史料3〉であった。

この御普請願が結果として認められたか否かは不明だが、この訴訟から①御普請の訴願へ正当性を主張する論拠、②行徳領塩浜付村々と西海神村の塩浜との違い、③訴願方法の有り方の三点を読み取ることができる。以下順を追って述べてみよう。

①御普請の訴願の正当性を主張する点として、当初a天明五年に検地―高入が行われている点（土地所持権を有する

ことでの負担を負う代りに公権力的側面を享受できる点の主張）、b御春屋へ正塩納している点（塩浜由緒書にも見ることができる「軍用第一」としての江戸城への塩納入）、c以前（天明六年）に御普請を受けている点（歴史的な事実）の三点を指摘している。この三点は、訴願において一般的に見られる論拠として指摘できる。

②一方、同じ時期「同領拾六ヶ村内新開場自普請所御入用御普請被仰付候間、右同様被仰付度旨申上候処、右拾六ケ村者古浜同様ニ付何様相願候共、右同様之御取斗ニ者難被仰付旨被仰渡候得共、自普請ニ可仕事茂無之候」と行徳領塩浜の構成村である一六ヵ村は御入用御普請が認められている。同史料によれば一六ヵ村は古浜であり、西海神村の塩浜とは性格を異にすることを指摘している。つまり、古浜と新浜により対応が異なっている点が指摘できよう。この点について、その後の訴願の主張において「元禄拾六未年十一月大地震之節荒浜ニ相成候得共全古田跡ニ而御水帳茂所持仕、小宮山杢之進様御代官所之砌享保年中迄亡所之塩浜永納仕罷在候得共一同困窮差募難儀至極仕候ニ付、永納御免被成下候様奉願上候得者願之通被仰付難有奉存罷在候」と、西海神村の塩浜は、元禄一六年（一七〇三）に荒浜になり、塩浜の永納が免除されたことを指摘している。西海神村においても古くから存続した塩浜での存在を明らかにし、荒浜によって塩浜の存続が中断した点を主張している。このことは、幕府における古浜と新浜との対応の差異を、西海神村側としても基本的に認めたものといえよう。そのため、訴願において水帳所持の主張は、塩浜・田畑の有りようを示す根拠として、訴願の正当性を主張する論拠にもなったのである。[25]

③御普請が許可されない段階で、「願書相下ヶ惣百姓江申聞候処、左ニ而ハ村方立行不申全惣代之者願方未熟ニ付、御取上ケ茂無之由申之騒立惣百姓惣代を以奉願上候」と、その理由を、訴願方法の未熟さに求めている。このため、訴願において惣百姓惣代を立て、古浜である主張と共に、潰百姓が多くでること（生業の維持）を主張の論拠

としたのである。寛政元年の五月に駆込訴訟を行ったが、その時点では惣百姓惣代が訴訟人となっている。駆込訴訟の後の五月に伊奈摂津守役所に対しては惣百姓惣代の二人以外にも村役人の記載を見ることができる。そして、〈史料3〉においても、惣百姓惣代の二人が吟味に応じている。惣百姓惣代の内、天明五年に検地を伊奈半左衛門役所へ願い出た時、五郎左衛門は、唯一の西海神村百姓の願人であった。[26]こうして考えると、惣百姓惣代は村役人とは性格を異にした塩浜での代表者として考えることができる。地方と浜方の塩浜に対する認識は必ずしも一致しない点は先にも指摘した通りである。村役人が塩浜の利益を代表する主張を行わないとき、塩浜の論理を代弁する惣百姓惣代が、新たに訴願の代表者として行ったのである。

以上、寛政元年の西海神村の駆込訴訟について、概要を述べると共にこの訴訟における注目点として三点を指摘した。個々の諸点もそれぞれ興味深いが、さらに注目できる点として一点だけ指摘しておきたい。寛政期段階において塩浜御普請としての正当性は、古浜として位置付けられる一六ヵ村を対象としていた点である。〈史料3〉からは、一六ヵ村を確定できないが、塩浜由来書を参照すると「当領塩浜附村々之義古来者廿六ケ村ニ御座候処段々減少仕、当時拾六ヶ村ニ罷成申候、堀江・猫実・当代嶋・新井・欠真間・前野・湊・押切・伊セ宿・関ケ嶋・本行徳・下新宿・河原・大和田・稲荷木・両妙典村・田尻・高谷・原木・二俣・二子・本郷・印内・寺内・山野・西海神・右村々之内堀江・猫実・二子・本郷・印内・寺内・山野・西海神右八ケ村者荒浜ニ罷成候故、寛永六巳年伊奈半十郎様御支配之節ゟ塩浜永御除ニ相成」という記載を見ることができる。[27]この史料によると、西海神村は寛永六年（一六二九）に荒浜となったことから、塩浜役永を免除されている。すなわち西海神村の塩浜は、近世初期段階において塩浜として存続しつつも、その後荒浜になり、寛永六年の塩浜役永免除の時点で古浜としての位置付けを失ったのである。その後、天明五年（一七八五）に新開塩浜として検地を実施するが、それは古浜としてではなく改めて新浜として位置付けられたのである。寛政期段階においては、行徳塩田内においても、幕府権力の把握においても、古浜と新浜との間には位置付けが明確に峻別されていたのである。塩浜役永の免除は、逆にその時点で古浜としての既得権を放棄したことを意味した。こうした理由が御普請を認めず、駆込訴訟に至る原因となったのである。

その後、訴願の宛所には幕末期になると「行徳領塩浜付村々」の構成村々に西海神村の記載を見ることができる。つまり、行徳領の塩浜として訴願の際、古浜・新浜が共同歩調を取ることを意味する。この点については後述する。

三　近世後期における塩浜御普請の展開

1　近世後期における塩業経営

近世後期において、塩業経営の実態はいかなるものであったのか、という点について明らかにしていく。

塩業経営の具体的な収益が記載されている史料は、瀬戸内地域では多く見ることができるが、関東ではほとんど見ることができない。これは、瀬戸内の塩田の場合、生産した塩は商品として全国へ送られるのに対し、関東の塩田の場合、生産した塩は江戸に送られるものの、生業としての側面が強く、商品とは意味合いが異なっていたことによると思われる。残されている帳面も、瀬戸内の場合は、大福帳の類が多く残されているのに対し、関東の場合は通帳がわずかに残されるにすぎず、むしろ領主に対する訴願などの史料が多く残されている。こうした文書の残存状況からも、当該地域の志向性がうかがえよう。

こうした中、行徳塩田の経営の様子がわかる史料として、「塩浜稼方巨細仕訳ケ書上帳」がある。(28)同史料は、伊奈右近将監に対して提出したもので、塩浜の経営についておおよそがわかる史料である。表28は、それを示したものである。

同表は、一町歩相当にならした形でおおよその費用が計算されている。同表を参照すると、諸経費のうち、燃料費と人夫で四分の三をしめ、さらに諸道具などにも少なからず経費がある。塩の販売収入は二〇四両であるが、結局利益として残されたのは、一三両余りである。

これらの史料は、伊奈右近将監に対して提出したものであることからも、利益は安く記載されているともいえる。その意味では、塩業経営の問題を考えるとき、自己経営の再生産が限度であったといえよう。よって、設備投資資金はもちろんのこと、津波や地震などに対する塩浜の被害に対して普請費用を充当するような資金蓄積は困難であったのである。

2 塩浜御普請の展開

次に、近世中期、特に寛政期以降、塩浜に対する御普請が如何なる展開を見たのかを展望しよう。次に掲げる「塩浜御普請其外之儀共願書下」は、これまでの普請の経緯が詳細に触れてある。この内容は、塩浜由緒書と関連づけながら普請の経緯を記載したことに重要な意図があり、その意味で史料批判も必要である。ただし本史料の叙述を通してみると、享保期以前の叙述は、塩浜由緒書の内容に依拠してあり、確証がないが、享保期以降の記載は、傍証史料もいくつかあり、基本的に内容についてはおおよそ間違いないものと思われる。(29)

表28　行徳塩田塩浜収支

項　　目	代　金（金）	代　金（銭）	備考
塩代金	204両 2 分 0 朱	永158文 9 分	収入
平均永辻		永3000文 0 分	支出
薪代金	90両 0 分 0 朱		
塩浜召抱奉公人	55両 3 分 0 朱	永50文 0 分	
諸道具	26両 1 分 0 朱	永82文 0 分	
釜屋関係人夫・諸道具	15両 3 分 0 朱	永167文 0 分	
支出合計	191両 0 分 0 朱	永49文 0 分	
利益	13両 0 分 0 朱	永109文 9 分	

(1)田中家文書「塩浜稼方巨細仕訳ケ書上帳」
(2)利益の計算が不合であるが，史料のままにしておいた

〈史料4〉

「　弘化二年
塩浜御普請其外之儀共願書下
巳八月　」

乍恐以書付奉願上候

青山九八郎当分御預所下総国葛飾郡行徳領塩浜附村々左之名前之もの共奉申上候、当領塩浜之儀ハ天正十九卯年乍恐　東照宮様東金　御成之節、通　御之砌海面干潟ニ而塩垂鉄鍋を以塩焼立方仕候義　御上覧被為遊御悦喜、塩之儀ハ御軍用第一之事ニ被為　思召、塩焼百姓共船橋　御殿江被　召出、塩浜御開発被為遊度旨
上意有之、金千両余被下置新開塩浜取立被　仰付、其節ゟ貝殻を粉ニ致し土竃ニ築立、其後文禄四未年十月
台徳院様東金　御成之節、御同様塩浜　御上覧之上塩焼百姓共船橋　御殿江被　召出、成丈塩浜御取立被遊度趣　上意有之、金三千両被下置塩浜御普請被仰付塩を以年々返納可仕旨被仰渡一同難有塩浜相続罷在、慶長元申年伊奈備前守様御支配之節、尚又新開塩浜御取立之上御取箇之儀者五ヶ年御免被成下候間、成丈出精仕御府内ハ勿論関東国々手広ニ売出し運送可仕旨被仰渡其後元和八戌年九月　大猷院様御代ニハ上方ゟ出来塩船廻シニ而追々差下候得共、当領塩之義ハ　御城内ニ有之候茂同前之義御軍用御要害之御手当ニ相成候間塩浜出精仕候様是又東金　御成之節塩焼百姓共船橋　御殿江被　召出　上意有之、金弐千両幷夫食共被下置尚又新開塩浜御取立御普請被　仰付塩を以年々上納可仕旨被仰渡一同難有奉承伏塩焼百姓共出精仕塩浜相続罷在、尤其節塩升之義ハ六升入ニ御定被成下候、已来壱桶与唱候ハ則六升入ニ御座候、其後寛永六巳年伊奈半左衛門様御支配之節、塩浜御紕之上御検地御改被成下御水帳面惣反別三百七拾町余ニ御取極塩浜役永之内四分三永納四分一

正塩御上納被仰付、尤苦塩水之義ハ其年柄ニ応シ難義村方江被下置為売売(衍)捌候義ニ而、元禄十五午年比企長左衛門様・平岡三郎右衛門様御支配之節、塩浜御糺之上再御検地御改御座候処、塩浜反別百七拾町余荒浜ニ相成減少いたし御水帳御引替御渡被成下候義ニ而、右様元禄年中迄　御代々様格別之以　思召御取立被成下、其上関八州上下之　御要害ニ相成金銀ゟ重宝成品ニ付塩焼百姓相増候様可仕、且ハ百姓共勝手ニも相成可申間其旨相心得可取斗旨時々被仰渡有之、尤年々塩稼旱降見斗ひ雨天勝ニ而塩不稼之年柄ハ塩浜役永歩通を以夫々御引方被仰付、天気打続塩沢山出来下直ニ而塩焼百姓共潤助ニ不相成年柄ハ塩御買上被成下郷蔵江詰置直段見斗ひ御払被仰付、右御買上代金上納仕義ニ有之、宝永五子年南条金左衛門様御支配之節、塩浜起立御吟味有之、反別三百七拾町之内亦候荒浜ニ相成候分ハ御改之上御年貢永御免除被成下、其上金千四百両余被下置塩浜囲堤潮引江川幷井戸溝浚御普請皆御入用を以被　仰付、其後大破之時々御普請被仰付候処、享保六丑年大水大荒ニ而塩浜囲堤ハ勿論田畑一円押開亡所多分出来候趣　有徳院様達　上聞、塩浜古来之訳有馬兵庫頭様・加納遠江守様を以其砌之御支配小宮山杢進様ゟ御尋有之、則塩浜起立より永続仕罷在候訳柄巨細被仰立候処　御軍用第一之義尤上方ゟ塩廻船致し候得共万一海上風波之難有之廻船相滞候節、当領出来塩無之候而ハ御府内上下其外国々之もの共難渋ニ相成候間、早々普請申付候様被仰渡有之候趣を以塩浜由緒書被下置、翌寅年春囲堤江川浚等迄皆御入用御普請被　仰付難有塩浜相続罷在引続年々御定式同様囲堤幷樋類等迄御普請被仰付来、同八卯年塩浜附百姓とも塩稼無油断出精致し何連ニも塩沢山焼出シ江戸町々江積送候様　上意御座候趣右小宮山杢進様より被仰渡有之、則囲堤及破損候を等閑ニいたし御訴不仕自然荒浜等出来仕候歟又ハ休浜等有之候村方ハ急度御咎可被仰付旨厳敷被仰渡有之、御受証文差上候処、当領之内欠真間村・湊村・本行徳村・高谷村右四ヶ村江壱人宛塩浜見廻役被仰付壱人ニ付米拾俵ツヽ、年々御扶持米被下置候処、宝暦七丑年前原藤十郎様御支配之節、右見廻役四人ニ而ハ御不益ニ付壱人ニ而可相勤旨御吟味御座候得共迚も壱人ニ而ハ難相勤候間壱人分之御扶持米拾俵を以弐人ニ而相勤壱人米五俵ツヽ頂戴仕度旨申上候処御聞済相成先役引替り本行徳村・押切村ニ而壱人ツヽ去ル天保十一子年迄引続見廻役相勤罷在候義ニ有之、其後引続大破之場所年々定式同様御普請被仰付、寛政三亥年八月六日伊奈半左衛門様御支配之節、大津浪ニ而塩浜及大破領中塩竈屋幷土船与唱候水溜等押流シ候ニ付、翌子年塩浜御普請被仰付、享和二戌同三亥年中村八太夫様御支配之砌、高浪ニ而塩浜囲堤大破および村々難義仕候ニ付其段奉願上候処、御利解之上已来自普請之積御受仕候ハヽ、此度之義ハ可被仰付、左茂無之候而ハ容易ニ御普請難被仰付旨被仰渡候ニ付無余義御受奉申上、尤其節塩浜相続難相成ニ付大破之節ハ塩焼相続相成候様願書奉差上候処、御取上被成下候ニ付大破之節ハ御普請被仰付候義与心得罷在候処、翌文化元子年御普請被　仰付難有、已後四ヶ年風波ニ而破損之時々村繕仕、同五辰年中大風雨大嵐ニ而塩浜囲堤悉大破および塩稼一円難相成御普請奉願上候処、翌巳年春関東川々御普請御組込ニ相成皆御入用を以御普請被仰付、其已来尚又及大破候ニ付御普請之義再応奉願上候得共御下知無御座塩焼百姓共取続難相成難渋之始末、文化九申年竹垣三右衛門様御支配之節、奉願上候処御糺之上、再御普請御伺被成下候得共、已来自普請之御受書も有之、殊ニ塩浜之儀年々高浪之時々大破ニ相成御収納辻ニ引足不申趣を以塩浜之義ハ已来御役永幷正塩其外諸運上共皆免除可被仰付間、何連ニも取繕ひ塩稼可仕旨其節ゟ被仰渡候旨被仰聞一同驚入如何可仕哉途方ニ暮罷在候処、御同人様格別之思召を以塩浜巨細御取調之上惣町ト御役永之内塩浜位限歩通割合御引方被成下、右引方助成を以自普請仕、残金三百両余御支配御役所江御年貢同様相心得上納可仕、左候得ハ右積金御貸付江相廻当申ゟ巳迄拾ヶ年之間利倍ニいたし候得ハ金三千両余ニ相成候間　御代々様厚　思召を以塩浜御取立被成下置候　御国恩冥加相弁翌午年ゟ是迄之通上納可仕旨厚御利解之趣一同難有御仕法之程奉承伏候処、右年季中迄八年数も有之候ニ付為御試本行徳村地先江石堤築立御普請御手始被成下、右御入用之儀ハ竹垣三右衛門様御立替置被下追々積金御利足を御返納可仕旨被　仰渡、是又難有仕合奉存、右被仰聞候趣以銘々相励年季中御支配御役所江御年貢同様相納、年々右御金御貸附御役所江御廻被成下候義ニ而年季中破損有之候時々ハ種々才覚を以他借仕艱難を堪丹誠いたし囲堤自普請仕漸塩稼経営罷在候処、右石堤御試金之儀ハ御府内播磨屋新右衛門其外ゟ出金致し候由、尤同人義塩浜為冥加上納仕候旨被仰渡有之、一同難有、右御金塩浜御仕法備金ニ相成合金六千両余ニ堪足いたし右御利足を以当領塩浜惣体追々石垣ニ被成下候積、然ル上ハ万代不易与難有奉存候得共、石垣ニ而者多分之金高ニ相成中々成就仕間敷与愚昧之見込を以先規之通土堤ニ模様替御普請奉願上候処、文政十一子年佐藤忠右衛門様御支配之節、右積金御利足を以村々地先江御手始与して新開塩浜百町歩余御取立幷村々破損所御修復御普請被仰付領中一同年来艱難仕候甲斐相顕、右御仕法之趣小前一統発明仕難有仕合奉存、尚古浜之分田畑ニ開発いたし早速御検地御高受可仕与銘々相励罷在、翌丑年荒井平兵衛様御支配之砌ハ、関東川々御普請御組込ニ相成、塩浜囲堤丈夫附幷新開塩浜御取立御普請被仰付候間一同出精仕、天保二卯年伊奈友之助様御支配之節、右新開塩浜同塩浜跡荒地幷小物成場共御検地御高受仕塩浜相続罷在、同四巳年新開塩浜御取立残之村々御取立被成下、同十一子年同様御取立御普請被仰付且大破之時々前書御仕法金御利足を以御普請被仰付来候　御国恩之程難有仕合奉存候、然ル処本行徳村外四ケ村之儀古浜之分潮気薄ク稼方難相成候ニ付、其段去々卯年中勝田次郎様御支配之節奉願上候処、場所御見分御目論見被成下、且同年九月中大風雨高浪ニ而塩浜囲堤切所洗切等出来塩浜幷新田とも潮冠ニ相成小前一同当惑難義罷在候間、無余義御普請奉願上候処、大破之場所御見分御目論見被成下候上急破御普請可被仰付候得共、此儘捨置候而ハ塩浜ハ勿論本田新田共差当麦作蒔付ニも差支候ニ付、何連ニも切所之分仮築留仕洗切所等大破ニ不相成様取繕可申旨、厚御利解之趣難黙止乍困究種々才覚仕、切所其外取繕ひ塩稼幷麦作蒔付いたし、右御普請日毎ニ相待罷在候処一切御沙汰無之塩稼難相成候間、其段再応奉願上候処、当時之支配青山九八郎懸ニ而御普請被仰付候間、早速可願出旨申渡有之難有奉承伏候処、同年十二月中諸御貸附金無利足年賦割済被仰出、右ニ付塩浜村々ゟ文化年中差出積金之儀も同様御利足等無之、依而ハ新開塩浜ハ勿論大破之場所御修復等可仕手当無之趣被仰渡一同驚入候義ニ有之、当領塩浜囲堤之儀ハ先年より江戸川通定式御普請三拾弐ケ村組合潮除堤外ニ而高浪之節切所洗切所等出来仕候而も右組合村々ハ勿論私共村々田畑共差障無御座候処、追々新開塩浜御取立被成下古浜之分田畑御高入新田ニ相成塩浜囲堤海面江築立候ニ付、右組合定式堤之儀ニ重堤之様被思召候歟追年御普請等不被仰付塩浜囲堤ニ而本田新田共相凌候義ニ付高浪之時々田畑一円潮冠ニ相成候間塩浜荒地出来其上田畑潮痛ニ而年々損毛有之、丹誠之甲斐無御座及難義候ニ付、右潮除定式堤御入用金塩浜囲堤御入用江流用被成下、其上前書御仕法金御利足を以年々御普請被仰付被下置候ハヽ、新開塩浜ハ勿論高浪之患無之一同相助候間、塩浜積金之分是迄之通御仕法被成下御備金ニ相成候様度々支配御役所江相願候得共、今以一円御沙汰無之、前書御普請奉願上候ケ所々最早三ヶ年越ニ相成村繕之分尚又破損所出来仕候ニ付、其時々入念繕方いたし置候処、去月廿七日廿八日両日之丑寅大風雨ニ而内水相湛塩浜囲堤内通欠所亦ハ洗切等出来、此上辰巳風吹込候得ハ高浪相立素々破損之場所繕置候囲堤及大破潮水押入塩浜ハ勿論折角御高入ニ相成候新田幷本田共荒地亦ハ亡所ニ罷成塩焼百姓共ハ勿論小前之もの共離散退転仕候ゟ外無御座候、且　御代々様厚　思召を以莫太之金子被下置追々塩浜御取立有之候以来御支配様方厚御取斗を以永続仕、就中竹垣三右衛門様御仕法を以是迄塩浜相続仕、塩焼百姓共一同当□営罷在　御国恩之程難有奉感伏候詮も無御座候、一同当惑難渋仕候旨申之片時も早く夫々御普請被仰付候様相願可呉旨村役人共江取縋相歎申立之趣、実以相違無御座候、其儘捨置候而ハ愚昧之もの共何様之心得違可仕哉も難斗候間支配御役所江願立置同様之義ニハ御座候得共無余義不奉顧恐をも此段奉歎願候、何卒格別之以　御慈悲前文之次第逐一御賢慮被成下、去々卯年奉願上置候、新開塩浜御取立幷稼浜囲堤其外急速御普請被仰付被下置、且先前之通塩浜御備金御仕法附之上右御利足幷江戸川通潮除堤定式御入用金御流用被成下年々定式ニ塩浜御普請被成下置候様偏ニ奉願上候、右願之通被仰付被下置候ハヽ、御田地ハ勿論塩浜取続共出来新開塩浜相増古浜之分ハ新田御高入ニ相成領中塩焼百姓共一同相助広大之御憐愍与挙而難有仕合奉存候、已上

弘化二巳年八月

青山九八郎当分御預所
下総国葛飾郡行徳領
塩浜附
本行徳村
名主　源　兵　衛
年寄　精右衛門
百姓代　五郎兵衛
加藤新田
義兵衛新田　兼帯
伊勢宿村
百姓代　七左衛門
年寄　長左衛門
名主　喜　兵　衛
下妙典村

名主　藤左衛門
年寄　佐五右衛門
百姓代　甚　蔵
外領中連印略之

御奉行所様

同史料を参照すると、享保期から文化期までの間は、行徳塩田における普請は、おおよそ御普請で行われている。文化五年（一八〇八）の大風雨大嵐に際し、塩浜囲堤が大破した際も、「塩稼一円難相成御普請奉願上候処、翌巳年春関東川々御普請御組込ニ相成皆御入用を以御普請被仰付……」と、御普請が認められている。しかし、「已来自普請之御受書も有之」と自普請の時もしばしば見られる。それ以前から、自普請の時はあったが、おおよそ御普請であった。「大破之節ハ御普請被仰付候義与心得罷在候処」という記載からも、塩浜堤が大破する際には、御普請という理解があったのである。

その後、文化九年（一八一二）に自普請となっているが、この時「殊ニ塩浜之義年々高浪之時々大破ニ相成御収納辻ニ引足不申趣を以塩浜之義ハ已来御役永并正塩其外諸運上共皆免除可被仰付間、何連ニも取繕ひ塩稼可仕旨其節より被仰渡候旨被仰聞」と、毎年高浪により塩浜が大破するので収益にならないことを理由に、負担の免除によって自普請を命じている。行徳塩田は口銭収入を普請金に充当することを目的とした塩会所の設置を願い出ているのもこの時期である。[30]〈史料4〉には、この塩会所の動向を示した記載を見ることはできないが、同時期に支配代官竹垣三右衛門が行った対応として「積金貸付」と「塩浜仕法備金」についての記載を見ることができる。それは塩浜役永と諸運上の免除分を普請資金に充当し、その残金三〇〇両を「積金貸付」へと廻したものである。この「積金貸付」から利子を通じて一〇年後には三〇〇〇両になったとされる。さらに、下り酒問屋などで知られる播磨屋新右衛門が[31]「塩浜冥加」として出資を行っており、塩浜仕法備金として六〇〇〇両余りにものぼるといわれている。この六〇〇〇両を元手にしてその利足分を普請費用に充てたのである。それらの利足分を塩浜の開発資金、あるいは塩浜堤などの破損に対する資金として運用したのである。そして、文政一一年（一八二八）の塩浜百町歩余の塩浜の開発は、この「塩浜仕法備金」によって賄われたのである。

この時期の様子を「大破の時々前書御仕法金御普請被仰付候」という文書で見られるように、「積金貸付」あるいは「塩浜仕法備金」によって開発資金を蓄え、それを運用することで、塩浜の開発・普請の費用に充当した。近世中期以降、御普請では全額の資金貸与が行われていた。しかし、この時期になると領主側が直接負担するのではない「塩浜仕法備金」として、塩浜御普請が実施されたのである。

文化・文政期に見られる「積金貸付」「塩浜仕法備金」は天保一四年（一八四三）以降行われなくなる。万延元年（一八六〇）八月に行徳領塩浜付村々の村役人が行徳で下り塩を買入れることを目的に林部善太左衛門役所へ願い出た文書によると、以下の様に記されている。[32]

〈史料5〉

同年（天保一四年）十二月中諸御貸附金無利足年賦割済被仰出、右ニ付文化年中御仕法附被成下御塩浜村々積金之義も同様御利足等無之、依而者新開塩浜者勿論大破之場所御修復等可仕手当無之趣被仰渡有之、途方ニ暮罷在先新開之儀者其儘差置差掛り破損所御普請之儀種々奉願上候処、漸弘化三午年三月中夫々御普請被仰付候……

つまり、天保一四年一二月以降に、利足が得られなくなることで、それ以前の様に「塩浜村々積金」（塩浜仕法備金）を利足として運用することができなくなったのである。この利足が得られなくなった理由はわからない。考えられる理由の一つとして、同年同月に幕府は旗本御家人の札差・猿屋町会所よりの借金を無利息年賦返済としている。つまりこの時期、価格上昇の抑制、貸付金債務者の救済を目的として、金利を抑えているような政策的な取り組みが行われている。こうした点が「積金貸付」「塩浜仕法備金」などの金利に基づく運用を中止することになったものと思われる。(33) 次に、かかる状況のもと展開した幕末期の普請の展開を明らかにしていくことにしたい。

四　幕末期における普請事業の展開

1　弘化の御普請

弘化二年（一八四五）七月二七日および二八日に行徳地域を襲った大風雨は、塩浜の囲堤を破壊し、後背地の田畑までも水浸しになるほどの被害となった。同年三月にも大風により、塩浜の囲堤は大破し下妙典村名主藤左衛門・本行徳村年寄佐次右衛門・欠真間村年寄佐右衛門の三人が、行徳領塩浜付村々の惣代として青山九八郎役所へ見分を願い出たばかりであった。

七月の大風雨においては、前項で掲載した〈史料4〉を始めとして数度となく塩浜役永の引下げと塩浜囲堤の御普請を願い出ている。この時の訴願を表題で示すと以下の通りである。

「塩浜御普請塩役永之儀ニ付願書下」(34)
「塩浜役永引方催促願下」(35)
「塩浜御普請其外之儀共願書下」〈史料4〉

この三種類の訴願文書は、先に指摘した四月の様に、塩浜付村々の惣代による訴願とは性格を若干異にし、いずれも行徳領塩浜付村々の村役人による連名であった。寛政期には、西海神村の塩浜は、古浜として位置付けられず、行徳領塩浜付村々の構成村々に属していなかったが、この時期には行徳塩田の構成村の一つとなっている。この一連の訴願文書の内容を通じて検討してみることにしよう。

「塩浜御普請塩役永之儀ニ付願書下」の文書中には、大風雨直後に、御普請を目的に願い出た七月晦日の文書、および八月二日塩浜役永の免除を願い出た文書を掲載している。前者は、天保七年（一八三六）の堤破損に対する普請は仮築であり、今回の大風雨によって塩浜および田畑が亡所となったことから、見分の上、御普請を願い出たものである。また後者は、まず塩浜年貢は、四分一正塩四分三永納であるという歴史的経緯と共に、今年の農間塩稼ぎの不調を指摘し、さらに「天保七申年羽倉外記様御支配之砌塩稼無数其段奉歎願候処、塩浜御年貢永之内八分弐厘通御引方被仰付難有奉存、其後同十一子年伊奈友之助様御支配之砌同様八分通御引方被仰付候義有之、右両年引競候而ハ当巳年之儀ハ格外塩浜薄必至与難渋至極仕候間、無余義此段奉歎願候何卒格別之以　御慈悲前書之趣御憐察被成下当巳上納可仕、塩浜御年貢之分皆御免除被仰付被下置候様偏ニ奉願上候……」と塩浜年貢永が天保七年（一八三六）には八割二分引き、さらに天保一一年（一八四〇）には八割引きとなったことを指摘し、塩浜年貢永の免除（または減免）を願い出たのである。

さらに、八月二一日に出された「塩浜役永引方御催促願下」の訴願では、「七分通取立相納候仕来ニ御座候、然ル処当巳年之儀ハ正月中ゟ晴天稀之上肝要之五月ゟ弥塩稼日数無数格外難渋之年柄ニ付、無余義正塩御上納相除塩浜御年貢永之分皆御免除被成下置度段、先般奉願上候程之義ニ有之、其上七月明不時之冷気又ハ雨天勝之処、七月廿七日廿八日両日之大風雨ニ而粟稗等之類穂先吹折立毛之分無数其外作付いたし置候、野菜物等迄皆無同様ニ罷成存外之違作ニ有之存候様……」との記載からもわかるように、大風雨の点も考慮にいれ経営の不調を訴え、塩浜年貢永の引下げを願い出ている。

前項の〈史料4〉に掲載している「塩浜御普請其外之義共願書下」は、八月のみしか記載されておらず、作成の日付は不明である。その意味で「塩浜役永引方御催促願下」の史料と作成順番は、不明である。この願書の内容は、新開塩浜の取立と稼浜の囲堤外の御普請を願い出たものである。また家康以来続いたとされる幕府の行徳塩田に対する拝借金の対応を、塩浜由緒書の記載に即して記載し、その上でその後の御普請を基本とした、行徳塩田に対する幕府の対応を指摘している。特に注目できる点として、享保期の代官である小宮山杢之進が行った御普請を素材として、

「享保六丑年大水大荒ニ而塩浜囲堤ハ勿論田畑一円押開亡所多分出来候趣有徳院様達上聞、塩浜古来之訳有馬兵庫頭様・加納遠江守様を以其砌之御支配小宮山杢進様ゟ御尋有之、則塩浜起立より永続仕罷在候訳柄巨細被仰立候処御軍用第一之義、尤上方ゟ塩廻船致し候得共万一海上風波之難有之廻船相滞候節、当領出来塩無之候而ハ御府内上下其外国々之もの共難渋ニ相成候間、早々普請申付候様被仰渡有之候趣を以塩浜由緒書被下置、翌寅年春囲堤江川浚等迄皆御入用御普請被仰付難有塩浜相続罷在引続年々御定式同様囲堤并樋類等迄御普請被仰付来、同八卯年塩浜附百姓とも塩稼無油断出精致し何連ニも塩沢山焼出シ江戸町々江積送候様上意御座候趣、右小宮山杢進様より被仰渡有之……」

と記載し、下り塩の流入に対し必要とされる行徳塩業の存在意義を塩浜由緒書の記載に即した中で再確認し、その上で普請の重要性を説いている。無論、塩浜由緒書の作成時期（明和）以降の普請の有り様も明らかにし、近世を通じて御普請が行われていたことを指摘している。前節で、塩浜由緒書の内容と作成される経緯について明らかにしてきたが、こうした訴願にも記載されるように、塩浜由緒書は御普請の正当性を主張する論拠として活用されたのである。

以上、この三つの史料を通じて塩浜普請の訴願内容を検討してみたが、近世後期から幕末になるにつれ、行徳塩田の御普請願いは認められず、自普請として許可されている。この理由を示す具体的な史料はない。ただ、理由の一つとして、幕末期における幕府の財政窮乏が、御普請の実現を不可能とし、自普請として塩浜囲堤の普請を行うことに

なったと考えられる。単に由緒の論理だけでは塩浜御普請の正当性を主張する論拠にはなり得なくなったのである。

弘化二年（一八四五）一一月に自普請の訴願を行っている。「自普請願其外共下書」である。[36] 同史料は、本行徳村一村を対象としたもので、必ずしも行徳塩田総体としての取り組みとは言い難い。ただし、本行徳村の場合「囲堤築立入用積高金九百八拾八両余之内、凡七分通ハ自力亦ハ懇意身寄之もの共江相談金子調達可仕候得共、残り三分通程之金子差当調達難仕、左候迚不足金之儘普請仕置万一風波之難義引受候而ハ最早可取返義無御座候ニ付、竹垣三右衛門様御支配之砌為御試当村地先江御築立ニ相成候、石垣堤之儀新塩浜開発出来候上ハ内堤ニ相成候ニ付、右石抜取御払之上代金御手当与して御渡被成下度……」というように、普請入用金は九八八両であり、七割は自力で調達できるものの、三割は負担困難としている。そして三割は、塩浜開発により石垣堤を取払う手当に充当することにしたのである。その後、翌弘化三年三月に御普請が認められたが詳細については不明である。

2　安政の御普請

弘化三年（一八四六）一二月、行徳領塩浜付村々は、再び「塩浜仕法備金」に見られる金利を運用し、普請費用に充当する方法を再開した。〈史料6〉の「御備金、塩浜御主法御貸附金御請書之写」がそれに当たる。[37]

〈史料6〉

「　弘化三丙午年十二月

　御備金

　　塩浜御主法御貸附金御請書之写

　　　　　　　　下妙典村

名主
藤左衛門」

差上申御請書之事

下総国葛飾郡行徳領塩浜附左之村々役人共一同奉申上、当領村々塩浜御手当御貸附之義、御主法替ニ而元金三千四百九両壱分余ハ御下ヶ金ニ付壱割利金之半減を以金八百五拾弐両壱分余ハ去ル卯ゟ未迄五ヶ年ニ割合御下戻之分、金吹町播磨屋新右衛門并武州八甫村名主七左衛門上ヶ金三千三百両同卯ゟ卯迄弐拾五ヶ年ニ割合御下戻之分共再応御貸附御伺之処、右弐口卯より巳迄三ヶ年御下ヶ戻可可(衍)相成金九百拾六両壱分余当午年三月元ニ相立、巳来年々御下戻之分共御差加年五分之利足を以改御貸附之積御下ケ知相済、右之通りニ而当午ゟ弐拾三年目ニ至り元金四千百五拾弐両壱分余ニ相成御貸居、尤御貸附方御役所御取扱ニ而利金者年々御同所ゟ御請取溜取置囲堤御普請御入用ニ御遣払之積ニ有之候間、右之段為心得可被仰渡承知奉畏候、依之御請書差上申処如件

行徳領下妙典村
百姓代　甚　蔵
年寄　佐五右衛門
名主　藤左衛門

弘化三午年十二月十日

青山録平様
御役所

右御掛ケ
青山録平様手附二番元〆森田林助様ゟ被　仰渡有之　宿三嶋屋常右衛門方ニ行徳村年寄精右衛門草木村嘉七居合御呼出相成印形之義者飛脚伊三郎塩浜附拾五ヶ村持廻りニ而御受印形取之

右嘉七義塩浜新開御普請御願惣代藤左衛門両人ニ而十二月朔日
　御勝手御勘定所彦土佐守様江御差出相成、御呼出無之内内々帰村ニ而皆済勘定仕藤左衛門出府不仕候もの也

以上の史料から、天保一四年（一八四三）以来中断されていた「積金貸付」「塩浜仕法備金」に見られる方法が改めて再開したといえよう。

また、安政三年（一八五六）の大風・大津波は、塩浜囲堤を切り大被害を受けた。安政三年八月に行徳領塩浜付村々の村役人は年貢減免を願い出ている。[38]

〈史料7〉

　乍恐以書付奉願上候

下総国葛飾郡行徳領塩浜附村々役人共一同奉申上候、私共村々之儀、去卯年之津波大地震等ニ而塩浜囲堤切所多分出来御普請奉願上候処、御見分御目論見之上当辰春御普請被　仰付、同三月中皆出来ニ罷成塩稼出来難有仕合ニ奉存候、然ル処翌四月ゟ引続晴天稀ニ而稼方薄ク塩焼百姓共一同難渋罷在候処、当月廿五日夜之南大風雨津波ニ而囲堤切所等夥敷出来、塩浜新田畑共皆亡所ニ相成竈屋者勿論潮溜船塩垂道具迄不残被押流候程之仕合多分之御年貢上納方差支当惑罷在候段、塩稼之もの共一同相歎候趣相違無御座、必至与難渋至極仕候間、何卒格別之以
　御慈悲前書之趣御憐察被成下当辰上納可仕塩浜御年貢之内四分三永納之分者勿論四分一正塩納之内是迄御春屋江相納候分相除キ、其余皆御免除被　仰付被下置候様偏ニ奉願上候、以上

　　安政三辰年八月

当分御預所
下総国葛飾郡行徳領
塩浜附

新井村
百姓代　孫左衛門㊞
年寄　茂左衛門㊞
　清　兵　衛㊞
欠真間村
伝次郎請代兼
百姓代　茂　平　次㊞
年寄　六郎左衛門㊞
名主　市　兵　衛㊞
湊新田
百姓代　半　　七㊞
年寄　与惣左衛門㊞
名主　彦右衛門㊞
湊村
百姓代　十　次　郎㊞
年寄　久　次　郎㊞
名主　勘左衛門㊞
押切村

百姓代　助　　　七㊞
年寄　太郎右衛門㊞
名主　喜　多　郎㊞
伊勢宿村
百姓代　藤　　　吉㊞
年寄　長左衛門㊞
名主　喜　兵　衛㊞
関ケ嶋村
百姓代　吉　兵　衛㊞
年寄　源　四　郎㊞
名主　勝　　　次㊞
儀兵衛新田
名主　伊左衛門㊞
加藤新田代兼
本行徳村
百姓代　粂　　　蔵㊞
年寄　文　兵　衛㊞
名主　権　三　郎㊞

下妙典村
百姓代　吉　兵　衛㊞
年寄　左五右衛門㊞
名主　藤左衛門㊞
上妙典村
百姓代　与　　七㊞
年寄　利　兵　衛㊞
名主　嘉左衛門㊞
田尻村
百姓代　与　平　次㊞
年寄　茂　　吉㊞
名主　喜右衛門㊞
高谷村
百姓代　久右衛門㊞
年寄　吉右衛門㊞
名主　新　四　郎㊞
西海神村代兼
原木村

百姓代　久左衛門㊞
年寄　弥右衛門㊞
名主　次右衛門㊞

二俣村
百姓代　吉　蔵㊞
年寄　伝四郎㊞
名主見習松之助㊞

竹垣三右衛門様御役所

御春屋への正塩納分の塩年貢四分の一を除いた分の免除を願い出ている。ここで注目できる点としては、「勿論四分一正塩納之内是迄御春屋江相納候分相除キ、其余皆御免除被仰付被下置候様偏ニ奉願上候」と、御春屋への正塩納分は納入することを前提にしながら、年貢の免除を願い出ている点である。それ以前の負担の免除を願い出る場合、基本的には八割減免であるとか、減免分で記載するのが一般的であった。それがこの時期は、御春屋納分を意図的に除いて訴願しているのである。

この点について、関係のある史料は残されていないが、年貢減免が土地所持権と関係し、御春屋への納入は、塩浜由緒書の論理を正当化するための負担として位置付けられる。逆に指摘するならば、御春屋への納入を果たさないことは、塩浜由緒書に記載された特権的論理を行徳塩田自身で放棄することを意味したのである。

次に安政四年（一八五七）三月に本行徳村名主権三郎ほか二名が竹垣三右衛門役所に対して出した書付を参照しよう。(39)

〈史料8〉

下総国行徳領村々塩浜囲堤之儀、去辰八月中之津波ニ而及大破候ニ付、先般御見分御取調之上御伺被成下候処御普請御入用高金七千弐百五拾両余之内金弐千両者先般奉願候通、塩浜附拾五ヶ村江拝借被仰付当巳壱ヶ年延来午ゟ三拾ヶ年賦返納之積金五千弐百五拾両者塩浜備御貸附利金之内、此度御操替御下渡御普請被仰付候間、御下知相済候段被仰渡承知奉畏候、且右御普請仕立中御手附御手代中御差出為御立会御普請役中御掛御勘定様方も時々御見廻り御座候間、諸事御差図を請仕立方入念候様可仕旨被仰渡、是又承知奉畏候、依之印形奉差上候、以上

安政四巳年三月朔日

下総国行徳領

塩浜附村々代兼

本行徳村

名主権　三　郎

下妙典村

同　藤左衛門

西海神村

同　八郎左衛門

竹垣三右衛門様

御役所

〈史料8〉を参照すると、御普請入用金が七二五〇両で、その内二〇〇〇両は、塩浜付村々に対し三〇年賦で貸与している。そして残りの五二五〇両は「塩浜備御貸付利金」の中から運用している。儀兵衛新田の塩浜の囲堤を例に

すると、一五四両二分と永二〇五文が費やされていたことがわかる。

安政四年（一八五七）五月に作成された「塩浜御普請用控」によると、御普請に費やした各村ごとの費用が記載されている。この御普請の全費用を見ると、七五〇〇両弱であり、先の普請入用金の見積りとも照応する。当時普請人足の手当は、一人一日当り一七文であったが、木材など普請の諸費用よりも、むしろ普請人足による諸経費の大半が普請に当る人足の代金として費やされたことがわかる。こうして、安政の御普請は貸付利金と、三〇年賦の借用金によって普請が行われたのである。

3　平井新田塩浜の開発と行徳塩田

以上、塩浜御普請訴願において行徳領塩浜付村々が構成単位となっていることが明らかとなった。しかも、西海神村の塩浜の例に見られるように、寛政期の再開発の段階では、新浜として位置付けられ、行徳塩田構成村として属されていなかった村（塩浜）も、幕末に至って訴願の構成単位として行徳領塩浜付村々の一つに取り込まれている。このように、行徳領塩浜付村々＝行徳塩田の構成単位は近世を通じて一様なのではなく、時期を追って再編成されながら存続した。しかし他方において、行徳塩田以外の塩浜に対する対応は別の対応が見られる。行徳塩田の近郊に開発された平井新田塩浜の例を見てみることにしよう。(40)

〈史料9〉

為取替申議定書之事

今般平井新田地先塩浜新開之儀、伊右衛門ゟ御支配佐々井半十郎様御役所江申立、右ニ付行徳領塩浜附村々一同談判之上、左之通取極申候

一平井新田塩浜人足之儀者、行徳領塩浜ニ而相働又者日雇稼等いたし候もの、一切不召抱儀者勿論、日雇ニ茂相雇申間敷事

一薪木之儀、是迄行徳領村々ニ而買来候、上総・下総両国之分平井新田ニおいて決而買取申間敷事

一平井新田新規塩浜ニ而問屋ヶ間敷儀不致者勿論、下り塩其外一切取扱申間敷事

一平井新田塩浜ニ而出来塩高弐分通上納いたし候分者、行徳領正塩御上納江組込、同領ゟ一手ニ相納可申事

但、平井新田上納塩之分者、矢張同所名目相附可申事

一平井新田出来塩高と売捌方之儀、直段其外都而同所ニおいて自己之儀不致、万端打合之上取斗可申事

右之通一同相談之上、議定取極候処御相違無御座候、然ル上者、平井新田者以来行徳領之控浜ニ相成、議定之儀堅相守可申候、万一右ニ振れ候取斗いたし候節者、此書面を以如何様之取斗被致候共其節一言之儀申出間敷候、尤此上相互ニ睦合、不依何事打合相談之上稼方可仕候、依之向後異論無之ため立入人加判之議定書為取替置候処如件

元治二丑二月

武州葛飾郡寺嶋村

新開願人　百姓　伊右衛門㊞

役人惣代

百姓代　□□郎㊞

地元平井新田

役人惣代

年寄　礼助㊞

下総国行徳領
浜方惣代
本行徳村
　年寄　文　次　郎㊞
同　又　兵　衛㊞
百姓代　六郎右衛門㊞
上妙典村
　名主　利　右　衛　門㊞
　　　　與　兵　衛㊞
伊勢宿村
　年寄　長　左　衛　門㊞
同国三村新田
　名主
　　立入人　三　平㊞

同史料は、行徳塩田の構成村々と平井新田の開発を訴願した寺嶋村百姓伊右衛門との間で取り交わした議定書である。平井新田の開発に際し、塩浜の開発も伴うことから、取り決められたものである。

内容は、以下の五点にまとめることができる。

①平井新田塩浜の人足は、行徳領塩浜での人夫や日雇を雇用しないこと（塩焼百姓の人足の流出を防ぐもの）。

②燃料である薪・木については、行徳塩田がこれまで取り引きしていた上総・下総からは購入しないこと（既存の燃料供給地の確保）。

③平井新田では、新田内での問屋の組織化はもちろんのこと下り塩などを荷受しないこと。当時、行徳塩田では問屋を組織し（産地問屋）、地廻り塩問屋との相場をめぐる対抗、あるいは北関東へ送られていた。また、行徳塩田は、下り塩を購入し、苦汁分を抜いた上で古積塩として北関東へも送られていた。平井新田においては、同じことをしないということ。

④平井新田塩浜での現物納分は、行徳領における正塩上納分に組み込んで納入すること。行徳領にとって正塩納は、江戸城御春屋へ納入しており、塩浜由緒書の根拠となっている。その意味で、平井新田塩浜においても同様に納めるということは、行徳塩田にとって特権性を薄めることになるので、行徳領分として納入することにしている。

⑤平井新田塩浜で生産した塩の販売は塩直段をも含めて、万事行徳塩田で打ち合せのうえ決定すること。

以上にみられるように、行徳塩田が平井新田塩浜側に対して、雇傭・燃料供給・販売・負担方法など多方面において厳しい制限を加えていることがわかるであろう。特に、「平井新田者以来行徳領之控浜ニ相成、議定堅相守可申候」という行徳塩田の控浜という位置付けは、行徳塩田と平井新田塩浜に対してみる従属的関係を端的に示したものということができる。

おわりに

以上、幕府権力の公権力的対応について、主に年貢減免と塩浜御普請の問題から検討したのが本節の課題であった。近世前期における行徳塩田は、塩浜への御普請を行わず、原則として商人資本に依存していた。延宝八年（一六八〇）の津波による被害に際し、田畑へは御救御普請が認められるのに対し、塩浜は何ら対応が行われていない。

その後、元禄・宝永期になると、御普請を始めとした金銭的・物質的援助が行われる。この理由は明らかでないが、一つの理由として元禄検地により塩浜に対しても高入れが実施され、土地所持権が確定していた点が指摘できる。行徳塩田において元禄検地帳は、基本台帳として位置付けられ、その後の土地所持関係を規定することになった。元禄検地による土地所持関係の確定こそが近世前中期以後の幕府と行徳の関係を支えた論拠となったのである。

先に指摘した西海神村の駆込訴訟一件においても、最初に高入れの事実を訴願の論拠にしているし、また領主側も「御収納辻ニ引足不申趣を以塩浜之義ハ已来御役永并正塩其外諸運上共皆免除可被仰付間」と負担の免除が、御普請を実施しない根拠として位置付けたのである。普請費用を商人に依存せず、幕府による御普請に依存することで行徳塩田の存立基盤を固めることができたのである。

この御普請を具体的に推進したのは、享保期の小宮山杢之進が代官になった以降のことであった。小宮山杢之進の行徳塩田への対応は、土地所持権のみならず鷹場の再編成に具体的に示される江戸周辺農村の再編に伴う、積極的な取り組みとして見ることができる。塩浜堤の普請に際し、芝・葭を植え、堅固な堤を築造し、小宮山堤といわれ、後世にも伝えられたことは、享保期の対応として注目できる。

しかし、近世後期になるに従い、塩浜の御普請から自普請へと性格を変えてきている。文化期ごろには、「已来自普請之御受書も有之」といわれるように、自普請へと内容の変化が見られる。こうした中、御普請を基調とする幕府公権力の新たなる対応が表われるのが「積金貸付」「塩浜仕法備金」であった。これは一定の資金を元手にしてその利子を運用することで、普請・開発の資金に充当する取り組みであった。そして、こうした方法を御普請として位置付けたのである。こうした、資金の運用を基礎にした幕府の対応は、宿々助成金であるとか(41)、公金貸付にも見られ(42)同時期に見られる政策的対応として位置付けられよう。同じ御普請でも、幕府の全額援助による御普請（御入用御普請）から、金利を運用する御普請（塩浜仕法備金による御普請）へと質的に変容するのである。

天保一四年（一八四三）の「無利息年賦返済」は利子運用の中止を余儀なくした。その結果、幕府権力の対応は塩浜破損に対しても何ら行いうることができず、自普請となった。天保一四年の「無利息年賦返済」は貸付金債務者の救済を目的としたものであった。その意味では、当時の社会状況に対する公権力的な対応として位置付けられる。しかしこのことは、逆に行徳塩田に対する幕府の塩浜御普請を中止するという公権力的対応へのジレンマを生じることになった。その後、弘化三年（一八四六）の仕法替は、再び行徳に対する御普請としての対応を可能とした。安政の御普請費用の七二五〇両の内、五二五〇両は「塩浜備御貸付利金」と「三〇年賦の借金」によって賄われたのである。

また、塩浜に対して幕府が公権力として位置付けられる御普請は、塩浜の存続・維持が基本であった。御普請金を得るとしても、仕様帳の作成が求められることで、必要以上の出資は、期待できなかったのである。つまり、塩浜御普請とは、破損部分の修復が基本であり、その意味では瀬戸内塩田の様な入浜塩田を築造するなどの生産力の向上を目指したものではなかったのである。

簡単に行徳塩田の普請事業の展開について公権力的対応の質的変容の側面からまとめてみたが、さらに、展望として三点指摘しておきたい。

第一に、塩浜由緒書との関連について述べておく。塩浜由緒書を論拠として実際に訴願が行われるのは、近世後期、特に幕末期が中心であった。弘化二年の御普請の訴願内容はその一つとして指摘することができよう。それと共に同時期の塩浜年貢永の免除（減免）の訴願においても、江戸城御春屋への現物納分は継続的に行うという行徳塩田側の対応は重要である。負担の免除を願い出る一方で、御春屋納分を継続するという行為は、まさに由緒を正当化する論理を具体化する根拠を示す意図が含まれており、年貢負担とは別に重要な意味があったのである。

第二に、行徳領塩浜付村々の構成村についてである。西海神村の駆込訴訟において、古浜・新浜の差が露呈している。当初荒浜になった段階で塩浜年貢永を免除してもらうことになるが、それは既得権としての古浜の生業権を失うことになった。よって、再開発の段階では西海神村は新浜として位置付けられ、行徳領塩浜付村々の構成村には含まれないのである。しかしながら、幕末期になると行徳領塩浜付村々の構成村として、西海神村の記載が新たに見られるようになる。幕府に訴願するに当り古浜・新浜が結合し、地域的に再統合する必要があったのである。

このように、行徳塩田内での古浜・新浜の地域的な統合が見られる一方で、平井新田塩浜のように地域外における新開の塩田に対しては従属的関係を強いる対応が行われたのである。

これらの対応は、塩浜由緒書の記載に見られる特権性を維持していくために、行徳塩田内外にかかる要素を内包することになったのである。

第三に、塩浜の御普請を願い出る主体は、実際に塩業経営に関わった人とは限らず、村役人であったという点である。このため、村役人による御普請金の横領などが見られる様に、必ずしも、地方と浜方の利害が一致しないことがしばしばあったのである。

注

(1) 大石慎三郎「幕藩体制社会の構造―封建小農の存在形態から幕藩体制構造論への試論―」(『歴史学研究』二四二、一九六〇年)、大谷貞夫『近世日本治水史の研究』(一九八六年、雄山閣出版)、同『江戸幕府治水政策史の研究』(一九九六年、雄山閣出版)、笠谷和比古「近世国役普請の政治史的位置」(『史林』五九―四、一九七六年)、塚本学「尾張藩の水支配機構について」(徳川林政史研究所『研究紀要』昭和四五年度、一九七一年)、松尾美恵子「近世中期における大名普請役―賦課方法に関連して―」(徳川林政史研究所『研究紀要』昭和五二年度、一九七八年)、同「近世後期における大名上納金―公儀普請役の変容―」(徳川林政史研究所

『研究紀要』昭和五三年度、一九七九年)、西田真樹「川除と国役普請」(『講座・日本技術の社会史第六巻土木』、一九八四年、日本評論社)。

(2) 本節の内容については、「行徳普請事業の展開と行徳塩業」(中央大学大学院『研究年報』文学研究科第二三号、一九九四年)を書き改めたものである。合せて参照されたい。

(3) 「塩浜由来書」(『市川市史』第六巻上、一九七二年)。

(4) 「借用金返済に付証文下書」(『市川市史』第六巻上、一九七二年)。

(5) 現在の川崎市に存在する大師河原塩田の場合、元禄期の地震により、塩浜が荒廃し、再開発が行われずそのまま放置されている。そして再開発が行われるのは、宝暦四年(一七五四)のことである。なお、池上新田開発に際して、当該地の土地所持者は開発地主である池上太郎左衛門へ塩浜所持権を譲り渡している。この点については、同章三節参照のこと。

(6) 「塩浜由来書」(『市川市史』第六巻上、一九七二年)。

(7) 笠谷和比古は「宝永五年の「国役普請」をめぐって」において、宝永五年の「国役普請」を例にして、その意味を「幕領・私領を問わず普く全国の農民に賦課されたが、それは幕府による、幕領・私領の被災地一円の復旧普請遂行の財源をなすものであった」と位置付けている。

(8) 「塩浜自普請金拝借手形」(『市川市史』第六巻上、四九四頁、一九七二年)。

(9) 「本行徳村御検地塩浜帳」(『市川市史』第六巻下、三五四頁、一九七二年)。

(10) 「行徳領塩浜由来書」(『市川市史』第六巻上、一九七二年)によると、「四分一塩四分三金納之義者五拾五ケ年以前元禄十五午年平岡三郎右衛門様御支配御検地之節御定法ニ罷成候」との記載を見ることができる。

(11) 「本行徳村御検地塩浜帳」(『市川市史』第六巻下、一九七二年)。

(12) 「塩浜由来書」(『市川市史』第六巻上、一九七二年)。

(13) 天保四年八月「塩浜囲堤大破箇所附帳」(市立市川歴史博物館蔵、岩田家文書)。

(14) 年代未詳、「乍恐以書付奉願上候(塩浜囲堤大破罷成候ニ付)」(市立市川歴史博物館蔵、岩田家文書)。

(15) 例えば、安政三年「塩浜囲堤御普請仕様帳」(市立市川歴史博物館蔵、岩田家文書)。

(16) 例えば、文政一二年一二月「塩浜囲堤御普請出来形帳(儀兵衛新田)」(東京大学経済学部所蔵史料)。

(17) 文政一二年一二月「御普請金請取」(『市川市史』第六巻上、五〇七頁、一九七二年)。
(18) 年代未詳「乍恐以書付奉願上候(塩浜囲堤御普請下ケ金ニ付)」(市立市川歴史博物館蔵、岩田家文書)。同史料中、「左之村々」の構成村落は、押切村・湊村・湊新田・欠真間村・西海神村・二俣村・新井村・上妙典村・田尻村・高谷村・下妙典村・加藤新田・儀兵衛新田・原木村・本行徳村である。
(19) 「塩浜御普請入用金押領に付訴状」(『市川市史』第六巻上、四九八頁、一九七二年)。
(20) 寛政元年「行徳領西海神村塩浜駆込訴状」(船橋市立図書館所蔵)。
(21) 寛政元年「御吟味ニ付書付を以奉申上候」(国立史料館所蔵祭魚洞文庫旧蔵水産史料、六五七)。
(22) 安永九年「西海神村新田開発証文」(国立史料館所蔵祭魚洞文庫旧蔵水産史料、六五五)。
(23) 天明五年「行徳西海神村新開塩浜検地願書」(国立史料館所蔵祭魚洞文庫旧蔵水産史料、六五六)。
(24) 寛政元年「御吟味ニ付書付を以奉申上候」(国立史料館所蔵祭魚洞文庫旧蔵水産史料、六五七)。
(25) 検地帳の所持をめぐり、これまで土地台帳としての側面から重要視されていた。最近は、検地帳を所持している行為自体から重視されている点からも注目されてきている(冨善一敏「検地帳所持・引継争論と近世社会」『関東近世史研究』第三八号、一九九五年)。
(26) 天明五年「行徳西海神村新開塩浜検地願書」(国立史料館所蔵祭魚洞文庫旧蔵水産史料、六五六)。
(27) 「塩浜由来書」(『市川市史』第六巻上、一九七二年)。
(28) 「塩浜稼方巨細仕訳ケ書上帳」(市立市川歴史博物館蔵、田中家文書)。
(29) 弘化二年「塩浜御普請其外之儀共願書下」(『市川市史』第六巻上、五一四頁、一九七二年)。
(30) 文化一〇年「行徳領塩稼売捌仕訳取調並びに村々より会所願の控」(『市川市史』第六巻上、四九八頁、一九七二年)、本書第四章第一節参照のこと。
(31) 播磨屋(中井)新右衛門は江戸下り酒問屋や両替商として知られている。両替商としての播磨屋新右衛門については、末岡照啓「化政期江戸地廻り経済発展期における江戸両替商」(林陸朗先生還暦記念会編『近世国家の支配構造』一九八六年、雄山閣出版)を参照のこと。
(32) 「乍恐以書付奉願上候(下り塩買入ニ付)」(市立市川歴史博物館蔵、岩田家文書)、なお史料引用部分中括弧内は筆者。

(33) 吉田伸之「江戸町会所金貸付について」(『近世巨大都市の社会構造』一九九一年、東京大学出版会)。
(34) 「塩浜御普請塩役永之儀ニ付願書下」(市立市川歴史博物館蔵、岩田家文書)。
(35) 「塩浜役永引方催促願下」(市立市川歴史博物館蔵、岩田家文書)。
(36) 「自普請願其外共下書」(東大経済学部所蔵文書)。
(37) 弘化三年一二月「御備金塩浜御定法御貸附金御請書之写」(市立市川歴史博物館蔵、岩田家文書)。
(38) 安政三年八月「塩役永上納御免願」(『市川市史』第六巻上、五二六頁、一九七二年)。
(39) 安政四年三月「塩浜囲堤御普請金に付」(市立市川歴史博物館蔵、岩田家文書)。
(40) 「塩浜新開之儀に付行徳領塩浜附村々議定書」(『千葉県史料　近世篇　下総国下』五五九頁、一九五八年)。
(41) 例えば、土田良一『近世宿駅の歴史地理学的研究』(一九九四年、吉川弘文館)。
(42) 吉田伸之「江戸町会所金貸付について」(『近世巨大都市の社会構造』、一九九一年、東京大学出版会)。

第三節　大師河原塩田における塩業の展開

はじめに

大師河原塩田は、武蔵国橘樹郡川崎領に位置する塩田のことで、大師河原村塩浜新田を始めとして、稲荷新田・大嶋村・池上新田・深谷新田・小田村などに展開した塩浜の総称のことである(1)。

大師河原塩田は、行徳塩田のような由緒は持たないが、「……西浦六郷大師河原等に焼くもの、下塩なから行徳につづいて江戸を養ふ也。是皆神君の御下知に出候処なりと云々……」と述べられ(2)、江戸内湾の塩田で、行徳塩田に次ぎ塩の生産を担う重要な場という理解があった(3)。

大師河原塩田は、元禄期の地震により一時荒廃するが、再開発が行われ、『江戸名所図会』にも「河崎汐浜」として紹介されるほどになっている(4)。大師河原塩田もまた江戸近郊地域として、江戸の消費を支える塩田であったのである。塩田面積を示した検地帳は存在しないが(5)、現存する断片的な史料から察するに、一筆相当の面積は一反に満たないものがほとんどで、零細な塩田が続いていた(6)。

本節では、大師河原塩田に展開された塩業について概観しつつ、①塩田の再開発の特質について明らかにすること、②塩と苦汁の販売に対して、大師河原塩田としていかなる対応が見られるのか、という二つの点から検討していきたい。

一 大師河原塩業の展開

行徳塩田は、行徳領に位置する塩浜付村々が構成村落であった。同様に大師河原塩田の場合も、川崎領に位置する塩浜が構成村落であった。行徳塩田と同様、領が塩浜の構成村落として位置付けられていたのである。川崎領と大師河原塩田との関わりについてもう一点指摘しておきたい(7)。

〈史料1〉

差上申一札之事

一此度小田村下海辺ニ御新開場出来仕、塩焼取建候ニ付、隣村之儀、殊私村方同商売仕候者共、若障等茂有之哉之旨御尋ニ御座候、塩浜之儀者稲荷新田・大嶋村共ニ只今迄大師河原村之塩浜新田御請負人方ニ而万事相談之〆り等仕来候、小田村之儀も右之通塩浜新田御請負人共方ら申談候〆り之儀、相用候義ニ御座候ハヽ、外ニ相障申儀無御座候、為其一札奉差上候、以上

明和弐年酉五月

大師河原村
名主　藤左衛門

西文九郎様
御役所

〈史料2〉

差上申一札之事

一川崎領小田村下海辺御新開村請場所、此度塩垂場致建候ニ付、大師河原村塩浜新田之儀者同領之内同商売之儀ニ御座候間、障有無御尋ニ御座候、右塩垂場取建候ニ付而ハ、先達而塩浜新田御請負人共方へ熟談仕候ニ付、已来相障り候儀少茂無御座候、依之一札奉差上候、以上

明和二年酉七月

大師河原村
名主　印
年寄　印
百姓代　印

伊奈半左衛門様
御役所

右書上七月十二日御役所江指上相済申候

〈史料1〉〈史料2〉は、明和二年（一七六五）に川崎領小田村で塩田を開発するに当り、周辺村々において支障の有無の問い合せを受けて、大師河原村の村役人が返答した書付である。〈史料1〉は、五月に西文九郎役所に対し提出したもので、〈史料2〉は、七月に伊奈半左衛門役所に対し提出したものである。〈史料1〉の五月の段階では、塩浜請負人が世話役であるという点を指摘するにとどまり、〈史料2〉の七月の段階において、「熟談仕候ニ付」と塩浜

請負人と小田村との間で話し合いがなされ、支障が無いとしている。(8)

この二つの史料から二つの点が指摘できよう。

まず一つは、小田村など新たに塩浜開発が行われる際、領主は周辺地域の既存の塩浜に対し支障の有無を問い合せている。つまり、塩田の開発が無原則に行われるのではなく、まず既存の塩田の商圏の確保を前提として、開発が認められたのである。この時期、大師河原塩田で生産した塩は、江戸を販売先としていたが、その基礎として川崎領をも対象としていた。大師河原塩田にとって川崎領とは、川崎領塩浜という塩浜の構成単位だけではなく、商圏としての理解もあったのである。

さらに、その周辺地域の把握の仕方が〈史料1〉の場合、「隣村之儀、殊私村方同商売仕候者共、若障等茂有之哉之旨御尋ニ御座候」と、開発対象地である小田村の「隣村」としているのに対し、〈史料2〉の場合「同領之内同商売之儀ニ御座候間、障有無御尋ニ御座候」と「同領（＝川崎領）」としている点は注意する必要があろう。つまり、周辺地域の商圏の有無を問い合せている点は同じであるが、西文九郎へは、「隣村」といったきわめてアプリオリに把握されたのに対し、伊奈半左衛門へは、川崎領と領を範囲として明確に位置付けられているのである。地域の掌握の仕方が、伊奈半左衛門と他の代官との間で違いを見ることができる。また同時に、塩田の開発が行われる際、当該地域の承認を必要としたのである。

二　大師河原塩田の再開発と塩浜請負人

大師河原塩田の開発は、寛文一一年（一六七一）に佐々木久左衛門が原町田村の武藤喜左衛門を説いて大師河原塩田を開発したとか、(9)寛文九年（一六六九）に叶栄雲及び泉市右衛門により開発されたとも言われる。(10)この点、事実関係は史料的制約からも、明らかにできないが、いずれにせよ近世前期に開発された塩田であると考えられよう。

しかしながら、元禄期ごろの地震により荒廃し、それ以降、放置されている。そして、大師河原塩田が再開発されるのは、宝暦期の池上太郎左衛門による開発が行われるまで待たなければならない。この池上太郎左衛門は、海岸を埋め立て新田を開発する技術を有し、新たな方法による新田開発を行った人物として知られている。その他にも、池上太郎左衛門は和製砂糖の普及者としても知られている[11]。

この池上新田の開発に伴う塩田開発の位置付けについて、村上直は「池上新田は耕作上の目的よりも、製塩や漁獲などに利用するため開発されたのである」と述べ[12]、塩業を行うことが池上新田の開発において一義的なものとして把握している。この点、小沢利雄は「池上新田開発に当たって、農業（田畑）と塩業（塩田）塩浜の並立する有利性を計画したことは当然と考えられる。なお池上は池上新田開発に当たって塩浜の並立による経済的収益の増大だけでなく、甘蔗栽培による製糖業や新田地先の干潟において海苔養殖業を採用していることでも知られる」と述べ[13]、塩田開発は新田開発における一つとして位置付けている。

この二つの考えについて、塩田の立地条件の一つとして、潮気の強い土地が向いている点があげられる。つまり田畑として不適当な場所が逆に塩田立地として向いていたのである。すなわち、「臨海干潟における新田開発と塩田開発とは分離的・競合的な関係としてではなく、むしろ並立（両立）的に出現しうる可能性を持っていた」という小沢氏の指摘のほうが整合性があるといえよう。池上新田の新田開発は海面を埋め立てることにより、塩田開発も同時に行われたものといえる。実際、宝暦三年（一七五三）三月の池上新田の開発の訴願の文面を参照しても、「田畑或ハ塩浜ニ開発仕立……」という文言が出てくるように、田畑として耕地利用が行われることが示されている[14]。塩浜の開発が必ずしも第一義とはなっていないのである。

さて、こうした開発に先立ち、当時荒地であった土地所持権を開発主体である池上太郎左衛門に譲渡している。〈史料3〉を参照してみよう。[15]

〈史料3〉

一札之事

一塩浜七町六反三畝廿壱歩

右者元禄八亥年御検地入候塩浜、先年地震変地仕御運上御免之場所ニ御座候所、此度貴殿御請御新田地之内ニ入候ニ付、拙者共先地主之事故開発可致候ハヽ、地所御割渡可被下段御申渡承知忝存候、乍然右場所之義ハ波当り強キ所ニ御座候而、拙者共自力ニ開発之義相叶不申候、然上ハ此以後貴殿開発御所持被成候共、又ハ望人有之余人へ御割渡シ被成候共、於拙者共少も申分ン無御座候、尤右地所横合ゟ相構申者無御座候、為後日一札仍而如件

宝暦四年戌二月

大師河原村塩浜変地先地主

勘左衛門 印

八郎兵衛 印

次兵衛 印

久左衛門 印

喜左衛門 印

塩浜御請負人

喜左衛門 印

久左衛門 印

太郎左衛門殿

〈史料3〉によると、元禄八年（一六九五）に検地が行われた塩浜が、地震によって土地が変形し、そのまま放置され荒廃している。そのため、池上新田の開発に伴い、当該地を再開発場とすることを願い出ている。この土地を開発する際、再開発の引き換えとして、喜左衛門・久左衛門他三名が池上太郎左衛門に対して塩浜七町六反三畝二一歩の土地所持権を譲渡することを約束している。先に指摘した販売先の問題もさることながら、地震などで荒廃した土地を再開発するだけの資金を持ちえなかったため、経営の挫折が見られるのである。

ただ、〈史料3〉を参照すると土地所持権を池上太郎左衛門に譲渡した五人のうち、塩浜請負人として記載されている喜左衛門と久左衛門は、その後の大師河原塩田の経営の世話人として中心的な役割を果たしていく。この二人は、土地所持権を譲渡し、小作に転化しながらも製塩業への関わりは続けている。しかも大師河原塩田の世話役として塩田総体の経営を担っていく立場となったのである。

また、大師河原村の塩浜請負人である久左衛門と喜左衛門は、池上氏の新田開発をめぐり牛尾源蔵や夏目小吉に対して一札を提出している。(16)

〈史料4〉

差上申一札之事

武州橘樹郡大師河原村両稲荷新田地先海面干潟通、大師河原村太郎左衛門御新田見立開発願上候ニ付、為御見分御出被成、拙者共立会場所御案内仕御見分を請、右場所新田開発被仰付候而も指障候義無御座候哉、村方百姓共得与遂熟談障有無可申上旨被仰渡奉畏候、当村之儀前々ゟ海面ニ而藻草肥悪水堀ゟ舟ニ而取来り申候、依之右場所新田地ニ被仰付候而も唯今迄之通舟入堀通幷藻草揚場御立置被下候様ニ奉願上候、尤海面新田地ニ罷成候得者

村々古田之囲ニも相成候ニ付、惣百姓共何ニ而も相障候義無御座候
大師河原村惣百姓持芝地四反弐拾八歩之所願人太郎左衛門母地ニ仕度旨申上候ニ付、右之場所母地ニ相渡候而も
障候義無之哉之旨御尋ニ御座候、此所亥ノ御高入芝地ニ而壱反ニ付永五文ツヽ上納仕来り候、勿論母地ニ相渡候
而も太郎左衛門并惣百姓共一同ニ開発仕出来已後地所之義ハ惣百姓共へ相返シ候筈ニ太郎左衛門相願候由被仰聞
候、左候得者母地之名目借候迄ニ而地面位も宜敷罷成候ニ付、弥以惣百姓相障候義無御座候
拙者共御請負仕候塩浜波欠変地之場壱町三畝拾四歩之所、是又新田開発御願之内へ入候旨被仰渡奉畏候、此所御
見分請候通当時荒地ニ罷成居候所御請負地ニ相離候儀迷惑仕候ニ付、唯今迄年々御年貢永弁納仕候間、御新田地
之内ニ入候而も相障候義無御座候、殊ニ御新田開発出来已後右地所不残相返候旨太郎左衛門相願候段被仰渡承知
仕候、左候得者是迄荒地之場所御新田ニ罷成候義ニ御座候得者弥以相障候義無御座候、尤開発出来仕候迄ハ只今
迄之通御運上永拙者共方ゟ年々上納可仕候事
此度太郎左衛門新田願之義者大師川原村ニ不限何れ之村方成共新田開発望之もの江ハ地所割渡シ開発為致候儀第
一ニ御願申上候ニ付、村方望之もの勝手次第太郎左衛門江相対仕地所受取開発可仕旨被仰渡奉畏候
右之通ニ御座候上者何ニ而茂相障候義曽而無御座候、尤此度新田願場之儀ニ付申上残候義無御座候、為後日連印
一札差上申候、依而如件

寛延四年未十月

川崎領大師河原村
塩浜請負人　久左衛門　印
喜左衛門　印

牛尾源蔵様

元禄八亥年御検地入候塩浜波欠変地七町六反三畝廿壱歩之所、此度太郎左衛門御願地ニ入候旨被　仰渡奉畏候、右之地所者御水帳ニ者銘々地主名前共有之候得共当時波欠変地ニ付御割付表ニ者無之、地所ニ御座候、然上者先地主之者共開発相望候もの有之候者ハ、太郎左衛門へ相対仕地所受取開発可仕旨被仰渡承知仕、是又相障儀無御座候

夏目小吉様

〈史料4〉を参照すると、塩浜の開発に当り、①藻草採取に影響が無い点、②開発地の土地所持権に関する取り決め、などが記載されている。この点についてもう少し述べておこう。

①藻草は、田畑の肥料に利用されていた。このため、周辺村々にとって塩田開発（〈史料4〉の場合は新田開発も含まれているので新田も含む）は、重要な飼肥料採取の場を奪うことにもつながった。この点に、支障が無いことを明確にすると共に、開発場は海面であることから、塩浜の開発は、むしろ従来の田畑の波除けにもなることを指摘している。同所の様子について、池上新田の村鑑を参照すると、(17)「農業之間男女汐干潟へ罷出、貝類幷小魚等を取候而辺之駅場へ売、或者江戸表へも遣シ候而助力ニ仕候、尤猟師ニ而ハ無御座候」と、海岸は貴重な農間渡世の場でもあったのである。

②開発対象地については、一度土地所持権を開発地主である池上太郎左衛門に譲渡している。この該当の地所は、元禄期の地震により土地が変地となり、検地帳には土地所持者として掲載されながらも、割付などが受けられていないことを述べている。むしろ荒地を新田とすることで、新たに再分割し、支障が無いことを指摘している。よって、〈史料3〉において喜左衛門以下五人の土地所持権が移動するものの、あくまでも一時的なものであったのである。

小田村の塩田開発の事例でも指摘したことだが、塩田（新田）開発の場合、まず既得権に対する支障の有無を確認している。そして、支障の無いことを確認した上で幕府は開発の許可を行っている。特に、本史料に見られるような塩浜開発の場合、開発対象地について農業経営維持のための飼肥料採取の場という既得権と、従来の土地所持権に対する既得権の二つの既得権に対し支障の有無が確認されている。

こうして初めて採取された塩は初穂塩として献上されたのである。後に、砂糖の技術伝播などを行う太郎左衛門の性格を窺い知ることができ興味深い。(18)

〈史料5〉

乍恐以書付奉願上候

川崎領大師河原村太郎左衛門、先達而奉願上候、海辺新田御吟味之上願之通被為仰付乍恐殿様御陰と難有奉存候、依之右開発場之内塩浜少々取立申候所土地相応之塩出来仕候ニ付、新田初穂塩ニ御座候間、為冥加殿様御台所へ少々奉差上度奉存候、願之通被為仰付被下候ハヽ、難有奉存候、以上

宝暦八年寅九月

川崎領大師河原村
御海上新田御請負人
太郎左衛門

御勝手方
御役人衆中様

大師河原塩田で最初に生産した塩は、初穂塩として「殿様御台所」（御春屋か）へ献上されている。しかし、この初穂塩を献上した後は、恒常的に江戸城へ献上していない。よって、大師河原塩田は、行徳塩田のような由緒は有して

いない。ただし、初穂塩の献上行為などは由緒を作り出す素地となりうるものであり、江戸周辺地域の特質を示すものといえよう。(19)

三　大師河原塩田における普請願

明和二年（一七六五）八月三日の大風雨と津波は、潮除堤を大破し、家屋の床にまで波が打ち寄せられてしまった。塩田の被害状況は甚大で、塩田自体の破損ばかりでなく、製塩に必要な諸道具が流失した。このため、被害状況の見分と共に、いくつかの訴願が行われている。以下の二つの史料は、この吟味に際して伊奈役所から出された疑問に対し、実際に製塩業に携わっていた塩焼百姓と開発に関わった太郎左衛門による返答書である。(20)

〈史料6〉

御吟味ニ付

乍恐以書付奉御答申上候

一川崎領大師河原村内塩浜新田之義、大師河原村・稲荷新田両村之囲外ニ而海中江出張候新田ニ御座候間、去八月三日之大風雨津波別而当り強ク囲堤大破仕、拙者共居家床上迄波打入塩垂諸道具不残流失仕、夫食等迄押流漸命を相助り候程之義ニ付、其段御訴奉申上候所早速御見分御指出被成下難有奉存候、然所ニ御運上永例年冬上納ニ被為仰付候所、右大変已後堤切所捨置候而ハ御運上地亡所ニ罷成候ニ付、仮留等ニ掛り合殊ニ塩垂諸道具無御座候間、其已後家業一向不仕、依之御運上永上納可仕様無御座、難義至極仕候ニ付何卒御運上永高之内八分通御用捨被成下残弐分之義者来戌年ニ至り上納被　仰付被下候様ニ奉願上候所被仰聞候者重キ願ニ付御伺難被仰立候間、何分ニも才覚仕上納仕候様ニと段々利解取被仰聞奉畏候、罷帰り種々内談仕候、左候ハ、夫食御拝借奉願上度趣惣百姓共相願申候得ハ、此儀も重キ願ニ御座候間、何分ニも村中融通仕相凌候様ニと村役人共達而指押候ニ付、此義も不奉願上候、依之塩垂諸道具之義流失仕、家業取続可申様無御座候間、右道具為代金御運上地廿町六反九畝拾六歩之所、壱町歩ニ付金三両ツヽ之積り御拝借被仰付被下置候様ニと奉願上候得共、是又重キ願ニ而難被仰立段、種々利解被仰聞奉畏候ニ付、猶又打寄色々勘弁仕親類縁者江戸塩問屋抔へも無心申候得共、取続之義出来兼候ニ付、恐多キ義も不顧再応奉願上候得共御運上永八分通御用捨と申義難仰立幷道具拝借之義も難被仰付筋ニ御座候趣被仰渡、依之猶又勘弁内談仕候得共、当時及渇命ニ候程之義ニ御座候ニ付、才覚相調可申方便無御座候、乍去段々利解被仰聞候段、奉畏候ニ付、左候ハヽ、御運上地壱反ニ付永七拾七文取惣永高拾五貫九百三拾五文四分之所五分通御用捨被成下、残り五分之所来戌年ニ至り家業取続候上ニ而上納仕候様ニ被仰付被下置候様奉願上候、道具拝借之義者御慈悲ヲ以家業取続候様ニ何分御勘弁之程奉願上候、御吟味ニ付御答申上候所少茂相違無御座候、以上

明和弐年酉十二月

塩浜惣百姓

連印

伊奈半左衛門様

地方御役所

同史料を参照すると、塩浜の破損に伴い、数度に渡り訴願を行っている。金子の調達を目的として、以下の四つの訴願が時期を追ってなされている。①運上永の八割免除で、二割を翌年に上納すること、②夫食を拝借すること、③塩浜にかかわる諸道具が流失しているため、道具などの調達費として、一町歩相当三両を拝借すること、④親類・縁者・塩問屋から金を無心すること、これら四つの方法がいずれも認められなかったことから、もう一度、運上永を五分引いてもらうことを願い出たのである。塩浜が破損したとき、普請金の調達手段として、大師河原塩田としては、

①運上永の免除、②夫食拝借、③拝借金、④塩問屋などによる無心、の順序で方策を考えていることがわかる。

〈史料7〉

御吟味ニ付御答奉申上候

一武州橘樹郡大師河原村地先同村私請池上新田之儀本田幷塩浜新田一円之場所之内別而波当強所ニ而、当八月三日大風雨之節高汐高浪ニ而切所出来仕、其段御訴申上御普請之儀奉願上候ニ付、早速御見分被成下難有奉存候、然所被仰渡候ハ近年之御高入之義ニ付、御普請之仕来等も無之、其上小高之新田囲ニ候処、御普請御目論見被成下候得ハ、大造之御入用罷成候間、自普請ニ相仕立候様ニと被仰渡奉畏候、乍然是迄夥敷入用相掛漸開発仕御高入ニ相成無間も此度之大変ニ而大破仕候上ハ、最早自力ニ相叶不申、此儘指置候而ハ御高入請候儀も難相成、其上新田場出百姓之義農業ニ相離及渇命候仕合ニ御座候間、何卒御入用ヲ以御普請被成下候様、達而奉願上候得共、小高之新田之義ニ御座候間、何分御入用御普請者御伺難被成候旨、種々利解被仰聞、右願御下ケ被遊候ニ付、被仰聞候趣承知奉畏候、仍之何卒自力を以如元御新田場取立可申色々勘弁仕候へ共、相談調兼候ニ付、又候奉願候者右場所捨置候而ハ御高入御免願仕候ゟ外ハ無御座候、左候而ハ数年入用相掛ケ開発仕候、詮も無御座候間、何卒御金弐百両拝借被仰付被下置候様ニと奉願候所、拝借願之義ハ、猶又重キ願ニ付容易ニ難被仰立筋ニ付、願相止候様、段々被仰聞如何様ニも連々自普請ニ仕立候様可仕旨承知奉畏候、左候ハヽ、右拝借金願之儀ハ相止可申候得共、何分自力ニ難及候間、壱丈以下杭木葉唐竹葉直竹之儀者何卒村役ニ指出可申候ニ付、其余之諸色人足御入用ニ而御普請被仰付被下置候様奉願候所、小高之義御取箇米永ニ御引合セ被成候而者、大造成御入用故、右願之通ニ者決而御伺難被成候旨、種々利解被仰聞承知奉畏候、是迄数年来入用相掛御新田取立、漸御高入奉請段々ニ新田百姓も出来、此上残り町歩も何卒近年之内御高入ニも仕度奉存候、随而者新田百姓出情之為ニも御座候間、何卒右新田場此上取立申度存念ニ御座候間、如何様共親類縁者好身之者相頼金子才覚仕、普請仕立申度候間人足壱人七合五勺之積御扶持米被下置候様、又候御願申上候処小分之新田囲ニ候間、人足斗ニ而も御高入ニ合セ候而ハ不相当ニ被思召候ニ付、此義も御取上ケ難被遊段被仰聞奉畏候、然上者何分ニも新田一村退転不仕候様、御勘弁ヲ以被仰付被下置候様奉願上候、其上ニ者親類縁者好身之者江申談御新田ニ仕立候様ニ仕度奉存候、以御慈悲御勘弁之上何分如元取立候様奉願上候、右御吟味ニ付御答申上候通少茂相違無御座候、以上

明和弐年酉十二月

池上新田開発人
大師河原村
太郎左衛門　印

半左衛門様

伊奈備前守様

地方御役所

同史料を参照すると、〈史料6〉で記載されているような運上永の減免願いと同時期に御普請願が出されている。(21)そして、御普請を願い出た根拠として検地・高入れを指摘している。この御普請をめぐり多額の費用が必要なことから、自力で普請ができないとしている。結局自普請となり、「新田一村退転不仕候様、御勘弁ヲ以被仰付被下置候様」と、なんとかして欲しいことを趣旨とした願書を提出したのである。

この訴願の後、伊奈半左衛門の手代から勘定所へも問い合せがなされ、さらに大師河原村塩浜新田惣百姓によって伊奈半左衛門役所に再願がなされている。結局、御普請は叶えられなかったようである。しかし、翌明和三年（一七六六）四月の覚書を参照すると、この時の被害を受けて運上永の半分が減免となっている。(22)

こうした運上永の減免は、それ以降も行われている。寛政四年（一七九二）の例も挙げておこう。(23)

〈史料8〉

大師河原印　池上新田印　稲荷新田印　大嶋村

右村々塩浜運上之義ニ付、御用有之間、馬喰町役所へ可被罷出候、以上

閏二月十七日

武田藤馬　印

右村々御名主中

前年の寛政三年の津波により、堤などの崩壊など、被害が甚大であった。このため、周辺村々からも運上永の免除などの訴願が出されている。〈史料8〉は、こうした被害の状況を受けて、伊奈半左衛門の手代である武田藤馬が関係村々に対して馬喰町役所（伊奈役所）まで出頭を命じたものである。(24)

〈史料9〉

差上申一札之事

塩浜幷苦塩運上永之義去秋中度々之津波ニ而囲堤等崩稼相成兼候ニ付、運上永去亥年壱ケ年免除被仰付候旨被仰渡難有承知奉畏候、依之御請一札奉差上候処、依而如件

橘樹郡池上新田

名主印

かくして運上永の一ヵ年免除が許された。〈史料9〉は、この触れを受けた請書である。(25)

〈史料10〉

乍恐以書付奉願上候

橘樹郡池上新田塩焼竈家三軒、此苦塩水御運上永壱〆弐百文、但し壱軒ニ付永四百文上納仕来候処、去亥年津波

ニ而塩垂場壱ケ所亡所ニ罷成、右場所先達而亡所御願奉申上御見分被成下候通之儀ニ而、塩焼釜家塩舟共流失仕塩垂家業相止メ罷在候ニ付、御慈悲を以右御運上永壱軒分当子年ゟ御免被成下候様、乍恐奉願上候

寛政四年子十月　　　　　　　　　　　　　　橘樹郡池上新田

名主

年寄

百姓代

大貫次右衛門様

御役所

〈史料10〉によると、前年の津波により、塩垂場が亡所となったことを受け、一軒分の運上永の免除を願い出ている。

大師河原塩田の場合、津波・地震などによる被害に際し、行徳塩田のように御普請はあまり許可されず、むしろ塩浜運上永の減免が中心であったのである。(26)

四　大師河原塩業の特質

1　土地所持権の譲渡とその特質

新田開発を行った池上太郎左衛門は、土地所持権を譲り受けるだけではなく、逆にこうした開発地を地域の人に譲渡することも稀ではなかった。(27)

〈史料11〉

覚

一長　九間

塩舟一艘

横　弐間
一釜屋一軒　但シ釜屋諸道具不残
一塩垂諸道具　一株分不残
右入用代金合拾七両弐分銭八百九拾弐文
　内　銭弐百四拾七文　右諸道具之内破損之所
　　　　　　　　少々有之候ニ付引
残而　拾七両弐分ト銭六百四拾五文
右之通代金指出塩舟・釜屋幷諸道具共ニ申受不残慥ニ受取申候、以上
　宝暦七年丑十二月　　　　　　　　　茂八㊞
　池上太郎左衛門殿

同史料によると塩浜だけでなく、塩を運ぶための塩舟、煮焚きする釜屋など生産に必要な道具全てを譲渡している。塩浜の譲渡は、塩浜（土地）自身だけでなく、塩舟・釜屋を始めとした諸道具をも含めた譲渡を意味した。土地の譲渡だけでなく、小作に対しても土地だけではなく道具をも含めて貸し与えている。次節で紹介するが泥亀新田の塩浜にも同様な事例を見ることができる。(28)

〈史料12〉
　古塩浜小作議定証文之事
一古塩場
　此年貢当辰年ゟ来ル戌年迄年ニ弐百五拾俵也、尤翌亥年ゟ相改候様

一金五拾八両也
但此金子当辰年ゟ来ル戌年迄六ケ年間年ニ六分之勘定ヲ以毎歳十一月限利納、尤翌亥年元利不残御返済可仕事
内
金拾九両弐分也　　但是迄庄九郎庄八両人不作月賦之分
同三拾両也　　釜家諸道具仕立金借用返納不足之分
同弐両也　　去卯年借用分
同六両弐分也　　御年貢不納分俵弐拾俵替積
〆
右者今般格別之御勘弁ヲ以、前書之通御取究之上小作引受候段実正ニ御座候、然ル上者書面御取究通御年貢上納者勿論利足返納分共、聊不納仕間敷、万一相滞候ハヽ、証人引受少も御苦労相掛申間敷候、為後日小作引受加判証文差入申候処、仍而如件

安政三辰年七月　　当人　庄九郎 ㊞
釜家惣代　熊次郎 ㊞
伊之助 ㊞

永嶋段右衛門殿

同史料は、金沢地域に展開した塩田の小作証文であるが、古塩場だけでなく、釜屋や塩浜での諸道具をも借り受けていることが判明する。この様に、生産手段は土地所有権を有している主体が所有し、小作人は借用している。〈史料12〉の「年貢上納分者勿論利足返納分共、聊不納仕間敷」と、小作人は地主に年貢と利足の支払を行うが、他方、

役負担は求められていない。また、「小作議定証文」の中からは製塩業自体の取り決めも見られない。小作金の支払い以外、実際の製塩・販売の経営自体は小作に任されていたのである。

2　大師河原塩田と江戸地廻り塩問屋

塩浜と周辺の村との関係について、以下のような史料を見ることができる。(29)

〈史料13〉

義田之儀ニ付申述条々

義田と名付候地面之由来、先年申聞候得共、年久敷成候間、皆々失念被致候様ニ相聞江候間、左ニ申述候

一義田と申起リ者、凡五拾ケ年程已前元文年中村方凶作打続金銭不通用難儀ニ付、川崎宿商人ゟ年弐割半之利息或者米子銭なとゝ申金拾両かり候而者、壱ケ年之利米六俵ツヽ遣シ候、是を六俵子銭と名付専ニ借用致シ、塩浜之者者江戸表塩問屋ニ而高利之金子を借り、小前之百姓弥困窮ニ付、我等ニ調達致呉候様ニとの頼ニ付、自分之田地を質物ニ入借り出、年弐割之利息ニ貸シ……

元文年中にこの地が凶作続きの際、村方では川崎宿の商人から金銭を借用しているのに対し、塩浜の人々は江戸表における塩問屋から金子を借りている。大師河原の人々は金利が高いことから困窮した。しかし、塩浜において製塩を営んでいた人々は、江戸の塩問屋（おそらく地廻り塩問屋）と密接な関係があり、相対的に低利で借金が可能であった。問屋が前貸により塩の確保を行うといった問屋制的な前貸の関係は、行徳塩田にもみることができ、同様なものとして理解できる。

ところで、宝暦期以前（宝暦期以降もそうであるが）大師河原における塩業は必ずしも芳しい成果を見ることはできな

かったようである。大師河原塩田と地廻り塩問屋との関係を示す史料として、以下のような史料をあげることができる。(30)

〈史料14〉

俵塩之儀ニ付町年寄之方御聞合被下候様ニと申一件

田中与一右衛門殿江指出し候書付之控

武州橘樹郡大師河原村塩浜ゟ焚出シ候塩、江戸表江差出申候問屋之儀、新橋・芝辺之笊塩問屋へ遣シ申所、塩之位不宜候ニ付、江戸表ニ而ハ味噌・醬油等ニハ一切用ヒ不申、当分之小遣塩或ハ魚屋之たて塩等ニのミ遣ヒ申候間払口少ク、依之少々も天気続キ荷口多ク相成候得ハ直段を格別ニ引下ケ、其上払方無之由ニ而荷口を押へ申候ニ付、年来難儀仕候、然所ニ太郎左衛門新田開発奉請、塩浜等取立少々ツヽ塩焚出シ候得ハ、猶々問屋共荷口ニあぐミ申候間、江戸箱崎近江屋久左衛門と申者、年来太郎左衛門存知候者ニ御座候ニ付、俵塩ニ仕川越辺或ハ上州辺へ払申度相願、少々之荷物遣シ申候得ハ、下り塩問屋ゟ相障申ニ付世話難致由を申、指押へ申候、行徳之塩ハ俵ニ仕上州辺へ無構遣候者如何ニ候哉と相尋候得ハ、是ハ利根河通之儀ニ付、行徳ニ而直ニ舟へ積、江戸表ニ無構遣候由ニ御座候、大師河原之義ハ江戸表へ出シ不申候而ハ河舟江渡方無之候、下り塩問屋へ遣シ可申ニハ少々之荷物之義、殊ニ代金現金ニ無之候而ハ難儀仕候ゆへ、是又指出かたく候ニ付、大師河原塩俵塩売場壱軒極置申度奉願候、無左候而ハ新塩浜取立候而も塩払口無御座、新田相続之致方無之様ニ相成、難渋至極ニ奉存候、

以上

宝暦七年丑六月

太郎左衛門

〈史料14〉の内容を明らかにすると以下の四点にまとめることができる。箇条書きに内容をまとめておきたい。

①大師河原で生産した塩質は下塩で、味噌・醬油などの原料として使用されず、当分の小遣塩か魚屋の立塩などとして使用されていた。このため販路が極めて限定され、価格も押さえられている。
②大師河原塩田では、塩ばかりでなく、塩灰や塩の副産物として生産する苦塩水も商品とし、江戸をはじめとした市場に出された。ちなみに苦塩水とは、「遣ひ方ハ豆腐屋其外者石灰ニ交り相用候……」と述べられているように、いわゆる苦汁（にがり）のことで[31]、製塩した後に残るいわゆる母液のことである。それは主として、豆腐の原料に使用されていた。
③大師河原で生産した塩の販売先は、江戸の地廻り塩問屋へ送る場合と川崎宿周辺の地売を基本としていた。宝暦期に大師河原塩田での再開発が行われる中で、その販路の確保を池上太郎左衛門の知人であり、かつ奥川船積問屋の一人である近江屋久左衛門を通じて、川越あるいは上州へ運んで欲しい旨を頼んでいる。しかし、近江屋久左衛門は下り塩問屋と問題が起こることを懸念し、その計画について断わっている。また、下り塩問屋に出荷するにしても取扱量が少なく、たとえ出荷したとしても生産した塩の代金を即金で手に入れられないことが問題とされ断念している。こうして、大師河原塩田で生産した塩は、江戸地廻り塩問屋に販売先を限定せざるを得なかったのである。
④右の内容とも関連して、行徳塩の場合は、利根川通があり行徳から直接船へ積み、江戸を経由しないで上州などにも送られた。しかし大師河原の場合は江戸を経由しなければならず、行徳塩のように販路を拡大するわけにいかない。よって、大師河原塩俵塩売場を一軒建ててほしい。そうでなければ、塩浜を開発したものの販路がなく、困窮してしまうと主張している。

つまり、〈史料14〉を参照すると、大師河原塩田において、顕在化した問題は、販売先の拡大であった。小遣塩や魚屋の立塩という限定された用途の中、一定の価格で安定的に販売するには、販売先を拡大する必要があった。同史料によると、新たに塩浜が開発したとしても、販売先が限定するために、必ずしも収益に結びつかない点を指摘したのである。

大師河原塩田で生産した塩は、周辺地域と、江戸の地廻り塩問屋の二方面へ販売されている。しかし結局、江戸の地廻り塩問屋に販路が限定され、買い叩かれてしまい、困窮する要因となったのである。

3　大師河原塩田による苦汁販売

新開場で採取した塩は塩以外にも塩灰や豆腐の原料などに使われる苦汁も商品とした。これら商品の様子について、以下の記載を見ることができる。(32)

〈史料15〉

御尋ニ付以書付申入候

私御請新開場ニ塩垂場仕立候処、反別何程有之哉塩出来高幷苦塩水取上ケ高直段等之儀御尋ニ御座候、此儀塩垂場所凡六七反歩程も仕立申候所、昨寅年ハ塩直段別而下直ニ付引合不申、右反別減少致凡四反歩程ニ仕候、釜屋之儀ハ当時試之塩垂之儀ニ付、誠之竈屋ニ者不仕、なへ釜ニ仕壱軒ニ而塩焼致シ候、去寅年之儀

正塩出来高凡百笊余　　直段金壱両ニ付

凡廿九ゟ三十笊迄

但し壱笊弐斗八升入

苦塩水出来高凡五拾樽余　直段　壱樽ニ付銀壱匁くらい

壱樽四斗入

是ハ試之調所之儀ニ付、苦塩水溜舟無御座過半廃りニ罷成候

右御尋ニ付申入候、尤天気之善悪塩直段ニ随ひ反別増減可仕候、試之儀ニ付、聢与相定り候義ハ無御座候、以上

明和八年卯二月

尾張屋九平次代

武平次　印

池上太郎左衛門殿

同史料によると、苦汁の場合溜舟が無く、捨てることが多かった。しかも、天気に応じて価格の変動が大きかった。苦汁の安定した販売と、相場の変動に応じて販売時期が決まるという塩販売の二つの点が課題とされたのである。大師河原塩田の苦塩水販売は、下総の本行徳村の塩商人と密接な関係があった。〈史料16〉を参照してみよう。(33)

〈史料16〉

預申金子之事

一金九両三分五匁三分

右ハ拙者共御村方苦塩水請負候代金、此度相済可申金子之内、右之金子有合不申候ニ付、借用仕候処実正也、然上者当盆後迄ニ利金相加へ急度返済可申候、万一返済延引申候者、大師河原・稲荷新田・大嶋右三ケ村、拙者とも請負置申候、苦塩水各々方江右質物として相渡置候間、盆後ニして段々返済及延引候者、御勝手次第御積出シ可被成候、其時一言之義申間敷候、但右日限之通盆後ニ金子返済申候者、此書付御返し可被成候、為後日之預り証文、仍如件

宝暦八寅年七月

本行徳村

請負人　嘉右衛門㊞
同　　太郎兵衛
代　　半兵衛　㊞

太郎左衛門殿
喜左衛門殿
久左衛門殿

本行徳村の嘉右衛門と太郎兵衛が苦塩水を請け負い、大師河原塩田での苦塩水は本行徳村へ送られている。この史料は、前金として支払うべき苦塩水の代金を持っていないことから、本行徳村の苦塩水請負人嘉右衛門が太郎左衛門と二名の塩浜請負人に借金として一札を取り交わしたものである。そして、その上で盆までに利子を含めて返済することを約束したのである。請金の返済ができない場合、自由に販売することを認めている。

この史料によると、本行徳村の苦塩水の請負人は、事前に請負代金が設定され、大師河原で生産した苦塩水の独占を目指したものであった。このことを通じて本行徳村苦塩水請負人側の対応をみることができよう。大師河原の苦塩水を、本行徳村の苦塩水請負人がすべて買い取ることを前提とした、質物―預り金の関係は、かかる地域間の契約関係を示す意味で注目できる。(34) 請負関係が破棄された時の〈史料17〉を参照したい。

〈史料17〉

証文之事

一金三拾両壱分銀五匁　　大師河原・大嶋・稲荷新田三ケ村分八月廿日ニ相渡可申分
一金三両壱分五匁弐分　　太郎左衛門殿、新田当寅年開発ニ而八月廿日ニ相渡可申分右之通、当八月廿日ニ相済可申之所、金子出来兼候ニ付、去年中取替証文之通、拙者共請負相離レ申候、然上ハ右三ケ村幷太郎左衛門殿、新田共苦塩水御勝手次第何方江御売出シ被成候共、於拙者共ニ少茂申分無御座候、為後日之証文仍如件

太郎兵衛 ㊞
嘉右衛門 ㊞

太郎左衛門殿
久左衛門殿
喜左衛門殿
塩浜百姓衆中

前書之通、此度苦塩水代金出来兼候ニ付、拙者共請負御引放シ申分少茂無御座候得共、格別ニ御願申候者来九月晦日迄請負御渡シ被下候様与、惣兵衛殿・彦右衛門殿ヲ以相願候所御承引被下忝存候、然上者九月晦日ニ急度相済引請候様可致候、尤其節迄ハ御勝手次第御売出シ代金ハ久左衛門殿喜左衛門殿方江御預り置被成九月晦日ニ拙者共、右之金勘定相済候者、売立代金多少ニ不寄御両人江御預り有之分不残拙者共ニ御渡可被下様約束ニ御座候、依之去暮取替証文之儀者、夫迄拙者とも方江御預ケ置可被下段忝存候、右日限致延引十月晦日ニ至り候ハヽ、双方之証文反古ニ相成申極ニ候上者、後日少茂申分無御座候、以上

宝暦八寅年八月

太郎兵衛 ㊞
嘉右衛門 ㊞

太郎左衛門殿

〈史料17〉によると、翌年八月に請負代金が本行徳村の請負人であった太郎兵衛と嘉右衛門の二人は支払うことができないことから「請負相離レ」＝契約破棄の証文を出している。しかし、結局惣兵衛・彦右衛門のとりなしによって支払いの延期が取り決められている。この事例は、請負代金の未済が直接には契約破棄へと結びつかないことを示している。船頭が江戸に苦塩水を送っている事例も見られるが、それは一時的なもので、必ずしも日常的に販路が確保されたわけではなかった。大師河原塩田にとっても本行徳村への苦塩水の請負は販路確保という意味から重要であったのである。

苦塩水は樽詰めにして、地元の船頭を介して本行徳村の請負人に送り、番人である長兵衛へ届け出るようになっていた。ところが、宝暦八年の七月には稲荷新田の舟持である長次郎が番人長兵衛に届けず、苦塩水一八樽を江戸に送っている。苦塩水においても販売に際する船頭の不正もしばしば見られたのである。(35)その後、苦塩水の請負契約は、五年賦とし、年三回の分割払いを通例としていた。また契約期間も五ヵ年を一期限とし、一ヵ年およそ一二八両の年賦請負であった。この苦塩水について、「書面之釜屋之内万一荒浜等茂出来候歟、又者新塩浜出来候致候ハヽ、其場所之反歩ニ応シ、右之割合を以、右金高増減可仕候……」と、各塩浜の面積に応じ請負代金が決定されていた。苦塩水の請負契約を徹底するため、大師河原塩田では如何なる対応が見られるであろうか。〈史料18〉を掲載したい。(36)

〈史料18〉

相定申苦塩水年賦証文之事

一文ノ字金百弐拾八両銀六匁　　但壱ケ年分

内金七両壱分銀拾匁六分

是ハ当時塩釜家出来不申場所分当酉ノ年壱ヶ年半減積りを以、此分引尤来戌年ゟ右場所出来揃候ハヽ、
引方無之積り
右請金高百弐拾八両銀六匁之所、当時出来不申候場所半減引残而金百弐拾両弐分、銀拾匁四分、当時釜家弐拾九軒之内縄惣町歩幷ニ当時出来不申釜家四軒分之町歩半減ニ割来戌年ゟ右半減之場所出来揃候ハヽ、都合
三拾三軒之惣町歩ニ割可申候
右者、此度本行徳村熊治郎方江当酉ノ正月ゟ来ル丑ノ十二月迄五ヶ年之間、惣塩浜三拾三軒・釜家分苦塩水不残相渡申候、然ル上ハ年賦之内少々たりとも隠売等急度致申間敷候、江戸表幷行徳江積送り候節者、請負人方ゟ付置候番人之方江相届送り状を以積送り可申候、万一番人之方江不相届少たり共、隠売致候者御座候ハヽ、其者之請金を倍金ニ致急度差出シ請負之者江詫仕惣分之衆江少も苦労懸申間敷候地廻り売之義者、番人方ゟ売出し申候間、外釜家ニ而少たりとも売出し申間敷候、且又右代金割合之義不残立合相談之上、極月廿日、四月廿日、八月廿日、右三度ニ割取申上ハ少茂難渋無之候、為後日仲間定証文仍而如件
明和二年酉
大師河原村塩浜新田　久左衛門　㊞
同所　喜左衛門　㊞
（他三十三名略）

史料の終わりには、大師河原村塩浜新田久左衛門他三四名が明記されている。これらの人々は、塩浜で働く全ての人が構成員となっている。経営者ではなく製塩者が対象となったのである。そして「苦塩水年賦証文」では、苦塩水の積送り、隠売りの罰則規定が取り交わされたのである。

同史料と同じ時期に作成されたものとして、「明和二年正月請負申苦塩水年賦証文之事」(37)と、「明和二年二月相渡申

苦塩水年賦証文之事」がある。[38] 前者は、本行徳村で苦塩水を請け負っていた熊治郎と証人清兵衛が大師河原塩田の各塩浜惣代に対して出した年賦証文であり、後者は大師河原塩田の世話人である久左衛門・喜左衛門などが本行徳村請負人熊治郎に対して出した年賦証文である。つまり、この二つの年賦証文を受けて〈史料18〉のような取り決めが大師河原塩田内で行われたのである。

この苦塩水の取り決めは、破綻することがしばしばあった。明和三年(一七六六)一〇月には、請負代金が滞り、契約が破棄され、一〇月と一一月の二ヵ月分を一五両で買い取っている。〈史料18〉の明和二年の取り決めでも、「江戸表幷行徳江積送り」と示されているように、[39] 全ての苦塩水を本行徳村へ送るという年賦証文とは別に、江戸へも送られている。事実「地廻り塩直段ニ付上書」を参照すると、「行徳苦塩之義者五ケ年以来買請不仕、大師河原村苦塩計ニ而商売仕候」と地廻り塩問屋が大師河原で生産した苦塩水を荷受していることがわかる。[40]

大師河原で生産した苦塩水は代金を苦塩水請負人から「前金」として請け取り、その代わり生産した苦塩水は全て本行徳村の苦塩水請負人に渡すことを原則としていた。しかし、現実的には行徳の苦塩水請負人においても「前金」を支払うだけの能力を有しておらず、逆に支払うべき「前金」よりも先に「苦塩水」を質物として借金する有り様であったのである。

以上に見られるように、大師河原塩田では、塩だけでなく苦塩水も重要な商品であった。そして苦塩水は、本行徳村へ運ばれたわけだが、それは年賦証文による契約に基づいて行われたのである。この本行徳村の苦塩水請負人と大師河原塩田の関係は問屋制的前貸に見られる様な商人資本の生産地掌握の問題とは性格を異にしている。本行徳村の苦塩水請負人は、資金が無いことを前提としながらも大師河原の苦塩水独占を目的として年賦証文預り金の一札を取り交わしている。この年賦証文は、これから製品予定の苦塩水の購入を前提とし、それを質物としながら、一年のうち三回に分割して返済したのである。これによって、本行徳村の苦塩水請負人は、大師河原塩田の苦塩水の独占を可能にし、他方大師河原塩田の苦汁塩販売としては、安定的な販売先確保を可能としたのである。

しかし、こうした関係は恒常的に行われていたとは限らない。苦塩水請負人は資金が不足しがちなことから、前金の支払いが滞り、契約破棄となることもあった。このため江戸へ直接送られることもあったのである。

4　塩垂仲間からみた塩業経営

大師河原塩田は、宝暦期に池上氏によって再開発が行われることとなった。当初の塩業経営は、先に検討した苦塩水を除き、各塩浜で別々に行われていた。つまり、生産した塩は個々の塩浜が江戸の地廻り塩問屋と結びついて販売されていたのである。しかし、明和元年（一七六四）に燃料・塩そして塩灰等の売買申し合せ規定が定められた。いわゆる、塩垂仲間による申し合せがなされたのである。ここでは、大師河原塩田における塩業経営の組織として注目できる塩垂仲間の特質を検討していくことにしたい。

〈史料19〉は、明和元年における塩垂仲間の申し合せ規定である。(41)

〈史料19〉

　　一札之事

一塩垂家業先年与違、薪買方塩売方幷塩灰・苦塩等迄売買ニ甲乙有之候ニ付、此度塩垂仲間申合左之通相極申候

一三浦華見川茅木之義、久左衛門方ゟ時々相場相立可申候、上総久保田茅木之義者喜左衛門方ゟ時々相場相立可申候、鷺沼・舟橋・森茅木之義藤左衛門方ゟ時々相場相立可申候間、其旨相心得可申候事

一右薪之義、三軒之方ゟ案内無之舟者揚申間敷候事

一塩売方之義相場下直ニ相成、家業ニ不引合様ニ罷成候節者、喜左衛門・久左衛門方江相談之上、塩売出シ
方猥ニ無之様ニ可致候事
一塩小売方之義、江戸相場以時々喜左衛門・久左衛門方ゟ廻状差出可申候間、甲乙無之様ニ売買致可申候事
一塩灰之義、正月ゟ七月迄之相場幷八月ゟ十二月迄、右両度相場相立候義、喜左衛門・久左衛門方ゟ廻状以
申談候間、其旨相心得可申候事
右五ケ条之趣、此度塩垂仲間相談之上相極申上ハ少茂猥ニ仕間敷候、万一右ケ条之趣相背申候而者、御
運上上納ニ差支、惣分之者及難義候間、御運上為繕一軒ニ付塩弐俵宛右相談相破り候者之方ゟ塩垂仲間
江不残相渡可申極御座候上者、少茂乱違無之候、為後証連判一札致置申候処、仍而如件

明和元年申壬十二月

長五郎浜小作人
長　五　郎㊞
善左衛門㊞
平　四　郎㊞
久左衛門㊞

喜左衛門浜小作人稲荷新田
喜左衛門㊞
左　　　七㊞
八郎兵衛㊞
左　兵　衛㊞
庄右衛門㊞

茂　八㊞

市兵衛㊞

金左衛門㊞

八十郎㊞

八十郎浜小作人

九左衛門㊞

武兵衛㊞

治郎右衛門㊞

治兵衛㊞

治郎左衛門㊞

勘左衛門㊞

稲荷新田

平四郎㊞

同所

太郎兵衛㊞

同所

与三郎㊞

同所

左兵衛㊞

同所

利右衛門㊞

大島村分

惣兵衛㊞

八右衛門㊞

池上新田太郎兵衛小作人

下新田　利左衛門㊞
同断　川崎宿　太治兵衛㊞
同断　小田村　平　八㊞
同断　汐田村　忠左衛門㊞
茂八浜小作人稲荷新田　長　九　郎㊞
小田村請新田　清左衛門㊞
金左衛門浜子作人　紋右衛門㊞
喜左衛門浜子作人　与　四　郎㊞
伝右衛門㊞
文　　蔵㊞
孫　兵　衛㊞
茂八浜子作人　平右衛門㊞

以上が塩垂仲間の申合規定の内容である。この史料によると、製塩に必要な燃料の茅木の購入は、三浦半島の華見川、上総の久保田、下総の鷺沼・船橋・森の各所から購入している。そして、久左衛門、喜左衛門、藤左衛門が世話役となり、相場などが確定されている。塩値段の下落に対する塩出制限、塩小売・塩灰相場は世話人としての喜左衛門・久左衛門の廻状によって確定されたのである。こうして、塩垂仲間による申し合せは、燃料・塩・そして塩灰の売買を取り決めていた。同史料を参照すると、燃料としての薪・茅木、商品としての塩・塩灰の販売は基本的に世話人を通じて行われたのである。

実際、明和二年(一七六五)正月における池上新田の諸用留を参照すると、塩浜請負人である喜左衛門と久左衛門の連名により塩・塩灰の価格を廻状を通じて伝達している。(42)その廻状を参照しても「右之通ニ相極申候間、甲乙無之様ニ御売出し可被成候」と示しているように、各村々の塩浜に販売価格の差異が生じないようにしている。以上のように、大師河原塩田は、久左衛門と喜左衛門の二人によって、塩・塩灰の相場は把握され、また燃料としての薪もこの二人および藤左衛門により独占的に扱われたのである。

こうして大師河原塩田は、塩垂仲間として組織化するに至るが、その構成員に注目してみよう。塩垂仲間の構成員は塩浜の土地所持者を対象とせず、塩浜の小作人をも含めた、実際に製塩業に関わりを持っていた人を対象としていた。さらに、この塩垂仲間の中心人物であり、世話人を担っていた久左衛門および喜左衛門は、いずれも先に池上新田の開発に際して土地所持権を譲渡した二人である。この二人は塩浜請負人として、その後も塩垂仲間の中心人物となったのである。

翌年五月に小田村の海辺が新開発された際、塩垂場所=塩浜として取り立てているが、小田村の名主である清左衛門を請人として塩垂主六左衛門・十右衛門の連名により、世話役の立場から久左衛門と喜左衛門の二人が一札を取り交わしている。(43)同史料によると、塩商売に関し、六左衛門・十左衛門は、世話人の二人に常時相談することを約束している。大師河原塩田の経営は、万事この世話人二人によって行われたのである。そして翌年一二月に、世話人は、「年中筆墨紙入用として塩釜や壱軒より塩壱盃ツ、毎年夏中ニ御沙汰有之次第、右両人之方迄遣し可申候」というような報酬が決められたのである。(44)当然、この取り決めの違反者に対しては「万一右ケ条の趣、相背申候而者、御運上上納ニ差支、惣分之者及難義候間、御運上為繕一軒ニ付、塩弐俵宛右相談相破り候者之方より塩垂仲間江不残相渡可申極御座候上者、……」と罰則規定を設けた一札が塩垂仲間内部で取り替わされている。同史料では、明和二年(一七六五）の塩垂仲間の取り決めでは見られない苦塩水の請け負いも行われる。この史料だけでは確定できないが、大師河原塩田の塩業に関与した浜主から小作人に至るまで全員が参加していた。しかもその構成は、稲荷新田・小田村・池上新田という村の単位をこえた大師河原塩田という単位の塩業経営者の集まりであったのである。以上のようにこの時期、塩業経営に関し塩垂仲間というような塩業者の結合体が成立したのである。

おわりに

以上大師河原塩田について概観してきた。いままで明らかにした点をまとめておきたい。

大師河原塩田は二〇～三〇町歩前後で釜屋が三三軒あり、江戸内湾第二の塩田であった。近世前期に開発され、江戸に近い塩田として、江戸の消費を担う塩浜として近世を通じて存続したのである。しかし、単位当りの製塩規模は狭少で零細であった。

大師河原塩田において産出した塩は、必ずしも良質なものではなかった。そのため、塩は当分の小遣塩か立塩としてしか使用されなかったのである。また塩灰や副産物としての苦塩水をも販売の対象となった。大師河原塩田は、元禄期に開発されるが、その後地震により荒廃する。塩浜の所持者個々にとっては再開発をするだけの資金を有さず、地震により荒廃したまま塩浜は放置されたものと考えられる。その結果、再開発は池上太郎左衛門による池上新田の開発まで待たなければならなかったのである。

生産した製品のうち苦塩水は、本行徳村の塩商によってすべて請け負われていた。そして、塩および塩灰は個々の塩浜で別々に販売されたのである。しかし、苦塩水販売の際に設けられた隠売などに対する罰則規定を含んだ取り決めは、大師河原塩田内の村という単位を超えた塩垂仲間としての組織を育む素地となった。そして、明和元年（一七六四）の燃料・塩・塩灰等の売買申し合せ規定を定め、村という単位をこえた、塩垂仲間を組織することになったのである。この塩垂仲間の結成を通じて、江戸市場へ大師河原塩を組織的に販売することが可能となったのである。

また、明和二年一二月の大師河原塩田内での申し合せ一札では、薪や塩相場・塩灰値段などの世話と同時に苦塩水の請負を世話人である久左衛門と喜左衛門の二人で担当することが決められている。塩垂仲間の組織化は、番人が担当していた苦塩水の掌握をも含めて塩・塩灰の販売や薪の購入などを統一的に行うことを可能としたのである。新たに塩浜の開発が行われている場合も、この塩浜請負人からの差配を条件として認められている。

最後に、塩浜小作の位置付けを検討しておきたい。いうまでもなく、名請人から小作への転化は、土地所持権の譲渡を意味するものであったが、そのことは、塩浜稼ぎ自体をやめてしまうこととは必ずしもいえなかった。塩浜での小作化は土地所持権を失ったが、塩浜・塩舟・釜屋などの生産手段を失ったことを意味するものではなかった。塩浜所持者と小作の関係は、土地の借用分の地代を支払うことであり、塩垂仲間には小作の名前が銘記されているように、経営そのものには小作も関係していたのである。

注

（1）元禄期段階には三六町歩前後であったといわれている。なお本節は、拙稿「大師河原塩田における塩業の展開」（『中央史学』第一三号、一九九〇年）を改稿したものである。合せて参照されたい。

（2）「参考落穂集」東京市役所編『東京市史稿産業編2』（一九三七年、六〇頁）。

（3）村上直「近世における川崎の塩業」（『神奈川県史研究』六、一九七〇年）、近世前期の大師河原塩田の様子については、望月一樹「近世前期における川崎の沿岸地域と製塩業」（『川崎市市民ミュージアム紀要』第八集、一九九五年）。

（4）『江戸名所図会』上巻（角川書店版、一九七五年、五〇六頁）。

（5）元禄八年に検地が実施されていたことは知られている。〈史料4〉にも「元禄八亥年御検地入候塩浜……」という記載が見られる。

(6) 天保二年「十七人持　塩浜芝原荒地新開地引帳」(川崎市民ミュージアム蔵旧池上家文書)。

(7) 〈史料1〉〈史料2〉の両史料とも「池上新田諸用留　弐」(川崎市民ミュージアム蔵旧池上家文書) に所収。

(8) 「一札之事」を参照すると、明和二年五月に小田村塩垂主六左衛門と十右衛門が名主清左衛門と連印で、大師河原村塩浜新田請負人 (塩浜請負人) 二人に対して、塩商売などについては常に相談して決めることを取り交わしている。

(9) 『大日本塩業全書4』(一九一五年)。

(10) 『江戸名所図会』上巻 (角川書店版、五〇六頁、一九七五年)。

(11) 池上の和製砂糖の取り組みについて取り上げた成果は多い。仙石鶴義「池上幸豊と和製砂糖の拡布について」(村上直先生還暦記念出版の会編『日本地域史研究』一九八六年)、同「和製砂糖開産史の研究」(『法政史学』四三号、一九九一年)、「池上幸豊の製糖経営構想について」(『法政史論』七号、一九七九年) などの一連の研究。また、拙稿「近世砂糖業から見た幕府国産化政策の特質」(『社会文化史学』三〇号、一九九三年)、「池上家の砂糖業の展開と氷砂糖」(『川崎市史研究』第七号、一九九六年) など。

(12) 村上直「近世における川崎の塩業」(『神奈川県史研究』六、一九七〇年)。

(13) 小沢利雄「東京湾沿岸の新田地における塩浜について」(『日本塩業の研究』第一二集、一九七〇年)。

(14) 「池上新田諸用留　壱」(川崎市民ミュージアム蔵旧池上家文書)。

(15) 「塩浜地主権譲渡につき一札」(川崎市民ミュージアム蔵旧池上家文書)。

(16) 「池上新田諸用留　壱」(川崎市民ミュージアム蔵旧池上家文書)。

(17) 「池上新田諸用留　弐」(川崎市民ミュージアム蔵旧池上家文書)。

(18) 「池上新田諸用留　壱」(川崎市民ミュージアム蔵旧池上家文書)。

(19) 池上の事績を書き記した由緒書として、砂糖の場合だと、近世後期に作成された「和製砂糖弘方御用相勤メ来候由緒書」などが存在する。

(20) 「池上新田諸用留　弐」(川崎市民ミュージアム蔵旧池上家文書)。

(21) 「池上新田諸用留　弐」(川崎市民ミュージアム蔵旧池上家文書)。

(22) 「池上新田諸用留　弐」(川崎市民ミュージアム蔵旧池上家文書)。

(23)「御用留　十二」（川崎市民ミュージアム蔵旧池上家文書）。
(24)「御用留　十二」（川崎市民ミュージアム蔵旧池上家文書）。なお、史料中には年月日の記載は無いが、史料の前後の様子から寛政四年閏二月二〇日ごろの史料であると考えられる。
(25)「御用留　十二」（川崎市民ミュージアム蔵旧池上家文書）。
(26)「御用留　十二」（川崎市民ミュージアム蔵旧池上家文書）。
(27)宝暦七年「神明前普請積幷入用割合帳」（川崎市民ミュージアム蔵旧池上家文書）。同じ宝暦七年一二月には、八郎兵衛と庄左衛門に新田塩浜を譲渡している。この時は塩舟一軒・釜屋一軒と諸道具を八郎兵衛に譲渡している。
(28)「古塩浜小作議定証文之事」『金沢文庫古文書』（第一五輯、二三五頁、永島家文書〈上〉、神奈川県立金沢文庫、一九六〇年）。
(29)天明八年「義田之儀申述条々」（川崎市民ミュージアム蔵旧池上家文書）。
(30)「池上新田諸用留　壱」（川崎市民ミュージアム蔵旧池上家文書）。
(31)寛政一〇年「相州および武州橘樹・久良岐郡内諸運上物取立書上」『神奈川県史』（近世資料編九近世六、一九七四年）を参照すると、以下の様に記載されている。

（大貫次右衛門）
同人取立
定納壱ケ年分　　橘樹郡村々
一永八貫文　　苦塩運上

是者塩竈数弐拾壱口、塩役運上者小物成之内江相納、苦塩水出方者塩竈一口ニ而一ケ年分凡四斗入八拾樽、鑑出之捌方ハ四斗樽江汲入、塩問屋江相渡候由、尤苦塩之義者、直段至而下直成品ニ而、船積上下之手間銀ニも引合不申候得共、塩積出し候差支ニ相成候ニ付、苦塩売出し候由、遣ひ方ハ豆腐屋其外者石灰ニ交り相用候、尚又米蔵之内江打候得者、更米之凌ニも相成候由置証文有之、小前帳を以取立之

(32)明和八年「新開伝法見立地之儀ニ付留書」（川崎市民ミュージアム蔵旧池上家文書）。
(33)「金子預一札」（川崎市民ミュージアム蔵旧池上家文書）。
(34)「苦汁塩水金子出来兼につき請負離一札」（川崎市民ミュージアム蔵旧池上家文書）。

(35)「船頭不正一件詫一札」(川崎市民ミュージアム蔵旧池上家文書)。
(36)「相定申苦塩水年賦証文之事」(川崎市民ミュージアム蔵旧池上家文書)。
(37)「請負申苦塩水年賦証文之事」(川崎市民ミュージアム蔵旧池上家文書)。
(38)「相渡申苦塩水年賦証文之事」(川崎市民ミュージアム蔵旧池上家文書)。
(39)「相定申苦塩水年賦証文之事」(川崎市民ミュージアム蔵旧池上家文書)。
(40)「地廻り塩直段ニ付上書」(「八木家文書」『日本塩業大系　史料編　近世(三)』、五〇三頁、一九七七年)。
(41)「塩垂仲間申合規定一札」(川崎市民ミュージアム蔵旧池上家文書)。
(42)「池上新田諸用留　弐」(川崎市民ミュージアム蔵旧池上家文書)。
(43)「塩垂場取立一札」(川崎市民ミュージアム蔵旧池上家文書)。
(44)「申合セ一札之事」(川崎市民ミュージアム蔵旧池上家文書)。

第四節　近世中後期、南関東における塩業の展開

はじめに

近世中後期における江戸内湾に展開した塩田について、これまで、江戸周辺に位置する行徳塩田と大師河原塩田を取り上げてきた。そこで明らかにしたのは、個々の村々で個別に展開した塩浜が、その存続をはかるために、個別塩浜同士の結びつきが見られ、地域として、御普請や負担の減免を目的とした訴願が行われるということであった。

振り返って、江戸内湾の塩田の中でも江戸から離れた地域の塩田を例にすると、第二章で指摘した通り、関東では、元禄期前後に荒廃した塩田を多く見ることができる。十州塩田の産地化の形成に伴う、下り塩による関東市場への浸

透の結果、塩浜から畑作・漁村、あるいは荒地へと変貌する例が多く見られたのである。

しかしながら、近世中後期における江戸内湾の塩業を見るに、下り塩の関東市場への浸透→江戸内湾塩田の荒廃という流れに一元化するとは限らない。零細な塩業経営でありながらも、近世を通じて存続した塩田もあったのである。しかも、それのみならず近世中期から幕末にかけて塩浜の開発も見ることができる。

これまでも、自治体史などを中心に、江戸内湾に展開した塩田について取り上げた成果はある。(1) 本節では、こうした成果に学びつつ、江戸内湾に展開した各地の塩田について取り上げていくことにしたい。(2)

本項では、近世中後期に南関東での塩業の展開を、①近世中後期における江戸内湾の塩業の概況について、②製塩業存続をめぐる、各塩田の対応とその特質について、③幕末期における塩浜の開発の実態とその問題点について、の三つの点から述べていくことにしたい。

一　武州久良岐郡金沢領における塩田について

『新編武蔵風土記稿』の久良岐郡の総説によると、「海浜に至ては漁塩の利あり」と、漁業あるいは製塩業の適地であると紹介し、さらに産物として塩を取り上げ、「当所の塩は鉄釜を以て製するゆへ、其色殊に白からず、行徳塩より亦劣れり、按に当所の塩浜は古より始まりしにや、称名寺所蔵永和二年六月二十三日の文書に、称名寺領内外敷地塩垂場等事、早任観応三年三月三日御寄進状之旨、可令領掌と載せ、及び同寺所蔵康安二年五月二十四日の文書にも塩場の事出たり」と記載している。(3) つまり、この地域では、すでに中世から生産を開始したことが知られ、近世まで続いた塩田であるということと、製塩で使用する竈は鉄釜を利用していることがわかる。さらに、金沢領の総説を参照すると、「村内塩浜あり、耕種の暇には塩を製て余業とし、又漁猟をなせるもあり」と農間の余業として製塩業が行われていることがわかる。また塩浜の項目を参照すると、「六浦より三艘までの海辺にあり、当所の塩は鉄釜にて煮るゆへ他の殊に白きものには似ず、下品なり」と久良岐郡の総説と同様な記載がなされている。さらに『新編武蔵風土記稿』には、金沢領内の塩田の様子が個々に紹介されている。

町屋村―村内平夷真土砂交り、水田の方多く陸田は少く、水旱共に患あり、土人塩を焼て生産の資とす……

寺前村―村民多くは塩を焼又薪を伐り出して生産の資となせり……

坂本村―農隙には薪をとりて塩焼料に、町屋村へ鬻て少く生産を資く、村内にも東北の方に塩竈あり……

洲崎村―村の南方なる入海の辺堤の内に塩焼場あり、称名寺の伝へによれば、この地元はかの寺の領にて、夫より前は金沢氏所領なるべしと云

以上のように、金沢領内では、小規模ながら各所で製塩業が展開していた。また同時に、煎熬作業に必要な燃料が周辺農村から供給されていたのである。つまり、塩浜で製塩業を営む人ばかりでなく、周辺農村は、農間渡世として行われた薪伐採などを供給する場として位置付けられ、広域的に結びついていたのである。

しかしながら、塩田形態は、瀬戸内に見られるような入浜塩田は存在せず、技術的には遅れた地域であった。塩浜一筆相当の面積が一反も満たないことからも零細な塩浜であったのである。[4] 近世に展開した塩田を全国的に見通している廣山堯道によれば、「元治元年（一八六四）再板の『武州金沢能見堂八景之画図』では堤防も描かれていない。塩田地盤面は大体満潮面よりやや高い位置にあり、堤防が築かれるべき場所は広大な砂州となって浪止めの役割を果しているという形態で、古式入浜といってもごく古い形で塩尻法に近い干潟浜段階のもののように見受けられる」と指摘している。[5] この地域での製塩形態は、瀬戸内に展開した製塩形態と比較して、生産力の低位性を指摘できよう。また、これまで指摘した通り、鉄釜を使用し、必ずしも良質な塩を生産していたとは言い難い。むしろ、①製塩業を専

業としていたのではなく、農間余業である点、②販売先が江戸を対象とせず、金沢領周辺を対象としていたという点、などの要素が粗悪な品質でありながらも塩浜として存続しえたのである。

金沢領においても塩浜がいくつかの箇所で展開していた。泥亀新田の場合、延宝三年（一六七五）の割付状によると、すでに塩役として永壱貫七百五拾文が塩九石四斗五升分として割付けられている。(6) また〈史料1〉に見られるように、それまで町屋村において荒地となっていた塩場に対して安永九年（一七八〇）には再開発が行われている。(7)

〈史料1〉

乍恐書付ヲ以奉願上候

倉橋内匠之助知行所
武州久良岐郡金沢須崎村
百姓　留右衛門

奉願上候御知行所之内、町屋村門右衛門・佐次右衛門右両人之者、数年持来候塩場之義、年久敷相休打捨有之候荒地・葭沼ニ罷成候所、去ル戌年御村役人中江御願申上、御承知之上、右荒地取立、右塩場ニ出情仕度相働キ候得共、兎角荒地悪場所ニ而丹誠仕候而茂先年之通ニ荒地ニ相成候ニ付、去ル戌年ゟ来ル卯年迄鍬下之内御年貢御用捨被成下、漸々塩場立地ニ茂相成候得共、年々自身之人足ニ而者難取続、依之尾州黒鍬人足等相掛丹誠仕候ニ付、右葭沼起返出来仕候、然ル所上道通り悪水ヲ請、至而水請悪敷場所ニ御座候間、年々ニ人足諸掛り手間等数多相掛り候ニ付、古来之通塩場御上納も仕兼、依之私御願申上候者、一ケ年ニ付銭七百文永々御上納可仕候、何分前書願之通被仰付被下置候ハヽ、難有仕合ニ奉存候以上

安永九子年七月　　　　金沢須崎村

願人　留右衛門㊞

杉浦八郎五郎様
　御役人衆中様

この史料は、町屋村の荒浜であった塩場を再開発する際、鍬下年季が明けた後の負担として一年当り銭七〇〇文の上納を願い出たものである。

同史料を参照すると、安永七年（一七七八）に塩浜の再開発が行われ、その後、五年間の鍬下年季が認められている。また、葭沼として放置されていた塩場の開発として黒鍬人足を雇い入れている。この黒鍬人足とは、尾濃デルタ地帯の干拓工事や川普請をはじめ、摂河地方の新田開発事業などに積極的な役割を果たした普請の職人集団のことである。五年間の鍬下年季を条件に黒鍬人足まで雇い入れ再開発されることもあったのである。また、この地域において天明期に下り塩の流入への対応を見ることができる。(8)

〈史料2〉

為取替証文之事

一此度六浦三ヶ村ニ而下り塩買入致売買候処、洲崎村・町屋村・寺前村・泥亀新田右四ヶ村相談を以、六浦三分江及掛合ニ候者、下り塩当所江買入候而者金沢塩之障ニ相成り、大勢之難儀ニ有之候間、此段致勘弁呉候様及相談ニ候処、六浦三ヶ村申候者、所塩一向無之他国之塩成り共、不致売買候而者、家業渡世茂無之候故、買入渡世いたし候段及挨拶ニ、双方彼是出入候ニ付、隣村之事故峠村坂本弁双方村ゟ壱人宛取掛り致内済候者、向後他国之塩買入度時者、所之塩相場相互ニ聞合セ直段行合不申候ハヽ、双方相談之上、下り塩買取可致商売之旨取扱を以及内済ニ候、以来駄賃薪等不依何事ニ一切是迄之通り、取懸り可致融通候、然上ハ自今相互ニ意趣遺

恨無之候、為後日為取替連印証文扱人加判仍而如件

天明三癸卯年九月日（後略）

〈史料2〉のあらましを述べてみたい。六浦三ヵ村において行われた下り塩の買入れ売買について、金沢塩販売に支障をきたすことを理由に勘弁してもらうことを相談している。すると、六浦三ヵ村では他国塩がなければ家業渡世ができないとして争論に及んでいる。その結果、他国塩の買入れの際は、その場の相場と照合し、相談の上で商売することを取り決めたのである。この史料はその際取り交わされた証文である。この取替証文は、洲崎村・町屋村・泥亀新田・寺前村・六浦・坂本村・瀬戸神主領・峠村などの周辺地域におけるそれぞれの名主・組頭・百姓代といった村役人による連名で記載がなされている。さらに奥書には「右之通り儀定之上ハ中買之者一切押買押売無之処申合、尤押売買ハ一統御法度ニ有之候得共、猶又急度申合万事末々村役人差図次第取斗ひ可申候、以上、右之下書之儀者其節立合申候故写置申候、尤本書ハ六浦名主壱通、洲崎村名主壱通」と、仲買に対して押売・押買を認めず、すべて村役人に従うことを記している。

要するにこの金沢地域（六浦三ヵ村）においては、塩の値段をその場の値段に照応させ、在地側と塩仲買の両者の相談によって価格を決定するとしている。金沢地域の塩浜は、当該地域の下り塩の流入を防ぎ、地元の販売圏の維持をはかったのである。こうして零細な塩浜の経営維持を可能とした。また、同史料には、「下り塩当所江買入候而者金沢塩之障ニ相成り、大勢之難渋ニ有之候間……」という記載が見られる。金沢塩を生産する際に、生産地である塩浜はいうまでもないが、同時に燃料などを供給する場として、周辺農村も重要な意味があった。同様に周辺農村においても、農間渡世としての薪の販売は村々の生活維持に不可欠な意味があったのである。そのため同史料の作成後、六浦名主・洲崎村名主によって証文の原本が管理されると共に、写しが各地に残されている。つまり、この時期の地域の

相場は、需要と供給の関係に応じて決定されるのではなく、こうした在地の慣習をも含めた上で決められたのである。下り塩の仲買にとっても、こうした地域における販売の慣習には従う必要があったのである。

以上の様に、江戸内湾の各地の塩田は、塩浜所在の村とその周辺村々をも含み込んだ地域社会を形成していた。具体的には、塩の販売圏であり、燃料供給や俵作りなどをもとにした周辺地域がそれにあたる。こうした地域社会を基調とした秩序が前提とされていたのである。

二　近世中後期、江戸内湾塩業の展開と塩販売

次に、この地域で生産した塩は、どの様な地域を販売先としたのであろうか、この点について検討してみよう。まず第一に、泥亀新田で生産した塩について「塩七千俵　是は江戸市中日々遣塩ニ笊ニ而多売出し申候、猶年柄ニ寄取上リ高不同御座候得共、壱ケ年凡平均見積リニ御座候」との記載が見られる。(9) 金沢塩は、周辺地域以外に、江戸へも送られていた。同史料の作成時期が慶応元年（一八六五）である点を念頭に据えれば、同史料が前期・中期の実態を直接反映したものとは言い難い。しかし、少なくとも幕末期には相当量の金沢塩が周辺地域のみならず江戸へも送られていたのである。それに先立ち、江戸への市場参入に関して、文化一四年（一八一七）には〈史料3〉の様な訴願が出されている。(10)

〈史料3〉

一当夏中当地御家業之儀相応ニ出来申候処、去ル子年田方不作ニ付、藁乏敷当秋之頃ニ至り候而ハ、塩たはら一向出来合不申、私共初メ村内一統差支申候ニ付、風与心附斉田塩拵之俵相尋求来り村内江割渡シ斉田拵ニ仕立升目貫目等被相改候ニ付、斉田塩売買之場所江見せ口として少々積送申候処至極之拵方宜敷候ニ而商仕候、乍

然当年之儀最早余日も無御座候故来春ニ至リ右斉田拵ニ致候ハヽ、捌方宜敷又初春之頃塩不用之時節ニも斉田塩直段ニ順し、両ニ付弐三俵ゟ四五俵安ニ候得者買置ニ望人も可有之奉存候時ニ至り候得者、斉田塩同様之直段ニも相売歟可申儀も可有之候哉与奉存候、然なから、升目貫目之儀ニ付奉願上義ハ、往古例等も有之候由聞伝ひ及申候、何卒相成事ニ御座候ハヽ、村内一同御相談之上先年之通り六升六合六勺之桶ニ而三杯八貫目等之義も、此段七升入となる六貫より余ニ仕立焚味等も少々念入右斉田拵ニ仕立銘々印を付候様ニ仕候得者、自然ニ世間ニ相改ル風聞よろしく相成候ハヽ、直段等も相応ニ相売歟可申与奉存候、尚又斗桶之義ハ是迄塩商少々宛も致来り候冥加与し而、村内塩職之衆中江壱ツ宛村御役前江差上可申候御改之上御渡シ可被下候、勿論桶差上申候而も私共斗りニ而売買申度之願ニハ毛頭無御座候、何連江売買被成候とも勝手次第ニ致候様ニ被仰付可被下候、右之趣御聞済被下村内一統取究り申繁栄之元ニも相成候ハヽ、私共生々世々難有仕合奉存候、偏ニ奉願上候、依而口上書如件

文化十四年丑九月　日

同村　願人　鍋屋平七
差添　畳屋権蔵

御役人衆中様

同史料は、他にも「松本ナミ家文書」にも見ることができ(11)、周辺地域でよく知られた史料である。

同史料の内容によると、訴願が提出された前年に当る文化一三年（一八一六）は、不作のため塩を運ぶ藁が不足し、塩俵を編むことができなかった。このため、斎田塩の拵えによって、塩俵を拵え、それを斎田塩の販売店の店先へ置いたのである。すると、かなり売れたのである。よってそれ以後、斎田塩の俵拵え方にする様に願い出たのである。これにより、俵拵えは一俵を六升六合六勺の桶に三杯入れ、貫目は六貫目余りとするとしている。

本史料から塩質の変化ではなく、むしろ塩俵の拵え方の変化、それが阿波国撫養地方で生産した斎田塩の俵拵えによることを通じて、販売が順調になったという指摘は重要である。基本的に、この時期の瀬戸内産の下り塩の中で江戸の塩市場の多くは、斎田塩・赤穂塩が中心であったが(12)、まさにこうした点を踏まえた塩俵を拵えることで、塩の商品価値を高めることを可能にしたのである。

このように俵拵えを変えることで、地元の塩の商品価値を高め、しかもこの地域で生産した塩を斎田塩商いの店に置くことになった。下り塩の流入に対し、江戸内湾の塩田は販売圏を維持するだけで対応するのではなかった。むしろ、積極的に下り塩の商品的価値を利用し、他所の市場へ参入することもあったのである。

三　幕末期における内湾塩業の展開

1　幕末期における内湾塩業の展開と内湾防備

近世後期の江戸内湾の諸地域においても、既存の塩田の再開発の取組みが活発に行われ、各地で塩浜の開発・普請が見られる。言い換えるならば、下り塩が関東市場へ進出する中、他方で積極的な地廻り塩の市場参入をみることができる。先にも引用したが、金沢領の製塩地の場合、泥亀新田を例にすると「一塩七千俵、是は江戸市中日々遣塩ニ笊ニ而多売出し申候……」との記載が見られる(13)。また洲崎村あるいは町屋村においても同様の記載を見ることができる。このように、この地域で産出した塩は、地元販売だけでなく、江戸売りをも志向したものとして考えることができよう。近世後期の一定度の社会的分業の成立は、特産物への方向性をもたらし、その結果市場の拡大も見た。浦賀で買受けた商品について、「御府内諸物品薄又は潤沢ニ寄相場高下仕候義ニ付、船手ニ而跡船入津模様ニ寄、元船当所ニ見合居、江戸・神奈川相場成行見競、進退懸引仕候為ニ両地江相場為問合候義ニ御座候、商人共ニおゐても定り状日は勿論、江戸表ハ便リ之節時々相庭成行互ニ文通仕居申候」と指摘するように、各所の価格相場について、情報を得て、相場を比較しながら販売先を決定したのである。(14)

こうした塩田開発への傾向は、上層農民からの自主的な対応だけでなく、海防に伴う塩確保策とも関連する。

佐藤信淵は文化一一年（一八一四）に江戸湾の巡視を行い、『内洋経緯記』の執筆を始めている。(15) 注目できる点は、生活必需品としての塩を兵糧塩の問題で関連づけている点であろう。「都下ノ人民此ノ如ク莫大ナル故ニ今ヤ関東諸州ヨリ出ル所ノ米穀ヲ以テ都下ノ人民半年ノ食料ニ充ルニ足ラズ塩モ亦然リ、是故ニ若シ海上ニ事アリテ西国及ビ奥州等ヨリ米穀及ビ塩ヲ船運セザレバタラズ、若シ船運一年モ滞ル時ハ人民忽チ鼎沸譟擾シテ如何様ナル大変ヲ生ゼンモ量ルベカラズ……」と、海上が封鎖されたときに、米塩の消費が不足することを指摘し、さらに、ロシア・アメリカの船舶の日本近海出没の事実を指摘しながら、「此等ノ賊徒若シ侵犯ノ念ヲ含ミ、其戦艦ヲ出没セシメテ東都ニ運送ノ荷船ヲ掠奪セバ、都下ハ忽チ狼狽鼎沸セン事必セリ」と海防上の危機を指摘している。そして、結局その対応策として、「関東諸州ノ米穀ノミヲ以テ都下人民ノ食料ニ余裕アラシムルノ外ニ他術ナシ而其術トイヘルハ他ノ事ニアラズ」と、関東自体で再生産を可能とすることを指摘したのである。このように、塩と米など必需品に対し関東で再生産を可能とする経済圏形成の必要性を佐藤信淵は認識していたのである。さらに製塩については、具体的な方法も提示し、製塩場に敷く砂は蒸発量の多い勢子石を使用すべきであるとしている。この点、詳細については、内田龍哉「佐藤信淵と内洋開発」(16)を参照されたい。こうした佐藤信淵の指摘が幕府の政策に取り込まれたかはわからない。また当時の一般的な理解として普遍化することもできない。しかし、こうした理解が知識人層においてあった点は注目できよう。(17)

幕末期になるにしたがい、「関東は関東で」であるとか、東日本で経済圏を構築するなどと言った建議書が多く出されるようになる。[18] こうした状況下、塩もまた、関東での再生産が必要な産物として塩田開発が叫ばれたのである。

2 三浦郡長坂村における塩場普請騒動一件

次にこうした一連の幕末期の状況について留意しつつ、相模国三浦郡長坂村斉田浜に展開した塩場普請騒動について検討していく。この塩場普請騒動については、『神奈川県史』に所収され、すでによく知られている史料であるが、[19] この史料について具体的に取り扱った成果は管見によると無いように思われる。よって、この塩場普請騒動の内容を検討し、この時期における歴史的な位置付けを検討していく。

同史料は、「長坂村斉田浜塩場普請騒動口書写」という表題で記載が見られるが、その記載の最初に以下の様な概要が示されている。[20]

〈史料4〉

一当村字斉田浜塩場取立ニ付、普請中頃ゟ相始り、秣場幷ニ浪打際之義ハ藻草揚場ニ差支ニ付、彼是之内大田和村浅葉仁右衛門悴仁十郎ゟ村内十右衛門藻草廿駄程採置候ヲ、汐除土手江築込、其上藻草採候儀ハ普請中遠慮可致様差留、御田地養方ニ差支候迚事起り申候、左之通り御座候、弘化三丙午年四月十三日郷中ニ而願出シ、同月廿六日迄ニ出郷御吟味詰メ相成、翌廿七日ニ大津表江御引立ニ相成、同年十二月廿三日迄ニ大津表ニおゐて御上様御捌被　仰付候、同月大晦日迄ニ赦免状ヲ以、三左衛門・五郎右衛門之外者御免ニ相成申候

この史料により、弘化三年（一八四六）における騒動は、三浦郡長坂村斉田浜において、塩場普請が行われることで、農間渡世・田地の肥料として利用していた藻草採取が、普請の六〇日間できなかったことが、大きな理由であったことがわかる。

この騒動の前段階では以下の様なことがなされている。この斉田浜の塩場普請計画では、村内での訴願によって、中止となるか沼地になるかのどちらかになるとの理解に基づき、四月一〇日に判頭と村中総体の寄合を妙印寺において二度にわたって行っている。寄合とは普段、神事・祭礼・雨乞・虫送り・その他山草苅を始め諸々の事柄について話合いがなされる場であった。このため、この寄合が塩場普請騒動に関することとは知らずに参加したものも多かった。そして、この寄合が行われた翌々日の一二日には、村内一同による寄合が開かれた。この寄合において判頭が中心となり、大津表の陣屋へ普請中止を趣旨とした願書を提出することが決定されたのである。しかし、この願書の提出自体必ずしも村民全員が積極的であったとは言いきれない。願書の作成者は周右衛門に依頼することとなっていたが断られている。その結果、妙印寺の和尚に依頼している。この和尚も願書の作成に対して消極的で、「深き川渡る共、ヶ様之物ハ認メなと申教も御座候間、出来不申旨……」と述べ、最初は断っており、やむなく願書を書いたものであった。

この騒動に賛同した荻野村においては、「長坂村被持万事一村同様之村方、秣場・浜方・寄藻草も入会ニ仕来、此度願ニ不入組上者入会ニ不相成様成行候ハ、秣場并浜方無御座、荻野村之儀者御田地之鹵等者勿論、牛馬飼料等ニも差支種々難渋仕義と相心得……」というように、農間渡世としての藻草取りの弊害以外に田畑に対する塩害を理由に騒動に賛同した人も少なくなかったのである。

この様に村内での問題を内包しつつも、打ち合せ通り明朝には、大津表の陣屋に向った。しかし、大谷坂で芦名村の名主である吉田源右衛門に出会い説得され引き返している。よって、この騒動は未遂に終わった。しかしその後、「同月廿六日迄ニ出郷御吟味詰メ相成、翌廿七日ニ大津表江御引立ニ相成、同年十二月廿三日迄ニ大津表ニおゐて御上様御捌被　仰付候、同月大晦日迄ニ赦免状ヲ以、三左衛門・五郎右衛門之外者御免ニ相成申候」と記載されているように、吟味として取り上げられ、大津表でのさばきを受けることとなったのである。

以上が、塩場普請騒動についてのあらましである。騒動は、塩浜を開発することで、長坂村と周辺農村の中下層農民の藻草採取が不可能となったことと、田畑への塩害の原因となるという二点が理由であった。口上書においてもこの点の騒動が正当化の論拠となっている。すなわち、この騒動の中心的存在と考えられる三左衛門は、口上書に「村方高七百八石余ニ而田畑米納之村方故百姓難渋仕、多分之鹵等入不申候而者取実モ薄ク難渋仕候迚、小前一統難渋仕訳……」と述べ、その塩場普請反対の正当性を主張している。また、首謀者の三左衛門と五郎右衛門の口上書では、いずれも自分の立場を「私義高拾石七斗所持仕、家内之儀者夫婦両親幷女子弐人・弟弐人・妹壱人都合九人暮御座候」（三左衛門）、「私義持高七斗九升余所持、家内之儀者夫婦幷ニ男子弐人・女子壱人暮ニ御座候」（五郎右衛門）と家庭の内情にまでも掘り下げて口述している。つまり、この地域は、純農村地帯であり、村落中下層農民にとっては商品生産を如何に取り込んでいくかというよりも、むしろ生業としての田畑生産を如何にして維持するかが重要な課題であったのである。文久三年（一八六三）の長坂村の明細書上においても、「田畑肥之儀者、藻草・芝草等仕候」と記載されている。(21)このことからも、塩場普請に伴い出された藻草採取の停止は一時的であるにせよ、重要な田畑の肥料採取の場を失うことを意味したのである。

この騒動による首謀者である三左衛門と五郎右衛門の結末は明らかでない。また、塩場の普請が実施されたか否かという点についてもわからない。ただし、次に引用する〈史料5〉を参照すると、「弘化三丙午年中隣村長坂村海岸付字斎田新田与申所江右様之塩場大田和村名主仁右衛門開発人ニ而取掛り候得共、普請中端ニ至り村中一同不得心之作事ニ付、大騒動差起り郡中之混雑既ニ壱ケ村退転ニ可及程之次第出来」と記載されているように、かなりの動揺があり、その後も村内の収拾がなされていない。実際、先の文久三年（一八六三）における長坂村の明細書上を参照しても、塩場の記載が見られず、石高の内訳も田高および畑高の石高しか記載されていない。こうして考えると、塩場普請は行われなかったものと推測できる。村内の動揺だけを残して塩場普請の計画は頓挫したのである。

3　三浦郡林村塩場普請騒動一件

塩浜普請をめぐる村内の動揺が見られる事例は他にも見ることができる。〈史料5〉を参照されたい。(22)

〈史料5〉

口上書之事

一林村海岸付字ゑひや与申所者村方御田地養ひ第一之場所江当四月十日何方之者歟四五人来り、私所持之塩畑近辺無案内ニ而致見分同月十一日夜名主惣左衛門より村中判頭拾八人之者自宅江相集名主壱人之存寄を以此度新規塩場致開発度様種々申聞、同月十二日ニ相成名主申渡之通判頭ゟ小前五人組江右之段申聞候所、何連村中一同相談之上納得候ハヽ、名主之申付故別段障りニ不成所者承知可仕向ニ、五人組限り面々心持判頭江申答置双方之人気見合候所、此度塩場開発之儀ニ付、名主壱人之外小前ニ加入致居候者有之候哉否探索候得共、村方ニ一味同心之族無之様子之所、亦々十四日夜判頭拾八人面々印形持参名主宅江集り候様申聞、其節右判頭之者村中一同江対シ不得心之体ニ相見江候者江者名主役儀ニ誇憤を差含候ニ付、無拠判頭拾八人者致承知候向ニ挨拶候所、速時ニ酒宴之振舞を催シ、直様其席ニ而書面ニ判頭之分印形為致、尤年寄百姓代両人者右調印ニ立合不申、追而惣左衛門ゟ年寄清左衛門宅江参り、折入而相頼候ニ付、判頭一同致印形候ニ付、清左衛門儀茂加判為致、名主惣左衛門儀者見込之通書面を以村中一同之規定与号、即日金沢泥亀新田惣代名主江相頼、此度郡中村々御預所　御殿様御替りニ付、村内荒地之箇所発返シ之向ニ申立、後代之御殿様江前書開発地之儀被仰遣被下置度儀を願立、大丈夫安心之体ニ而向後村方ニ違背之者有之者御威光を以取極候様子致手配候哉ニ相聞江、右ニ付於村中ニ誰壱人容易ニ小前方ニ而難儀筋申立候人無之、塩場普請所之儀茂惣左衛門一存ニ而箇所見立、其砌諸職人集会積り方請負等密ニ相定候得共、右見込之通十分ニ普請被致候而者村中之後悔眼前ニ有之、殊ニ私儀往古ゟ林村人別ニ而塩焚渡世之儀ニ付同村同所ニ而同職棄、此度新規ニ致度心得之者有之者、仮令何方之人ニ候共、同職之私江茂少シ者致相談呉候ハヽ、乍不及万事無齟齬相互ニ睦合可申候得共、無其儀旧来塩焚家業営居候者之難渋ニ抱り候様普請之致方、剰私年来之居屋敷ゟ塩場土手筋境目ニ新規之流れ川を堀割候様作事之趣故、私難渋申立候訳ケ者壱ケ年之内ニ茂数度之風波荒、或者洪水之節私所持之塩畑御年貢地破滅可致儀者必定与存候ニ付、心痛難堪百姓代・年寄役両人江事訳ヶ申立、何応相願候得共少茂安心之趣無之、既ニ弘化三丙午年中隣村長坂村海岸付字斎田新田与申所江右様之塩場大田和村名主仁右衛門開発人ニ而取掛り候得共、普請中端ニ至り村中一同不得心之作事ニ付、大騒動差起り郡中之混雑既ニ壱ケ村退転ニ可及程之次第出来、夫等之儀を思ひ出シ候ニ付、此度小前一同熟談無之殊ニ規定書ニ村中之連印無之御上様より御見分茂無御座、右様大望之普請ニ取掛、夫是村中一同種々内乱相催シ候ニ付、最寄長井村佐嶋村漁業之者其外小前一同海陸之難儀筋ニ相成候風聞等実ニ尤之訳柄、清左衛門儀年寄役儀乍勤惣左衛門壱人ニ右様之不都合為致捨置候段、対村中江相済申間敷御上向者如何之訳ケニ相成居候哉、先達而申此事ニ付、村役人中判頭中者印形被致候節委細之訳ケニ而調印ニ茂相成候得共、村中一同江慥成為後日一札等願人ゟ取置被下候哉相尋候所、清左衛門儀者新役之事故勤向不案内ニ付、村中江対候規定不申、其儀者判頭一同ニ承知可有抔と申、名主壱人村中判頭拾八人之者同腹ニ而右様之計略ケ間敷不都合候ハヽ、清左衛門儀者此儘休役願立候得共、何を申立候儀茂、此節御預所御替り際故、諸願不都合抔与申儀ニ付、五月五日百姓代を以普請仕様帳・絵図面為見罷呉候ハヽ、作事様子ニ寄致安心候得共、絵図面未出来不申与相断、然所此節他人より承リ候所、惣左衛門之普請ニ而者有間敷世間之専之風聞有之、同人壱手之普請与而已村中江申聞置、作事出来之上者自然沽券金通用ニ相成候儀茂難斗、右故ヶ村中一同江者内実相談等一切不申聞、第一年寄清左衛門江者聢与申聞候而宜敷候所無其儀候ハ丶、一ヶ村之衰微不容易儀与存候ニ付今日迄之始末如此ニ御座候、以上

元治元甲子年

五月九日

林村願人

三左衛門

武右衛門

林村の場合、塩浜があった地域が、荒廃し塩畑として把握されていたが、これらの地域に対し、天保一三年（一八四二）に再開発が行われている。この史料は、さらに塩浜の開発を行ったものである。同史料からあらましについて箇条書きで述べると、以下の通りである。

①名主惣左衛門により塩場普請を計画したのだが、村内で賛同が得られなかった。そこで、判頭一八人が名主宅へ来た際に酒宴を催し、書面に印鑑を押印させている。この書面の内容は明らかでないが、この印鑑の押印を通じて塩場普請は村中の合意を得たものであるという趣旨の内容かと思われる。

②こうした経緯から惣左衛門による塩場普請計画は、惣左衛門の一存による行動であり、この状態で普請が実行されると、「村中之後悔眼前ニ有之」となる。しかも、従来から塩焚渡世を行っていた人々をこの計画に参画させないで実行することに問題がある。

③このような状態で塩場普請を実行することは、長坂村のように混乱を招き、さらに「一ヶ村之衰微不容易儀与存候ニ付」となる。

要するに問題は、塩場普請事業の実施が、村内の合意を得ることなく、名主（村落上層）の独断による行動であるという点である。この口上書の主眼は村内の合意を得ていないことであり、塩場普請自体を批判したものではない。むしろ、適当な箇所を、従来塩焼を行っていた人と相談しながら塩場普請を実行するのなら、問題がないとしている。惣左衛門による塩場普請の意図について、この史料から読み取ることはできないが、村落上層と中下層の海辺利用に対する意識のずれを見ることができる。しかも、長坂村の様に騒動の論点が農間渡世である藻草採取の場ではないにも関わらず、該当の場所は「村方御田地養ひ第一之場所」としているところは注目できる。先項で明らかにした、長坂村の騒動は、当時周辺地域によく知られたことであり、この口上書も、こうした点を意識しながら作成されたのである。

おわりに

最後に、これまで明らかにしてきたことを念頭に据えつつ、相模国および武蔵国で展開した塩業の地域的特質について二つの点からまとめてみたい。

まず第一点目は、安価で良質な下り塩の流入に際し、先に金沢塩の製塩地と下り塩の受け入れを行った六浦三ヵ村との間で交わされた取替証文の例で見たように、近世中後期の在地の論理が価格・品質などの市場の論理より優先されている。つまり、近世的な地域秩序において、需要と供給の市場関係、あるいは安価で良質なものが優先するような、市場の論理が必ずしも成り立たないことを意味している。また同時に斎田塩の俵拵えを行い、出荷することを志向するなど、近世後期になると逆に下り塩の特性を生かしつつ江戸市場への参入をも見ることができるのである。

第二は、塩浜の開発は従来海面利用していた人々との間で亀裂を生むこともあった。たとえば三浦郡長坂村において展開した塩場普請騒動は、海面利用の用益権をめぐる事件であったといえよう。つまり、従来の田畑の肥料として いた藻草取りができなくなることが直接的な騒動の要因であった。藻草を肥料として田畑を耕作し年貢を納めていた 村落中下層農民と、その場を塩浜として普請し、塩を商品として販売することを志向した村落上層農民との間に矛盾が見られるのである。

近世後期における商品経済の浸透に伴う地域間の分業の成立は、上層農民への生産者としての積極的な参加をもたらした。それは長坂村や林村のように、塩場普請—塩の生産・販売の計画という形で表われている。しかしこうした塩場普請は、村内の動揺を生む要因ともなった。村内の中下層農民にとって農間渡世における藻草取りの場を破壊すると共に、既存の田畑への塩害を惹起したのである。

注

(1) 内田四方蔵「横浜の塩業」(『幕末の農民群像』横浜近世史研究会編、一九八八年)、小沢利雄「東京湾沿岸の新田地における塩浜について」(『日本塩業の研究』第一二集、一九七〇年)、楫西光速『下総行徳塩業史』(アチックミューゼアム彙報 第四九、一九四一年、後『日本常民生活資料叢書』四、一九七三年に再録)、安澤秀一「行徳の塩業」(『日本産業史大系』四、関東地方編、地方史研究協議会編、一九五九年、東京大学出版会)、千野原靖方『行徳塩浜の変遷』(一九七八年、崙書房)、藤田修史「下り塩買入にみる行徳塩田の特質」(『市立市川歴史博物館年報』第八号、一九九一年)、斎藤善之「近世後期における下り塩流通と内海船」(日本福祉大学知多半島総合研究所『知多半島の歴史と現在』四、校倉書房、一九九二年)などがある。なお研究史についての詳細は、拙稿「関東塩業史研究の課題と展望」(『日本塩業の研究』第二三集、一九九四年)を参照のこと。

(2) 本節の内容は、拙稿「南関東における塩業の展開と塩場普請騒動」(『鎌倉』第六六号、一九九一年)をもとに改稿したものである。

(3) 「新編武蔵風土記稿巻之七十三」(『新編武蔵風土記稿(四)』一二頁、一九八一年)。

(4) 「金沢寺前村塩場改之覚」(『金沢文庫古文書』第一三輯、江戸期編上、一九六〇年)。

(5) 廣山堯道「近世諸藩の塩事情」(『日本塩業の研究』第一七集、一九七六年、後「諸藩の塩生産」廣山堯道編著『近世日本の塩』雄山閣出版、一九九七年)。

(6) 「延宝三年割付状」(金沢文庫『金沢文庫古文書』第一五輯、一三頁、一九六〇年)。

(7) 「乍恐書付以奉願上候」(安田茂家所蔵文書、横浜開港資料館所蔵史料)。

(8) 「為取替証文之事」(安田茂家所蔵文書、横浜開港資料館所蔵史料)。

(9) 「御預所村々産物書上帳」(『金沢文庫古文書』第一六輯、二八七頁、一九六〇年)。

(10) 「乍憚以口上書を奉願上候」(安田茂家所蔵文書、横浜開港資料館所蔵史料)。

(11) 内田四方蔵「横浜の塩業」(『幕末の農民群像』横浜近世史研究会編、一九八八年)では、「松本ナミ家文書」を使って叙述している。

(12) 醬油醸造業に関する史料を参照すると、原料として使用される塩の銘柄は、ほとんどが斎田塩か赤穂塩であった。

(13) 金沢県立金沢文庫「御預所村々産物書上帳」(『金沢文庫古文書』第一六輯、一九六〇年)。

(14) 「内蜜御尋之書取」(横須賀史学研究会編『浦賀奉行所関係史料第一集　臼井家文書　下巻』一九六八年)。

(15) 『内洋経緯記』(有隣堂発行、一八八〇年)。

(16) 内田龍哉「佐藤信淵と内洋開発」(『習志野市史研究』一、一九八五年)。

(17) 本章第一節でも紹介したが、『祠曹雑識』を参照すると、「塩ハ一日モナカルヘカラス」とその重要性を指摘している。

(18) 拙稿「幕末期商品流通の展開と関東市場」(『関東近世史研究』第四一号、一九九七年)参照。

(19) 「三浦郡長坂村斉田浜塩場普請騒動一件書留」『神奈川県史』資料編九(九二六頁、一九七四年)。

(20) 「三浦郡長坂村斉田浜塩場普請騒動一件書留」『神奈川県史』資料編九(九二六頁、一九七四年)。

(21) 「相模国三浦郡秋谷村寄場組合村々明細帳、長坂村」(青山孝慈「相模国三浦郡の村明細帳(二)その一」『三浦古文化』四二号、一九八七年)。

(22) 「(林村塩田開発ニ付出入一条書留)」(国立史料館所蔵祭魚洞文庫旧蔵水産史料、一〇七三)。

おわりに

本章では、近世中後期における江戸内湾塩業の展開について明らかにしてきた。江戸内湾の塩業について、地域社会の問題から捉えようとするとき、村を核としながらも多元的・重層的に存在する地域を大きく三つの要素から考えることができる。

一つは、負担や訴願などを行うときの、行政単位としての地域である。塩浜の御普請や年貢減免などの訴願において、行政単位としての地域が見出される。原則として負担や訴願は、村が基礎であり、年貢減免や御普請などは、領を対象とし一律に行われることもあった。江戸内湾の場合、行徳領・川崎領・金沢領と、領を単位とした塩浜付村々が構成単位となっていたのである。もう一つは、江戸など販売先との関係で見られる塩田の構成単位としての地域である。この地域の範囲自体は、近世の段階では先の行政単位と同じ領であった。最後の一つは、燃料などの供給先をも含めた共生的な関係が見られる地域である。最後に、江戸内湾塩業からみる地域社会の展開について、以上の三つの側面から展望しておくことにしたい。

まず第一に行政単位からみた地域について述べてみよう。

近世中後期における江戸内湾の塩田は、元禄検地を通じて、塩田に対しても、名請による土地所持権が確定していた。こうした関係は、軍事的な産業立地に基づく編成から、田畑と同様土地所持に基づく編成へと転換したことを意味したのである。こうした地域編成の変化が見られるのが、貞享・元禄期であり、具体的には元禄検地以降のことであった。元禄検地を通じて、塩浜は田畑と同様に耕地として再編成されたのである。これ以降、塩浜破損に対する普請金などに拝借金など一定度の援助が見られるようになる。

その後、行徳塩田において、幕府の公権力的対応として新たに見られるのが、代官小宮山杢之進によって行われた塩田破損に対する普請事業であった。小宮山杢之進は、塩田破損箇所に対して内堤には芝を植え、外堤には葭を植えるなど堅固な堤普請を行い、後に小宮山堤といわれるような堅固な塩浜堤の築造が行われた。さらに、小宮山杢之進が代官として就任した時には、数度にわたり幕府が全額を負担するといった御普請（御入用御普請）が実施されている。こうした取り組みは、その実行主体である小宮山杢之進の名声を後世にまで伝えることになったのである。行徳塩田の元禄検地実施以前の普請は、自普請であり、元禄検地以降は拝借金貸与（返済義務有）といった形での御普請であった。享保期以降の御普請は、幕府の全額負担といった御入用御普請が実施されたのである。これは、土地所持・名請―負担の関係を通じて幕府による公権力性を与え、塩田に対する御普請を可能としたのである。そして、それに加え、享保期の江戸廻りに対する地域再編成を通じて行徳塩田に対する普請が恒常的な御普請を可能としたのである。ただし、訴願主体は塩浜付村々の村役人であることから、村方と浜方との利害の不一致が見られ、普請金の横領など諸々の問題を内包したのである。

塩田の破損に際し、行徳塩田への幕府側の対応は、享保期以降幕末に至るまで原則として御普請としての対応がなされる。ただし、その内容は必ずしも同一とは限らない。確かに享保期段階では普請金の全額負担による御入用御普請が基調であったが、近世後期になるに従い、必ずしも御普請として許可されなくなり、自普請も多くなっている。また、たとえ御普請として許可された場合でも、それは、一定の資金を元手とした利子を普請金に充当する「積金貸付」「塩浜仕法備金」による御普請へと質的に変化したのである。ただし、いずれにせよその質的変容を見せながらも、近世を通じて行徳塩田に対し、御普請が行われたという事実は重要である。例えば、大師河原塩田で、明和二年

（一七六五）に塩浜が破損したときは、塩運上の八分減免・拝借金の貸与・塩浜御普請などを数度に渡って訴願しても聞き入れられず、結局塩運上の半分を減免するにとどまっている。また、行徳塩田の中でも、御普請が恒常的に許可される地域は、行徳領塩浜付村々に限定され、近世前期以来高請―負担を行っていた古浜といわれる塩浜付村々に限定されていた。西海神村のように近世初期の段階では年貢を納めていた地域でも、途中荒廃し、再開発の上、天明五年（一七八五）に高請けがなされるような村は、行徳領塩浜付村々の構成単位とならなかったのである。

次に、こうした幕府の公権力的対応（＝御普請）の質的変容に対して、行徳塩田（地域）はどのような対応を取ったのであろうか。まず最初に指摘できる点は、近世中後期に塩浜御普請・塩年貢の減免を訴願するための論理的根拠となる由緒書を作成した点であろう。この塩浜由緒書は、一ヵ所だけに残されたのではなく、同様な文書が実に多くの場所に書き写されている。しかも幕府と行徳塩田に関係する人々だけでなく、広く一般にも知られていた。この塩浜由緒書は、家康以来の行徳塩田との関わりを克明に記したもので、近世前期以来の幕府の地域編成の論理を受容した上で、行徳塩田の論理として再編成したものである。つまり、この由緒を主張することで、行徳塩田存続の正当性を主張する根拠となったのである。近世後期になるにつれ、塩浜への自普請が増加しながら、なお御普請が継続して認められるのは、単に検地高入れによる負担を負ったことにとどまらず、塩浜由緒書の作成による点が大きかったのである。

こうした塩浜由緒書の内容をより具体化したものが、江戸城御春屋への上納であった。この江戸城御春屋への上納は、元来塩年貢の負担の四分の一を現物納で、四分の三を代金納で納めていた現物納分の延長であると考えられる。この御春屋への上納行為の意味が行徳塩田内部で認識されるのは、近世後期のことである。(1) 弘化二年（一八四五）における御普請の訴願の際にも、年貢減免を訴願しても御春屋への納入は継続するとしている。こうした御春屋への上納行為は、由緒に基づく地域のアイデンティティーを具体化するものとして存在し、領主との関係を維持するだけでなく、周辺の村々に対しても思想的影響力を与えたのである。元治二年（一八六五）に開発された平井新田塩浜の開発に対し、現物納分は行徳領における正塩上納分とすることを議定書で取り決めている。御春屋への上納という点について行徳塩田の特権的要素として維持したのである。(2)

また、御普請の対象となる行徳領塩浜付村々とは、本来的には元禄検地が行われ、塩浜への高入れが実施された行徳領の村々が対象であった。そのため葛西領に属し行徳領に属していなかった前野村の場合、「前野村者葛西領ニ罷成不勝手故、当時湊新田分ニ罷成候」との記載に見られるように、(3)行徳領である湊新田分として行徳塩田に編成されている。また、安永九年（一七八〇）に再開発された西海神村の場合、検地による高入は天明五年（一七八五）のことであり、新浜として位置付けられている。このため、寛政元年（一七八九）における御普請の訴願は認められず、駈込訴訟にまで至っている。古浜は、新浜や他領塩浜に対して相違を見ることができるのである。しかし、安政三年（一八五六）の訴願を参照すると、行徳領塩浜付村々の構成村々に西海神村や加藤新田など、新浜なども行徳領塩浜付村々に含まれている。行徳塩田の組織として、内部的な再編成が見られ、組織を強化させていくのである。

行徳塩田は、生業を維持していくだけで、普請費用を蓄積するには至らなかった。にもかかわらず、存続し続けることが可能であったのは、以上のような点があったのである。

ただしこうした要素は、行徳領塩浜付村々にとって存続し続けるものとなったが、江戸内湾の塩業という面から見た場合、逆にそのことが桎梏となった。行徳塩田の周辺で塩田開発する場合でも、議定書を取り交わすなど、新開塩田への対応は、その育成を抑制することになったのである。大師河原塩田内の小田村が塩浜を開発する際、代官から支障の有無を問い合せていることも同様なことといえる。また、塩浜開発地が農業の飼肥料採取の場に支障を招くとして争論に至ることもあったのである。塩田開発に限らず近世社会は、既存の地域秩序の維持を前提とするが故に、既存の塩田自体は存続はするものの、新規の開発塩田に対してはそれが桎梏ともなったのである。

こうした地域的な結合単位は、単に訴願単位としてのみ存在したわけではなかった。第二に指摘した生活単位としての地域としての側面もあった。前章でも指摘したように、近世前期の段階でも文書の管理について領を単位に一括して管理されている。このように、領を基礎に据えた地域社会が存在していたのである。

大師河原塩田の場合、明和元年（一七六四）には、塩垂仲間などが結成され、薪や塩の販売時期などを村役人とは別に塩浜請負人と呼ばれる世話人によって決められていた。苦汁塩の行徳への販売が基礎となって塩垂仲間が結成されたのである（この点は、行徳塩田などの事例をも含めつつ次章でも触れる）。先に平井新田塩浜の開発や次に述べるような薪の売買に伴う出入など地域間の争論・議定書作成においても、行徳領塩浜付村々として世話人を立て、組織的な対応が行われたのである。こうした議定書の作成において、村役人が世話人となることが多いが、村の代表としてよりも、むしろ浜方の代表としていた点が大きかったのである。大師河原塩田の場合も同様で、塩浜請負人を世話人に立て、先に指摘したような塩垂仲間の中心として実務を担う立場として活躍している。領内の塩浜という地域を基礎とした経営体の組織が形成されつつあったのである。

最後に燃料調達や俵などの供給先として、塩浜と周辺地域をも含めた地域社会の問題である。これは、金沢領の塩浜と塩仲買が議定書を取り交わした事例に見られるように、金沢領における製塩業は、単に塩田の人々によって支えられたのではなく、周辺の村々とも結びついていた。天明三年（一七八三）に金沢領の塩浜が下り塩仲買人と価格を相対で決めるという議定書が作成されている。製塩地が薪の需要の場として周辺地域の農間余業を支えていたのである。行徳塩田においても同様なことがいえる。つまり、犢橋村における天保一四年（一八四三）の明細帳を参照すると、「女ハ塩俵編出し行徳迄附送り売払申候　道法五里」と記載されているように、[4]女性の農間余業として塩俵が編まれ、行徳塩田を支えていた。同様に、慶応三年（一八六七）に、行徳塩田の周辺農村（千葉郡久々田村）において、新興商人が薪を勝手に他所に送られた際には、関東取締出役が廻村し、吟味した上で行徳塩田に対して詫びが入れられている。[5]その上で改めて薪買入・販売は船橋五日市の仁兵衛ほか一五名であることを確認した一札を取り交わしている。瀬戸内地域では、燃料を薪から石炭へ転換するのは、寛政期ごろにすでに始まっている。[6]行徳塩田も石炭へと燃料を転換するが、それは近代以降のことである。このように、塩田と周辺農村は共生的な関係を維持し続けたのである。そして江戸内湾の塩田は、規制と維持を表裏の関係としながら、存続し続けたのである。

注

（1）文化一一年には行徳領高谷村において「当戌御春屋納正塩小前取立帳」が作成されている。

（2）こうした江戸城御春屋へ上納するような行為について、製塩地側が特権的なものとして認識する例は他にも見ることができる。近世初期以来、小豆島の塩は、大坂城の御詰塩として納められている。しかも、天保期に幕府領から津山藩への領地替の後も、津山藩への塩年貢分とは別に、大坂城へも塩を納めることを、小豆島側から積極的に願い出て認められている（拙稿「小豆島塩業の展開と大坂城御詰塩」『ヒストリア』一四七号、一九九五年）。

（3）「塩浜由来書」（『市川市史』第六巻、史料近世上、四八二頁、一九七二年）。

（4）「犢橋村差出明細帳」（『千葉県史料　近世篇　下総国下』四頁、一九五八年）。

（5）慶応三年四月「行徳領塩浜薪一件につき内済願書」（『習志野市史』第三巻、三三九頁、一九九三年）。

（6）例えば、現在の広島県瀬戸田町（生口島）の場合、寛政期の段階で、石炭焚に転換していることがわかる（「塩浜石炭焚につき百姓騒動一件」『瀬戸田町史』資料編、二八三頁、一九九八年）。

第四章　行徳塩業の展開と地廻り塩問屋

はじめに

前章では、江戸内湾において製塩業が存続した点について、地域社会が幕府の公権力に依存する問題から明らかにしてきた。本章では、地域社会の変容について、商品流通の側面から考えていくことにしたい。ところで、行徳塩田で生産した塩は、近世初期から幕府が政策的に江戸の消費を賄うことを目的としたものであった。慶長期に小名木四郎兵衛により開鑿したといわれる小名木川は、本行徳村（行徳塩田）と日本橋小網町（江戸）とを結ぶ、大動脈として位置付けられた。そして、寛永九年（一六三二）、本行徳村に河岸が設定され、江戸と行徳とを結ぶ物的・人的交流が展開するのである。

また、元禄一五年（一七〇二）の検地により、塩浜に課せられる負担は、年貢上納分の四分の一が現物納で残りの四分の三が金納と確定した。それにより金納分は、生産塩の換金化が求められ、江戸の地廻り塩問屋と結びつくことになった。大師河原塩田でも、普請金を調達するとき、負担の減免・拝借金の貸与など幕府の公権力的側面に依存すると共に、江戸の地廻り塩問屋から借金を調達している。借金分は生産した塩によって返済するという、問屋制的な前貸によるところが大きいが、貸与分の利金は周辺農村が地元の商人から貸与するよりも低利で、地廻り塩問屋と行徳塩田とは共生的な関係であった。

江戸の地廻り塩問屋について記した由来書の享保九年（一七二四）の項を参照すると、「江戸中諸荷物問屋御改メノ節、右塩屋ノ者共被召出候節、名前書帳面ニテ奉差上候処、右名前四拾七軒之者儀ハ地廻塩問屋ト御改メ被成候趣、其節ヨリ当領ノ者共江戸町ニ小売捌不相成様、右問屋共ヨリ申通候、且当領百姓名前江戸町々へ塩積出塩市同様商ヒ致シ候処、右場所へ西在口ヨリモ前載物馬ニ付参リ商ヒ候ニ付交易致シ、又ハ在口ノ者共塩買入帰馬ニ付参リ候場所故、オカツケ塩町ト唱へ当時大伝馬塩町ノ由ニ御座候通リ塩町儀ハ元カヨイ塩町ト唱候由、其外塩町ト申場所へ当領ヨリ毎朝笊塩積出シ日々相通ヒ江戸町ニ被売捌候儀ニ御座候」という文言を見ることができる。(1) 行徳塩田と江戸の地廻り塩問屋の間は、密接な関係があったのである。しかも地廻り塩問屋は、①江戸周辺の製塩地で生産した塩を荷受けしていた、②江戸を販売先とし、下り塩問屋—仲買のように、北関東も対象とするような広域的の範囲を市場としていなかった、という二つの点が指摘できる。その意味で、江戸内湾の製塩地と地廻り塩問屋との関係は共生的な関係であったのである。

これまでの行徳塩業の研究成果として、下り塩の買入れをめぐりいくつかの成果がある。この方法は幕藩制的な流通構造を崩していく素材として注目でき、古くから注目されていた。この間、楫西光速は、古積塩との関係から明らかにしている。(2) この中で楫西は、下り塩を移入し、苦汁分を無くすことで桝減のない古積塩を関東内陸へ販売している点を述べ、関東内陸に行徳塩の名を高め、その販路を拡張せしめたのは古積塩の製造以後であったとしている。また藤田修史は、「下り塩買入にみる行徳塩田の特質」(3) において、幕末期には、下り塩買入会所が計画されていたことを指摘した。さらに斎藤善之は、下り塩買入れをめぐる歴史的意義について、行徳が中継ターミナルとしての機能を有していた点を指摘し、塩流通ルートが浦賀・神奈川—行徳—関東内陸と、江戸を迂回するルート（「江戸打越」ルート）として成立し、幕藩制流通構造が崩れてきた点を明らかにしている。(4)

以上の成果は、下り塩買入れという事実を踏まえ、その歴史的位置付けを明らかにすることで重要な指摘といえるが、その本質として「行徳において下り塩買入れを可能とした要因は何であったか」という点の考察が不十分であろう。こうした下り塩買入れを可能にするためには、問屋制的な結びつきから離れ、塩田自体で自立する必要があったのである。

以上の点を念頭に据えつつ、本章では、①近世中後期における地廻り塩問屋と行徳塩田との関係と展開の中で行徳塩田が地廻り塩問屋に依存するのではなく、自立していく過程について、②地廻り塩問屋と下り塩問屋の性格的な差異の二つの点から明らかにしていくことにしたい。

注

（1）「東京塩務局行徳出張所ノ部（行徳）」（大蔵省主税局編『大日本塩業全書』第一編、四頁、一九〇六年）。
（2）楫西光速『下総行徳塩業史』（アチックミューゼアム彙報　第四九、一九四一年、後『日本常民生活資料叢書』第四巻、一九七三年に再録）。
（3）藤田修史「下り塩買入にみる行徳塩田の特質」（『市立市川歴史博物館年報』第八号、一九九一年）。
（4）斎藤善之「近世後期における下り塩流通と内海船」（日本福祉大学知多半島総合研究所編『知多半島の歴史と現在』四、一九九二年）。

第一節　近世中後期における行徳塩業と地廻り塩問屋

はじめに

行徳塩田は、近世前期以来、江戸そして関東における塩の供給先として重視された。この点は、瀬戸内で生産された下り塩が流入された以降も同様である。実際、行徳塩田で生産された塩は、小名木川を利用して江戸に送られるだけでなく、江戸川を遡航し北関東へも送られた。そして、江戸に送られる場合、地廻り塩問屋を経て販売されたのである。先に指摘する様に、行徳塩田にとって地廻り塩問屋とは、単に販売先としてではなく、普請金の借用を始め密接な関係があった。本節では、地廻り塩問屋と行徳塩田との関係について、近世中期から後期までを明らかにする。(1)

一　享保期における行徳塩業と地廻り塩問屋

近世初期以来行徳で生産された塩の多くは江戸へ送られていた。元禄一五年（一七〇二）の検地以来、年貢上納分の四分の一が現物塩で、残りの四分の三が金納と確定したことから、生産塩の換金化が求められた。そのため、地廻り塩問屋と結びつく必要があったのである。享保期における地廻り塩問屋と行徳塩田との取引関係について、いくつかの史料を紹介し検討する。(2)

〈史料1〉

享保拾九年寅ノ六月十八日書上御帳之写

地廻り塩問屋七拾六人之内北紺屋町家主金兵衛、南□馬町弐丁目伊兵衛店市郎兵衛、芝三田代地家持小左衛門、同所田町九町目甚兵衛店加兵衛、新泉町長左衛門店与兵衛、新乗物町市郎兵衛店弥七、牛込御箪笥町家主五兵衛、小日向水道町清兵衛店勘助、本所相生町三丁目清兵衛店次兵衛、同所花町吉右衛門店利右衛門申上候、古来ゟ行徳塩・大師河原塩・上総塩、惣而地廻り塩直請問屋仕来り、則毎月入津拾弐品書上ヶ仕候、然処ニ、去丑ノ正月行徳下郷七ヶ村之名主幷塩焼百姓共方ゟ申候者、前々ゟ船頭共ニ塩積渡シ、船頭共方ゟ仕切金請取来り候、船頭共之儀者運賃斗請取候筈ニ候所、船頭共私欲致江戸問屋ゟ遣候仕切金と者過半相違有之、塩焼百姓共困窮致御年貢等上納致兼迷惑致候ニ付、只今迄之船頭共相止メ、外之船頭共ニ積送り為仕、問屋共判鑑を以直仕切ニ致呉候様ニ、江戸八拾弐人之塩問屋共方江申遣候処ニ、右之内七拾六人者得心致候得共、芝口筋問屋六人之者共者得心不致、其儘十六人之船頭共方ゟ上郷之塩積来り、其上右拾六人之古船頭共河岸々江塩船付ケ置キ、拾弐品書上ケ茂不仕候、問屋共手先之売子共方江直売致候、数年問屋共方ゟ売掛ケ茂有之候者共方江直売致候而者問屋共迷惑致候間、古船頭共右芝口六人之問屋共方江塩積送り候儀ハ格別、外々江直売一切不致候様ニ相願候旨御訴訟申出候ニ付、御吟味之上先月六日　越前守様御　番所御内寄合江被為　召出、猶又被遂御吟味候処、右塩問屋七拾六人之者共儀者行徳下郷七ヶ村之名主塩焼百姓共与申合候塩之儀ニ而候、芝口辺六人之者共方江積送り候塩之儀者上郷之塩ニ而候間、差而六人之者共方江障ル儀ニ而ハ無之候得共、拾弐品書上ケ等茂不致、問屋ニ而茂無之者方江船頭共猥り直売致候儀を差留メ申度儀候、乍去七拾六人之者共行徳名主共与申合候下郷之塩ニ而者無之、上郷ゟ出候塩之儀ニ候間、七拾六人之塩問屋共差而障り可申儀ニ而茂有之間敷候、併問屋共方ゟ売掛ケ等も有之候売子共方江、船頭共直売致候而者迷惑仕候段申上候得者、拾弐品書上ケ員数等茂洩候儀ニ有之間、船頭共方ゟ問屋之外猥ニ直請不致候様ニ被　仰渡候（後略）

林玲子は、同史料を引用し『日本塩業大系』近世（稿）を通じて、この史料の全体的なあらましを述べると共に、「問屋仲間帳面を差し出し、幕府が指定した一二品の一つである塩流通に関して毎月書上を仲間から提出することにより、地廻り塩問屋も自らを公認されたものとして特権的な地位を主張するようになる」として「江戸地廻り塩問屋はその独占的地位に関する主張を全面的に認められた」と評価している。(3) 同氏の指摘は、この史料の、享保期における問屋の位置付けを中心に理解したものであった。この史料と同様の史料は、『諸問屋再興調』(4)にも収録されている。その史料は、問屋仲間の再興に際し、享保期における地廻り塩問屋の位置付けを主張の論拠として残されたものである。この書上の中から知ることができる行徳塩田と地廻り塩問屋との関係について考えてみる。

　地廻り塩問屋は江戸内湾の塩田で生産された塩を買請けていた。享保期に、いわゆる「米価安の諸品高」を受けて、幕府が江戸積一二品の入津量の調査が行われ、それを契機に問屋仲間が公的に組織されるようになる。(5) 特に地廻り塩問屋は、行徳塩のほかに上総塩・大師河原塩も受け入れていた。〈史料1〉によると、行徳塩は、「前々ゟ船頭共ニ塩積渡シ、船頭共方ゟ仕切金請取来り候、船頭共之儀者運賃計請取候筈」と、製品である塩を船頭へ渡し、地廻り塩問屋から船頭が直接仕切金を受け取っている。このことが、船頭の私欲を起こす原因となっている。地廻り塩問屋から受け取った仕切金から運賃以上の金を着服したことで、訴願が起こり、行徳塩田では困窮し、代金納分の年貢上納にも差し支えることもあったのである。このため地廻り塩問屋では、直仕切を願い出ている。

　この時期、行徳塩の売買の担い手である行徳塩田と、地廻り塩問屋との間を結びつける船頭が販売塩の取引、金銭の授受において重要な役割を果たしていたのである。そして行徳塩田では、船頭の私欲による着服によって、代金納分として納めるはずの年貢上納が滞り、さらに船頭が小売に直接販売が行われることも主張している。そして、地廻り塩問屋との結びつきで生産した塩を換金し、それを年貢の金納分として納めていたのである。また、地廻り塩問屋八二人のうち、芝口筋の六名が行徳上郷で生産した塩を荷請けし、他の七六人が行徳下郷で生産された塩を荷請けしていた。

六年後の元文五年（一七四〇）「江戸地廻り塩問屋仲間願書控」[6]によると、以下の記載が見られる。

〈史料2〉

（前略）其後五年巳前辰四月、本所徳右衛門町勘七店五郎兵衛与申者、八拾弐人之外ニ而直請問屋仕候ニ付家主方へ相断置候得ハ、右五郎兵衛方ゟ私共御差紙相付双方罷出候所、先書之通私共申上候得ハ、乍恐御前様被仰付候ハ、八拾弐人之外地廻り塩之儀ハ札扱候外ハ、江戸茶船ニ而も紛敷候間、車賕又者歩行持ニ而買取商売致候様ニ被為　仰付、私共願之通急度御留メ成シ被為下難有奉存候（後略）

これによると、四年前の元文元年（一七三六）に、本所の五郎兵衛が新規に直請問屋を行う意向を示したが、地廻り塩問屋八二名以外は直請を認めないとしている。さらに販売方法は、直接販売を容認しつつも、「車賕又者歩行持ニ而買取商売致候様ニ被為仰付」と、車あるいは歩行持による売買が命じられている。この点は、この時期の江戸における地廻り塩の売買は地

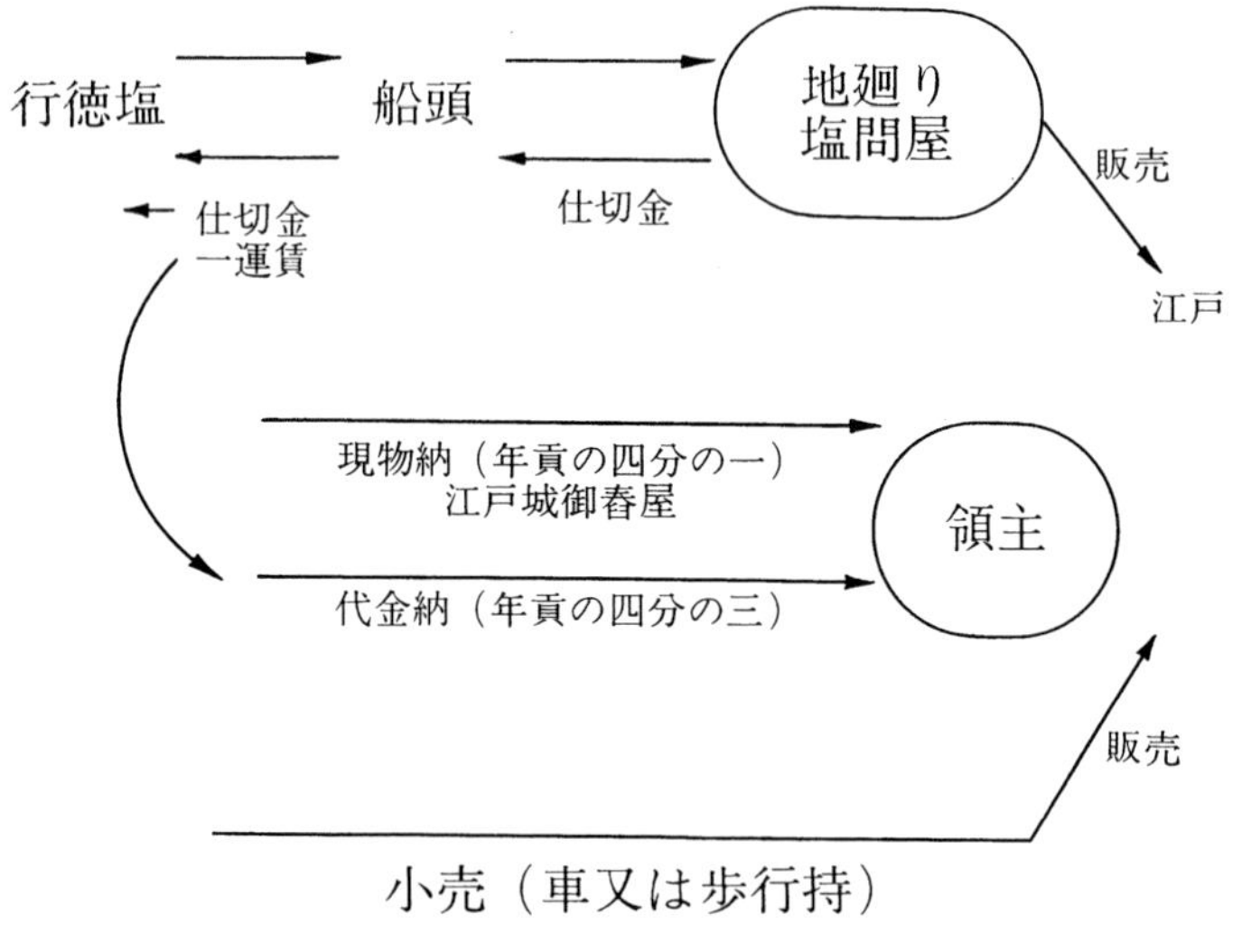

図3　享保期における行徳塩と江戸地廻り塩問屋との関係

廻り塩問屋が中心であると共に、小売としては、江戸の販売が認められていたものとして考えることができよう。

ここで指摘してきた関係をまとめると、図3のようになる。つまり、享保期において地廻り塩問屋は、八二名によって組織される。市中の直接販売は茶船による持込み販売は認めず、車・歩行持などの小売に限られたのである。しかも、地廻り塩問屋は行徳塩田や大師河原塩田を前貸によって一定度掌握しつつも、原則として荷受を基調としていた。また地廻り塩相場の決定は、下り塩相場に照応したものとなっている。船頭は、その相場に応じて仕切金が受け取られ、運賃を差し引いて代金が生産者（行徳塩田）へ渡されたのである。ここで注意すべき点は、地廻り塩問屋と行徳塩田（生産者）との間では関係を持ちつつも、船頭に対しては相互に直接的な関係を持ってはいなかった点であろう。つまり本来的に、船頭は運賃積みとして輸送を担っていたが、①時期に応じて塩相場が変動するという点、②地廻り塩問屋を経ずに直接小売を行うという点の二つの要素で、独自な活動が行われ、私欲（不正）を行う要素となっていたのである。

二　宝暦期における行徳塩業の展開

次に宝暦・天明期における行徳塩業の展開について見てみよう。まず最初に、塩輸送を果たした船頭が、問屋仲間以外に塩を積送り、舟頭が江戸塩問屋年番に対して、提出している詫び状を取り上げる。(7)

〈史料3〉

一札之事

拙者儀年久鋪塩舟ニ乗来候処、去ル丑年中江戸京橋五郎兵衛町無名代半四郎方江塩積送り候儀御中ヶ間江相聞江、段々御尋之上拙者商売之義御差留被成候段御尤至極ニ存候、依之家内之者幷竈屋相頼、此度御仲ケ間江御詫申候処御聞届ヶ被成、先規之通積送り候様御相談被下忝奉存候、此末御仲ヶ間之外無名代之方江一切積送り申間鋪候、為其竈屋船頭加判仕候上者向後不埒成義御座候ハヽ、彦右衛門儀者不及申加判人迄も一言之義申間敷候、為其一札依而如件

宝暦八年寅三月

行徳欠真間村
舟頭　彦右衛門　印
証人　佐右衛門　印
同竈屋　太兵衛

江戸塩問屋　重兵衛殿
御年番　甚　蔵殿

右之通本書之儀者神田三河町壱町目重兵衛方ニ預り置候

この詫び状の加判人は、欠真間村の村役人でなく、竈屋の太兵衛である。つまり、塩問屋と船頭の間に塩問屋が仲立ちして取り交わされたものといえる。先項でも指摘したように、享保期以来運輸を担った舟頭の意味は大きく、地廻り塩問屋としても行徳塩田としても、直接の取引方法が確立していないことを示すといえよう。

またこの時期、舟頭の不正のみならず、下り塩の流入により江戸および北関東での塩相場が安価となることで、行徳塩田での経営は必ずしも芳しい状況ではなかった。その状況を受けつつ、行徳領の上郷九ヵ村では塩買人を特定することを願い出ている。(8)

〈史料4〉

乍恐以書付奉願上候

一行徳領上郷九ヶ村塩焼百姓共申上候、先年ハ塩浜百姓塩煮出高宜敷相場茂高直ニ御座候、塩買人共義茂手廻能大勢有之金銭通用相応ニ仕入に仕候ニ付、塩を送り来り候処、近年在々と塩直段上候、気(衍)気ニ罷成候内、殊ニ去々丑去寅両年大満水以後塩浜情気弱罷成、塩売出高夥敷減少仕候故至而困窮仕、其上塩買人共ゟ一向金銭不通用罷成候ニ付、其日暮シ同前ニ而其時ニ御年貢御上納ニも差支塩浜ニ而渡世仕候者共□□□□仕候、右ニ付塩買人共ト相詰仕候得者、塩買人共義茂近年行徳川岸相場之義江戸下り塩直段とハ格別成下直、剰相場不同ニ而塩買人仕入貯金損金多ク困窮ニ至り、無拠上州筋又者所々舟□□□□□□相相立前借手付取之売払金銭受取塩売買仕候所、江戸下り塩直段とハ格別下直ニ引合不申候方便ニ行詰り、塩浜第一御年貢ニ差当申儀ニ付、相談之上今度塩買人極メ置候ハ、買人共金銭調前売相止メ極置、□□□□江塩売買仕候ハヽ、江戸下り塩直段と高下ヲ引合売買相成候節ハ金銭通用も勝手宜敷可相成と奉存候、然時ハ塩焼共人夫相応ニ抱候手廻りニ茂相成申候、右煮高相応之薪右夫食代金を□□□□□年々仕入金竈ハ右相応ニ手配致呉候積り、今度塩買人申候、左候ハヽ右塩焼百姓共助成ニも相続可仕与奉存候ニ付、塩焼百姓幷買人□□為成仕奉願上候ニ付、右之趣被為聞召訳御吟味之上塩浜為相続向後塩買人共名前極メ置候様被為仰付被下置候様幾重ニ茂奉願候、右□□□極メ被仰付候ハヽ、上郷九ヶ村漸引江川御普請所奉願候節御目論見人足之内三百人塩買人共塩焼百姓共相願乍恐相勤可申候、且又塩場へ□□其外右ニ拘り候御上納物塩浜困窮故是迄ハ御割賦日限等延引仕候得共塩買人願之通り御極メ置被下置候得者、向後右之者共ゟ御触日限通り□□□私□御上納仕呉候様熟談仕候相違無□□□方買人一同連印を以奉願上候ニ付、御慈悲を以塩買人五人願之通り御極置候様被為仰付被下置候ハヽ、大勢之塩焼百姓御救売□□□□仕合ニ奉存候以上

行徳九ヶ村

宝暦九年卯十一月　　　　　　　　　　　　□□□

小田切新五郎様

前沢藤十郎様

御役所

〈史料4〉によると、この時期塩浜が浸水し、塩付きが悪くなり、生産高が減少したことを指摘している。さらに宝暦期には、行徳河岸相場が江戸の下り塩相場と比較して低く、かつ塩相場が変動するために塩買人の仕入貯金が損する危険が大きいことを指摘している。しかも行徳塩は、江戸ばかりではなく関東内陸にも販路を求めているが、前借をすることもあって、行徳塩の価格は、下り塩の値段と比較して低く押えられたのである。

その結果、年貢上納に差し支えることを指摘している。このような状況に対し、行徳九ヵ村では九ヵ村内に塩買人を特定することを願い出ている。塩買人を特定することで、行徳塩の独占的買入れを可能とし、下り塩相場に応じて販売が可能となった。つまり、この時期行徳塩田は、地廻り塩問屋との関係を強固にすることで、解決を図ろうとしたのである。この願書が受け入れられたかどうかは、明らかにならない。ただ、行徳塩田は、塩買人を組織化することで産地問屋の成立を志向したことは注目できる点であろう。

寛政二年（一七九〇）に、塩の販売先について記した伊奈右近将監役所に提出した〈史料5〉を参照してみる。(9)

〈史料5〉

煮塩売捌方之儀、領内村々之内問屋を立置、問屋江時々之相場を以売渡、右問屋共売捌方之儀、主ニ上州・信州江売渡上州辺ゟハ月々時々塩買入ニ廻船仕、其外国々江者常陸・下野・奥羽・両州白河辺迄ハ当領之塩舟積川通海上共廻船仕、別而甲信上州三ケ国江ハ夥敷運送仕候段、乍恐当領内塩之儀者関八州之国益ニも相成可申儀与奉

存候、殊ニ御府内江戸町々江差出候塩ハ積船相定、町方端々最寄宜場所江七拾五軒笊塩問屋と申相定、右問屋江笊塩日々月々ニ相送り相場之儀ハ諸国ゟ江戸表塩廻船入津之節相場相立候ニ付、右相場を以代金取引仕、勿論当領内問屋共ニ而相場違イ無之様ニ塩焼百姓共ゟも問屋江掛合日々相場相糺し塩代金取引仕、尤江戸町方ニ而、諸国入津之塩少ク払底高直之節ハ当領より塩夥鋪差出、町方当用差支ニも不相成様潤沢仕、且塩小売捌方之儀ハ東西葛西領江も笊塩ニ而当領之塩売買之儀者大造成儀ニ而、江戸表笊塩問屋地塩問屋其外武州川附領々上州問屋中買数多有之、誰々方江塩相送り候奉申上事相知れ不申候得共、相場立之儀ハ重々江戸表問屋ゟ承糺上州江も右之振合ニ而運賃相場附越以、売捌仕候ニ付前書奉申上候通、時々之相場平均仕代付仕奉書上候

同史料を参照すると、行徳塩の販売をめぐり、以下の四点にまとめられる。

①行徳領内にも問屋が存在していた。いわゆる江戸の問屋（集散地問屋）とは異なる、産地問屋といわれるものだが、この問屋によって売りさばかれた。

②行徳塩の販路は、関東・甲信・東北白河までを範囲としており、特に、甲斐・信濃・上野の三国へは相当量の塩が運ばれている。その意味では、関八州を超えた範囲を行徳塩の販路としていたのである。

③江戸に送られる行徳塩は、笊問屋（地廻り塩問屋）七五軒へ送られている。下り塩などの入津の様子をも考慮に入れつつ相場が立てられた。また、上野の相場については、江戸の問屋から江戸の相場と運賃を考慮に入れて立てられた。

④東西葛西領へも小売として相当量送られている。

以上に見られるように、行徳で生産した塩は、関東各地へ送られていたのである。史料中、興味深い点は、「乍恐当領内塩之儀者関八州之国益ニも相成可申儀与奉存候」と記されている点であろう。つまり、販売先の空間は関東だ

けでなく、甲信地域や東北白河にまで及んでいるにも関わらず、行徳塩販売によってみられるとされる国益の対象範囲は、関八州（関東領国）という点である。以前、関東における国益の地理的空間は、御府内・関東・全国の三つの側面から把握できることを指摘したことがある。(10)本史料の場合は関東領国を範囲としていたといえよう。そしてまた、由緒書とは別に、実態としても、行徳の塩が関東領国を賄うためのものとして認識され、塩が領国内に行き渡ることについて国益として位置付けられたのである。

三　文化一〇年の塩会所設置の歴史的意義

これまで指摘した通り、宝暦期段階、行徳塩田では、地廻り塩問屋との結びつきを強化する中で塩田存続が図られた。しかしその後、行徳塩田内に塩買人や問屋が設置され、産地問屋が形成された。さらに文化一〇年（一八一三）になると、行徳塩田では、塩会所設置を願い出ている。次に本項では、この塩会所設置構想は如何なるものであったかを「行徳領塩稼売捌仕訳取調并村々ゟ会所願之控」から検討していく。まず最初に、塩会所設置の願書を提示しつつ、塩会所設置の目的について明らかにする。(11)

〈史料6〉

乍恐以書付奉願上候

一行徳領塩浜附村々役人共并塩焼百姓惣代一同奉申上候、当領塩浜囲堤海辺通当酉年ゟ石垣御普請被仰付候旨、先達而被仰渡村々御請書奉指上候、然ル処今般本行徳村地先海面江御普請為御手初メ御取懸被仰付土方村役人足ゟ仕立方仕候所、何れ茂干潟之場所汐間取ニ而人足掛り多捗取兼候ニ付、皆百姓役ニてハ大造之場所仕立方難義之趣及御見御評儀有之候上、村々一同被召出右御普請仕立方人足賃被下置百姓役相勤候処仕法も可有之旨被仰渡、仍而当領村々ゟ焼出候出来塩売捌候ニ付、最寄宜敷場所江会所壱ヶ所御建被下置候様奉願上候、左候へ者塩買請人売捌方取締宜敷相成、且右之買入金之儀者出来塩代金三千両御手当被成下置候ハヽ、行届可申哉ニ奉存候、尤格別天気快晴打続出来塩相嵩捌方不進之節ハ、猶又買入金御手当被成下置候様奉存候、右ニ付村々役人共幷塩焼百姓一同申合セ手段取極メ相願候様被仰渡候ニ付、此節一統及相談別紙帳面ヲ以村々壱ヶ年之出来塩売捌口銭之内村々是迄旧来俵塩買請候仲買問屋共江御渡方口銭之分仕訳ヶ取調奉差上候、勿論右仲買問屋江御渡被下候口銭之儀者、村々ゟ一応相掛合候得共是迄右之者共得意先江売捌候口銭ゟ相減候ニ付、一同承知之趣取極メ兼候間、何卒御勘弁ヲ以仲買問屋共被召出、此度会所御取極之上右問屋共金壱両ニ付銀壱匁六分ツヽ口銭受取是迄之通村々塩焼ゟ塩買請代金取引仕候様被仰付度奉願上候、且江戸表江津出シ売捌候笊塩之儀是迄村々小前之内所持之塩船へ積入江戸問屋方運送致河岸揚之上、時々赤穂塩相庭ニ随ひ相場相立塩代金右船頭江請取竈屋方江勘定仕来候処、今般会所相建候上者笊塩船積之節舟頭会所届出し員数改メ相済候上、右塩代金ハ会所ゟ浜方江御渡被成下候積、且送り状之儀者船頭江御渡シ前書笊塩問屋共ゟ塩代金ハ舟頭方江請取時々会所江相納候節口銭之儀者別紙申上候割合相納メ可申候、尤是迄塩笊之義舟頭方ニ而買入候者も在之、又ハ問屋ゟ買入候共区々ニ而遣捨紛失等有之、舟頭共難義之趣ニ付、今般別紙之通浜方ゟ口銭会所江相納メ候ニ付、旧来舟頭方江相渡候口銭者金壱両ニ付半笊ツヽ、塩口銭取極メ渡来候内弐分五厘ハ対談之上相減、右ヲ是も合相成候ニ付、銀弐匁ツヽ浜方ゟ会所江相納メ候積、然ル上ハ以来塩笊ハ江戸問屋共ゟ買入銘々印を相附、舟頭方江相渡候様仕度奉存候、其外近在ゟ村々江罷越駄付小売塩之儀者何連茂少分之儀ニ候得者右塩代金凡積ヲ以村役人共ゟ塩焼百姓江割合別紙之通口銭会所へ相納候積、勿論領中村々近来年増困窮相募り候ニ付、是迄仲買問屋幷笊問屋共ゟ塩代金前借致来候所、今般会所相立候上者右両様前借之折是迄之振合ヲ以村々塩焼百姓共ゟ前借仕入金御貸被下候様一同奉願上候、然ル上者一同被召出口銭受取方取極塩氘買入方引宛テ赤穂塩之相場ニ随ひ仕切金相渡候様被仰付度別紙口々口銭ヲ以人足賃銀被下置候ハヽ、領中一統石垣御普請出来新開町歩相増幷古浜田畑開墾仕塩稼農業共場処広ニ相成可申歟与奉存候間、何卒以　御慈悲前書之趣御勘弁被成下願之通被為仰付被下置候様、郡中一統相続仕難有仕合奉存候、以上

文化十酉年六月

行徳領塩浜付拾九ケ村
村々三判
外ニ塩焼百姓惣代
壱村壱人ツヽ

竹垣三右衛門様
御役所

本史料は、塩会所設置に関する願書である。願書の中に見られる範囲で、塩会所設置の理由を探っていく。まず最初に史料の内容について箇条書きで述べると以下の七点にまとめられる。

①石垣御普請が命じられ、百姓役として行うことで請書を提出した。しかし、普請の場所が干潟なので作業が汐の引いている時だけなのではかどらない。よって百姓役のみで築造するのは困難である。

②普請方法をめぐり村々で相談したところ、御普請の一つとして、人足賃を与えることで百姓役を勤める方法がある。その人足賃を得るために、行徳領内の適当な場所に会所一ヵ所を建て、塩の販売口銭を得ることを願い出たい。

③会所設置は、買請人と売捌方の相互の取締という点で有効であり、かつ口銭として得られた三〇〇〇両が普請人

足の手当の代金に充当できれば普請も行届くと考えられる。また、天気が快晴で出来塩が多くなり、販売が滞る場合は、さらに買入れ金を手当として下さるようにお願いしたい。

④会所設置に関し、行徳領村々の村役人と塩焼百姓が相談し、一年の出来塩・口銭の仕訳について取り調べたのが表29である。問屋口銭の収入は一両当り二匁ずつとし、仲買口銭を必要とする上納俵塩（北関東へ送る塩）は、口銭を一両当り三匁六分受け取り、一匁六分は口銭として仲買に与えることにする。

⑤これまで、地廻り塩問屋は塩代金を船頭に与え、船頭を通じて竈屋へ送られていた。このため舟頭の不正もしばしば見られた。しかし、会所設置により、塩を船積する際は舟頭が会所へ届け出し、数量を確認した上で塩代金は会所から浜方へ渡す。そして、送り状を船頭に渡して笊塩問屋（地廻り塩問屋）へ届け、塩代金は船頭が受け取り、口銭と共に会所へ納めるようにする。これによって、舟頭の不正を未然に防ぐことができるようになる。

⑥行徳領内の村々が困窮した時は、仲買問屋あるいは笊問屋（地廻り塩問屋）から塩代金として前借を受けていた。今後は会所により前借できるようにする。これによって、地廻り塩問屋に買い叩かれることがなくなる。

⑦以上のように口銭収入で、人足賃銀を受ければ、行徳領内の塩浜は、石垣御普請を可能とし、塩稼・農業の場所が広がる。

以上、〈史料6〉の塩会所設置の願書について七点を箇条書きにして提示したが、この塩会所設置の願書は結果として、「右願書ヲ以一統願出候処御聞済之上御役所ニ而も会所引受人御見立可被成候得共村々之者共ゟも見立可申出旨被仰渡候」と塩会所の設置の許可を得ているようである。

この計画の収益を具体的に試算したのが、表29である。全体として石高で記載したのは、笊塩が四斗入であり、小売塩が五斗入と差異が見られるためである。「焚塩」と記載されているのが、生産高のことである。「笊塩」が江戸売の塩のことであり、「駄付小売塩」が行徳周辺村々へ販売した塩のことであろう。同表を参照すると、販売分と上納分の口銭から仲買口銭を差引いた、六五一両三分が会所における一年の口銭収入として算出している。

つまり、塩会所は、第一義的に口銭収入による塩浜普請における人足賃を得ることを目的として設置された。しかし副次的に、会所設置を通じて、以下の三点の意味で、行徳塩業の経営自体の変化を目指したものといえる。

第一に、生産された塩の売買は、会所設置以前は竈屋と船頭と地廻り塩問屋の三者が個別に行なっていた。このため、運送を担う船頭が地廻り塩問屋以外の商人への売却や仕切金の着服が見られるなど、不正が多く見られる。しかし、この塩会所設置を通じて、塩代金は塩会所へ納め、その上で浜方へ支払われるようになった。このため、塩会所が船頭と塩浜との仲立ちを行うことで、船頭の不正を未然に防ぐことを可能としたのである。

第二に、生産された塩代金は、その時々の赤穂塩の相場に照応して支払われた。このため、塩会所設置を通じて、「年々四月五六月頃天気打続出来塩相嵩買人不進、相場下直ニ相成候節ハ元問屋会所江出来塩之分買上置六月下旬ゟ相場見合売捌候ニ付、右買上金ハ兼而心得可有之候事」とあるように、価格の動向を睨みながら販売時期を決めることができたのである。さらに販売先について、江戸が価格的に折り合わない場合、北関東方面へ求めるなど臨機応変に販売先の変更が可

金　額	永　高	会所口銭	割　合
19,618両		1020両　永201文4分	
5,296両3分	110文	174両2分永 31文	1両に付2匁
510両0分		17両0分	1両に付2匁
13,811両0分	140文	828両2分永 68文4分	1両に付3匁6分
		368両1分永 47文1分	1両に付1匁6分(13811両から算出)
		651両3分永154文3分	

訳取調并村々ゟ会所願之控」(国立史料館所蔵祭魚洞文庫旧蔵水産史料659,『市川市史』第六巻,

では14,618両となっているが計算が合わないことから，19,618両と記載した

能となったのである。

第三に、塩浜が困窮した場合、塩会所設置以前は生産塩の前金として、地廻り塩問屋から塩代金の前借りをしていた。しかし、この塩会所設置を通じて、金銭の貸借を担い、宝暦以前に見られるような問屋と産地の共生的な関係から産地問屋を成立させ、産地自体で自立する方向へと転化したのである。

つまりこの塩会所の設置は、浜方（塩田）と江戸あるいは関東内陸（販売先）を結ぶ産地問屋としての機能を有し、行徳塩業の問題点であった船頭の不正への対応を可能とした。その結果、問屋制的な結びつきから行徳自体で独自の対応を志向するに至ったのである。

表29　塩会所設置計画試算

項　目	石高(石)
焚塩	98,090.0
笊塩	26,484.3
駄付小売塩	2,550.0
上納俵塩	69,055.7
仲買口銭	
一年間の口銭収入	

(1)文化10年「行徳領塩稼売捌仕
史料近世上　1972年，501頁）
(2)金額の合計について，史料中

おわりに

以上、近世中後期における行徳塩田と地廻り塩問屋との関係について検討した。簡単にまとめると、享保期、宝暦・天明期の段階では、地廻り塩問屋と行徳塩田は強固に結びつくことで、相互の発展を可能としていた。それが普請入用金の調達を目的に文化一〇年（一八一三）に塩会所設置が意図され、結果として江戸地廻り塩問屋の規制を受けない産地問屋を形成するに至る。この点が、行徳塩業において、大きな画期として位置付けられよう。

無論、この塩会所設置が行徳での下り塩買入れの直接的な要因として指摘することはできない。しかし、地廻り塩問屋と行徳との関係が享保期に見られるような共生的な関係から宝暦九年（一七五九）の訴願の様に塩買人（販売組織）の設定、そして、寛政二年（一七九〇）の段階には、生産した行徳塩の保管・販売の機能を有する問屋が存在し、さらには文化一〇年の塩会所設置（販売・普請組織）の訴願が見られる。このように、行徳塩の販売方法は、その性格を変えながら、地廻り塩問屋と共生的な関係から行徳塩田自体で自立した経営形態へと志向したのである。
行徳塩田において塩会所設置を可能にした要因は、北関東への販路拡大であったことはいうまでもない。ただ、それだけでなく、領主の許可を可能にした論理的根拠として、御普請金の調達を主張している点は注目できる。塩浜御普請への訴願という公権力的対応の要請に対し、幕府は何らかの対応を示す必要があり、それが、口銭収入による御普請金調達を目的とした塩会所の成立を必要としたのである。

注

(1) 同節の内容については、「近世後期における行徳塩業の展開と地廻り塩問屋」(『日本塩業の研究』第二二集、一九九三年)を改稿したものである。
(2) 「江戸地廻り塩問屋仲間書上帳写」(八木家文書『日本塩業大系』史料編　近世三、四九七頁、一九七七年)。
(3) 「消費地における塩の流通組織」(『日本塩業大系』近世(稿)、一九八二年、三三二頁)。
(4) 「享保十九年六月十八日　江戸地廻り塩問屋十名願書」(『諸問屋再興調』、『大日本近世史料』第六巻、一四〇頁、一九六五年)。
(5) 大石慎三郎「享保改革期江戸経済に対する大坂の地位―享保改革期における市場構造について―」(『日本歴史』一九一、一九六四年、のち「近世中期における大坂市場と江戸市場」『日本近世社会の市場構造』、一九七五年、岩波書店)。
(6) 「江戸地廻り塩問屋仲間願書控」(八木家文書『日本塩業大系』史料編近世三、四九九頁、一九七七年)。
(7) 「塩舟船頭詫一札」(八木家文書『日本塩業大系』史料編近世三、五〇一頁、一九七七年)。
(8) 清沢家文書。
(9) 「塩浜稼方巨細仕訳ケ書上帳」(市立市川歴史博物館蔵、田中家文書)。
(10) 拙稿「幕末期商品流通の展開と関東市場」(『関東近世史研究』第四一号、一九九七年)。
(11) 文化一〇年「行徳領塩稼売捌仕訳取調并村々ら会所願之控」(国立史料館所蔵祭魚洞文庫旧蔵水産史料「行徳領塩稼売捌仕訳取調并村々ら会所願之控」六五九、『市川市史』第六巻、史料近世上　一九七二年、五〇一頁)。

第二節　地廻り塩問屋と下り塩問屋

江戸に送られる塩は、地廻り塩問屋と下り塩問屋に送られる。下り塩（瀬戸内塩）を荷受するのが下り塩問屋であり、地廻り塩（行徳塩・大師河原塩・上総塩）を荷受するのが地廻り塩問屋であった。地廻り塩問屋と行徳塩田との間で争論になることがあっても、行徳塩が下り塩問屋へ送られる事例はほとんど見られない(1)。逆に、下り塩も、地廻り塩問屋に送られ販売されることは、幕末になるまで見ることができない。また、下り塩問屋には塩仲買が存在するが、地廻り塩問屋は存在しない。

このように、江戸・関東における塩の販売を担う存在として、性格を異にした二つの問屋組織が江戸に共存していた。本節ではこの販売組織の違いと特質を明らかにしていくことにしたい。かかる点を通じて、江戸周辺の塩田が存続・あるいは瀬戸内塩田との産地間競争で敗れることがなかった点や（決して勝つわけではないが）、幕末期に下り塩が江戸に入荷されず行徳河岸や神奈川湊へ送られる理由の一端を見いだすことができればと考える(2)。

一　下り塩問屋—仲買

1　下り塩廻船問屋の性格

下り塩問屋とは、瀬戸内で生産した塩を荷受し、保管する塩問屋のことである。『榎本弥左衛門覚書』を参照すると、「新問屋とて四人定候、近藤・銭や・阿波や・三原屋也」と記載されるように(3)、下り塩問屋は四軒によって構成される。その後、文政二年（一八一九）では、松本屋重三郎・長島屋松之助・渡辺屋熊次郎・秋田屋新助の四軒で構成されている。(4) このように問屋の屋号は異なるものの、近世を通じて下り塩問屋は四軒であった。また、近世前期の段階で仲買―小売(売子)も存在し、この段階で仲買は八〇人いた。(5) さらに近世前期では、伊豆諸島などの年貢塩の入札にも参加し、仲買による地廻り塩(年貢納入分)の購入もあった。慶安の段階ですでに、下り塩問屋は、問屋的機能(下り塩の管理・保管と仲買への販売による口銭収入)を基礎とし、仲買―小売による販売といった、下り塩による販売組織が成立していたのである。(6)

下り塩問屋について、以下の様な記載を見ることができる。

〈史料1〉

一寛永ノ頃ニ及ヒ江戸地方漸次繁盛ニ至リ、廻漕ノ便倍盛ナルニ従ヒ、船主ハ積荷ノ増加スルヲ以テ船製造ノ入費ヲ速ニ償却スルコトヲ得、荷主ハ運送費用ノ抵価ニシテ運輸ノ速ナルニ由リ、江戸荷主ト大坂船主ト相謀リ、荷物出入等ノ請次取扱ヲ為ス者ヲ定メタリ、之ヲ廻船問屋ト名ク、是レ廻船問屋ノ創始ナリ、諸問屋沿革書ニ詳ナリ、当時問屋人員五十余名アリ、之レヲ分ケテ四組トス、即チ菱垣廻船問屋三名、樽廻船問屋三名、塩廻船問屋四名、廻船問屋是ナリ、菱垣廻船ハ専ラ大坂地方ノ仕立ニ係リ、樽廻船ハ大坂・池田・伊丹ノ仕立ニ係リ、塩廻船ハ赤穂・才田ノ仕立ニ係ル、又廻船下リ塩問屋ト称フルモノハ尋常ノ廻船問屋ト異ナリ、塩問屋ヲ兼業ス、塩問屋沿革書ニ詳ナリ、其他諸国浦々ノ仕立ニ係ル廻船ハ、諸問屋ノ中ニテ各其取扱ノ船ヲ定ム、之ヲ称シテ株船ト云フ

同史料を参照すると、江戸の輸送を担う廻船問屋は、菱垣廻船問屋・樽廻船問屋・塩廻船問屋・廻船問屋の四種の廻船問屋に分けられる。そして、すでに塩廻船問屋が、近世前期の段階で樽廻船問屋・菱垣廻船問屋などと共に成立しており、塩問屋と廻船問屋を兼業する形で存在していたのである。また「赤穂・才田ノ仕立ニ係ル」とあり、播州

赤穂や阿州斎田などから相当量の塩が送られていたのである。

享保九年から一五年（一七二四〜一七三〇）における江戸の入津量書上は、当時顕在化していた「米価安の諸色高」の社会問題を受けて書き上げられた。[7] 下り物の重要品目である一一品が対象とされた。この入津量の書上は、『大阪市史』[8] と『享保通鑑』[9] の二冊に収録され、それらを参照すると、表30のようになる。この表30を参照すると、『大阪市史』の記載では、塩の入津量が例年ほとんど無く、『享保通鑑』には、一六七万俵と相当量が入津されている。この違いは、大坂で荷受されているか否かの違いによるといえる。[10] すなわち塩の場合は、塩廻船を利用した形で大坂を経由することなく直接江戸に運ばれていたのである。また、塩一俵当り三斗として、一人当りの年間消費量を一斗として概算すると、おおよそ二〇〇万人分の塩が移入されている。江戸の消費以上の相当量の下り塩が江戸へ送られていたのである。次に、〈史料2〉を参照しよう。[11]

〈史料2〉

一塩廻船問屋四軒問船引請方之儀者、四軒之内塩荷物送来り候問屋江廻船も引請候、外問屋之問船塩荷物積下り候節者、右廻船ハ其問屋江右四軒之内塩荷物引請候問屋江両株ニ相附ケ、通船手形塩問屋ゟ差出候も有之候、且又両株ニ致さず其船引請来り候問屋ゟ通船手形差出候も有之、何れ仕来りを以引請来り候、勿論塩問屋之儀者、塩引請候者廻船も引請候事故、右四軒之内ニ而引請場所之廻船幷外問屋問船両株ニ附ケ候廻船共、最初引請候船外三軒之内江重而荷主差図ニ而着船致候へハ、最初引請問屋之株帳相消、其節引請候問屋之株帳ニ相記候、右之通四軒定ニ而相互ニ違論無之候

右之外惣廻船問屋式法同断ニ候

塩廻船問屋

表30　享保期における江戸入津高

	繰綿(本)	木綿(箇)	油(樽)	酒(樽)	醤油(樽)	米(俵)	炭(俵)	魚油(樽)	塩(俵)	薪(束)	味噌(樽)	銭(箇)
享保９年	103,530	10,471	73,651	265,395	112,196	13,278	251	296	6,780			
享保10年	69,012	8,180	62,802	236,066	136,247	450	30	22				
享保11年	98,119	12,171	69,172	177,687	101,457	3	764		248			
享保12年	134,381	20,179	49,744	211,443	131,817	3,870	1,053	77	400			
享保13年	78,696	13,926	57,301	189,828	158,088	37,201	565					
享保14年	102,398	12,893	48,639	221,846	153,469	74,946	300					
享保15年	84,025	13,947	77,022	235,997	162,411	4,780	168	23	2,400			
平　均	95,737	13,109	62,619	219,752	136,526	19,218	447	105	2,457			
享保11年	81,029	36,135	90,811	795,856	132,829	861,893	809,710	50,501	1,670,880	18,209,687	2,828	19,407

(1)最下部の享保11年のみが『享保通鑑』（辻達也校訂，1984，近藤出版社，250頁）を参照
(2)他は『大阪市史』（第一，大阪市編，1913年，651頁）参照
(3)享保12年には，米の他に餅米15俵の輸送あり

松本十次郎
長嶋彦右衛門
渡辺熊次郎
秋田新助

天明元年（一七八一）六月、牧野大隅守番所において廻船問屋の行事が召し出され仲間仕法について尋ねられた。

〈史料2〉は、その中で各廻船問屋が答えたもののうち、塩廻船問屋の部分を抄録したものである。廻船問屋の式法とおおよそ同じだが、塩の荷受は塩廻船や製塩地の任意によって決められている。

同じ天明二年一一月に作成されたものをまとめた「入合持切問船場之部」を参照すると、(12) 阿波国・讃岐国における各地の塩荷は、下り廻船塩問屋の四軒によって荷受が行われている。下り塩廻船問屋の問船場として阿波国・讃岐国が設定されるように、近世中後期には、阿波国・讃岐国の両国が主たる下り塩（江戸に送られる塩）の産地であった。また、この「入合持切問船場之部」の冒頭に「新船出来候ハヽ、右之通名差江引請可申候、壱度引請候船者其問屋之問船ニ定候間、新船何れ茂相問屋江達引請、外問屋ニ而猥ニ引請申間敷候……」とあり、廻船問屋で新船ができたとき、一度問屋が引き受けると、その新船を問船と定め、その後の取り扱いを規定している。この点、塩廻船問屋の場合は規定されていない。

下り塩問屋は、近世を通じて基本的に荷受問屋であった。これは、①江戸で恒常的に塩の荷受があること、②塩廻船・瀬戸内の製塩地にとっては、江戸に塩を送荷する必要は必ずしも無かったことの二つを意味したのである。

2　下り塩仲買と小売

下り塩仲買の特徴の一つとして、多くの仲買問屋が他品目の問屋と兼帯している点があげられよう。表31は、文政期の醤油問屋・明樽問屋・奥川積問屋、そして下り塩仲買問屋の名前をまとめたものである。一覧しても兼帯している問屋が多く、(13) 四つの問屋仲間の中で二二名が兼帯している。塩仲買問屋で兼帯しているのは七名で、そのうち六名が醤油問屋と兼帯している。原料としての塩を購入し、製品としての醤油を江戸で販売するためにも、塩仲買問屋と醤油問屋を兼帯することが多かったのである。ヤマサ醤油として知られる広屋儀兵衛が広屋吉右衛門を通じて江戸に

表31　醤油酢問屋・下り塩仲買問屋・明樽問屋・奥川船積問屋一覧

兼帯	醤油酢問屋	塩仲買問屋	明樽問屋	奥川船積問屋	問屋名前	備考
	★				伊坂屋市右衛門	
		★			伊坂屋藤兵衛	
			★		伊勢屋伊兵衛	休株，鑑札仲間行事預り，文政13年3月池田屋安兵衛へ
	★				伊勢屋卯兵衛	
				★	伊勢屋喜右衛門	
	★				伊勢屋吉之助	
	★				伊勢屋久五郎	
	★				伊勢屋幸右衛門	
	★				伊勢屋市郎兵衛	
★	★		★		伊勢屋新兵衛	
	★				伊勢屋仁兵衛	
			★		伊勢屋清兵衛	
	★				伊勢屋太郎兵衛	休株
			★		伊勢屋藤次郎	
				★	伊勢屋藤七	
				★	伊勢屋藤兵衛	
	★				伊勢屋半兵衛	

	★				伊勢屋平右衛門	
		★			伊勢屋茂平	
		★			永岡屋六平	
★		★	★		永楽屋喜兵衛	下り塩仲買問屋：文政10年6月19日株譲渡，天保9年8月9日大坂屋平六郎へ，明樽問屋：文政6年11月横山屋喜兵衛，天保6年7月12日休株
		★			越後屋文之助	加田屋庄兵衛方同居，文政10年7月木屋勝之助，文政10年9月石橋屋藤助へ，天保10年3月休株
			★		越後屋利右衛門	文政12年3月晦日休株
			★		越後や卯兵衛	
	★				横田屋五郎吉	文政12年4月休株
			★		岡村屋藤兵衛	天保6年11月28日柳屋重兵衛，天保10年9月12日休株
			★		岡村屋弥惣次	
	★				岡村屋六郎兵衛	
				★	乙女屋文吉	
			★		下町屋新助	文政11年玉川屋長兵衛へ，天保6年浜名屋善兵衛へ，天保7年6月23日休株
		★			加田屋庄兵衛	文政10年6月19日伊坂屋喜兵衛へ，天保10年3月休株
				★	加田屋長右衛門	
★	★	★			加田屋彦兵衛	
★			★	★	河内屋佐兵衛	

	★				釜屋浅右衛門	
			★		釜屋弥七	
			★		鎌倉屋重兵衛	文政2年休株
				★	宮屋善兵衛	
		★			橋本屋小四郎	天保3年7月20日浅井屋藤次郎
★	★		★		玉川屋源七	
	★				玉川屋長左衛門	
	★				玉川屋藤右衛門	文政11年4月休株
	★				玉川屋兵四郎	
	★				近江屋勘四郎	
	★				近江屋岩次郎	
				★	近江屋長兵衛	
★	★		★		金屋伊兵衛	醤油酢問屋：天保3年9月7日大口屋利右衛門，天保11年5月9日美濃屋七兵衛，明樽問屋：天保8年休株
				★	金屋作右衛門	
				★	金子屋紋兵衛	
	★				熊野屋作兵衛	文政13年休株
				★	絹川屋茂兵衛	
	★				鍵屋源兵衛	
★	★	★		★	広屋吉右衛門	

			★		広屋治助	
	★				江島屋弥右衛門	休株
			★		江嶋屋次郎兵衛	
			★		荒井屋平右衛門	文政8年8月多田屋平吉へ
				★	高橋屋勘兵衛	
★	★		★		高島屋新蔵	
	★				鴻池屋清兵衛	
				★	佐原屋庄兵衛	
			★		佐野屋源兵衛	休株，鑑札仲間行事預かり
			★		佐野屋八郎兵衛	文政6年大津屋庄助へ
				★	佐野屋半右衛門	
	★				嵯峨屋彦太郎	休株
				★	坂井屋勝太郎	
				★	三河屋次郎右衛門	
		★			三河屋宗兵衛	天保9年閏4月26日榎坂屋徳次郎
				★	三枝屋勘次郎	
				★	山口屋清六	
★	★		★		山崎屋伊右衛門	
	★				山崎屋角兵衛	

	★				山崎屋源右衛門	休株
	★				山本屋清太郎	文政13年12月9日高崎屋長平
	★				山本屋長右衛門	天保11年5日9日榎坂屋徳次郎へ
	★				四方屋久兵衛	天保7年6月
	★				鹿島屋助五郎	天保8年5月16日休株
	★				住吉屋利三郎	
			★		升屋吉五郎	
				★	小室屋定次郎	
		★			小川屋十兵衛	
	★				小津屋次郎左衛門	休株，文政5年3月横田屋市郎兵衛
	★				小野寺屋十兵衛	
	★				松井屋庄助	休株
★	★		★		松屋源右衛門	
		★			常陸屋吉兵衛	加田屋庄兵衛方同居
				★	常陸屋次郎兵衛	
				★	錠屋喜平治	
			★		植田屋喜兵衛	
	★				森田屋次郎兵衛	休株
	★				森田屋半兵衛	
				★	森田屋万兵衛	

			★		榛原屋加助	
★	★			★	真宜屋庄兵衛	醤油酢問屋：休株
	★				真宜屋長兵衛	
		★			水戸屋治郎右衛門	文政11年5月19日伊勢屋平三郎
		★			清水屋茂兵衛	
		★			西宮屋重次郎	
	★				西宮屋清左衛門	
	★				西村屋喜三郎	
			★		西村屋半蔵	休株，鑑札仲間行事預かり，天保4年10月11日譲渡
★		★		★	石橋屋久兵衛	
★	★	★			千代倉屋勘右衛門	
	★				千代倉屋久兵衛	
★	★	★			千代倉屋次郎兵衛	
	★				千代倉屋徳兵衛	
	★				川井屋弥兵衛	
			★		川口屋安兵衛	文政12年清田屋忠蔵へ
			★		川崎屋孫七	
			★		相模屋八兵衛	休株，鑑札仲間行事預り
			★		村田屋小八	

			★		村田屋彦七	
★	★		★		多田屋新兵衛	醬油酢問屋：明樽問屋共に，天保6年12月13日休株
★	★		★		大国屋勘兵衛	醬油酢問屋：文政10年5月28日休株
			★		大国屋金兵衛	
			★		大坂屋新助	天保4年休株
★	★		★		大松屋孫兵衛	醬油酢問屋：文政10年5月19日内田屋権八，森田屋清助，明樽問屋：文政12年7月28日休株
	★				大池屋佐兵衛	休株
			★		大和屋伊兵衛	文政13年休株
	★				大和屋喜左衛門	
			★		大和屋利兵衛	
			★		丹波屋勘助	文政7年閏8月榛原屋嘉助，文政8年8月28日休株
	★				丹波屋作兵衛	休株
			★		竹下屋久八	
				★	竹村屋八右衛門	
			★		筑後屋弥七	
★	★		★		中条屋瀬兵衛	
	★				中野屋長兵衛	
	★				長崎屋瀬兵衛	
				★	津久井屋理右衛門	

				★	蔦屋宇八	
				★	蔦田屋清七	
	★				田中屋庄助	
				★	土浦屋太兵衛	
				★	湯浅屋市兵衛	
★	★		★		藤村屋利右衛門	
			★		徳島屋加七	
		★			徳嶋屋岩次郎	徳嶋屋市郎兵衛方同居，天保10年休株
★	★	★			徳島屋市郎兵衛	
	★				内田屋伊右衛門	
	★				内田屋小四郎	天保 8 年11月29日休株
	★				内田屋甚右衛門	
	★				内田屋清右街門	
	★				内田屋平兵衛	
		★			柏屋伝右衛門	天保 6 年閏 7 月常陸屋仙蔵へ，天保10年正月松屋長佐衛門，天保12年 8 月大国屋勘兵衛
	★				白子屋弥兵衛	休株
			★		半田屋代助	
			★		半田屋長佐衛門	
	★				板屋与兵衛	

			★		富山屋清兵衛	文政６年11月休株
			★		富田屋小兵衛	
	★				富田屋利兵衛	
				★	布屋庄右衛門	
			★		福田屋新兵衛	
★	★		★		豊島屋重右衛門	
	★				万屋伊兵衛	休株
	★				万屋市右衛門	
	★				万屋惣八	
	★				万屋忠蔵	
			★		木村屋佐助	
				★	野崎屋卯兵衛	
	★				矢野屋安治郎	休株
	★				矢野屋喜兵衛	
			★		矢野屋伝蔵	天保２年12月18日休株
	★				矢野屋伝兵衛	
	★				矢野屋藤兵衛	
			★		柳屋太兵衛	
★	★	★			柳屋藤兵衛	下り塩仲買問屋：文政10年６月19日千代倉屋久兵衛へ
	★				油屋茂右衛門	文政10年伊勢屋東右衛門

		★			有田屋市兵衛	広屋吉右衛門方同居，天保9年4月広屋吉右衛門
				★	利根川屋平八	
				★	竜ヶ崎屋惣次郎	
			★		鈴木屋利助	文政7年閏8月亀田屋勘兵衛，文政8年8月海老屋孫市へ，天保7年6月休株
	★				和泉屋治兵衛	天明8年3月8日休株
	★				茗荷屋善五郎	

(1)醬油酢問屋・下り塩仲買問屋・明樽問屋は東京大学経済学部蔵「問屋株帳」(文政2年，1819年) 参照
(2)奥川船積問屋は，花咲一男編『江戸買物独案内』(同史料の出版届は文政12年) 参照

出店を開業したのは享保一三年（一七二八）のことである。この時、広屋吉右衛門は、醬油問屋・塩仲買問屋と奥川船積問屋の三つを兼帯し、輸送（舟運）・原料（塩）・製品（醬油）の三部門に参画していた。取手宿で醬油醸造業を営んでいた染野修家の場合でも、[14] 徳島屋市郎兵衛がほとんどの塩を請け負っていた。このように塩仲買人は醬油製造者など大口の原料供給者とも結びつき展開したのである。

下り塩仲買は他品目の問屋と兼帯することが多いが、下り塩問屋と兼帯することはできなかった。〈史料3〉[15]を参照してみよう。

〈史料3〉

「「休業熟談之儀名主共取調差出候書付」

廻船下り塩問屋之儀ニ付申上候書付

諸色掛

名主共」

北新堀町
市兵衛地借
岡本屋　亦十郎

右亦十郎儀、八ケ年以前辰年中、下り塩仲買元南茅場町家持西宮屋重次郎家業向譲受、書面北新堀町市兵衛地借ニ而渡世致し、猶又去戌年四月中、廻船下り塩問屋同町右市兵衛元地借松本屋重三郎家業を、右之亦十郎同居之甥保三郎譲受、同人幼年ニ付、亦十郎後見致し、見世壱軒ニ而両家業相兼候処、此度問屋再興御調ニ付、保三郎儀、去戌年中内実重三郎対談、金八百弐拾五両ニ而、右廻船下り塩問屋渡世向譲受候間、現在人数古問屋之内江相加度旨申立候処、一体下り塩問屋商内振之儀、入津荷物有之節々、仲買共不残問屋方江罷越、直立致し、売買取極、問屋ゟ者一切小売不致仕来之処、塩引受高元帳者、保三郎名前無之、亦十郎名前ニ相成、彼是右之亦十郎問屋と仲買壱軒ニ而相兼候而者、外仲買共荷物売捌方疑惑を生、据合不申、且又、古問屋共儀者、現在人数ニ而保三郎差加相成候ハヽ、以後不残仲買相兼渡世仕度旨申之、商法無之、混雑仕候筋ニ付、再応利解申聞、取調候処、亦十郎会得仕、保三郎問屋之儀、追而別宅補理、渡世相始候様仕、尤其刻新規加入之訳ニ無之、古問屋休業之もの再興渡世之格ニ被成置度段申之、然者、保三郎・亦十郎家業差別相立、追而保三郎古問屋再興之格を以渡世相始候共、同業問屋・仲買共差障候儀無之段申立候間、則双方ゟ書付取之、差上、当時保三郎後見亦十郎問屋名前相除、此段申上候、以上

亥六月　　　　　　　　　　　　　諸色掛

名主共

「（下ケ札）
本文、去戌年、松本屋重三郎ゟ譲受之儀、廻船宿職之儀者、例之通、親類・組合幷廻船宿行事差添、
浦賀奉行衆江願済相成候段申之候」

同史料は、松本亦十郎が下り塩問屋と下り塩仲買を兼帯することを受けて、家を二軒に分け、甥の保三郎が相続するまで、下り塩問屋を休業することを記したものである。そして、その理由として、松本亦十郎は、下り塩問屋と下り塩仲買が兼帯することは、「亦十郎問屋と仲買壱軒ニ而相兼候而者、外仲買共荷物売捌方疑惑を生、据合不申、且又、古問屋共儀者、現在人数ニ而保三郎差加相成候ハヽ、以後不残仲買相兼渡世仕度旨申之、商法無之、混雑仕候筋ニ付」と、問屋―仲買の間の商い慣行に混乱が生じることを指摘している。

このように、下り塩問屋は塩の管理・保管のみを行い、販売は、下り塩仲買によって行うことが徹底されていた。

下り塩仲買の販路は、北関東にまで広がっていたが、川越の仲買―小売の関係を示すものとして、「塩・干鰯・糠問屋

表32　川越町塩仲買―小売関係

川越町名	屋号	名前	塩仲買所在	塩仲買名前
南町	高橋屋	吉蔵	北新堀一丁目	加田屋彦兵衛
南町	丹波屋	善右衛門	南茅場丁	浅井藤治郎
高沢町	丹波屋	儀兵衛	小網町三丁目	広屋吉右衛門
高沢町	近江屋	孫七	南新堀一丁目	清水茂兵衛
高沢町	鈴木屋	伝蔵	南茅場丁	浅井藤治郎
高沢町	日野屋	佐兵衛	北新堀一丁目	徳島屋市郎兵衛
鴫町	小嶋屋	喜右衛門	南茅場丁	浅井藤治郎
鴫町	静屋	伊右衛門	南新堀弐丁目	伊坂藤兵衛
鴫町	中嶋	新治郎	南新堀一丁目	清水茂兵衛
鴫町	麻屋	安五郎	北新堀一丁目	加田屋彦兵衛
松江町	三春屋	与市	南茅場丁	浅井藤治郎
江戸町	神田屋	佐介	北新堀一丁目	徳島屋市郎兵衛
久保町	万屋	甚兵衛		河岸仕入
堺町	水戸屋	治兵衛		河岸仕入

「塩・干鰯・糠問屋名前覚」（川越市編『川越市史史料編近世II』1977年，765頁）

名前覚」という史料がある。この史料のうち塩を商いとしていた店を抄録したものが、表32である。同表を参照すると、川越の商人は特定の江戸の下り塩仲買から購入している。[16] 仲買―小売の間で特約関係が結ばれて下り塩が送られたのである。

3　下り塩問屋と仲買

近世後期の下り塩問屋と下り塩仲買の取引の様子がわかる史料として〈史料4〉[17]を参照してみよう。

〈史料4〉

「仲買ゟ差出候書付

下書」

乍恐書付ヲ以奉申上候

一下り塩仲買行事南茅場町当時五人組持店小四郎紀州住宅ニ付、代嘉兵衛、同町源五郎店弥兵衛煩ニ付代栄蔵奉申上候、私共儀年来下り塩仲買商売無滞渡世仕難有奉存候、然ル所私共商売体之儀、先年者売行与名付塩船入津毎ニ仲ケ間之者共壱人別ニ直組仕、少ニ而茂高直ニ望取候者へ買取候儀ニ御座候而、入船多少又者日々風模様ニ而跡々入船間取可申含、余分之荷物も手ニ入申度、万物引合ニも不構見越商之筋ニも相抱り候買方仕候義も御座候而、自然与相庭格外之高直も出候儀ニ而何与なく相場高下あらく、格別利潤を得候者、又者余分損毛仕候者も有之候得共、銘々商内高余分ニ仕度義者商人之習ニ御座候故、兎角買はやり、自然与せり上ヶ、格別之高直も出候儀ニ而難儀仕候ニ付、十四年以前問屋共与対談之上、塩船入船毎ニ毎朝仲ケ間之者共馳寄、入船多少売先キ捌方等相考、時相場ヲ以銘々望候者問屋共江懸合仕候而直々荷主江聞合、存寄ニ逢候荷主者売渡、存寄ニ叶不申荷主者売方差控、猶亦夕方歟明朝其時々之模様ヲ以直段相立候儀ニ御座候、勿論問屋共毎朝右之振合ニ而家別ニ直段取組売買仕候儀故、少々宛高下者御座候得共格別直違無御座候、尤其日相立テ候相場ゟ無望者者相除キ、入用之者共銘々俵数書記置買請候、俵高ヲ割合手板与名付、買分ケニ取引仕候儀ニ御座候、売捌之義ハ元直段ニ聊之売徳取之、相互ニ出情下直ニ売捌候ニ付、日々大高下も無御座、売先々迄茂渡世致安ク罷在候、然ル所此度上方荷主共より申来候由ニ而問屋共申聞候者、手板買分ケ之儀相止メ、壱人別せり買ニ仕候様申聞候間、仲買共せり買ニ仕候儀者、相庭高下あらく直段区々ニ相成此段恐入候ニ付、是迄之姿ニ而差置呉候様再応申談候得者、問屋共も強而相好候筋ニも無之候得共、荷主任望ニ売行ニ仕度段申聞候処、段々掛合中又々問屋共ゟ申聞候者、仲買之内売行望候者も弐三人有之候ニ付、せり買望之方江者売行ニ売渡、買分ケ致度キ者江者買分ケニ売渡可申旨二行ニ取斗候段申聞、仲ケ間大勢之者共申入候儀取用不申候ニ付、無拠二行売買之儀承知仕候、右ニ而者両様せり買ニ相成候ハヽ、飛上り候高直も出し可申姿ニも相成候半哉、別而先達而従御公儀様万端高直之取扱不仕候様度々被仰渡之儀奉承知、尚又私共仲ケ間一同被召出下り塩直段御調之上、無故高直ニ取扱仕間敷段被仰渡奉畏候上者、以来取引二行ニ相成候ニ付、万一せり買壱人ニ而多分之買入等仕、格外之高直も出候而者難有キ御潤沢之御趣意ニも相ふれ可申哉奉恐入候、猶亦十四五年仕来候姿相替候儀其儘差置候而後日御糺も有之候節、当時之行事共御届も不申上候段不念ニも相成可申哉与奉恐入候ニ付、此段書付ヲ以御訴奉申上候、以上

寛政四子年八月十二日　　下り塩仲買行事

南茅場町当時五人組持店
小四郎
紀州住宅ニ付
代　嘉兵衛
右同断
同町源五郎店
弥兵衛
煩ニ付代
栄　蔵

御奉行所様

〈史料4〉は、下り塩仲買行事が町奉行所に塩仲買がこれまで行ってきた手板商いを、継続する必要性を願い出たものである。これによると、これまで下り塩問屋と下り塩仲買との間で行われた相場決定方法は、二通りあった。一つは、売行という方法で、もう一つは手板（買分け）であった。売行とは、塩船が入津するごとに仲間のうち一人に直組みを行い、少しでも高値を付けた人に販売する方法である。この場合、塩が不足しがちの時に、見込商いがされ、相場が自然と高騰する恐れがあり、相場の高下が激しかった。これに対して、一四年前（安永七年）に問屋と仲買が相談の上、実施されたものが手板である。この方法は、塩廻船が入津するごとに朝方と夕方に問屋の場所へ仲買が集合し、荷主とも相談しながら、それぞれ相場を決定するものである。この場合の相場は、塩問屋・それぞれの売買状況から、若干の高下は見られるが、比較的価格の乱高下は見られない。

ところがその後、塩廻船の荷主や仲買の一部に手板よりも売行を希望する人が見られ、二つの方法が併用されるようになった。その結果、一部仲買による買い占めの可能性を孕むことから、下り塩仲買行事が売行の中止と手板の継続を願い出たのである。

これを受けて、下り塩問屋は同年八月二〇日に返答書を作成する。この返答書は、長文なので掲載できないが、実態をよく把握できる史料なので、その返答書の内容を中心に関連史料を含めつつ箇条書きで紹介しておこう。

①下り塩問屋の創業期から、下り塩仲買の商い方法は売行と手板によって行われた。また、塩廻船は買積船が一般的で、船頭の多くが荷主を兼帯することが多く、四軒の下り塩問屋へ自由に送られていた。

②塩荷物の相場が決まり、水揚げがなされた段階で、下り塩問屋が仕切金を立て替え、代金を塩廻船の荷主に与えた。塩廻船の荷主は、仕切金を下り塩問屋から受け取り出船したのである。口銭は、下り塩問屋が一両相当銀三匁で、そのうち一匁は下り塩仲買が受け取っている。

③安永九年（一七八〇）七月に、塩仲買一同は塩問屋に対して、当面三年間は、売行をやめて手板のみで商いを行うことを願い出ている。そしてこれまで一両当り銀一匁の仲買口銭を、銀八分に引き下げることで下り塩問屋はこれを了承した。ところが、三年後の天明三年（一七八三）に、再び下り塩仲買から三年延長を頼まれ、天明六年にもなお一二年の延長を頼まれる。この提案は、塩廻船の船頭からも不都合である旨が伝えられたが、仲買仲間が了承しなければ塩を購入しないことを申し合せたため、結局、手板商いは継続され、一三年にも及んだ。

④塩廻船の荷主によると手板商いは〆買と同様で、市商の方法でないとし、江戸に送らず道売りが多くなった。その結果、江戸の集荷量が減少し、問屋・仲買の家業が衰退し、塩値も高騰したのである。こうして仲買仲間にも理解を得て、以前からの買引（売行）と手板の二通りとなった。

⑤この売行と手板の二方法による実施は、塩値段の高騰を生み出す結果となった。しかし、これまで問屋家業が数代に渡り継続し、必ずしも問題であるとはいえない。しかも、特定の商人が高値で購入したとしても、その後安価で購入した商人が各地に販売していれば、高値で販売できず、市場の原理からも相場から破格の高値では購入する商人はありえないはずである。

⑥仲買は茶番所という会所に集まり、買方と売方の両者が相談して価格の申し合せがなされている。よって手板商いでは、談合により価格が設定され、不当に安値で販売される。塩廻船の荷主にとって、命がけで海上を船で来たのに不当な価格で販売されるのは心外である。

⑦相場が高値になる理由として、問屋口銭の問題が考えられるが、この問屋口銭は定率であり問題ない。

以上、箇条書きで紹介してきたが、下り塩問屋側の主張によると、塩廻船側の不満を指摘し、江戸への入荷量が減少し、他所売りが増加していたことを指摘している。さらに、翌年正月二一日には、「手板商と申儀者外諸商売ニはつれ押買同様之致方ニ而、荷主共者不及申上ニ諸方共差支ニ相成候ニ付……」と、手板商いについて更なる支障を申立てている。そして仲買側も、商い方法については「捌方奉行所より差図可及筋ニ而者無之……」と願書を奉行所から差し戻したのである。

この商い方法をめぐる一件は以上の通りである。これらを通じて、塩廻船の荷主、下り塩問屋、下り塩仲買との三者について販売方法と経営動向をめぐり、以下のようにまとめることができよう。

下り塩問屋は塩を荷受し、管理・保管しており、下り塩仲買へ転売することが主たる業務であった。よって、下り塩問屋にとっての基本的な収入は、問屋口銭であった。下り塩問屋にとっては下り塩の取引量の多少（具体的には下り塩廻船の入津量）が、経営にとって重要であったのである。

下り塩仲買は、下り塩問屋から下り塩を購入し、北関東にまで販売することが主たる業務であった。下り塩仲買の基本的な収入は、販売額から運送費と購入費を差し引いたものであった。よって、安価に下り塩を購入することは塩仲買の経営にとって重要であったのである。しかもこの時期、すでに北関東へは行徳塩が利根川を遡航し送られていた。販売市場をめぐって行徳塩と下り塩の競争があったのである。こうしたことから、この商圏確保といった塩仲買仲間共通の課題に直面し、結束して購入価格を有利に決定しようとする手板商いが推進されたのである。

下り塩廻船にとっては、買積船という性格から、産地で塩を購入し、江戸で高く販売することが主たる業務であった。よって、下り塩廻船の荷主の収入は、江戸での塩の販売額から産地における塩の購入額を差し引いたものであった。こうしたことから、塩廻船の荷主にとっては、高く売ってくれる場所で販売する市場を選択する方が重要であった。このため市場を江戸に固執する必要はなく、よって現象的に道売りが見られるようになる。

以上に見られるような、三者の塩売買をめぐる利害の不一致が、先に指摘したような一件となったのである。そして、こうした三者の立場の相違が、幕末期の下り塩販売に大きな影響を与えることになったのである。

二　地廻り塩問屋

1　江戸周辺の塩田と地廻り塩問屋

地廻り塩問屋は、江戸の各地に位置し、主として江戸周辺における行徳塩・大師河原塩、そして上総塩を荷受した。また、行徳塩や大師河原塩は、俵に詰めず、笊のままで運ばれた。地廻り塩問屋の別名を笊塩問屋ともいわれるのはこうした理由による。(18)

行徳塩田や大師河原塩田と地廻り塩問屋との関係は、これまで指摘したように、金子の調達と共に、江戸での販売を請け負うことにあった。

大師河原塩田の再開発を行った池上太郎左衛門は、「下り塩問屋へ遣シ可申ニハ少々之荷物之義、殊ニ代金現金ニ無之候而ハ難儀仕候ゆへ、是又指出かたく候ニ付」[19]と、大師河原塩を下り塩問屋へ送る場合、荷物が少量であり、しかも代金が即金で支払われないことから、下り塩問屋へは送ることが困難であると述べている。また前節の行徳塩田の例から、船頭の不正を指摘したが、これは、船頭が行徳塩を他所へ販売でき、その場で金子を受け取ることが問題となったのである。先に指摘したように、下り塩の場合は、下り塩問屋へ俵を拵えて運ぶだけでなく、仲買との売買契約に基づく仕切が完了するまで取り引きは終わらない。それに対し、地廻り塩問屋は、下り塩相場に照応して価格が決定されることから即金で支払われたのである。よって、生産性が低く、資金力の弱い江戸内湾の塩田にとって、地廻り塩問屋へ送る方が望まれたのである。

2　地廻り塩問屋と問屋仲間株

次に、地廻り塩問屋自体の特質について、〈史料5〉を参照しながら言及してみよう。[20]

〈史料5〉

以書付申上候

一地廻塩問屋仲間麹町拾丁目家主伊兵衛ゟ同所拾弐丁目升酒渡世重兵衛、鎌倉町市兵衛相手取今般御訴訟奉申上、当時御吟味中ニ御座候処、私共被召呼仲間故障有無御尋ニ付、左ニ申上候

此段去卯六月中前書重兵衛義、地廻塩問屋江加入致度段館御役所江願上候ニ付、私共御呼出シ御調御座候処、前書伊兵衛最寄、殊ニ右重兵衛居所迄ハ二丁之隔も無之、近辺不残得意先ニ而夫々貸込等も余分有之候ニ付、

難渋御憐愍之段申上候間、右重兵衛江御利解有之、小升・小売等之義者市兵衛ゟ差送り差支ニ不相成様仕候ニ付、先般承伏仕願書御下ヶ奉願上、然処今般又候卸せり売等勝手儘ニ渡世仕候ニ付、重兵衛ハ勿論市兵衛江も種々相懸合候得共、不当之儀而已申之取敢不申、伊兵衛御訴訟申上候通ニ御座候、一体市兵衛義ハ年来問屋仕来候得共気癖不宜者ニ付、先年ハ行事役相除候程ニ有之、当年行事相勤乍罷在、昨年対談違変仕多分荷物送込、仲間一同江差障ニ相成候義に付、再応同人江私共ゟ申談候得共、重兵衛方ゟ多分借用金有之償方差支抔与申之、甚以心得違之義与奉存候、重兵衛義問屋家業之市兵衛ゟ品買込売捌候義ニハ候得共、既ニ前文之通問屋加入差障り有之候程之場所ニ而、如何之商内方其儘致置候而ハ、已後仲間内心得違之者出来候哉も難斗、重兵衛加入相成候得者私共問屋家業難相立必至与難渋仕候、尤昨年対談之通小売相当之荷物ハ市兵衛ゟ相送り候而も、伊兵衛幷仲間おゐても差障無御座候、此段御再興始而之義ニ付、銘々之取締にも相成候間、何卒御賢慮被成下置候様奉願上候、且重兵衛卸売商ひ先請取類御覧之上、御憐愍之程一同奉願候、尚又差障有無之儀者事柄出来仕候ハ丶、其所之最寄ゟ御訴訟奉申上候筈ニ仲間年来仕来ニ御座候、以上

安政三年辰四月廿七日

地廻塩問屋月行事

木挽町五丁目　乙右衛門地借

五郎兵衛

（他九名略）

御奉行所様

同史料は、酒売買を商売としている重兵衛が、地廻り塩問屋への加入を受けたものである。同史料を参照すると、

「前書伊兵衛最寄、殊ニ右重兵衛居所迄ハ二丁目之隔も無之、近辺不残得意先ニ而夫々貸込等も余分有之候ニ付……」「前文之通問屋加入差障り有之候程之場所ニ而、如何之商内方其儘致置候而ハ、已後仲間内心得違之者出来候哉も難斗、重兵衛加入相成候得者私共問屋家業難相立必至与難渋仕候」と重兵衛が塩問屋に加入するとしても、重兵衛の出店周辺の主な商店は、ほとんど地廻り塩問屋である伊勢屋伊兵衛の得意先となっており、さらに重兵衛が加入すると、周辺の地廻り塩問屋の商圏をめぐって影響を招くとしている。そして、地廻り塩問屋株を所持するのではなく、「昨年対談之通小売相当之荷物ハ市兵衛より相送り候而も、伊兵衛幷仲間おゐても差障無御座候」と、小売相当の荷物を地廻り塩問屋である伊勢屋市兵衛から送荷することで決められている。

このように、地廻り塩問屋株の譲渡には、販売圏（得意先）に対し、支障を招かないことを前提として行われた。翌年九月に伊勢屋重兵衛（先の重兵衛と恐らく同一人物と思われる）が地廻り塩問屋へ加入した際の一札によると、「其時時相立候相場相守勝手之売買不仕候、外得意先江羅込候儀者相互之義ニ付一切致間敷候、猶又御組内者勿論幷仲間入用之儀者月々御集メ之節無差支出銀可致候……」と、①相場の厳守、②商圏の遵守、③組内（伊勢屋重兵衛の場合、神田組）と仲間との関係の維持を取り決めている。これら三項目を守ることが、仲間として加わる条件となったのである。[21]

〈史料6〉

入置申一札之事

鎌倉町伊勢屋市兵衛殿所持之苦リ売場先、私去ル巳年中ゟ右得意五六軒買呉候趣達而相頼ニ付、相対ニ買請所持罷在候処、此度仲間衆ゟ掛合ヲ請申訳無御座候ニ付、扱人五郎兵衛殿立入種々御骨折ヲ以、野島屋敷大黒屋幷鍛冶町大和屋右弐軒者私方江御譲り被下忝奉存候、右得意先之外者一切立入申間敷候、万一売込候節者我等罷出早速埒明可申候、其節貴殿方江決而御苦労相掛ケ申間敷候、為後日入置申一札仍而如件

安政五午年正月　日　青物町
大和屋　五兵衛㊞
木挽町
伊勢屋　証人　五郎兵衛㊞

紙屋源助殿
（他四名略）

同史料は、伊勢屋市兵衛の得意先の一部（野島屋敷大黒屋と鍛冶町大和屋の二軒）における販売権を譲り受けたことを取り決めた一札である。紙屋源助の得意先は、表33の通りである。塩や苦汁を原料とする豆腐屋や蒲鉾屋などが多いことがわかる。この点について、伊勢屋市兵衛について〈史料7〉を参照してみよう。(22)

〈史料7〉

申合規定一札之事

一鎌倉町伊勢屋市兵衛殿所持之地廻り塩問屋株式、新右衛門町山城屋忠兵衛殿御引請被成候処、此度金子差支ニ付右株式其最寄之者江金五拾両ニ御譲引ニ相成、然ル上ハ各々方御立合之上得意先并其町々取調、銘々配分いたし候処実正也、出銀之儀者引請高ニ准し差出申候、右ニ付而者其得意場内仮令代替りニ相成候共相互ニ決而羅込申間敷候、且類焼等有之候而茂掛り合町々者晾与取調、相談之上相互ニ睦間敷正路ニ渡世可致候、右市兵衛殿荷物品切之節決而売遣し申間鋪候、万一取極置候規定相背候仁者為取替置候得意差出し如何様ニ御取斗被成候共、其節一言之儀申間敷候、為後日規定一札仍而如件

安政五午年
紙屋源助

蒲鉾	新宿	萬屋
蒲鉾	赤坂	大こく屋
蒲鉾	小田原町うら	伊豆屋
蒲鉾	土はし	大こく屋
蒲鉾	宇田川町	大黒屋
蒲鉾	本舟町	あわ屋惣十郎
蒲鉾	横山町	上州屋周蔵
蒲鉾	本舟町	海乃屋
麴	室町	吉川萬蔵
八百	室町角	伏見屋長兵衛
茶	室町角	平野屋久五郎
茶	釘店	尾張屋市兵衛
料理	品川町	長谷川傳蔵
料理	釘店川岸	津嶋屋太右衛門
料理	釘店川岸	伊豆屋小兵衛
料理	釘店川岸	鳥屋吉右衛門
料理	釘店川岸	佃屋三次郎
料理	釘店川岸	玉川半右衛門
料理	釘店川岸	岩城屋平六
	さや町	佃屋嘉兵衛
漬	さや町	近江屋徳兵衛
酒	両替町中通り	矢野
酒	両替町中通り	中野屋
酒	駿河町	八百屋治兵衛
仕出シ	葺屋町	萬屋伊右衛門
肴	葺屋町	堺屋清右衛門
酒	葺屋町	布川屋茂八
酒	本町	小山
	室町	丸屋平七
酒	白銀町一丁目	橋本長吉
酒	神田永富町	金子小八
鮨	白銀町かし	大坂屋武兵衛
	かまろ川岸	大和屋勇次郎
油	南さや町	丸井屋
八百	御屋敷	細川御口所
八百	御屋敷	西宮忠七
八百	御屋敷	水菓子屋治郎兵衛
八百	御屋敷	近江屋治郎兵衛
酒		伊勢屋与兵衛
酒		池田屋半六

酒		山田屋久右衛門
酒		松田屋
酒		八百屋八助
	鎌倉	八百兵
	龍の口	大久保
	呉服町大坂屋持ち	土井様御口
	呉服町大坂屋持ち	戸田様御口買物方

表33　紙屋源助得意先一覧

業種	場所	名前
八百	呉服丁	大坂屋新兵衛
八百	呉服丁	伊勢屋文蔵
酒	呉服丁	谷忠兵衛
麹	呉服丁	駿河屋三郎兵衛
酒	呉服丁	伊丹屋久兵衛
鮨	呉服丁	相模屋平七
漬	呉服丁	小松屋
酒	呉服丁	大和屋徳蔵
仕出し	呉服丁	駿河屋利兵衛
肴	呉服丁	佐乃吉
酒	呉服丁	丹波屋惣兵衛
蒲鉾	呉服丁	神崎屋粂次郎
肴	呉服丁	相模屋伝蔵
肴	呉服丁	万屋万右衛門
酒	通り二丁目半丁	万屋久兵衛
酒	十九横丁	大坂屋宇兵衛
酒	通三丁目半丁	池田屋
八百	小松町	八百屋
蒲鉾	しんぞ	坂本屋松五郎
蒲鉾	しんぞ	大乃屋徳兵衛
蒲鉾	西はし	松本十三郎
肴		丸小源六
肴	八丁堀	和泉屋
蒲鉾	八丁堀字町よし町	神崎屋豊治郎
八百	八丁堀字町よし町	引の屋藤八
八百	八丁堀字町よし町	老海屋長七
蒲鉾	通り三丁目	越ぜん屋
漬	泊屋町	河之屋金兵衛
	三丁目	山吹
酒	通り四丁目横丁	亀井
酒	榑正町	三河屋吉左衛門
八百	下横丁	八百屋
酒	通り四丁目	かせ屋伝兵衛
酒	中はし	金屋十右衛門
油	中はし	あぶら屋
	南伝馬町	笹屋
酒	大鋸町	多々屋市兵衛
酒	松川町	大しま屋
鮨	伝馬町三丁目	大坂屋
肴	鈴木町	肴屋弥吉
蒲鉾	鈴木町	越ぜん屋利左衛門
酒		川口屋
酒	すきや町	川田屋伊兵衛
酒	檜物町	川崎屋市郎兵衛
酒	檜物町	万屋勘三郎
酒	檜物町	倉田屋藤兵衛
八百	通り四丁目横丁	八百屋
酒	土橋町	小池
	土橋町	西宮
酒	土橋町	吹田屋
荒物	土橋町	佐上屋清八
酒	かし橋	内田利三郎
酒	かし橋	福田屋孫兵衛
	かし橋	よし村
蒲鉾	佐々木町	越後屋
蒲鉾	南鍋町	美乃屋半兵衛
肴	土はし	萬屋要蔵
肴	土はし	大平
肴	土はし	房州屋善兵衛
肴	土はし	駿河屋藤七
肴	土はし	萬五
肴	土はし	中多屋
蒲鉾	本舟町	のだ屋平三郎
蒲鉾	長浜町	柏屋平右衛門
蒲鉾	室町新店	大こく屋嘉兵衛
蒲鉾	室町新店	神崎屋治郎助
蒲鉾	安針町	神崎屋新兵衛門
蒲鉾	せ戸物町	神崎屋重兵衛
蒲鉾	小田原町	大和田
蒲鉾	小田原町	大こく屋権兵衛
蒲鉾	室町	下登屋善蔵
蒲鉾	本舟町	山田屋
蒲鉾	釘店	三河屋太兵衛
蒲鉾	さや町	武蔵屋金兵衛
蒲鉾	さや町	鯉屋源蔵
蒲鉾	通り新石町	加藤佐源太
蒲鉾		同牛込
蒲鉾	小田原町	駒場屋作治郎
蒲鉾	飯田町	伊三郎

（他五七名）

〈史料7〉は、伊勢屋市兵衛の所持する地廻り塩問屋株をそのまま山城屋忠兵衛が引き受けたことで取り交わした一札である。紙屋源助を含めて五名の地廻り塩問屋が取り決めに参加している。同史料を参照すると、「各々方御立合之上得意先幷其町々取調、銘々配分いたし候処実正也、出銀之儀者引請高ニ准し差出申候」とあり、地廻り塩問屋株の譲渡によって得意先などの割り振りも決められている。そして、この割り振りは、問屋株金五〇両の負担額の内訳に応じたものであった。

連名している五八名について、表34にまとめたが、そのうち上位五名は、地廻り塩問屋の名前が記載されており、残りの五三名が得意先であった。豆腐屋・八百屋・寿司屋などが地廻り塩問屋の得意先であったのである。[23]

〈史料8〉

譲渡申一札之事

一金五拾両也

右者鎌倉町伊勢屋市兵衛所持地廻リ塩問屋株式我等引請所持罷在候処、此度勝手ニ付前書之金子ニ而各々方江相譲申候処実正也、然ル上者右市兵衛儀ニ付以来地塩直買幷苦り汐共一切為取扱申間敷候、万一得意先江羅込候歟、亦者株式ニ付横合ゟ彼是故障申者有之候ハヽ、我等罷出急度埒明各々方江聊御迷惑相掛ケ申間鋪候、為後日譲一札仍而如件

安政五午年二月　日　　新右衛門町

山城屋　忠兵衛

紙屋源助殿

（外四名略）

〈史料8〉は、先の〈史料7〉を受けて出された地廻り塩問屋株の譲渡一札である。この譲渡一札では、株式を譲った山城屋忠兵衛は塩と苦汁の扱いを行わないとしている。

以上に見られるように、地廻り塩問屋株は、地廻り塩の商いの権利を意味するものであったが、それだけでなく商

表34　伊勢屋市兵衛得意先一覧

場所	名前
三河町壱丁目	三河屋孫四郎
三河町壱丁目	三　惣
三河町壱丁目	丸　屋
同所弐丁目	丸　由
同所弐丁目	八百屋喜助
鍋　町	吉野寿し
石　町	八百清
本　町	万屋伊右衛門
	東寿し
駿河町	八百銀
室　町	みさごすし
北鞘町	八国屋
北鞘町	伊豆勝
釘　店	蛇めすし
本　町	大坂屋
鎌倉町	居酒屋
三河町弐丁目	豆腐屋
三河町三町目	豆腐屋
横大工町	生麩屋
塗師町	紙　屋
竪大工町	越前屋金兵衛
竪大工町	越中屋和助
鍛冶町	遠州屋
鍛冶町	玉　屋
白壁町	池田屋
柳　橋	亀　清
柳　橋	梅　川
板新道	加賀屋
新銀町	豆腐屋
鍋町北横町	豆腐屋
竪大工町	豆腐屋
横大工町	豆腐屋
永富町	豆腐屋
三河町四丁目	森田屋
三河町四丁目	みさごすし
三河町四丁目	細　田
皆川町	八百や伊之助
横大工町	天満屋
蠟燭町	いも惣
川瀬石町	す　し
川瀬石町	八百久
	八百清
竪大工町	す　し
	小　川
	石　橋
佐柄木町	西　尾
鍛冶町	いも由
新石町	四　方
佐柄木町	豆腐屋
雉子町	豆腐屋
多町壱丁目	豆腐屋
三河町四丁目	豆腐屋
新石町新道	豆腐屋

「安政五年　地廻り塩問屋株式譲引ニ付申合規定一札」（日本塩業大系編集委員会『日本塩業大系』史料編近世（三），1977年）

圏（得意先）をも含めたものであった。〈史料7〉と〈史料8〉は、いずれも地廻り塩問屋における問屋株売買をめぐる史料であるが、問屋株の譲渡の際の山城屋忠兵衛と紙屋源助他四名との取り決めによると、塩・苦汁の売買を行わないことを取り決めるにとどめてあるが、紙屋他五七名との取り決めを参照すると（〈史料8〉）、得意先をめぐる取り決めでもあったのである。このように得意先の連名も見られることから、得意先も地廻り塩問屋の中で決められていた。株の譲渡は、塩・苦汁の売買のみならず、販売先（得意先）の権利の譲渡をも内包したものであったのである。

おわりに

以上に見られるように、下り塩問屋と地廻り塩問屋は、明確に性格を異にしていた。つまり、下り塩問屋・地廻り塩問屋の商い慣行は、産地の動向、仲買・小売の販売の様子、そして従来から行われていた商い慣行に照応した形で成立したといえよう。

下り塩問屋の場合は、塩廻船から運ばれた塩の管理・保管を基本とし、販売は下り塩仲買のみに限定されている。また、慶安期に四軒と定められた以降は、幕末に至るまで問屋の軒数は変化ない。それに対して地廻り塩問屋の場合は、江戸市中とその周辺部に散在し、塩の荷受けだけでなく小売をも行っている。また下り塩の販売先は、江戸だけでなく北関東までも範囲としているのに対し、地廻り塩の販売先は、江戸市中を対象としている。相場の決定においても、下り塩の場合、手板・売行の二種による方法が取られ、問屋と仲買との交渉の中で決められているのに対し、地廻り塩問屋の場合は、下り塩相場に照応して決定している。

さらに下り塩問屋は、問屋と仲買を兼務することができず、下り塩問屋は問屋口銭を得ることを収益とし、仲買は販売収入を収益としていたのである。よって、下り塩問屋にとっては多くの塩が江戸に入荷されることが重要であり、下り塩仲買にとっては安価に塩を仕入れることが重要であったのである。近世前期の段階では、この販売慣行自体を遵守するか否かで問題になることはあっても、原則的には特に問題とはならなかった。しかし近世中後期以降、行徳塩などが江戸を経ずに北関東へも送られるようになり、仲買との間で販売先（商圏）をめぐり競争が行われるようになった。そうなると、関東の市場（特に北関東）をめぐる競争に負けないために、下り塩仲買は下り塩を安価に購入することが可能な手板商いへの一本化を主張し、下り塩問屋や下り塩廻船との間で利害の差が見られるようになったのである。次節を参照すると行徳において、下り塩を買入れ、古積塩として北関東へ送られていることがわかる。こうした下り塩が行徳へ送られる前提として、下り塩問屋・仲買での商い慣行の変化が、塩廻船船主にとって江戸への入荷を嫌い、行徳へ送られることになった要因になったとも展望できるのである。

他方、地廻り塩問屋は、問屋と販売の二つの機能を合せ持っていた。相場は下り塩相場に照応して決められていたことから、地廻りの塩田から地廻り塩問屋へ入荷された段階で即金で売買が可能であったのである。このため、資金力の弱い地廻りの塩田は、地廻り塩問屋へ送荷されたのである。また、地廻り塩問屋は、江戸市中とその周辺地域に点在しており、小売が行われていることから商圏が決められていた。よって、問屋株の譲渡は商圏（得意先）をも含めた販売権の譲渡でもあったのである。

注

（1）本章第三節参照、また第三章第四節においても、泥亀新田で生産された塩を斎田塩拵えにして江戸へ送られている。また、最幕末期になると、地廻り塩問屋は、下り塩を荷受している。ただし、原則として近世後期までは地廻り塩問屋は地廻り塩を、下り塩問屋は下り塩を荷受するものとして考えて問題はない。

（2）原直史は、様々な商人の「売り」行為やその場の具体相への着目から流通史を展望しようとしている（例えば同「市場と仲間」『歴史学研究』六九〇、一九九六年）。筆者もこうした方向性には、一面賛成である。本節はかかる視点を意識しつつ、取引のシステムの変容から、商品流通を展望したものである。

(3) 「榎本弥左衛門覚書」(『川越市史』史料編近世II、一〇二頁、一九七七年)。
(4) 東京大学経済学部蔵「問屋株帳」。同史料は、石井寛治・林玲子編で『問屋株帳』(一九九八年)として史料集となっている。
(5) 「榎本弥左衛門覚書」(『川越市史』史料編近世II、一〇二頁、一九七七年)。
(6) 東京都公文書館編『江戸東京問屋史料　諸問屋沿革誌』(一九九五年、二一六頁)。
(7) 大石慎三郎「享保改革期江戸経済に対する大坂の地位―享保改革期における市場構造について―」(『日本歴史』一九一、一九六四年、のち「近世中期における大坂市場と江戸市場」『日本近世社会の市場構造』、一九七五年、岩波書店)。
(8) 大阪市編『大阪市史』(第一、六五一頁、一九一三年)。
(9) 辻達也校訂『享保通鑑』(二五〇頁、一九八四年、近藤出版社)。
(10) この部分は拙稿「幕末期商品流通の展開と関東市場」(『関東近世史研究』第四一号、一九九七年)を参照のこと。
(11) 東京都公文書館編『江戸東京問屋史料　諸問屋沿革誌』(一九九五年、四一頁)。
(12) 東京都公文書館編『江戸東京問屋史料　諸問屋沿革誌』(一九九五年、七一頁)。
(13) 東京大学経済学部蔵「問屋株帳」。
(14) 取手市史編さん委員会(『取手市史資料目録　第十二集』一九九〇年)を参照すると、塩相場・塩代金の勘定などの文書の差出人として、塩仲買人である徳島屋市郎兵衛の記載を見ることができる。
(15) 『諸問屋再興調』(『大日本近世史料』第六巻、一一五頁、一九六五年)。
(16) 国立史料館所蔵祭魚洞文庫旧蔵水産史料(「六番組塩干鰯糠問屋名前覚」六〇五)、「塩・干鰯・糠問屋名前覚」(川越市『川越市史』史料編近世II、七六五頁、一九七七年)。
(17) 寛政四年「下り塩仲買仲間願書下書」(日本塩業大系編集委員会『日本塩業大系』史料編近世三、四五五頁、一九七七年)、なお、この一件については、斎藤善之「近世後期における下り塩流通と内海船」日本福祉大学知多半島総合研究所編『知多半島の歴史と現在』四、一九九二年)においても取り上げられてある。合せて参照されたい。
(18) 大師河原塩や行徳塩の塩値段の書上を参照すると、単位は俵となっている。「地廻り塩値段ニ付上書」(日本塩業大系編集委員会『日本塩業大系』史料編近世三、五〇三頁、一九七七年)。

(19) 延享三年「池上新田諸用留　壱」(川崎市民ミュージアム蔵旧池上家文書)本書、第三章第三節〈史料14〉参照のこと。
(20) 安政三年「地廻り塩商人出入ニ付上書」(日本塩業大系編集委員会『日本塩業大系』史料編近世三、五〇八頁、一九七七年)。
(21) 安政五年「苦リ売場得意先譲請ニ付一札」(日本塩業大系編集委員会『日本塩業大系』史料編近世三、五一〇頁、一九七七年)。
(22) 安政五年「地廻り塩問屋株式譲引ニ付申合規定一札」(日本塩業大系編集委員会『日本塩業大系』史料編近世三、五一二頁、一九七七年)。
(23) 安政五年「地廻り塩問屋株式譲引ニ付申合規定一札」(日本塩業大系編集委員会『日本塩業大系』史料編近世三、五一二頁、一九七七年)。

第三節　幕末期行徳塩業の展開と地廻り塩問屋

幕末期における行徳塩業と地廻り塩問屋がどのように展開したかという点について、江戸の市場をめぐる問題を中心に明らかにしていく。まずは、本節の課題を考える上で、前節までで明らかにした点として三つの点を指摘しておくことにしたい。

まず第一に、近世中期の段階で行徳塩田は、破損した塩田などの普請金の調達を目的として、江戸の商人(特に地廻り塩問屋)から金子を借用していた。いわゆる問屋制前貸のことで、他所よりも低利で金子を借りることができたが、江戸地廻り塩問屋に借用分を塩で支払う必要があった。このため、行徳塩田の販売先は、江戸の地廻り塩問屋に規定される側面が強かったのである。しかし、幕府による塩浜御普請が許可されることで、普請金の調達を地廻り塩問屋から受ける必要がなくなったため、行徳塩田による販売先に対する自立化が可能となった。

次に行徳塩田は、年貢金の四分の三を金納で負担することから、塩の換金が必要であった。よって、塩の送荷と同時に即金で代金の支払いが行われる地廻り塩問屋との優先的な結びつきが求められた。この価格は、当時の下り塩相場を基準としており、また地廻り塩を運ぶ舟頭の中には地廻り塩問屋とは別の商人に売る不正も見受けられた。近世前期には塩の販売は、行徳塩田の各塩浜が個別に行っていたが、行徳塩田内において、宝暦期段階では塩買請人、寛政期段階では問屋（産地問屋）が組織され、販売組織の整備が行われたのである。そしてこの中で、江戸だけでなく、北関東をも市場に据えた塩相場と江戸の塩相場を見合せながら販売時期が決められたのである。こうした形を取りつつ、行徳塩田は、舟頭の取締と同時に地廻り塩問屋からの自立が志向されたのである。

最後に、下り塩を荷受し販売する組織として下り塩問屋―下り塩仲買が、地廻り塩を荷受する販売組織として地廻り塩問屋が、それぞれ整備されていた。下り塩問屋は下り塩仲買―小売を通じて販売網を整備し、おおよそ関東全体にまで広がりをみせている。他方、地廻り塩問屋は、江戸市中において地廻り塩を荷受するだけでなく、販売をも行っていた。そして、両者の塩問屋が共存しつつ整備されたのである。

以上の点を踏まえつつ、本節では、地廻り塩問屋からの規制力が弱まり、行徳塩田が塩販売の自立を志向する中で、地廻り塩問屋は行徳塩田（地域）に如何なる対応を行うかという点について明らかにしたい。

一　下り塩に見られる江戸市場の動向

安政期段階における江戸への塩の入荷の様子について〈史料1〉を参照してみよう。(1)

〈史料1〉

下り塩

一壱ケ年凡百六十万俵

是ハ播州赤穂・阿州斎田・竹原・三田尻・瀬戸田・津倉・波止浜辺之塩、上方筋廻船沖舟頭共買積荷物ニ而も、江戸表下り塩問屋共右廻船え前貸金等取組、荷物引請、又赤穂・斎田は彼地荷主共江戸問屋え引合置候而、問屋宛送状を以運送致候も有之、何れも入津致候得ハ、塩仲買共問屋共方江引合置候而、問屋宛送状を以運送致候も有之、何れも入津致候得は、塩仲買共問屋共方え罷越、直組・相場相立、問屋共ハ仲買ニ限売渡、仲買共ゟ江戸表幷関東筋在々奥筋えも売捌候

地塩

一壱ケ年凡十七万千俵程

是ハ、下総国行徳領・武州大師河原・戸部浜・平沼新田・金沢新浜ゟ入津、地廻塩問屋共引請売捌候

同史料から、幕末期（安政期段階）の江戸への塩の入荷について三点指摘できる。

まず第一は、江戸の塩問屋に送られる製塩地についてである。下り塩と呼ばれる塩は瀬戸内塩田各地で作られたものので、下り塩問屋が荷受けしている。また、地廻り塩は行徳塩田を始めとした江戸内湾で生産した塩のことで地廻り塩問屋が荷受けしている。

第二は、瀬戸内塩田から送られる塩俵数は一六〇万俵にもおよぶ点である。各地の俵の拵え方によって差異はあるが、一俵相当三斗とすると、下り塩として、江戸におおよそ四八万石送られていた。一方、江戸内湾の製塩地から江戸へ送られる量は一七万一〇〇〇俵であり、一俵を三升で換算すると、地廻り塩は五〇〇〇石程度が江戸に送られた。この量から見ても、江戸に送られた塩のうち九割以上が下り塩で、圧倒的に下り塩の方が多い。また、塩の一年間の年間消費量を一斗として、単純に換算すると、実に五〇〇万人もの需要に応じることができたのである。むろん、用途は食用だけではなく漬物にも利用され、江戸だけで供給されたわけでなく、下り塩仲買問屋を通じて、江戸周辺を

始めとして北関東にまで送られていた。概算で考えると、近世後期の段階で江戸の集荷量は、関東における消費量の相当量を占めていたのである。

第三は、瀬戸内から下り塩が送られる場合は、二通りある点である。一つは、廻船に対して前貸金が与えられ、塩荷の確保が行われる方法。また二つ目は、赤穂塩や斎田塩の場合で、特定の問屋への送り状によって運ばれる方法であった。下り塩が入津した際には、塩仲買が塩問屋のところへ行き、直組あるいは相場を立てて、売買が行われる。そして、問屋は仲買のみに販売を行い、塩の小売は、仲買を通じて江戸・関東・奥州にまで広く販売されたのである。

このように安政期の関東での塩流通においては、下り塩問屋—仲買による関東各地の販売網が整備されていた。下り塩問屋—仲買は、江戸と関東の消費を担う存在だったのである。他方、地廻り塩問屋は、塩を各地に転売するよりも、江戸市場を対象として販売を行った。地廻り塩問屋の場合は、江戸の消費を担う存在として位置付けられたのである。

以上に見られるように、安政期段階でも、江戸・関東における流通組織は整備されていたように見える。しかし、実態は必ずしもそうではなかった。幕末期には、問屋仲間の解散・再興が見られ、流通組織は大きな変容が見られる。幕末期の江戸市場における塩の流通からみると、流通の変容を以下の三つの点から見ることができる。

1　行徳塩田の下り塩買入れ

まず最初に、表35を参照してみよう。幕末期、行徳での下り塩の買入れが、浦賀の積揚げ高の約四割以上にのぼることがわかる。(2) この行徳の下り塩買入れについて、嘉永五年（一八五二）浦賀奉行から東西浦賀の水揚商人に対して問い合せたのを受けて提出した書上を参照してみる。(3)

〈史料2〉

（前略）

一行徳江は塩斗リニ候哉、外荷も参り候哉御尋

右は先年彼地ゟ通船之印鑑相納リ候ニ付、渡世手広ニ相成候間、御番所之御蔭と一同難有奉存、彼地へ塩初其外積入候而不苦存候得共、江戸表塩一条行徳積ニ事寄、一件今ニ落着不仕候ニ付、此上不調法出来御上様江奉掛御苦労候而は恐入候ニ付、右事済候上、東浦賀おゐてハ塩積方仕度、夫迄は何様引合候とも一同差控慎ミ罷在候事ニ御座候

此程新加入之内不心得ニ而積送リ候者御座候間、行違出来候而は是迄慎ミ居候詮も無之ニ付、早速取調前条之通外一同之者同様差控させ申候

一利根川ゟ打越荷物之事御尋

右此程中取締共取調候処、売買荷物は無之候得共、行徳取次ニ而川奥行荷物取次候者御座候間、荷先ニ不拘浦賀送状名宛ニ掛リ、江戸問屋ゟ出訴仕候哉も難斗候間、誠ニ心痛仕取扱方相談中ニ御座候

この史料によると、浦賀問屋から塩その他の諸荷物を行徳へ積み入れることには、支障がないことになっている。ただし、江戸表における「塩一条行徳積一件」が未解決のため、行徳への塩の積み入れは控えられている。このため、塩以外の諸荷物についても取扱をめぐり相談中としている。しかし、新加入の者が荷を送ることが問題となっていることを指摘している。

行徳積をめぐる「塩一条一件」が如何なる一件を示すかは不明だが、おそらく江戸打越荷物をめぐり下り塩問屋を中心として起きた訴願であろう。東浦賀では、この訴願が解決するまで、行徳へ塩その他を積送るのを差し控えてい

る。つまり、行徳では下り塩を買入れ、江戸・関東内陸へ販売したが、このことが下り塩問屋との間で問題（恐らく江戸打越をめぐる訴訟）となり、下り塩の行徳への送荷が中断したのである。

以上に見られるように、下り塩の買入れが一時中断することもあったが、おおよそ近世後期を通じて相当量の下り塩を行徳で入荷し、北関東へ運ばれたのである。

こうした下り塩買入れを可能とした要因は、下り塩問屋の問屋口銭の問題や、下り塩問屋の荷受問屋としての性格があげられるが、行徳塩田自体の問題から以下の四つの点が指摘できる。

①明治元年（一八六八）に作成

表35　1ヶ年分浦賀揚高・積出高書上

項目		
町人米	225,000俵	
	85,000俵	土地一般飯米幷地船粮米・三崎近在浦送り米
	105,000俵	伊豆・相模・房・両総国々送り米
	35,000俵	諸廻船粮米幷ニ積出しの高
大豆	95,000俵	
	15,000俵	地廻り・房・総・伊豆送り高
	80,000俵	駿・遠・三・尾・勢・摂・河・泉八ケ国送り高
麦	50,000俵	
	5,000俵	地廻り・房・総・伊豆・送り高
	45,000俵	前八ケ国江送り高
酒	80,000樽	土地近在・房州・両総・伊豆・相模五ケ国江相捌候
塩	800,000俵	
	350,000俵	下総国行徳送り高
	250,000俵	奥州筋送り高
	200,000俵	地廻り・房・総・伊豆・相模送り高
操綿	5,000本	
	1,800本	土地扱地廻り，近国送り高
	3,200本	奥州筋江送り，其外取次物共
醤油	5,000樽程	土地近在・近浦・諸廻船売日用
水油	1,900樽程	同断
薪	150,000束	同断

(1)「東西商人共より浦賀揚高向後とも定数申立て見込」から作成
(2)横須賀史学研究会編『臼井家文書』下巻，整理番号94，160頁

された「塩浜仕法書写」を参照すると、(4)「尤下り塩買入候趣意者、当領浜方ニ而雨天続之年柄者、御春屋上納塩ニも差支候而者恐入、且者徳川家御代々様深き思召ニ而行徳領ニ囲置候ハ、江戸御城内ニ有之候も同様、左候上ハ下々万民も相助り候儀と思召被為在、其方共村方ニおゐて買入囲置可申段被仰渡……」と記載されている。塩浜が雨天続きのとき、御春屋上納に差し支えることから下り塩を買入れたとしている。しかもその際、行徳領で塩を管理することは「江戸御城内ニ有之候も同様」と位置付けている。第三章において御春屋上納の意味について触れたが、こうした江戸城御春屋への塩上納といった実際に行われた行為を正当性の論拠として主張し、下り塩の買入れも行われた。こうして、浦賀・神奈川そして御府内から下り塩を買入れ、良質な製品を江戸城への上納塩とし、残りの塩は利根川上筋へ売られたのである。

②文久二年(一八六二)に、倉賀野河岸・伊勢崎河岸などを始めとした一六河岸と行徳河岸の商人との間で取り交わした議定書(5)に見られるように、流通ルートと販売先を確保している。近世中期ごろから、行徳塩は、販売先を江戸だけでなく、利根川を遡航し、北関東へも送られていた。幕末期には、こうした河岸問屋との結びつきを発展させ、行徳で買入れた下り塩販売が行われたのである。

③近世前期での普請金の調達は、地廻り塩問屋に依存していた(第二章)。それが、近世後期になり、幕府御普請を受けるに従い、行徳塩田が開発資金や普請費用を地廻り塩問屋に依存する必要がなくなったのである。そして、②の要素を含みつつ、産地問屋を成立するに至った。このため、地廻り塩問屋に規定されず、行徳塩田が販路を拡大することが可能となったのである。

④下り塩の特質は、苦汁分を含んだ差塩と呼ばれ、輸送段階で俵包の量から目減りすることがしばしばあった。幕末期、行徳では下り塩からこうした苦汁分を抜いた、再製塩によって目減り分を少なくするような工夫が行われ

るようになる。いわゆる古積塩と呼ばれるものだが、こうした品質改良によって行徳塩（古積塩）は信用を得ることに成功したのである。

このように、行徳は製塩地として由緒を主張するだけでなく、古積塩など品質改良を可能としたからこそ下り塩を受け入れる拠点となったのである。

2　浦賀問屋―下り塩問屋―仲買の不正

次に、江戸下り塩問屋自体の問題を見てみよう。幕末に東西浦賀商人が浦賀奉行所に宛てて訴え出た訴状の内容を抄録した〈史料3〉を掲載する[6]。

〈史料3〉

一弘化四未年十二月中、御組加藤定右衛門様ゟ阿州様国産斎田塩ニ限り、阿波屋甚右衛門方一手売被仰付候ニ付、右差支無之哉之御尋ニ付種々歎願仕、嘉永七寅年迄八ヶ年之間彼是不極之処、浦賀表江斎田塩壱俵も荷揚不致旨被仰渡驚入、無拠御請仕候、阿波守様御仕法御用塩与唱一手捌元取江戸松本保三郎・広屋吉右衛門・清水茂兵衛右三人目論見与相見得、浦賀ニ而者阿波屋甚右衛門方一手売ニ取極り、買人ゟ金壱両ニ付口銭壱匁五分之内ゟ壱分五厘宛分口銭阿州様江上納被仰付候、前々ゟ阿州ニ而塩買請仕候船々小宿ニ而売捌、壱両ニ付直合弐分方口銭申請来候処、一手売与相成候ニ付、諸国廻船於阿州ニ塩買入代金為替付之船々者格別、塩代金不残相払候上者、何方ニ而茂勝手次第売払可申筈之処、為替積船同様ニ准江浦賀ニ限り甚右衛門方一手捌ニ相成……

同史料によると、阿波国斎田塩は浦賀の阿波屋甚右衛門が一手に引き受けていた。このため、御尋ねとなり、弘化四年（一八四七）から嘉永七年（一八五四）までの八年間は、訴願のため方針が決まらず、これにより浦賀で斎田塩を荷揚げしなくなった。そして、こうした事態は、「阿波守様御仕法御用塩与唱一手捌元取江戸松本保三郎・広屋吉右衛門・清水茂兵衛右三人目論見与相見得、浦賀ニ而者阿波屋甚右衛門方一手売ニ取極り……」と浦賀問屋（阿波屋甚右衛門）、一部の下り塩問屋（松本保三郎）、一部の下り塩仲買（広屋吉右衛門・清水茂兵衛）の三者間で特約関係が結ばれていたことによるものであった。こうした事態が「阿州様御国産与唱へ〆売同様之致方ニ御座候得共……」と、〆売同様であることを指摘したのである。幕末期、斎田塩は特定商人によって独占的な取り引きがなされていたのである。

3　江戸周辺塩田からの江戸直売り

これまでも触れた通り、行徳塩田は江戸廻りとして位置付けられ、代金納と共に、正塩納分は江戸城御舂屋へ送られた。また、「塩浜由緒書」にも江戸との関係が記載され、江戸廻りとしての位置を強く意識したものとなっている。ところで、嘉永二年（一八四九）に行徳領塩浜付村々の一六ヵ村（新井村・湊新田・湊村・押切村・伊勢宿村・関ケ嶋村・儀兵衛新田・加藤新田・本行徳村・下妙典村・上妙典村・田尻村・高谷村・原木村・二俣村・西海神村）のうち、構成村の一つである欠真間村が棒手売取締の議定書に調印しないことで訴訟に至っている。(7)

訴訟の問題点は、「去ル天保十三寅年中諸株共御差止被仰出候、以来者御当地幷領内問屋共儀、塩屋与而已唱ひ先規之通り取引致シ罷在候処、如何相心得候哉領内之者共只顧棒手売ニ相成、前々ゟ夫々規矩相立居候儀をも不顧、農業を怠り勝手儘ニ夫々手組致シ……」と記されている通り、行徳で生産された塩の棒手売が横行していた。これに対し行徳領内の各村々が、取締の議定書を交わそうとしたところ、欠真間村の一部の人が調印しなかったのである。この不調印の理由は、「如何相心得候哉、彼是不取留儀申紛取極一札江調印差拒罷在」と記載され、よくわからない。ただ、欠真間村の小字の一つである相之川では、「相之川分家数六七拾軒有之候内当時塩棒手売いたし候者ども五拾人余ニ茂相成候間、農業者勿論塩浜稼いたし候者共無之様成行候ニ付……」と記載されるように、村民の多くが棒手売などの商業活動を行っていたことが問題点としてあった。

本訴訟の論点は、行徳塩田で生産した塩は地廻り塩問屋へ送る従来の取引方法に対し、棒手売により、直接江戸への販売が行われたことにあった。行徳塩田にとって、地廻り塩問屋は江戸の販売先としてなお重要な意味があった(近世中期から後期にかけて、行徳塩田が自立化を志向するが、江戸の地廻り塩問屋の存在を否定するとは必ずしもいえない)。このためそれを切崩す存在として位置付けられる棒手売に対しては、行徳塩田も阻止する方向を見せている。この時期は、問屋仲間が解散していた時期であったため、問屋の名称としては使用されていないが、塩屋としての取引組織は行徳塩田内で存続していたのである。また、この訴訟文書でも、「塩浜由緒書」に見られるような、御春屋への御用を指摘している。御春屋への上納行為は、権力に対して訴願の正当性を主張する論拠としてだけでなく、行徳塩田内部の紐帯を確認する時にも利用されたのである。この訴訟の結果は、「行徳領浜方拾七ケ村猥ニ相成、旧来江戸表積附塩屋中之外新見勢幷棒手船追々増長致、浜方江戸表共及難渋候処、去酉年五月中行徳領拾七ケ村之内伊勢宿村塩焼梶七左衛門、右浜方拾六ケ村惣代として、同領欠真間村名主伝治郎、年寄市兵衛、百姓庄吉右三人相手取、青山録平様御役所江及出訴候処訴答共被召出追々御吟味之上、浜方一同取締方仕候様被仰渡、江戸表新見勢棒手船共塩荷物積出シ候儀不相成、尤棒手出稼之者中川御関所堺与して江戸表江者一切不相成趣願之通御聞済ニ相成……」と、行徳塩は、中川より西の江戸へは棒手売などによる直接販売をしないとし、欠真間村での棒手売は禁止されたのである[8]。

このように、嘉永二年(一八四九)には、棒手売は、欠真間村の塩浜一村の問題であった。しかし幕末になるに従い、棒手売販売の問題は、行徳塩田総体の問題へと展開する。

慶応元年(一八六五)には、塩直売をめぐって地廻り塩問屋が行徳塩田内の田尻村名主喜右衛門・伊勢宿村百姓・

欠真間村百姓重兵衛を相手取り、訴訟がなされている。(9)

〈史料4〉

乍恐以書付御訴訟奉申上候

一地廻り塩問屋行事惣代芝金杉通四町目家主勘助、同所松本町壱町目忠次郎店惣兵衛両人奉申上候、私共義地塩問屋渡世仕罷在候処、近年追々直段高直ニ相成候ニ付、去ル酉年中ゟ御調被仰付時々伺之上相場書上渡世取続罷在、一同難有仕合奉存候、然ル処去子年中下総国行徳領塩浜惣代同領田尻村名主喜右衛門与申者、御府内直キ売仕度段其筋御願立仕罷在候処、同年八月十四日私共仲間行事一同幷浜方惣代前書喜右衛門供々、大橋籾御蔵諸色御調所江被召出、浜方ゟ先般願立有之御府内直キ売之儀者一切不相成旨、御掛り御役人中様方ゟ双方江厳敷被仰渡、且問屋共与示談之上成丈直段引下ケ候様可仕旨、浜方惣代之者江被仰渡、其節掛合之上相場引下ケ書上仕候義ニ付、最早御府内直キ売之義者絶念可仕与存罷在候処、去子九月中同領之者共多人数申合、塩荷物御府内所々江持出し売捌候ニ付、其節一々取押御訴訟可奉申上之処、御時節柄奉恐入候義ニ付、差控罷在候処、此節追々増長仕、既ニ当八月中呉服町忠次店薪渡世重右衛門宅ニ而、地廻り下り塩問屋与申宥板相掛ケ、手広ニ商売仕候趣及承候間、同月廿九日同所江罷越及掛合候処、同人申聞候ニ者、右者相手喜右衛門外両人ゟ被相頼候趣、尤右渡世商法も不相弁無作法ニ渡世相始候段無申訳、以来直荷物引請候義者勿論、問屋ニ紛敷義者決而致間敷旨申之候間、則家主忠次ゟ一札取之内済仕候処、当月二日相手長左衛門義私共方江罷越申聞候者、先達而浜方ゟ直段引上方之儀頼入候得共聞届呉不申候ニ付、浜方之者共遺恨ニ存、右重右衛門相頼売捌候義ニ付、向後直段引上ケ呉不申候得者、猶又直キ売致候趣申之立戻り候間、難捨置存同人止宿罷在候馬喰町三町目仙太郎地借伊世屋新右衛門方江罷越、銘々江引合種々及掛合候得共、不当之儀而已申之更々取合不申、依之右宿新右衛門江預り一札差出候様申談候処彼是申紛差出不申、浜方之者共右様之心得方ニ而者向後何様之義を取巧可申哉も難斗、私共往々安心渡世仕兼甚難渋仕候間、右浜方江罷越夫々引合及掛合候得共、一同馴合居姓銘書等も差出不申、勝手儘之義而已申募当惑至極仕候間、無是非今般御訴訟奉申上候、何卒以御慈悲ヲ相手左之名前之者共被召出始末御吟味之上、以来右体自儘勝手之儀不仕、今般被仰渡之御趣意堅相守私共商法相立、往々渡世相続相成候様御利解被成下置候様偏ニ奉願上候、以上

慶応元丑年九月

地廻り塩問屋行事惣代
芝金杉通四町目家主
願　人　勘　助
五人組　清兵衛

（後略）

この史料によると、行徳塩の「御府内直売」が訴訟の問題点となっている。元治元年（一八六四）に、行徳領の塩浜惣代として田尻村名主喜右衛門が「御府内直売」を願い出ているが、八月に担当役人から「御府内直キ売之儀者一切不相成」として認められなかった。それにもかかわらず九月には、御府内の所々に塩を持出し売捌き、さらに慶応元年八月には、「地廻り下り塩問屋」という看板を掛け商売を始めていたのである。この時は家主である忠次が詫びの一札を出して内済している。浜方がこのような直売行為に出たのは、浜方が塩値段の引上げを頼んだところ聞届けられなかったためで、もし値上げを行わないのであれば、再び直売を行うことを主張している。行徳塩の直売は、欠真間村の事例で紹介した通り、この訴訟以前からも行われていた。ただ、先にも指摘した通り当時は、問屋仲間解散期で、直売を行っていたのは、特定地域（欠真間村相之川）の人々であったのである。また、この訴願で注目したい点

は、行徳塩田側が江戸に「地廻り下り塩問屋」という看板を掛け、棒手売のみならず、店まで開こうとしている点であろう。このように幕末期には、特に行徳塩の販売価格をめぐって行徳塩田と地廻り塩問屋が対立する。

訴訟の論拠から判断すると、この対立点は塩直売をしなければ経営の困難な状況を主張する塩浜側と、従来通りの市場の独占を意図する問屋仲間側の主張であった。天保一二年（一八四二）の問屋仲間の解散令は、行徳塩田など周辺の塩田の直接販売を認めることを意味した。実際、地廻り塩問屋に依存する必要はなく、直接江戸に運び、販売が行われたのである。また、嘉永期段階では、特定地域が直接販売を行っていたが、最幕末期になると、経営の滞りを理由として、行徳塩田内の各所から江戸への直売り（棒手売）が行われたのである。

二　幕末期行徳塩相場をめぐる行徳と地廻り塩問屋

幕末期の行徳塩田と江戸の地廻り塩問屋との対立は、江戸での販売方法をめぐる問題であった。この段階になると、行徳塩田は、地廻り塩問屋へ送荷せず、北関東を主たる販路としながら、棒手売による江戸直売りが行われていたのである。このことは、地廻り塩を商品としていた地廻り塩問屋にとって死活問題であった。

この点について、幕末期の塩相場をめぐる史料から、具体的な動きを追ってみよう。少し長い史料だが〈史料5〉を掲載する。(10)

〈史料5〉

乍恐以書付奉申上候

下総国葛飾郡関ケ嶋村百姓久左衛門外弐人奉申上候、私共儀去月廿六日出府之上御当地塩問屋江引合元相場壱両ニ付弐俵九分三厘七毛之処弐俵五分ニ直段引上候、持参御紙ニ御座候此段塩相場之儀ハ下り塩相場江見合差被入候儀ニ付、私共之内久左衛門者下郷塩方年行事与惣左衛門・太右衛門者塩垂百姓故附添一同去月廿六日出村致シ、下り塩問屋江罷越相場御承り候処、壱両ニ付弐斗六升入弐俵五分之趣申之、此石数六斗五升ニ御座候間左候ニ而者行徳塩多分之直安ニ相成居候間、直様地塩問屋江寄合之義申入一同打寄之砌前書之始末申聞弐笊五分此石数九斗八升四合四勺ニ直段引上候儀ニ御座候、然ル処今般被召出右始末御糺請重々奉恐入候、依而者已来　御国恩之程相弁草葭薪其外余荷ニ格別直段引下ケ候儀ハ勿論聊差支無之御当地江積出シ潤沢専ニ相心得此上猥ニ直上ケ等仕間敷間、何卒格別之以　御慈悲前書直段引上候始末幾重ニも御宥免被成下置候様御仁恵之御沙汰偏ニ奉願上候以上

下総国葛飾郡
関ケ嶋村
久左衛門
役人惣代
勝治
(他三ヵ村略)

文久三亥年十一月

佐々井半十郎様
御役所

九月廿五日
同
金壱両ニ付
下り塩三俵壱分
地塩三笊壱分弐厘五毛
此石数八斗六合
此石数壱石弐斗三升余

十月廿二日

同弐〆九分三厘七毛　　　　　　同　同弐俵九分
此石数壱石壱斗五升六合余　　　此石数七斗五升四合
同廿六日　　　　　　　　　　　同
同　同弐〆五分　　　　　　　　同弐俵五分
此石数九斗八升四合余　　　　　此石数六斗五升

但　浜方ゟ江戸問屋江差出候相場
壱桶六升三合入六桶弐分五厘
壱〆与唱四石三斗九升三合七勺五才

右之通追々相場相立候儀ニ御座候、尤去月廿六日寄合之砌り私共奥問屋ニ而弐〆六分ニ而買取候抔申聞候趣御糺御座候得共、右者其風聞等も有之候ニ付其段噂致し候迄ニ而右廉共直上之掛合等仕候儀ニ而ハ決而無之、是迄下り塩直段与見合本文之通相場相立候儀ニ御座候、乍然今般厚御利解ニ基　御国恩御時節柄相弁下り塩相場ニ不拘薪其外高価ニ而仮令損毛有之候共平常之余荷之儀此度金壱両ニ付三〆ニ早速直下ヶ致シ御当地江無差支積送り潤沢相成候様可仕候間、右之段御聞済之程奉願上候依之此段下ヶ札を以奉申上候
前書之通直段引下早々積廻し候様可仕旨申上候ニ付、此上下り塩相場幷諸式直段等引下ヶ稼方右余相附候上者勿論之義孰ニも下落致候様可取斗旨厚被　仰渡之趣一同承知奉畏候、仍継添御請印形差上申処如件

亥十一月十三日　　　　　　右
　　　　　　　　　　　　　　　久左衛門

勝　　治
與惣左衛門
伝　兵　衛
太左衛門
喜　多　郎

佐々井半十郎様
御役所

この史料は、行徳塩の価格が壱両につき二笊九分三厘七毛であったのを、弐笊五分に直段を引き上げたことに関し、領主（佐々井半十郎）からの問い合せに対する書上である。

この問い合せを受けて、具体的に九月二五日から一〇月二六日までの内、三日分の相場を書き上げ、下り塩の方が地廻り塩より高直で販売していることを示している。その上で「乍然今般厚御利解ニ基　御国恩御時節柄相弁、下り塩相場ニ不抱薪其外高価ニ而仮令損毛有之候共、平常之余荷之儀、此度金壱両ニ付三笊ニ早速直下ケ致シ」と、塩相場を壱両につき三笊にまで下げることになった。しかしそれは、領主の指導に基づくもので、地廻り塩問屋との関係で塩相場が決められていたわけではない。実際、この書上の直前（一〇月二八日）には、佐々木信濃守と阿部越前守から勘定奉行に対して行徳塩の価格の高騰について、引き下げをめぐる書上が出されている。(11)

当時、地廻り塩の相場決定は下り塩値段に準拠していた。これは、「一体地塩相場立方之義者下り赤穂塩相場を目当ニ仕、時々相場相立候ニ付下リ塩引下ヶ候得者、浜方江茂引下ヶ直段申遣し候而茂其度々承知仕候義者稀之儀ニ而、不承知之義而已多……」という指摘からもわかるであろう。(12)

つまり行徳塩相場は、下り塩相場（具体的には赤穂塩値段）に準拠しており、生産地の意向が問屋に対して反映されていない。しかし行徳塩田は、直売を行いつつ、地廻り塩問屋に対して、訴願などを通じて塩相場に直接関わってくる。

その結果、直売を認めない代りに、行徳塩相場をも考慮に入れて決定することになったのである。(13)

〈史料6〉

（前略）

地廻り塩問屋之儀ハ在方ニ而直売いたし候得者、何れ迄差障候哉之旨御尋御座候ニ付、問屋共ゟ申立候者、大師河原ニ而焚出し候塩之儀ハ六郷川筋ヲ境、行徳領ゟ焚出し候塩之儀ハ中川筋ヲ境差障申候段申上候処、其時々境界御定被成下置候、然ル所昨丑年九月中行徳領浜方ゟ御府内江直売いたし度旨、御勘定御奉行小笠原志摩守様江御番所江奉訴訟候所、双方被召出御吟味之上、先規御定之通内海西浜ゟ焚出し候荷物之儀ハ六郷川筋ヲ境、行徳領ゟ焚出し候塩之儀ハ中川筋ヲ境、塩苦汐とも直売いたし候義不相成趣厳敷双方江被仰渡候間、依之大師河原塩浜之儀も、古来取極も有之候へ共永年相立候故、問屋幷ニ竈元共追々不取締ニ相成り候間今般相改メ、為取替規定之廉左之通

一塩相場立方之儀行徳領同様、月々三度ツヽ出会いたし相場相立候、其後相場取極候迄者前々之相場ヲ以取引可致候事

一塩相場之儀行徳ゟ不弁利之儀も有之候ニ付、行徳川岸揚相場より、但品払底之節ハ先規之通行徳同直、升目之儀ハ三斗壱升五合古来取極之通今般相改厳重ニ可致事

（後略）

この史料は、慶応二年（一八六六）五月現在の川崎にある大師河原塩田の竈元が江戸塩問屋仲間に差し出した規定書の一部である。この史料を参照すると、行徳を始めとした直売に対して、六郷川・中川を境にして直売を認めないことを再確認している。同時に「塩相場之儀行徳ゟ不弁利之儀も有之候ニ付、行徳川岸揚相場より……」と塩相場は、行徳川岸相場に照合することとしている。

すなわち、行徳からの棒手売による度重なる江戸への直売に対し、地廻り塩問屋は、中川と六郷川を境として、その範囲内での直売を認めないことを再確認しているのである。しかしその一方で、塩相場に関して下り塩相場に準じた形で決定された本来的な方法から、行徳河岸相場をも考慮に入れた決定方法として認めたのである。そして、大師河原塩田の場合も行徳塩田の場合と同様に月に三度の出会相場によって決めることになったのである。

おわりに

以上、幕末期における行徳塩業の展開について、江戸市場の動向から明らかにしてきた。近世中後期になると、普請金の調達に際し、江戸地廻り塩問屋からの前貸によらず、幕府からの資金調達によって塩の販売先が規制されなくなった。行徳塩田で採取した塩は、利根川の河岸問屋などとも議定書を取り交わし、江戸川・利根川を遡航して相当量の塩が北関東へ運ばれたのである。しかも、近世後期には、苦汁分を除去することで目減分を減らした塩（古積塩）の製法に成功した。この品質改良の結果、行徳塩田では、下り塩を買入れ、古積塩として北関東にまで送られるようになったのである。

さらに、天保の問屋仲間解散以降、周辺の塩田から棒手売による江戸直売が増加した。嘉永の問屋仲間再興以降も、こうした棒手売による販売をめぐり地廻り塩問屋との争論はあとをたたなかったのである。

その結果、地廻り塩問屋が行徳塩田・大師河原塩田の両塩田に対して取った対応が、相場の決定方法の変更であった。慶応二年（一八六六）、大師河原塩田と行徳塩田の塩は、六郷川・中川より内では塩の直売を行わない代りに、相場の決定は、行徳河岸揚げ相場を念頭に据えつつ、月に三度の出会い相場に基づくことが取り決められたのである。生産地側の意向が相場の決定に反映されたのである。

近世後期の行徳塩田における産地問屋の成立は、地廻り塩問屋との共生的な関係からの自立を志向するものとなった。その結果、北関東への販路を拡大し、江戸への棒手売としても現われたのである。そしてそれが、塩相場の決定を、地廻り塩問屋主導から生産地の意向を反映したものへと転換することにつながったのである。

注

（1）「重宝録」（東京都編『東京市史稿　市街篇　第四十四』八三八頁、一九五七年）。
（2）「東西商人共より浦賀揚場向後とも定数申立て見込」（横須賀史学研究会編『臼井家文書』下巻、整理番号九四、一六〇頁、一九六八年）。
（3）「内蜜御尋之書抜」（横須賀史学研究会編『臼井家文書』下巻、整理番号一〇〇、一七二頁、一九六八年）。
（4）「塩浜仕法書写」（市川市史編纂委員会『市川市史』第六巻上、五四五頁、一九七二年）。
（5）「塩船賃割増ニ付川岸問屋仲間議定書」（『日本塩業大系』史料編、近世三、五二八頁、一九七七年）。
（6）「浦賀宮下町阿波屋甚右衛門斎田塩一手捌ニ付小宿共願書」（『日本塩業大系』史料編、近世三、四九三頁、一九七七年）。
（7）「棒手売取締り議定に調印を拒み候に付訴状」（『市川市史』第六巻上、五二〇頁、一九七二年）。
（8）「地廻リ塩直売取締ニ付問屋仲間規定一札」（『日本塩業大系』史料編、近世三、五〇六頁、一九七七年）。
（9）「行徳領ヨリ塩直売ニ付取締願書」（『日本塩業大系』史料編近世三、五一六頁、一九七七年）。
（10）岩田家文書。
（11）「行徳塩直段引上につき」（「諸色直段引下」、『旧幕府引継書』）。
（12）「行徳領浜方・地廻り塩問屋出入ニ付仲間返答書」（『日本塩業大系』史料編近世三、五一八頁、一九七七年）。

(13)「武州大師塩浜地廻り塩問屋仲間為取替規定一札」(『日本塩業大系』史料編近世三、五二〇頁、一九七七年)。

おわりに

以上、江戸に存在した二つの塩問屋(地廻り塩問屋と下り塩問屋)について明らかにし、地域の変容を商品流通や商い慣行の展開から明らかにしてきた。以下、本章で明らかにした点をまとめつつ、展望を指摘しておきたい。

地廻り塩問屋は、江戸周辺における塩田の入荷を担っていた。地廻り塩の相場は、地廻り塩問屋へ入荷された段階で下り塩相場を照会して決められた。そしてその相場に基づき、即金で支払われたのである。これは、地廻り塩問屋に入荷される江戸内湾の塩田が、資金力が弱く、即金での収入が求められたことが理由といえる。産地の動向に地廻り塩問屋も適合した取引方法が取られたのである。また地廻り塩問屋は、おおよそ江戸市中を販売対象としていた。そしてその販売圏を株によって個々の地廻り塩問屋間で決め、蒲鉾屋や豆腐屋などの商店を得意先としていた。地廻り塩問屋株の売買は、地廻り塩の商いの権利を売買するだけでなく、得意先をも含めた商圏の売買をも意味していたのである。得意先が決まっていることで、おおよその販売量も限られ、これによって地廻り塩問屋の均衡を保ったのである。幕末期になると、江戸周辺の塩田では棒手売などが横行し、直接江戸に販売するようになる。さらに行徳塩田では、下り塩を買入れ苦汁分を落とした古積塩によって利根川を遡航し、相当量の塩が北関東へ送られたのである。このため、地廻り塩問屋では、塩の扱い量の減少を余儀なくされ、赤穂塩・斎田塩など下り塩まで取引の対象となっている。相場の決定方法も、従来の下り塩相場に照会する方法から、製塩地側の意向を反映させた月三度の出会い相場へと変化するようになったのである。

一方、下り塩問屋は、塩廻船と塩仲買の間を取り持ち、塩の管理・保管を担っていた。このため下り塩問屋は販売を担うことをせず、下り塩仲買に委ねられたのである。実は、こうした問屋の機能は近世前期の段階から同じであったというわけではない。「榎本弥左衛門覚書」を参照すると、問屋が塩販売を行うことで仲買が結束し不買運動が行われている。問屋と仲買との兼ね合いで商慣行が取り決められたのである。

下り塩仲買は、小売などに転売するだけでなく、江戸の醤油問屋と下り塩仲買を兼帯したり、北関東の在町における商人と特約関係を結び商圏を確保・拡大した。しかし他方、武蔵国金沢領一帯では塩田の存続が第一義とされることで、金沢塩と下り塩の相場を相対で決めることになっている。下り塩仲買の商圏の拡大に対し、地域における商い慣行が阻害することもあったのである（第三章第四節）。さらに地廻り塩にとって、江戸だけを販売先とすることは、価格的に安く押さえられることを意味した。このため、江戸ばかりを販売先に限定せず、江戸川・利根川を遡航して北関東へも送られる。こうした中、北関東を商圏としていた下り塩仲買は、行徳塩販売との間で商圏をめぐり競争が行われたのである。安永九年（一七八〇）に下り塩仲買が下り塩問屋に対し、下り塩相場の決定方法を手板商いとしたのはこうした背景によるといえよう。塩仲買仲間で茶番所において相場の協定を行い、塩を安価に購入することを目指したのである。

こうした塩仲買の動向に対し、塩廻船の荷主は、塩相場が不当に安く押さえられているとし、問屋を通じて従来の売行を主張すると共に、道売りなどが横行する。幕末になると、行徳や神奈川湊へ相当量の塩が送られるが、こうした素地は寛政期の段階からすでに見られる。下り塩問屋は、入荷量の減少と共に赤穂の塩浜などに資金援助し、江戸への塩の送荷を確保しているが(1)、幕末には関東へ送られる下り塩の四割が行徳へ送られるなど、相当の影響を受けることになったのである。これが、いわゆる江戸打越といわれ、争論に至る原因にもなったのである。しかも、こうした状況を背景としながらも、幕末になると、一部の浦賀問屋—下り塩問屋—下り塩仲買の間で特約契約を結び、斎田塩を独占的に買入れるなど、江戸の下り塩問屋・仲買の間の商慣行も混乱を招いている。

以上で指摘したように、地廻り塩問屋と下り塩問屋の両者の商慣行は、販売組織の状況や当該期の商品流通の在り方に大きな意味を有していた。地廻り塩問屋の場合は、①取り引き相手である行徳塩田や大師河原塩田などの江戸内湾の塩田、②販売先である江戸市中の動向、の二つの要素に大きく規定されていた。また、下り塩問屋の場合は、①塩廻船などの荷主の動向、②下り塩仲買（北関東市場の動向）、に大きく規定されていたのである。行徳塩田は、近世前期・中期は普請金の調達などを地廻り塩問屋に求めるなど共生的な関係であった。しかし、近世後期になると、塩買人・塩問屋が内部に組織されるようになり、行徳塩田の場合、産地問屋が成立する（大師河原塩田の場合は塩浜請負人を世話人とした塩垂仲間がこれに当る）。さらに普請金の調達をも兼備えた塩会所の設立をも志向し、地廻り塩問屋からの自立への志向性が見られるのである。この産地問屋の形成に伴う産地の自立の志向性は、単に地廻り塩問屋との関係のみの問題ではなかった。北関東への組織的な販売、下り塩の買入れ、棒手売による江戸への販売など多面的に表面化したのである。そして、こうした結果の一つとして、江戸御府内への棒手売を行わない代りとして月三度の出会い相場とする様な相場決定へと反映するに至ったのである。

最後に、本章の内容と異なるが、権力と商慣行への関係について一点だけ指摘しておくことにしたい。本章第二節第三項で触れた下り塩問屋と下り塩仲買の一件は、当初町奉行への願書を差し戻すことで収束したが、その際に「捌方奉行所より差図可及筋ニ而者無之……」と指摘している。つまり、本来的には、こうした商慣行は、町奉行所の差配を受けるべきものではなく、商人間で自律性にゆだねられていた。領主の関与するところではなかったのである。

注

（1）「赤穂塩浜元・廻船ヘノ金方融通仕法ニ付上書」（『日本塩業大系』史料編近世三、四九〇頁、一九七七年）。

第五章　近代江戸内湾塩業の展開

はじめに

前章までは、近世における江戸内湾塩業の展開について検討した。そこでは特に、入浜塩田の成立により、瀬戸内塩が全国市場を掌握するようになるが、江戸内湾の各地において、いくつかの塩田が存続することを明らかにした。そして、その存続理由の一つとして、近世前期の段階では軍事的産業立地に基づいたものであり(1)、近世中後期の段階では、由緒や土地所持権などの正当性の主張に基づく訴願への公権力的対応（御普請や年貢減免）による点を指摘した(2)。特に行徳塩田の場合は、江戸城御春屋への納入といった実質的な特権的要素をも含みつつ、存続を図ったのである。

本章では近代以降、江戸内湾の塩田は、どのように展開し、存続したのかという点について明らかにする。そして、こうした側面を明らかにする中で、改めて近世固有の要素が如何なる点に求められるのか、という点について言及できればと考える。

近世における行徳塩田の範囲は、行徳領塩浜付村々といわれる範囲に限定されていた。それが、近代以降になると、行徳領という地域的枠を超え、船橋方面にその範囲を拡大していく。また、現在の袖ヶ浦地方の塩田も、近世前期に荒廃したものが、その後近代以降（明治九年以降）塩田として再開発が行われるのである(3)。そしてむしろ、近世よりも近代の方が積極的に塩田開発が見られるのである。

近代以降、近世社会を規定していた幕藩制的な市場構造や地域的秩序が崩壊し、近代以降国内市場が形成される。これにより本来なら、生産力が高く良質な塩を生産するといわれる瀬戸内の塩が東京の市場へ多く流入するはずである。にもかかわらず製塩地の開発が、江戸内湾において積極的に開発され存続している。本章では、この点について特に言及できればと考える。

また、江戸内湾に展開した塩田は、専売制のもと、明治四三年・四四年（一九一〇・一九一一）、昭和四年・五年（一九二九・一九三〇）の二度に渡る製塩地整理によって終焉を遂げていく。[4] 本章では、それまで近代に展開していた江戸内湾の塩業について明らかにしていきたい。

なお、本章では製塩業の問題にのみ言及することとし、市場の問題については特に触れていない。この点は、改めて別の機会を設けて言及したい。

注

（1）本書第二章第二節を参照のこと。
（2）本書第三章を参照のこと。
（3）本章第二節を参照のこと。
（4）日本塩業大系編集委員会編『日本塩業大系　特論地理』（一九七六年、日本専売公社）、加茂詮『近代日本塩業の展開過程』（一九九三年、北泉社）。

第一節　近代における江戸内湾塩業の展開

はじめに

幕末期、商品流通の展開は、江戸への求心性が失われ、下り物の入津量が減少した。しかし、近代以降首都東京として再生し、新たな東京市場が形成される。すると、下り塩も再び東京へ送られるようになったのである。(1)

本節では、江戸内湾に展開した塩浜の存在形態を、『府県統計書』を通じて明らかにする。なお、『府県統計書』の統計は、調査段階で基準が不分明な面が多く、各年によって基準が異なる。このため通年で分析する場合、不備が目立つ。この点、資料分析上注意を要すべき点であろう。しかしながら、各県域の塩田の全体像を把握する上では、それでもなお重要であるといえる。個別の詳細な分析は、次節以降の課題とし、本節では特に、千葉県域と神奈川県域を中心に概観することにしたい。

一　千葉県域における製塩業の展開

1　塩田の分布とその特質

明治二〇年（一八八七）における塩田一覧として表36を参照すると、塩田は外房と内房の両方に点在している。このうち外房地方においては、長柄郡九十九里浜の塩浜が中心である。ここでの製塩形態は、揚浜であり、面積の記載が無いのは、塩田として存在せず、製塩地が移動しているからであろう。一方、内房の各地は入浜塩田であった。内房と外房とを比較すると、製塩地面積だけでなく、製塩高からも、内房地方が中心である。

江戸内湾（内房）に展開する製塩地について、塩浜面積全体の塩田面積二〇〇町歩のうち、七割近くが東葛飾郡に位置している。東葛飾郡に点在した塩浜のうち、近世に行徳塩田として位置付けられる行徳塩田は、表中では行徳浜と記載されている部分が中心で、塩田総面積が八八町歩弱であった。この表のうち、注目すべきは、東葛飾郡における塩田の範囲は近世に存続し続けた行徳塩田の箇所（行徳領塩浜付村々）だけでなく、近代以降周辺地域の塩浜でも開発が行われ、面積が拡大している点であろう。幕府による公権力的対応が失われたにも関わらず、塩田は一元的に荒廃するのではなく、開

表36　明治20年千葉県塩田一覧

項目 / 塩浜名	所属郡	塩田面積	営業人(人)	工総数(人)	工男(人)	工女(人)	製塩高(石)
畔戸浜	望陀郡	1町4反1畝01歩	1	391	391	0	180.800
下浜	周准郡	1町9反9畝27歩	4	1,865	1,040	825	262.200
砂浜	周准郡	1町4反7畝14歩	1	380	75	305	72.000
鯨洲	周准郡	8反0畝03歩	1	290	60	230	50.800
出洲	周准郡	9反5畝02歩	1	445	72	373	65.000
九十九里浜	長柄郡						333.000
五所金杉	市原郡	36町4反5畝21歩	24	4,963	3,101	1,862	1,766.550
今津朝山	市原郡	7町0反4畝11歩	15	2,142	513	1,629	543.000
行徳浜	東葛飾郡	87町7反7畝26歩	47	44,732	27,979	16,753	24,069.000
新浜	東葛飾郡	11町8反5畝11歩	11	4,176	3,010	1,166	2,190.000
辰巳角	東葛飾郡	1町5反4畝16歩	4	950	760	190	333.000
東浜	東葛飾郡	3町2反4畝26歩	15	3,040	2,660	380	1,100.000
西浜	東葛飾郡	4町5反8畝15歩	16	3,230	2,470	760	1,800.000
海神浜	東葛飾郡	22町2反7畝17歩	12	35,640	24,840	10,800	3,466.000
新塩浜	東葛飾郡	6町0反2畝21歩	3	1,546	1,065	481	1,250.000
浜田面	東葛飾郡	11町0反3畝22歩	9	4,536	3,024	1,512	2,975.000
合計		198町4反8畝23歩	164	108,326	71,060	37,266	40,456.350

明治20年「千葉県統計書」参照

発が進み、むしろ製塩地総面積としては拡大するのである。

営業人一人当りの塩田反別については、この表だけでは不明である。ただ、単純に平均すると、一町歩から二町歩前後であり、各塩浜に差異があるとは言い難い。

一方、生産力の面を考える上で、一反当りの製塩高を棒グラフで示したグラフ1によると、東葛飾郡の各塩浜と他所の塩浜との間で生産力に大きな差がある。つまり、営業人（経営者）一人当りの塩田所有面積はほぼ同じだが、東葛飾郡と比較し、他所の営業人は、同一の生産高を期待していたわけではなかったのである。

同じ江戸内湾に展開した塩田で、千葉県域においても東葛飾郡に位置する塩田と、その他の内房の塩田、そして外房の塩田とは性格に大きな違いがあったのである。

2　専売制前後の千葉県製塩業の展開（全体）

次に明治一九年（一八八六）から三八年（一九〇五）までの塩業の動向について表37から展望してみる。表36と表37で明治二〇年の記載で製塩高（産出高）・塩田面積に若干の差異が見られるが、おおよそ問題無いものとして検討していく。また、明治二四年

グラフ1　千葉県各塩浜における1反当り製塩高

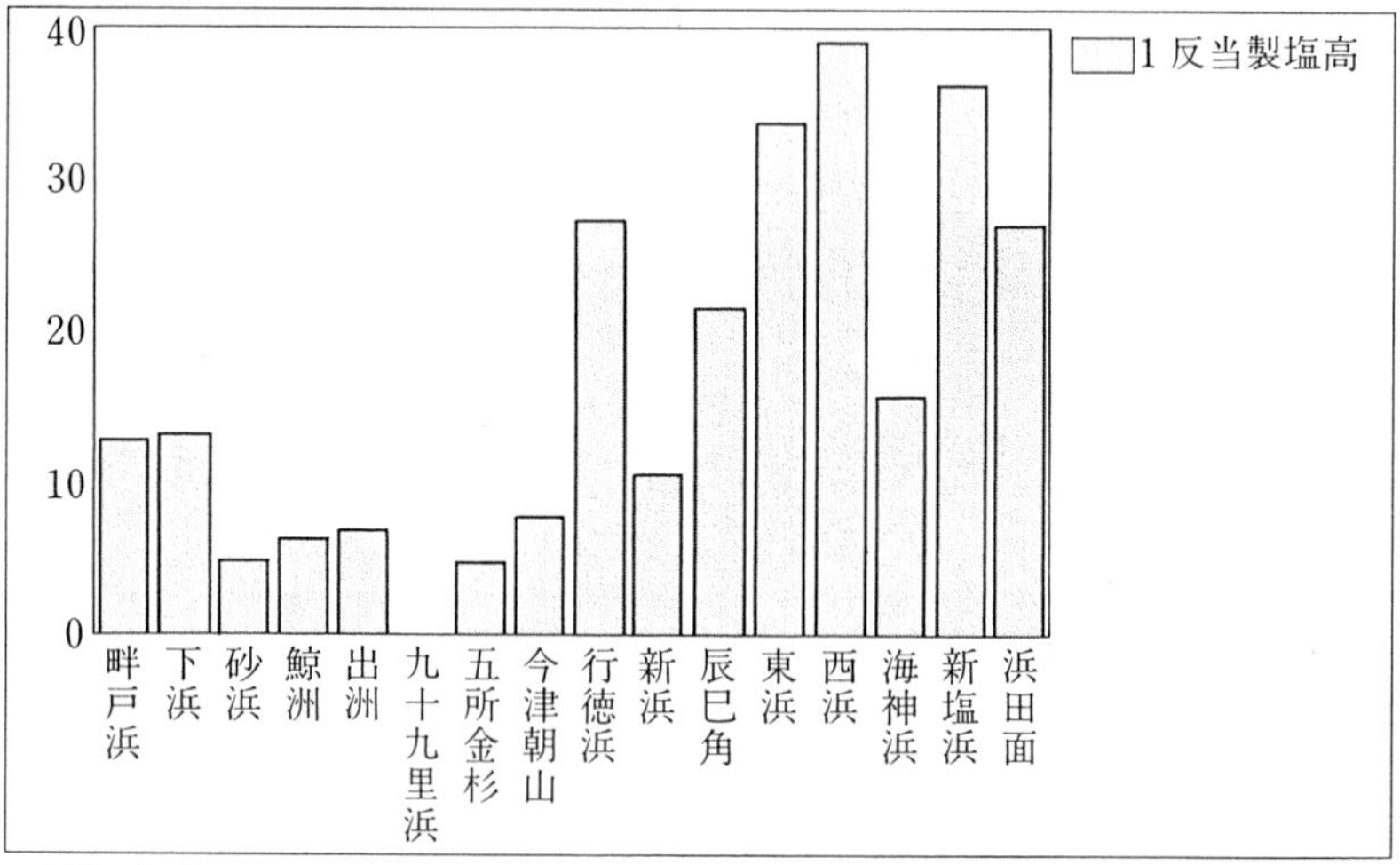

明治20年「千葉県統計書」参照

（一八九一）から二六年までの三年間の統計を見ることができない。以上を念頭に据えながら、表37から、①塩田面積、②竈数、③産出高、④価額の四つの面で特徴ある傾向を見いだすことができる。

まず塩田面積についてであるが、千葉県域全体における塩田面積の変遷を見てみる。同表を参照すると、明治二二年までは二一〇町歩であったのが、一時一七五町歩へと減少する。しかしその後、明治三一年以降再び二〇〇町歩以上へと上昇している。ここで指摘できるのは、瀬戸内海で生産した塩が関東に大量に送られる一方で、明治以降の江戸内湾での製塩業は、一方的に衰えるのではなく、地域的には開発が推進されている点である。

表37　明治19年～38年千葉県製塩業

年代＼項目	塩田面積(町)	塩田竈数	産出高(石)	価額(円)
明治19年	210.9	376	45,624	37,804
明治20年	201.4	300	43,209	34,389
明治21年	185.9	318	29,660	22,724
明治22年	210.7	362	38,478	47,231
明治23年	175.6	770	35,865	49,195
明治27年	178.9	679	86,186	72,040
明治28年	175.5	926	77,864	78,773
明治29年	176.0	926	81,872	130,599
明治30年	174.2	571	68,452	170,457
明治31年	203.1	585	75,765	160,915
明治32年	192.1	254	73,188	219,614
明治33年	217.9	289	118,563	237,081
明治34年	216.5	437	72,820	153,267
明治35年	294.9	509	56,199	128,582
明治36年	241.2	400	75,020	163,670
明治37年	235.1	386	67,400	191,582
明治38年	235.3	221	60,275	323,782

各年の「千葉県統計書」参照

　次に、煎熬場を示す竈数の動向を参照してみよう。明治一九年から二二年までは竈数が三〇〇代で少ないが、これは外房の塩浜における竈数を含めていないからと考えられる。そして、明治二三年以降竈数が多いのは、外房の竈数が加算されているからである。この点を念頭に据えて改めて表37を参照すると、明治二八年・二九年には竈数が九〇〇近くあったのが、その後激減している。それに対し、塩田面積は明治三〇年以降上昇しており、塩田面積が拡大している。この塩田の開発に伴い、竈数が増加するのではなく、むしろ明治二八年以降急激に減少しているのである。この検討は、地域的な塩浜の動向と関連するので次項で行うが、結論としては九十九里浜での竈数の激減がこうした結果を生んだのである。

次に、産出高の変遷についてみてみよう。この史料を参照すると、明治一九年以降、漸次上昇するが、その後明治三三年をピークとして減少・横這いとなっている。産出高は、天候など製塩日数にも関連する。このため一概に塩田面積と比較することは困難であるが、明治三三年の一一万石を除き、五万石から八万石の範囲で産出高は高下するがおおよそ横這いであった。

最後に、価額について検討しよう。価額について念頭に据える点として、当時の塩相場と大きく関係していることがあげられる。よって、価額決定の要素は産出高と塩相場の二要素を念頭に据える必要があろう。明治三三年まで価額は順調に上昇を続ける。その後、若干産出高が減少した明治三五年まで一時減少するが、その後専売制による価格の変化も関係があり、上昇し続けている。

以上、塩田面積・竈数・産出高・価額の四つの要素から千葉県域の製塩業について簡単に検討してきた。特に注意すべき点として二点を指摘できよう。一つは江戸内湾に展開した塩田は、塩田面積自体必ずしも減少するのではなく、漸次増加してきているという点である。そしてもう一つは、塩田面積が増加するにも関わらず、竈数は減少する点である。また、同時に生産高としても明治二〇年前後は四万石前後であったのが、明治三七年前後には六万石前後と高下しつつも上昇している。こうした要素について、次に地域別に塩浜の動向から検討することにしたい。

3　専売制前後の千葉県製塩業の展開（地域別）

地域別に塩浜の動向を表38と表39から見てみよう。表38は、明治二三年の塩浜の動向を郡別に作成したものであり、表39は、明治三五年から三八年までの製塩地の動向を示したものである。

この二つの表を参照する時、①東葛飾郡・千葉郡に展開する塩田、②その他の内房に展開する塩田、③外房（＝九十九里浜）に展開する塩田の地域的に三つに大別することができる。以下、この三地域について分析していくことにしたい。

①東葛飾郡・千葉郡に展開した塩田は、製塩地面積に若干の広がりが見られるが、ほとんど変化しない。また、竈数や産出高においても変化していない。個々の塩浜を見ても、例えば東葛飾郡のうち行徳浜を参照しても、おおよそ塩浜面積は一〇〇町歩で変化しない。産出高も三万石前後で横這いである。ただし明治三八年には三田浜・加瀬浜など新たに開発した塩浜を見ることができる。よって、東葛飾郡・千葉郡における塩浜を参照すると、行徳浜など既存の塩浜（近世より続いている行徳塩田）は全体的に横這いとして存続し、生産高の増加分は新浜の開発分によるということがわかるであろう。

②内房に展開した各塩浜について、明治三五年から三八年の段階で、開発はほとんど行われず、製塩地面積・竈数も変化しない。また、明治

表38　明治23年郡別製塩高一覧

郡名＼項目	塩田面積(町)	塩田竈数	産出高(石)	価額(円)
望陀郡	2.1	2	56	68
周准郡	5.2	6	326	519
長柄郡		627	640	1,600
武射郡		11	162	328
市原郡	33.2	32	2,295	2,678
東葛飾郡	135.1	72	32,021	43,707
海上郡		20	365	295
明治23年合計	175.6	770	35,865	49,195

明治23年「千葉県統計書」参照

表39　明治35年～38年塩田一覧

項目／年代	郡名	製塩場	塩田面積(町)	塩田竈数	産出高(石)	価額(円)
明治35年	君津郡	奈良輪村	0.5	1	80	240
	君津郡	大堀浜	5.5	5	100	230
	市原郡	五井浦	8.5	9	1,320	4,620
	市原郡	八幡浦	25.7	2	900	3,150
	千葉郡	津田沼浦	80.0	40	4,800	24,000
	長生郡	九十九里浜		350	580	1,740
	海上郡	九十九里浜		3	36	85
	海上郡	銚子浦	2.5	6	30	71
	東葛飾郡	船橋浦	40.0	16	12,000	24,000
	東葛飾郡	海神浦	22.2	8	6,500	11,700
	東葛飾郡	行徳浦	94.1	60	25,053	50,106
	東葛飾郡	南行徳浦	15.9	9	4,800	8,640
明治36年	安房郡	房州内海	0.5	2	50	174
	君津郡	奈良輪浦	1.0	1	120	360
	君津郡	大堀浦	5.5	5	250	625
	市原郡	五井浦	8.5	9	1,390	4,448
	市原郡	八幡浦	25.0	2	920	2,944
	千葉郡	谷津浦	25.0	10	4,800	19,200
	長生郡	九十九里浜		270	455	1,456
	海上郡	九十九里浜		7	120	300
	海上郡	銚子浦	2.5	1	15	42
	東葛飾郡	船橋浦	40.0	16	12,200	25,620
	東葛飾郡	海神浦	23.2	10	9,000	17,100
	東葛飾郡	行徳浦	94.1	60	42,000	84,000
	東葛飾郡	南行徳浦	15.9	7	3,700	7,400
明治37年	安房郡	房州内海	0.3	1		
	君津郡	大堀浦	4.2	5	250	875
	君津郡	奈良輪浦	1.5	1	150	525
	長生郡	九十九里浜		258	360	1,260

	市原郡	五井浦	5.1	8	1,632	5,712
	市原郡	八幡浦	16.9	3	3,350	3,645
	千葉郡	谷津浦	38.0	12	3,800	11,400
	東葛飾郡	船橋浦	30.5	16	12,120	27,634
	東葛飾郡	海神浦	23.2	9	9,000	24,300
	東葛飾郡	行徳浦	102.1	54	37,999	113,997
	東葛飾郡	南行徳浦	13.3	8	504	1,411
	海上郡	銚子浦		5	100	350
	海上郡	九十九里浜		6	135	473
明治38年	夷隅郡	豊浜		1	15	82
	夷隅郡	御宿浜		4	14	22
	君津郡	大堀浜	1.7	2	8	42
	君津郡	奈良輪浜	1.0	1	43	226
	長生郡	九十九里浜	9.9	100	150	750
	市原郡	五井浜	3.5	2	600	3,180
	市原郡	八幡浜	9.6	8	1,120	5,936
	千葉郡	谷津浜	38.0	12	4,320	22,464
	東葛飾郡	船橋町新浜	5.2	2	2,050	11,460
	東葛飾郡	三田浜	13.2	8	5,100	28,560
	東葛飾郡	加瀬浜	12.0	6	4,500	25,200
	東葛飾郡	南行徳新浜	15.9	7	1,302	7,322
	東葛飾郡	行徳浜	102.1	54	32,534	171,682
	東葛飾郡	海神浜	23.2	9	8,500	46,750
	海上郡	九十九里浜		5	29	106

明治35年～38年「千葉県統計書」参照

二三年と比較しても、市原郡・望陀郡は共にほとんど変化しないことがわかるだろう。よって、内房の塩浜は既存の塩浜を存続させたものと考えることができるのである。

③外房に展開する塩浜について、明治二三年における竈数は、長柄郡だけで六二七有していた。しかしそれが、明治三五年には三五〇個、さらに明治三八年には一〇〇個と激減の傾向を見せている。それと同様に産出高も明治二三年には六四〇石であったのが、明治三八年には一五〇石と激減している。先に、全体的な傾向として竈数激減の状況を示したが、この傾向は九十九里浜における塩浜の竈の数の傾向と同傾向を示している。

以上、千葉県域の製塩地について三つに分類して検討してきた。先に指摘した全体的な竈数激減の様子は、外房における九十九里浜などの塩浜の衰退によるものであった。逆に江戸内湾の塩浜を見た場合、基本的に横這いであり、荒廃することなく存続し続けている。そして、東葛飾郡・千葉郡に開発した塩浜分が、塩田面積の拡大として見られたのである。

4　明治三九年段階での千葉県域の塩田形態

改めて明治三九年の段階での千葉県域の塩田の様子について表40を参照しつつ概観しよう。

同表を参照すると、外房地域は揚浜であり釜数が多いにも関わらず、製塩地面積の記載が見られない。塩田として築造したものではなかったことによると考えられよう。さらに海上郡の場合は、製塩場数に比較して結晶釜数が少ない。一つの釜を共同で利用したものと考えられる。そのため外房地方の塩浜では零細な塩業形態で行われていたことがわかる。振り返って内湾地域の塩浜に目を向けると、東葛飾郡・千葉郡における塩浜が千葉県域の塩浜の大部分をしめ、市原郡などの塩浜はほとんど無くなってきていることがわかる。

経営形態は、製造人員と製造場数・結晶釜数は、ほぼ同数であり、全体的に塩田の集積は見られない。一人が一つの塩田を所有する経営形態が取られたものと考えられる。また、燃料は千葉郡・東葛飾郡では、石炭が使用され、他所では松葉や松割薪である。ちなみに幕末の段階では行徳塩田での燃料は薪である。(2) 行徳塩田では、明治以降に燃料

表40　明治39年度塩田一覧

郡名＼項目	製塩方法	製造人員(人)	製造場数	製塩地反別(町)	結晶釜数	製造高(斤)	燃料
市原郡	入浜製塩	8	8	10町1反7畝25歩	9	282,093	松葉・松割薪
東葛飾郡	入浜製塩	110	112	236町8反6畝22歩	130		石炭
千葉郡	入浜製塩	12	12	24町3反1畝19歩	12		石炭
東葛飾郡・千葉郡	入浜製塩					12,310,698	石炭
君津郡	入浜製塩	7	7	7町1反5畝26歩	7	15,561	松葉・松割薪
合計（内房）		137	139	278町5反2畝02歩	158	12,608,352	松葉・松割薪
長生郡	揚浜製塩	583	583		583	30,240	松葉・松割薪
山武郡	揚浜製塩	3	3		3	193	松葉・松割薪
海上郡	揚浜製塩	44	44		16		松葉・松割薪
匝瑳郡	揚浜製塩	4	4		4		松葉・松割薪
海上郡・匝瑳郡	揚浜製塩					24,447	
夷隅郡	揚浜製塩	183	183		106		
合計（外房）	合計	817	817		712	54,880	

明治39年「千葉県統計書」参照

として松葉や松割薪から石炭へと転換したのである。

次に、明治三九年の塩製造高を等級別に示したグラフ2を参照してみよう。全体を通してみて、製造した塩の多くは、二等から四等の範囲である。特に、この構成比を示したグラフ2を参照すると、市原郡の塩浜は一等から三等の範囲、東葛飾郡・千葉郡の塩浜は二等・三等、その他の地域の塩浜は三等から五等である。さらに、君津郡の塩浜は、製造高自体は少量であるが、一等・二等で占められている。同時期における赤穂塩・坂出・高松塩・瀬戸田塩では、品質の等級がほとんど四等・五等であるのに対し、江戸内湾の塩田では、むしろ少量ながらも良質な塩を生産していたことがわかる。明治二八年には大師河原に製塩試験場が設置され、さらに、明治三二年には津田沼に移転しながらも、積極的に生産性の向上・品種改良が行われている（本章第三節参照）。こうした製塩試験場の成果が現実的に見られたのである。

明治三九年における、塩製造高による階層別人員を示した表41を参照してみよう。行徳出張所管轄の塩浜では、一人で五〇万斤以上の製塩高をしめる人がいるように、少数で相当量の製造高を有しつつ経営が行われている。千葉出張所管轄の塩浜では、三万斤以上が半数を占めている。それに対して、茂原出張所管轄の塩浜（外房）では経営者の全てが一万斤を満たないように、零細な塩田を多数で所有していたことが判明する。また、東金出張所・大多喜出張所なども一万斤以上の製造高を有する経営者はいるものの、おおむね一万斤未満であり、零細な塩業者が中心であった。

以上、江戸内湾のうち、東葛飾郡・千葉郡の塩田と他地域の塩田の違いをいくつかの点で明らかにしてきた。東葛飾郡・千葉郡の塩田では、燃料を石炭とし、相当量の製塩高を有し、良質な塩を製造している。これにより、瀬戸内塩との競争力を高め、産地として成長したのである。それに対して、他地域（東葛飾郡・千葉郡以外）の江戸内湾にお

グラフ2　千葉県下各地域別等級生産塩品質

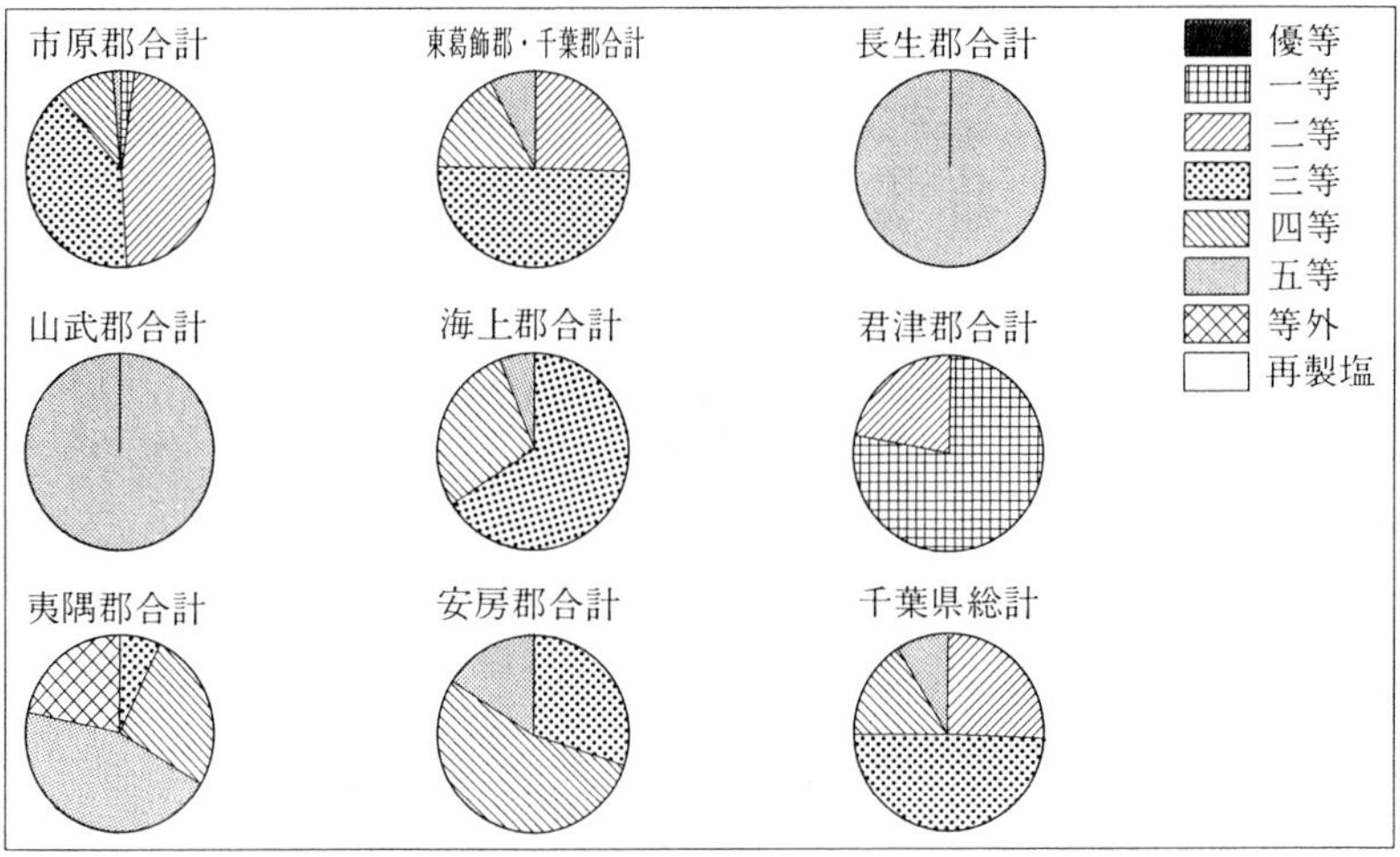

明治39年「千葉県統計書」参照

表41　塩製造高階層別人員（明治39年）

製造高 斤数 / 出張所名	200万斤以上	100万斤以上	50万斤以上	10万斤以上	5万斤以上	3万斤以上	1万斤以上	1万斤未満	合計	
千葉出張所	0	0	0	0	0	0	5	4	0	9
行徳出張所	0	0	2	3	42	34	15	4	1	101
茂原出張所	0	0	0	0	0	0	0	0	583	583
東金出張所	0	0	0	0	0	0	0	0	1	1
銚子出張所	0	0	0	0	0	0	0	1	2	3
木更津出張所	0	0	0	0	0	0	0	1	1	2
大多喜出張所	0	0	0	0	0	0	0	3	4	7
北条出張所	0	0	0	0	0	0	0	1	8	9
合計	0	0	2	3	42	34	20	14	600	715

(1)明治39年「千葉県統計書　第二巻（勧業の部）」参照
(2)単位は人

ける塩田では、燃料は松葉を使用し、零細な製塩業であった。こうした塩浜は、近世以来の製塩業を維持し続けたのである。

5　明治四〇年度~大正元年度までの製塩業の動向

明治四〇年度から大正元年度までの製塩地の動向について表42・表43を参照しつつ見てみよう。

千葉県域の地域的な傾向として表42を参照すると、東葛飾郡・千葉郡の塩田が中心である。しかし、専売制が施行して以来、製塩地面積は漸次縮小し拡大することは無かった。同様に、市原郡では製塩地面積は横這いで、明治四十四年度から大正元年度の間で消滅している。君津郡では明治四一年度までで消滅し、外房の海上郡・長生郡などは急減し、明治四四年度から大正元年度の間で消滅している。これは、明治四三年・四四年に不良塩田の整備を目的とした第一次製塩地整理が行われており、市原郡・外房の塩浜は整備対象の塩浜となったことと関係している。東葛飾郡内の製塩地の推移を示した表44と、市原郡内の製塩地の推移を示した表45を参照するといずれも製塩地面積・製造場数は横這いか減少で、規模の拡大は見られない。このように、専売制の実施以降の千葉県域の塩田は、製塩地面積の拡大は見られず、漸次衰退を余儀なくするのである。

燃　料
松葉
松葉
石炭，松葉
石炭，松葉
松葉
松葉
松葉
松葉
石炭
石炭

表42　塩製造人数・製造高（郡別）

年代＼項目	郡　名	製造人員(人)	製造場数	製塩地(採鹹地)反別(町)	結晶釜数	製造高(斤)
明治40年度	君津郡	7	6	5町7反4畝25歩	7	4,007
	安房郡	11	11			88,610
	東葛飾郡	135	139	228町4反6畝08歩	144	9,473,273
	市原郡	7	7	9町2反3畝02歩	7	243,780
	夷隅郡	197	197		177	56,845
	長生郡	556	556		555	37,857
	匝瑳郡	7	7		4	45
	海上郡	23	23		13	20,902
明治41年度	君津郡	6	6	5町7反4畝25歩	6	8,260
	安房郡	12	12	2反0畝0歩	1	27,673
	東葛飾郡	102	109	225町0反4畝13歩	125	7,199,268
	千葉郡	11	11	24町3反1畝19歩	11	377,680
	市原郡	7	7	9町2反3畝02歩	7	93,240
	夷隅郡	182	182		172	46,571
	長生郡	547	547		547	23,467
	海上郡	12	12		21	8,489
明治42年度	安房郡	10	10			81,060
	東葛飾郡	80	89	173町5反2畝09歩	100	10,010,755
	千葉郡	7	7	13町0反9畝01歩	7	366,095
	市原郡	7	7	9町2反3畝02歩	7	172,630
	夷隅郡	161	161		160	174,350
	長生郡	516	516		516	31,029
	海上郡	12	12		21	3,178
明治43年度	安房郡	10	10			200,685
	夷隅郡	161	161		160	266,680
	長生郡	510	510		510	8,783
	市原郡	7	7	9町2反3畝02歩	7	79,116
	東葛飾郡	79	84	173町5反2畝08歩	103	6,981,106
	海上郡	12	12		21	1,052
大正元年度	安房郡	4	4			244,240
	夷隅郡	1	1			
	東葛飾郡	66	72	164町7反2畝09歩	94	7,157,646

各年「千葉県統計書」参照

表43　千葉県塩製造人数・製造高

年代＼項目	製造人員	製造場数	製塩地(採鹹地)反別(町)	結晶釜数	製造高(斤)	燃　料
明治40年度	915	919	267町7反5畝24歩	901	10,418,034	
明治41年度	858	865	258町5反9畝04歩	890	7,710,539	石炭,松葉
明治42年度	785	794	195町8反4畝21歩	803	10,758,037	石炭,松葉
明治43年度	774	780	192町7反8畝0歩	808	7,218,632	石炭・松葉
明治44年度	72	80	179町8反0畝19歩	101	4,790,340	石炭・松葉

各年「千葉県統計書」参照

表45　塩製造人数・製塩高（市原郡）

年代＼項目	地　名	製塩地(採鹹地)反別(町)	製造人員	製造場数	結晶釜数	製造高(斤)
明治39年度	八幡町	9町0反5畝13歩	7	7	8	
	五井町	1町1反2畝12歩	1	1	1	
明治40年度	八幡町	8町1反0畝20歩	6	6	6	194,520
	五井町	1町1反2畝12歩	1	1	1	49,260
明治41年度	八幡町	8町1反0畝20歩	6	6	6	74,060
	五井町	1町1反2畝12歩	1	1	1	19,180
明治42年度	八幡町	8町1反0畝20歩	6	6	6	126,690
	五井町	1町1反2畝12歩	1	1	1	45,940
明治43年度	八幡町	8町1反0畝20歩	6	6	6	53,857
	五井町	1町1反2畝12歩	1	1	1	25,259

各年「千葉県統計書」参照

表44　塩製造人数・製造高（東葛飾郡）

年代＼項目	地名	製塩地(採鹹地)反別(町)	製造場数	製造人員(人)	結晶釜数	製造高(斤)
明治39年度	南行徳村	12町9反8畝14歩	9	9	9	
	南行徳村(再製)		15	15	17	
	行徳町	136町3反8畝17歩	68	69	79	
	行徳町(再製)		14	14	12	
	葛飾村	22町2反7畝16歩	10	9	11	
	葛飾村(再製)		1	1		
	船橋町	65町2反2畝05歩	25	23	31	
	船橋町(再製)		1	1	1	
明治40年度	南行徳村	11町7反6畝13歩	19	19	22	128,430
	行徳町	135町2反0畝04歩	82	82	80	4,724,001
	葛飾村	22町2反7畝16歩	12	10	11	1,451,349
	船橋町	59町2反2畝05歩	26	24	31	3,169,493
明治41年度	南行徳村	10町9反7畝19歩	7	7	7	40,220
	行徳町	132町5反7畝03歩	66	64	75	3,596,908
	葛飾村	22町2反7畝16歩	10	8	10	1,085,652
	船橋町	59町2反2畝05歩	26	23	33	2,476,488
明治42年度	南行徳村	8反9畝15歩	1	1	1	73,258
	行徳町	91町1反3畝03歩	52	48	57	5,396,803
	葛飾村	22町2反7畝16歩	10	8	10	1,406,160
	船橋町	59町2反2畝05歩	26	23	32	3,134,534
明治43年度	南行徳村	8反9畝15歩	1	1	1	12,440
	行徳町	91町1反3畝02歩	52	47	59	3,799,449
	葛飾村	22町2反7畝16歩	10	8	10	901,185
	船橋町	59町2反2畝05歩	21	23	33	2,268,032
明治44年度	南行徳村	8反9畝15歩	1	1	1	2,160
	行徳町	91町1反3畝03歩	51	47	58	2,877,394
	葛飾村	22町2反7畝16歩	11	10	11	864,176
	船橋町	57町0反2畝05歩	13	11	27	1,046,610

各年「千葉県統計書」参照

神奈川県全体塩田一覧

塩田面積	製塩竈数	営業人	延工数(総数)	延工数(男)	延工数(女)	製塩石高(石)	価格(円)
52町2反7畝19歩		195	32,691	24,451	8,240	11,313	
52町2反7畝19歩		190	32,699	23,808	8,891	8,960	
52町4反2畝27歩	248	256	32,231	27,153	5,078	5,902	
55町5反2畝01歩	249	223	38,085	32,546	5,539	12,268	
55町5反1畝08歩	251	223	32,782	27,547	5,235	12,273	
55町5反1畝08歩	251	223	33,193	28,153	5,040	11,743	
51町2反0畝0歩	227	216	50,428	33,310	17,118	14,672	19,746
47町1反0畝0歩	212	214	44,515	29,394	15,121	10,766	10,859
54町5反	228	217	50,766	34,134	16,632	11,259	12,684
50町4反	228	217	57,687	36,648	21,039	9,620	12,876
49町9反	224	216	63,259	42,244	21,015	12,703	14,577
49町5反	451	224	72,213	53,540	18,673	9,793	11,770
50町3反	214	216	77,726	56,637	21,089	12,194	13,843
51町	213	216	75,767	54,191	21,576	10,260	24,705
50町5反	212	216	75,402	53,976	21,426	10,281	31,386
49町6反	212	216	76,757	54,829	21,928	8,736	20,770
49町6反	212					10,158	30,530
48町6反	219					9,713	28,080
39町5反	219					9,298	28,664
48町3反	191					9,206	26,776
51町1反	182					8,921	23,533
41町6反	188					8,156	25,948
40町	186					4,722	23,208
36町4反	139					4,787	12,645
36町4反	135					3,126	6,498
35町4反	138					8,775	24,919
28町1反	121					3,939	4,953

奈川県統計書」参照

表46

年代＼項目
明治16年
明治17年
明治18年
明治19年
明治20年
明治21年
明治22年
明治23年
明治24年
明治25年
明治26年
明治27年
明治28年
明治29年
明治30年
明治31年
明治32年
明治33年
明治34年
明治35年
明治36年
明治37年
明治38年
明治39年
明治40年
明治41年
明治42年

各年「神

二　神奈川県域における製塩業の展開

次に、神奈川県域における製塩業の動向について検討してみよう。神奈川県域で製塩業が行われた箇所は久良岐郡（横浜市）・橘樹郡・三浦郡の三郡で、すべて江戸内湾に位置していた。よって、近世の段階で開発された塩浜がその後存続し続けたものといえよう。

表46は、神奈川県域に点在する塩田面積の総計について、明治一六年以降を提示したものである。明治三六年を除き、明治四二年までの動向を通年で把握できる。この表46を参照すると、明治一六年から四二年まで、五二町歩から二八町歩と製塩地面積は縮小し続ける傾向にある。明治三五年までは四八町歩とほぼ横這いであるが、専売制実施以降顕著に縮小の傾向をたどることになる。この傾向は、千葉県域と同様といえよう。製塩石高もほぼ横這いであるとはいえ、近世以来続いた塩田は、ほとんど開発もされず存続した。郡別に製塩地の動向を捉えた表47を参照しても同様の傾向を示すことができる。久良岐郡の塩浜は六浦村・泥亀新田・町屋村・洲崎村・平沼新田、橘樹郡の塩浜は大師河原村・芝生村・潮田村・池上新田、三浦郡の塩浜は林村・逗子村・浦郷村が主たる塩浜であった。つまり、神奈川県域の製塩地は内湾地域に広がっており、湘南海岸沖でないことが明らかとなろう。各所の塩浜を参照すると、塩田面積は、全体の傾向と同様にほぼ横這いの傾向で、専売制実施以降縮小の傾向である。いずれの塩浜も塩田反別は拡大の傾向はほとんど見られない。このことは、既存の塩田が存続し、新たな開発は近代以降見られなかったことを

表47　神奈川県郡別塩田一覧

年代＼項目	所属郡名	塩田面積	製塩竈数	営業人	延工数(総数)	延工数(男)	延工数(女)	製塩石高(石)	価格(円)
明治20年	久良岐郡	24町0反0畝17歩	214	212	24,627	20,727	3,900	4,626	
	橘樹郡	27町7反0畝0歩	21	6	7,555	6,470	685	7,342	
	三浦郡	3町8反0畝21歩	16	5	600	250	350	305	
明治21年	久良岐郡	24町0反0畝17歩	214	212	24,760	21,060	3,700	3,956	
	橘樹郡	27町7反0畝0歩	21	6	7,850	6,855	995	7,492	
	三浦郡	3町8反0畝21歩	16	5	583	238	345	295	
明治22年	久良岐郡	24町2反0畝0歩	194	195	29,443	17,528	11,915	10,601	8,143
	橘樹郡	24町0反0畝0歩	19	19	20,805	15,602	5,203	3,953	11,426
	三浦郡	3町0反0畝0歩	14	2	180	180	0	118	177
明治23年	久良岐郡	23町3反0畝0歩	193	195	25,755	15,263	10,492	3,321	4,209
	橘樹郡	23町8反0畝0歩	19	19	18,760	14,131	4,629	7,445	6,650
明治24年	久良岐郡	23町2反	193	194	30,170	18,742	11,428	3,190	3,513
	橘樹郡	23町8反	19	19	20,356	15,232	5,124	6,453	7,539
	三浦郡	3町	14	3	240	160	80	60	150
明治25年	久良岐郡	24町1反	194	194	35,580	20,088	15,492	3,563	3,799
	橘樹郡	23町4反	19	19	20,707	15,620	5,087	4,870	7,695
	三浦郡	3町	14	3	1,400	940	460	350	420

明治26年	久良岐郡	24町1反	191	195	42,110	26,416	15,694	8,398	7,185
	橘樹郡	22町8反	19	19	20,549	15,428	5,121	4,155	7,250
	三浦郡	3町	14	2	600	400	200	150	142
明治27年	久良岐郡	23町9反	190	203	51,812	37,458	14,354	5,463	4,885
	橘樹郡	22町6反	257	19	20,161	15,922	4,239	4,265	6,755
	三浦郡	3町	4	2	240	160	80	65	130
明治28年	久良岐郡	23町9反	190	195	52,300	37,260	15,040	5,236	6,370
	橘樹郡	23町4反	20	19	24,876	18,977	5,899	6,888	7,333
	三浦郡	3町	4	2	550	400	150	70	140
明治29年	久良岐郡	23町9反	189	195	49,708	34,464	15,244	5,366	8,960
	橘樹郡	24町1反	20	19	25,459	19,327	6,132	4,794	15,345
	三浦郡	3町	4	2	600	400	200	100	400
明治30年	久良岐郡	24町2反	188	195	49,035	33,995	15,040	5,441	15.368
	橘樹郡	23町3反	20	19	25,687	19,531	6,156	4,720	15.538
	三浦郡	3町	4	2	680	450	230	120	480
明治31年	久良岐郡	24町2反	188	195	50,310	34,760	15,550	5,690	15,131
	橘樹郡	23町3反	20	19	25,687	19,549	6,138	2,989	5,399
	三浦郡	2町1反	4	2	760	520	240	60	240
明治32年	久良岐郡	24町2反	188					5,569	15,760

明治32年	橘樹郡	22町３反	20					4,524	14,477
	三浦郡	２町１反	4					65	293
明治33年	久良岐郡	24町２反	195					5,109	13,283
	橘樹郡	22町３反	20					4,524	14,477
	三浦郡	２町１反	4					80	320
明治34年	久良岐郡	20町０反	192					4,896	14,190
	横浜市	６町１反	4					83	166
	橘樹郡	11町３反	19					4,239	13,988
	三浦郡	２町１反	4					80	320
明治35年	久良岐郡	20町０反	164					3,713	9,468
	横浜市	４町９反	4					1,205	2,681
	橘樹郡	21町３反	19					4,208	14,307
	三浦郡	２町１反	4					80	320
明治38年	久良岐郡	20町２反	165					3,330	17,640
	橘樹郡	18町８反	14					1,382	5,528
	三浦郡	１町０反	7					10	40
明治39年	久良岐郡	11町３反	117					1,707	4,311
	橘樹郡	24町１反	15					3,074	8,217
	三浦郡	１町０反	7					6	17

明治40年	久良岐郡	11町3反	117					1,624	1,957
	橘樹郡	24町1反	15					3,060	4,535
	三浦郡	1町0反	3					5	6
明治41年	久良岐郡	11町3反	117					1,049	3,122
	橘樹郡	24町1反	15					3,335	10,312
	三浦郡		6					4,391	11,485
明治42年	久良岐郡	10町1反	105					1,698	1,947
	橘樹郡	17町	14					2,236	3,001
	三浦郡	1町	2					4	5

各年「神奈川県統計書」参照

示している。この点は、明治以降開発が見られるような東葛飾郡・千葉郡（両郡とも千葉県）の製塩地の在り方とは性格を異にする点である。

おわりに

以上、近代の江戸内湾における塩業の展開について、『府県統計書』を素材として概観してきた。そして、近世以来続いた江戸内湾の塩田が、近代以降もなお存続していることを指摘した。その意味では、近代以降国内市場が形成されることが、すぐに江戸内湾の塩田が荒廃することに結びつくわけではなかった。また、行徳塩田が近世において存続した理由は、決して幕府の保護によるものではないことが明らかとなったであろう。むしろ東葛飾郡・千葉郡に存在する塩田の様に東京を販売先とし、産地としながら成長する塩田と、地域市場を対象とした塩田の二つの有り方が、異なった位置付けを有しながら、存続し続けたのである。

この内、前者の産地として転換する塩田は、近世のような産地問屋のような商取引の問題だけでなく、生産活動においても近代以降転換が見られる。比較的良質な塩を生産し、しかも、一人の経営者で相当量の製塩高を有し、石炭の使用など経営の合理化に努めているのである。

一方、地域市場を対象とした塩田の場合、周辺地域から伐採した松葉を燃料とし、従来の地域的な結びつきを大事にしつつ、零細な塩田のまま存続した。これらの詳細については、次節以降で改めて述べていくことにしたい。

注

（1）拙稿「幕末期商品流通の展開と関東市場」（『関東近世史研究』第四一号、一九九七年）。

（2）慶応三年四月「行徳領塩浜薪一件につき内済願書」（『習志野市史』第三巻、一九九三年）。

第二節　地域名望家による塩田開発と袖ヶ浦塩業

――袖ヶ浦塩業と鳥飼家の行動を中心として――

はじめに

成教新地は、明治九年（一八七六）鳥飼和一郎（成教）が有志と共に着工した新開地である。高須海岸の北部一五町歩の荒地を開発したもので、開発資金は、上奈良輪一帯に鳥飼氏が所有していた山林や田畑まで処分し充当したものであった。鳥飼氏の献身的な開拓事業なくして、新開地開発は実現しなかったのである。成教新地の地名が鳥飼成教の名前を冠したのもこうした理由による。開発が無事に行われた後、塩田において生産した塩は「鳥飼の塩」と呼ばれ名声を博した。当時のことを記した、『地方資料小鑑』(1)によると、「奈良輪区の北方海面を画せる堤防を成教新地と称す。当主宏の祖父成教の企画、海岸を保護して浸潮を除き、新たに水田と塩田とを開拓せしものなり。明治九年起工し、翌一〇年竣工す。爾来三〇余年、其間海嘯の被害前後五回小破数うべからず。然れとも子孫克く其志を継ぎ、堅忍持久資力をつくして困苦と闘い、今や堤防は完成し、面積一〇町余水害を免るのみならず其利益は延ひて全区に及べり。先代の遺志は茲に全く完達せり」と記されている。こうしたことからも、この開拓事業は、鳥飼氏の名望家としての事業の一つとして位置付けられる(2)。

「奈良輪実録」によると(3)、「○福王宮ノ弟宮故上方ニ而も下トいふ、東国ニテも福王宮ノ御座所上奈良輪トいふ、上奈良輪ニ御座之時、○天武天皇白鳳四亥年也」と記載されている。そして、「此時四人之宮人奉附」として、鳥飼隼人之祐・鈴木伊豆之祐・石井兵庫・和田縫之祐の四名の記載がある。この四名について、さらに「此四家ゟ段々ニ奈良輪之百姓分ル、此名字之外ハ他国他村者也、白鳳四亥年ゟ明和元申年マテ一千六十五年ニ成ル」と記載されている。つまり、鳥飼家とは元来、天武天皇の白鳳四年(六七六)福王宮の弟の都落ちに従ってきた四人のうちの一人とされる。現在この史実の真偽について確認するすべはない。ただ、鳥飼家は、少なくとも奈良輪村の草分け伝説の一人として名を連ねていた家であったのである。

こうした由緒をもつ鳥飼家は、奈良輪村の世襲名主であったことでも知られる。代々六右衛門と名乗り、四給地(一時期は五給地)の名主惣代を勤めていた。塩田開発の中心人物として活躍した鳥飼成教は、天保九年(一八三八)に奈良輪村で生まれた。そして、安政二年(一八五五)に名主役を世襲し、奈良輪村組合の大惣代を勤めている。さらに、幕末の文久三年（一八六三）三月には、旗本の上原金之助から苗字・帯刀が許可されている。また、明治以降になると、明治七年（一八七四）から一一年にかけて、千葉県議会議員に選出されており、袖ヶ浦地域を代表する名望家として広く知られていたのである。(4)

かかる事実を念頭に据えると、私財を投げ売って新開地開発を行った鳥飼和一郎（成教）の行動は、まさに明治期における地域名望家の行動の一つとして理解できよう。本節では、新開地開発の一環として行われた塩田開発が如何なる意味で名望家の行動として位置付けられるのか、という点を課題としたい。すなわち、明治九年（一八七六）に開発が着工されてから四一年まで、三二年間という短期間で終わった袖ヶ浦塩業ではあるが、鳥飼氏が明治期に塩田開発を行ったという歴史的意義を、袖ヶ浦に展開した塩業経営を跡付ける中で明らかにしていきたい。(5)

一　塩田の開発訴願の提出

明治八年（一八七五）五月三十日、奈良輪村の鳥飼和一郎は、新規に塩場を開発することを目的として、村用掛の連印および副戸長の奥印を添えて、千葉県令の柴原和に対し塩場の開墾願いを提出した。(6)

〈史料1〉

塩場開墾願

今般村方地先海面ニ於テ、新規塩場凡八町歩相開度奉存候ニ付、一同遂協議候処、故障之筋無之候間試作御許可之上ハ、年々税金上納仕度何卒特別之以御詮議御許可可被下置度奉懇願候、以上

第四大区二小区

上総国望陀郡

明治八年五月三十日

奈良輪村
願人　鳥飼和一郎　㊞
右村用掛　鈴木五右衛門　㊞
和田次郎兵衛　㊞
鈴木清右衛門　㊞
石井兵左衛門　㊞
石井政右衛門　㊞

千葉県令柴原和殿

前書之通相違無之ニ付奥印仕候也

右区副戸長　多田総右衛門　㊞

この訴願からも明らかなように、鳥飼和一郎は、村方の地先の海面を塩場として開発することを願い出ている。しかし、この塩田開発は、単に鳥飼和一郎の思いつきによって実施されたわけではなかった。この塩浜の開発は、内務省達乙第一三号を受けたものであったのである。(7)

〈史料2〉

乙第十三号

府県

昨七年第百二十号地所名称区別官有地第三種之内湖海沼池ノ類ヲ埋立、耕地宅地等ニ自費開墾致度趣ヲ以払下出願ノ節、故障ハ勿論他ニ望人無之候得ハ、水面埋立ノ分　海面ハ満潮ノトキ水下トナルモノ　無代価可下渡、附寄洲或ハ自然堆積乾燥シテ平常水浸サヽルモノハ、都テ一般ノ成規ニ照シ相当代価ヲ以払下可申、最望人両人以上有之候得ハ水面ト雖、入札払ノ積ヲ以取調可伺出、此旨為心得相達候事

内務卿大久保利通代理

内務大丞林友幸

明治八年二月七日

同史料を参照すると、官有地において、湖海沼池などを埋め立て、自費で耕地・宅地などの開発が行われる場合、他に望む人が無いことと、満潮時に水面下になる部分であることを条件に、無代価で開発を認めている。また、開発の希望者が複数の場合は入札により決定するとしている。内務省達乙第一三号によって海岸沿いの埋め立てによる開発は、極めて安価な開発資金で実現可能となったのである。

その後六月二四日、〈史料1〉の鳥飼和一郎による塩場開墾願を受けて、「村方地先海面」では開発予定地が曖昧であるとして、「干潟沙曠之ヲ其儘用ルカ水面ヲ埋立潮除堤ヲ築カ、満潮之節水下可相成場所カ、区別筆分ケニ致し、其地明瞭之絵図差出し、又最寄村々故障有無相尋差支ナケレハ其村用掛も調節之上、更ニ書面差出候様御取斗可被成候」と内務省御達乙第一三号を受けた形で再提出を命じられている。(8) その結果、七月一一日には、奈良輪村村用掛が第四大区二小区の扱所に対し、塩場の開発予定地として支障のない旨を届け出たのである。(9)

以上の手続きを踏まえつつ八月八日、塩場を自費で開墾するとして、鳥飼和一郎は、塩場開墾について千葉県令柴原和に対して願い出ると共に、(10) 塩場予定地の払下について、以下の通り願い出た。(11)

〈史料3〉

塩場開墾地御払下願

一反別七町七反三畝歩　　満潮之節水下可相成分

一反別弐反七畝歩　　　　干潟砂地
　此地価金壱円三十五銭　　但シ壱反ニ付金五十銭
　合反別八町歩
右者今般塩場開墾奉願候ニ付テハ前書之通満潮之節水下相成候分ヲ除キ、干潟砂地之場所相当代価見込相附奉願上候、開墾御許可之上ハ右代価ヲ以御払下被成下置度奉願上候、以上

明治八年八月八日

第四大区二小区
上総国望陀郡奈良輪村
願人　鳥飼和一郎　㊞
用人　鈴木五右衛門　㊞
同　鈴木清右衛門　㊞
同　石井政右衛門　㊞
副戸長多田総右衛門　㊞

千葉県令　柴原　和殿

この史料からも明らかなように、開発予定地八町歩のうち七町七反余は、満潮時に水下部分であった。このように、開発予定地の大部分が内務省達の官有地無代価払い下げの対象地であった。よって、実際に官有地から有償で払い下げを受けるのは、干潟の砂地部分の二反七畝歩であり、極めて安価に払い下げることができたのである。実際、千葉県令柴原和に対して訴願した〈史料3〉を参照しても、払い下げの塩場開墾予定地八町歩の内、実際には干潟砂地の

部分の反別二反七畝歩が払い下げの対象地となっている。そして、一反歩相当で地価を金五〇銭とし、合計一円三五銭の代価で払い下げることを願い出たのである。この願書に対して千葉県令柴原和は、同月一八日に「書面願之趣ハ追テ何分之義可相達候事」と返答している。(12) 結局、この願い出は認められ、鳥飼和一郎は九月三〇日に「官地払代」として干潟砂地分の地価一円三五銭を千葉県令柴原和の代理である参事の岩佐為春に対して支払ったのである。(13)

また、この開発の訴願と同じ八月八日に、坂戸市場村・中野村・神納村・牛込村・蔵波村などの周辺地域の用掛りから千葉県令柴原和に対して故障が無い旨の書上を提出している。(14) こうして、塩浜の開発は認められ、さらに開発予定地となった塩場八町歩に対しては、鍬下年季として明治九年から一三年までの五年間、八〇銭の税金を支払うことを願い出て認められたのである。(15)

しかし、この開発事業は順調に進展したとは言い難い。『袖ヶ浦町史　通史編下巻』第六編人物の「鳥飼成教」の項を参照すると、「一年がかりでやっと築いた堤防は、津波に浸されること前後五回、小破は数限りなくおそい、当初十数人いた同志も次々と離脱し、ついに成教一人となってしまった。しかし彼は屈しなかった。工事に専念するため奈良輪九一番地の広大な家屋敷を引き払い、現場近くに居を構え、工事捻出のためには上奈良輪一帯の山林や田畑まで処分し粉骨砕身工事に専念し、ついに着工後十数年経った明治二二年（一八八九）にようやく一部の工事が完了した」と記している。(16) 実際、明治九年（一八七六）七月二〇日に、鳥飼和一郎は高洲に宅地を購入している。また、鍬下年季が明けた明治一四年六月二〇日には、「暴風海嘯ノ為メ堤防ヲ破壊シ、海面同様之景状ニ至り候へ共、数年ノ艱難画餅ニ属シ候モ遺憾ニ付、三タヒ堤防ヲ修築セン」として、鳥飼和一郎は、試作地の継続を願い出ている。(17) 度重なる暴風雨などの自然災害は、開発事業の障壁となったのである。

以上、本項では鳥飼氏の塩浜開発の訴願過程と開発の様子を明らかにしてきた。この塩浜の開発は、内務省達乙第一三号を受けて行われたものであった。そして内務省達は、開発希望者が一人の場合、満潮時に水下となる部分に対しては無代価の開発を認めたものであった。その結果、塩浜開発が極めて安価に実行することが可能となったのである。しかし、度重なる自然災害によって、開発事業は予定通りに行うことができなかった。普請費用を具体的に知りうることはできないものの、開発資金に鳥飼氏が所有していた上奈良輪一帯の山林や田畑まで処分している。かくして鳥飼氏が多額の私財を投じて塩浜が完成したのである。

二　塩業経営の展開と終焉

本章第一節で提示した、明治三六年（一九〇三）の「千葉県統計書」のデーターを参照すると、[18]本論の対象地である奈良輪浦は、塩田反別一町歩、産出高一二〇石の零細な塩浜である。必ずしも、広い面積ではなく、また高い生産力を有したわけではない。それでもなお、鳥飼氏は、成教新地が単なる新田開発だけではなく、この千葉県下でも零細ともいえる塩田をあえて開発し、「鳥飼の塩」として名声を博したという点は注意する必要があろう。この名声は、塩の品質がこのように呼ばしめたことは無論だが、県下の塩浜の中でも零細にもかかわらず、地域に果たしてきた意味を看取できるからである。そして、まさにこうした点が、鳥飼氏の名望家の行動として理解できるといえよう。本項では、鳥飼家文書に残されている塩業関係の史料に基づき、塩業経営の実態を明らかにしていくことにしたい。

1　生産（燃料）

製塩業に必要な燃料はどこから供給されているのであろうか。明治四〇年（一九〇七）四月の「松葉附込帳」を参照すると、毎日松葉を一〇〇～三〇〇束の範囲で政三郎という人物から購入している。[19]さらに、明治三四年度の「松葉買入帳」を参照すると、[20]「雷塚松林落抜」「大曽根武田総右衛門・中根仙造」の記載が見られる。この「雷塚松林落抜」の「雷塚」は神納の小字名であることからも、大曽根・神納と周辺地域から松葉を購入していたことが確認できよう。燃料は石炭を用いず、周辺地域から必要に応じて少量の松葉を随時購入したのである。

また、塩場の状況について、明治三八年六月に以下の通り回答を提出している。[21]

〈史料4〉

明治三十八年六月三十日回答

塩田総反別壱町五反八畝歩

一実地使用反別壱町五反歩

此製塩高四百石

一反歩当二十六石六斗

一一年製塩時日

豊年一百日

凶年三十日

一一年製塩高

豊年千百石

凶年百五十石

製塩従事ノ期節

晴天之三日以上連続スルトキハ年中何月ヲ問ハス従事スト雖モ大略四月ヨリ十一月迄トス、而シテ当地於ケル総計ニヨレバ晴天之季節ハ四月ヨリ五月、七月中旬ヨリ八月中、十月下旬ヨリ十一月及十二月中旬迄之三回之天気ノ時季アリ、以上ハ平年ニシテ年々ヨリ一定セス、然レトモ七月及八月之二ケ月間ニ亙ル季節ハ如何ナル凶年ト雖モ必ス晴天アリトス

塩田一反歩ニ対スル製塩高多少ノ理由

天候之如何ニヨリ蒸発力ノ多少ト塩田ノ土質トニヨリ差異アリ貯蔵鹹水現在石数

十二石四斗

同史料は、塩専売制の施行が明治三七年（一九〇四）であることから、塩専売局からの問い合せに対して回答したものである。明治三八年段階における同地の製塩業の実態を示したものということができよう。同史料によると、製塩時期は四月から一一月が中心であり、特に七月・八月が掻き入れ時であるとしている。製塩日数・製塩高が豊年と凶年により差が大きいが、その原因として天候によるところが大きい点は、史料の示す通りである。瀬戸内と比較して天候による不利性は、立地条件以外にも生産性において極めて大きな要因となったのである。

また明治三八年（一九〇五）の「売上帳」の一部をもとに作成した表48を参照すると、塩田は自作する分もあるが、基本的には在原留吉・庄司伊勢松・和田市太郎の三名へ小作に出していることがわかる。(22) 明治三三年（一九〇〇）の「賃銀渡帳」(23)という史料からも判明するように、基本的に、小作人を作人として位置付け、塩を製品として納め、見返りとして賃銀が支払われていた。鳥飼氏はこうして得た塩を製品として販売したのである。

表48　袖ヶ浦塩田の自小作関係

生産額	生産高（貫目）	名　前
16円55銭	180貫	自作
35円44銭	385貫	在原留吉
38円96銭	424貫200目	庄司伊勢松
34円25銭	372貫900目	和田市太郎
125円22銭	8519斤	合計

鳥飼家文書参照

2　販売

明治三八年（一九〇五）上半期の売掛を示した「しほのおほへうりかけ長」という文書が残されている。[24] この表題からも売掛による小売販売が行なわれていたことが判明する。それを参照すると、ほぼ毎日二斗から三合の間で売掛分の記載が見られる。これらの史料からも、小売を基本とした販売が行われていたことがわかるだろう。

また、明治三五年の「食塩小売帳」を参照すると、[25] ほぼ毎日の様に塩の小売がなされている。また、製塩時期は、おおよそ四月から一一月であることは、先の〈史料4〉で明らかにした通りである。それに対して、塩の販売は年間を通して行われている。

明治三三年の八月一九日から九月一六日までの一ヵ月と短い期間ではあるが、「得意名簿」という項目がある。[26] 表49を参照すると、二斗から二石六斗の範囲で販売が行われている。得意先の販売先も久保田を中心に、高野・神納・蔵波・大曽根と周辺地域（おおよそ現在の袖ケ浦市域を範囲としている）に販売されていることが明らかであろう。

鳥飼家文書には、食塩販売広告が残されている。毎年九月に広告が見られるが、ほぼ同内容であるので、明治三一年の事例を史料として掲載し紹介したい。[27]

〈史料5〉

食塩販売広告

弊家採塩之業、花主各位御愛顧之結果として益製塩之額を増候得共、需用を供給するに尚不足を告るにいたれり、依之愈奮励仕塩田を増補し製造を改良し勉めて苦塩水を去り精撰純白の食塩を沢山採収安価に販売仕候間、倍旧陸濆御注文之程奉仰候、敬白

明治卅一年九月　　　楢葉村奈良輪

〈史料5〉を参照すると、①これらの史料からも、当該地域がまだ塩の需要に比して供給が満たされていないこと。②苦塩水を除去することで、純白の塩を採取するということ。つまり、品質的にも優れていること。③価格的にも安価であるということ、の三点を鳥飼製塩場の特徴としていた。まさにこの三点が「鳥飼の塩」と呼ばれる性格として考えられ、名声を博した要素であろう。生活必需品である塩を安定的かつ安価で良質なものとして供給可能とした点こそ鳥飼氏の製塩業の重要な意味があったのである。

3　袖ヶ浦塩業の終焉

明治四二年（一九〇九）一月一四日には、専売局東京収納所長から、「出願製造廃止ノ件許可ス」として、製塩業の廃止が認められている[28]。この「塩製造廃止願指令書」の発行により、事実上おおよそ三〇年に及ぶ袖ヶ浦塩業は終わりを告げたのである。

さらに、明治四四年に塩貯蔵容器を供えることが義務付けられたことを契機に塩小売人の廃業も申告した[29]。こうして、鳥飼氏の塩業事業は終焉を遂げたのである。

鳥飼氏が製塩業を廃業した理由は、具体的な史料

表49　明治33年における得意先名簿

項目／月日	塩　量	金　額	地　名	名　　前
	5斗	1円25銭	久保田	鈴木力之助
	1石4斗	3円50銭	久保田	竹内半三
8月19日	8斗	2円0銭	久保田	塩谷助五郎
	8斗	2円0銭	久保田	近藤喜代五郎
	8斗	2円0銭	久保田	増田銀造
	1石4斗	3円50銭	久保田	竹内市太郎
8月29日	1石2斗	3円0銭	高野	東条佐助
8月30日	1石4斗	3円50銭	久保田	笹生利吉
9月2日	4斗	1円0銭	久保田	影山政五郎
	7斗	1円15銭	久保田	鈴木清造
9月11日	7斗	1円75銭	神納	関徳次
9月11日	2斗	50銭	神納	渡辺栄吉
9月15日	4斗	1円0銭	蔵波	鈴木長吉本家
9月16日	2石6斗	6円50銭	大曽根	武田惣左衛門

「売上帳」（鳥飼家文書）参照

が残されておらず明らかにできない。考えられる点として、明治三七年の塩専売制の実施が一つの理由としてあげられる。塩専売制は、日露戦争の財政収入と国内塩業の保護育成を目的としたものであった。具体的には、塩販売権・製塩許可・収納（当時は賠償）価格・販売価格などの規制を行うことであった。成教新地でも鳥飼宏氏による出願によって、明治三八年二月二八日に「塩製造許可願指令書」を受けている。(30) それを参照すると、製塩場・製塩貯蔵場の位置は成教新地で、一町五反の製塩面積で入浜法による製塩方法で、一五〇石の製塩見込高で木更津税務署長により製塩業が許可されている。

塩専売制は、結果として塩の安定的な供給を可能とした。このことは鳥飼氏が地域の名望家として安定的に塩を供給することを目的として製塩業を行なう積極的な意味を希薄化させたのである。こうして袖ヶ浦での塩業は、終焉を遂げたのである。

おわりに

以上、袖ヶ浦塩業の展開について、鳥飼氏の動向を中心に検討した。明治期に開発された袖ヶ浦塩田は、明治以降に見られるような産地化を形成する塩田とは性格を異にしている。東京などの大市場へ参入するような性格を有さず、むしろ小売を基調とした地域市場を対象としていたのである。この点は製塩に必要な燃料の供給においても同様である。つまり瀬戸内塩田の場合、近世後期からすでに筑豊炭田などの石炭産地から燃料の供給を行い、燃料においても遠隔地的な取り引きが行われている。しかし、袖ヶ浦における塩田の場合はあくまでも松葉を燃料とし、周辺地域から供給されている。生産・流通・販売・消費の一連の過程が地域の中で完結していたのである。

本論で対象とした製塩地である成教新地の開発者として知られる鳥飼氏は、奈良輪村の草分け伝承にまで遡りうる名家であり、近世以来名主役、近代以降は千葉県議会議員などを歴任した名望家であった。このことは、同氏が多額の私財を出費して製塩地を開発していることからも明らかであろう。鳥飼氏による塩業経営の実態については、史料の関係上必ずしも十分に明らかにしえないものの収益が得られていたとは言い難い。しかし、地域経済に対し、多大に寄与していることは確かである。周辺地域から燃料を供給する形で余業を支え、生活必需品としての塩を周辺に販売していたのである。宣伝広告文をそのまま引用することは、実態を理解する上で問題はあるが、生活必需品である塩が安価で良質に、かつ安定的な供給を得ることを対外的な宣伝文句としている点は興味深い。その後、明治四三年・四四年に「内地塩の生産過剰の調整、および内地塩平均原価の引き下げ」を目的とした製塩地整理が行われるが、(31)それ以前の明治四二年に塩製造廃止の許可を受けている。塩専売制の実施により、塩が一定度安定的に供給できることが明らかになった段階で、鳥飼氏は製塩業に幕を閉じたのである。その後製塩跡地は養魚場として変貌する。「鳥飼の塩」が「鳥飼の金魚」として名声を博するようになったのである。(32)

注

（1）千葉県編『地方資料小鑑』（一九一一年）。

（2）近代における地域名望家をめぐる議論については、最近谷本雅之により精力的な成果を見ることができる（「近代日本における〝在来的〟経済発展と〝工業化〟―商人・中小経営・名望家―」『歴史評論』五五九号、一九九五年、「関口八兵衛・直太郎―醤油醸造と地方企業家・名望家―」『近代日本における企業家の諸系譜』一九九六年、大阪大学出版会）。そこでは、企業勃興期における地域の担い手の問題として取り上げることが多いように思われる。無論、こうした近代産業発展に寄与した担い手の問題も重要であろう。ただ地域名望家論として議論する場合、地域経済の担い手の問題だけでなく、学校の建設など総体での地域発展に寄与した視点を忘れてはならないと思う。また、地域経済の問題を考える場合でも、本論で指摘するような生産性が低くても塩田を開発するような鳥飼氏の行動などにも着目する必要があるといえよう。

（3）「奈良輪実録」（『袖ヶ浦町史』史料編Ⅱ、五八六頁、一九八三年）。

（4）「鳥飼成教」（『袖ヶ浦町史』通史編下巻、七四一頁、一九九〇年）、『袖ヶ浦町史研究』第二号（一九七九年）によると、「旧昭和地区の北西部の大ラグーン（潟）と江戸初期の地形と製塩場」として、過去の塩場の様子が紹介されている。

（5）なお、本項は「近代における内湾塩業の展開と地域名望家の行動―袖ヶ浦塩業と鳥飼家の行動を中心として―」（『袖ヶ浦市史研究』第四号、一九九六年）を改稿したものである。同論文では、多くの表を掲載したが、本論では必要最小限にとどめてある。合せて参照されたい。

（6）「（場開墾関係綴）」千葉県文書館蔵鳥飼家文書、以下本節において、特に注記の無い文書名は、鳥飼家文書である。

（7）「（塩場開墾関係綴）」。

（8）「（塩場開墾関係綴）」。

（9）「（塩場開墾関係綴）」。

（10）「塩場開墾願」。

（11）「塩場開墾地御払下願」。

（12）「塩場開墾地御払下願」。

（13）「証（官地払下ゲ代受取）」。

（14）「（奈良輪地先海面塩場開墾ニ付）」。

（15）「（塩浜開墾関係綴）」。

（16）「鳥飼成教」（『袖ヶ浦町史』通史編下巻、一九九〇年）。

（17）「（塩浜開墾関係綴）」。

（18）本章第一節表39を参照のこと。

（19）「松葉付込帳」。

（20）「松葉買入帳」。

（21）「（製塩ニツイテノ覚書）」。

（22）「売上帳」。

（23）「賃銀渡帳」。

(24)「しほのおほへうりかけ帳」。拙稿「近代における内湾塩業の展開と地域名望家の行動」(『前掲書』)には、表5に「明治三八年上半期の塩売掛量・代銀」として表の全体を掲載している。合せて参照されたい。
(25)「食塩小売帳並諸色支払簿」。拙稿「近代における内湾塩業の展開と地域名望家の行動」(『前掲書』)には、表6に「食塩小売の状況」として表の全体を掲載している。合せて参照されたい。
(26)「売上帳」。
(27)「食塩販売広告」。
(28)「塩製造廃止願指令書」。
(29)「塩小売人廃業申告書」。
(30)「塩製造許可願指令書」。
(31) 加茂詮『近代日本塩業の展開過程』(北泉社、一九九三年)。
(32)「鳥飼成教」(『袖ヶ浦町史』通史編下巻、一九九〇年)。

第三節　大師河原製塩試験場の展開

はじめに

塩専売制は、直接的には明治三八年(一九〇五)の日露戦争における戦時財政獲得政策の一つとして実施された。当時、明治政府が商品に対して税金を賦課する場合、間接税が主流であった。商品に対して税を課す例は、酒税・醤油税などが代表的なものだが、それ以外でも、煙草専売・砂糖消費税・織物消費税などは明治の中期以降に実施されたものとしてよく知られたところである。塩専売制はこうした財政収入と国内塩業の保護育成の二つの面を合せもっていたのである。

近代から今日に至る塩業史の根幹をなす塩専売制は、明治三八年に実施され、平成九年（一九九七）に廃止された。この間、紆余曲折を経たにせよ、塩専売制は、戦前・戦後のおおよそ一世紀近く存続した制度として重要な意味がある。塩専売制実施の背景について、塩業をめぐる様々な要因が政治的にも経済的にも内包していたのである。(1)

これまでの塩業史研究は、塩田における地主・小作関係の分析を始めとした生産構造の問題からの検討がその主流を占めてきたといえよう。(2)塩専売制が施行される以前の明治前期、明治政府が製塩業に対して取った勧業政策は、二通りあった。その一つが製塩試験場の設置であり、もう一つは内国勧業博覧会の開催であった。(3)本節では、明治政府の勧業政策の特質について、製塩試験場設置の問題から検討することが目的である。

具体的に本節では、日本で最初に設置された大師河原製塩試験場が、明治二八年（一八九五）に設置され、同三二年（一八九九）に松永・津田沼に移転するまでの経緯を検討し、製塩業への勧業政策の一端を明らかにしたい。特に、第三章第三節において明らかなように、大師河原塩田は、江戸内湾の塩田の中で行徳塩田に次ぐ製塩地面積・製塩高を有している。しかし、瀬戸内塩田と比較すると、生産性は低かった。(4)それにもかかわらず、この時期なぜ、川崎の大師河原に製塩試験場を設立したのか、しかもわずか五年も経過しないうちに、松永（現在の広島県）と津田沼（現在の千葉県）の二ヵ所に移転するのか、という点が問題であろう。本節では、この点について検討することで、明治政府における明治二〇年代の勧業政策の一端を展望していきたい。(5)

一　製塩試験場と井上甚太郎

日本で最初の製塩試験場が大師河原塩田の地に設置されたのは明治二八年（一八九五）のことであった。大師河原製塩試験場設置の背景は、明治二六年（一八九三）四月一一日の勅令第二一号をもって公布された水産調査所官制の関連で理解することができる。この水産調査所官制は、農商務大臣の管轄に属し、①水産動植物の調査、②漁具漁船および漁法の調査、③漁場の調査、④水産物の繁殖製造および漁撈の試験、⑤製塩の調査および試験、⑥水産物販路の調査、⑦漁業経済および統計の調査、⑧水産に関する慣行の調査、などの事務を掌ったのである。(6) このうち製塩試験場は、五番目の製塩の調査・試験の一環として設置されたのである。

この製塩試験場の大師河原への設置をめぐっては、その設置当初からすでに塩業者の側から反論があった。この点、反対意見の中心人物である井上甚太郎が執筆した『日本塩業論』(7)と『塩政論』(8)の中から見てみることにしよう。

〈史料1〉

……大日本水産会に於て製塩業の改良せざる可からざるを感じ、当局の事務官曁ひ斯業に熱心なる技師等相会して、其改良方法を相諮るや余も亦た其議に与かれり、当時余は先づ卑近なる点より漸次高尚の域に達せしむるを以て其宜きを得たるものと思惟し、且つ該試験場設置の位地に就ては神奈川県川崎近傍に定めんと云ふの衆議に反し、独り千葉県行徳近傍の塩田に設けんことを主張したり、蓋し其衆議に反抗し自説を執拗したる所以に一大理由を有したりき、則ち行徳近傍の海水は川崎近傍の海水に比して塩分の濃厚なること（詳細は下条に述へん）是なり、尚ほ此他に強ゐて理由とせば、改良法の伝播上、行徳を以て川崎に優れるもの有りと認めたるを以てなり……

〈史料2〉

……同試験場に抵り親しく実見を遂くるに方り始めて未だ成績の甚だ見るべきものなきに一驚を喫したり、例へば夫の壱石の食塩を製するに良質の石炭壱百弐十斤以上を費すが如きは苟くも斯業の模範を作らんとするの試験場としては甚だ焚炭法の不完全なる而已ならず、殊に其収鹹方法の如きは地盤上の撤砂方法及ひ其分量より一切の器具等に至るまで咸く川崎従来の方式に依るを以て、其収鹹水量の少きこと実に驚くに堪へたるもの有り、然れども是れ余に於ては寧ろ怪むに足らざるの結果なりとす、如何となれば収鹹及び焚炭方法の不完全なるが如きは姑らく措て論せず、製塩根本の原料たる海水其ものゝ成分に就て余は当初より川崎の地を以て試験場に適当せる恰好の場所とは思惟せざりしを以てなり、則ち川崎は行徳と同じく東京湾に浜せる沿岸地なりと雖も、彼地たるや隅田川、流入の衝に当るを以て其水勢常に該沿岸に栄回するのみならず、荏原郡と橘樹郡との彊界を流れて海に入る、六郷川は同地近傍に注くを以て其海水の塩分、他に比して自ら稀薄ならさるを得ず、加ふるに気候上より観察するに東京地方は概して北風多きを以て採塩上には利便なるも川崎塩田は之が為め却て石川嶋沿岸に注きたる隅田川の水勢を追寄せらるゝの害あり、現に海苔・青海苔等が同地及其近傍に於て盛んに採取さるゝを見ば、以て其海水が如何に塩分に乏しきかを推知するに足らむ乎（海苔・青海苔は淡鹹両水の混流するところ、則ち塩分爽淡の海浜にあらされは生せず）、故に此の如き地に試験場を設置したるは其初に於て已に誤る者なり……

〈史料3〉

製塩試験場の規模　所謂規模とは、構造上に於ける組織の如何を言ふに非らずして実際上に於ける事業の範囲を指すに在り、而して該場設置以来の実施事項は、①採鹹水法、②煎熬法、③竈の試験、④気候観測是なり、其規模の狭隘にして苟も帝国唯一の塩業機関として目するに足らざること知るべきなり、何んとなれば塩業改良の根本たる塩田改良の法及び採鹹器具の研究其他塩場経済の模範を作出する等の緊要事項を度外に措きたればなり、矧んや以上列記したる①乃至④の事項すら今日に於て尚未だ不完全を極め、一の効績を示すに至らざるなり、……（中略）……余輩、主務省の直轄として塩業唯一の機関として試験場の試験場たる所以に大に疑なき能はざ

る也

〈史料4〉

……一言以て評せば高等研究の試験場たるの資格と其技倆を有せざるは勿論、されば迚普通模範の試験場たるの経営と其実績をも挙ぐる能はず、実に有害無益の事物と成り了れり……

井上甚太郎は、弘化二年（一八四五）三月高松に生まれ、旧藩時代に高松藩御用掛を勤めている。そして、明治八年（一八七五）ごろ純民社・讃岐立志社を設立し、讃岐自由民権運動を興した人としても知られる。塩業界においては、明治九年（一八七六）三月播州赤穂の十州塩浜会議に讃州浜の代表として出席し、さらに翌一〇年の尾道の十州塩戸会議に際し、十州塩田代理人に選ばれている。(9) しかしその後、井上はこれまで取ってきた、「塩業改良・コスト引き下げ・品質改良」といった立場を変え、それまでの十州塩田の方針である「生産統制による塩価安定」を批判している。そして井上甚太郎は、明治一五年（一八八二）に十州同盟を脱退し、政府とのつながりを持ちつつ塩業活動に従事したのである。『日本塩業論』は、明治二七年（一八九四）に食塩の清国輸出が決定され、井上が清国へ調査に赴くが、それに先立ち二八年（一八九五）に刊行したものである。『塩政論』は明治三一年（一八九八）の塩業調査会の設置に際しその委員に任命された井上が、同会開催の直前に刊行したものである。この両書を通じてもわかるように、大師河原に設置された製塩試験場は、川崎であり、東京湾沿岸地だが、行徳と比較すると、六郷川によって塩分が希薄なことから立地条件に適さないことを指摘すると共に、実験成果も試験内容の貧弱さを理由にして激しく批判したのである。

二　製塩試験場設置に見る勧業政策とその変化

製塩試験場の大師河原設置は、その設置当時から井上のように反対の立場をとる人もいた。しかし井上の主張は、全体的な流れとしては例外で、むしろ賛成の立場が主流であった。次に大師河原に製塩試験場を設置した理由を検討し、大師河原製塩試験場設置当時の勧業政策の政策基調を探ってみることにしよう。また同時に、津田沼および松永に製塩試験場を移転する背景を検討し、明治政府の勧業政策の政策基調がどのように転換したかについても検討する。

大師河原製塩試験場は、水産調査所官制の事業の一環として設置された。その理由は井上が指摘するように、「先づ卑近なる点より漸次高尚の域に達せしむるを以て其宜きを得たるものと思惟し、且つ該試験場設置の位地に就ては神奈川県、川崎近傍に定めん」というものであった[10]。つまり、塩田として立地条件の悪い大師河原に製塩試験場を設定し、そうした塩田における質の向上を目指すことが主要な目的であったのである。換言すれば、大師河原製塩試験場は、その設置当初から井上が言うような既存塩田の質の向上を目的とした高等試験場としての性格を有しておらず、むしろ今後新たに塩田を開発する地域、あるいは塩業経営のはかばかしくない地域（いわゆる不良塩田といわれる地帯）を対象として、そこにおける塩業の向上を目的としたのである。ここに、塩業に対する当時の勧業政策の政策基調を見いだすことができるのである。

製塩試験場における成果について、井上自身は〈史料4〉に見られるように、「一言以て評せば高等研究の試験場たるの資格と其技倆を有せざるは勿論、されば迚普通模範の試験場たるの経営と其実績をも挙ぐる能はず、実に有害無益の事物と成り」と激しく批判している。しかし、実際には一定の成果は見ることができる。農商務省の技師として知られる奥健蔵は、「本邦産出の食塩専売に就ひて」という論説において以下のように述べている[11]。

〈史料5〉

……神奈川県川崎に小さいながらも試験場が設立になり相応の成績は挙がりましたと思ひますけれども、元来此種の試験は経費も充分に職員も相当に置きませなければ完成したる立派な成績を挙げて早く改良の方法を見ることも出来ませぬ次第でございます……そこで私の考ではどうしても何か一種の方法を考へて金を第一に拵へて此処に是丈けの金があるから是で塩業の改良をさせて呉れと政府に云ふより外に仕方はないと思ひました所で塩を専売にし其得たる金を以て塩業改良の費用に当てるが当時に於ける内外塩業の状態に照らして我塩業を改良維持するの一大良好なる手段であると考へました……

つまり、農商務省の技師という立場もあり、試験場自体の批判は困難であったと思われるが、奥に言わせると大師河原製塩試験場はそれ相応の成果を見ることができると指摘している。そして、一層の成果が得られない理由として、井上が述べているような立地条件に求めるのではなく、財政的な問題を主張している。また、その解決策として専売制の実施を提起していることは注目できよう。

しかし実際には、大師河原製塩試験場においても一定度の成果を見ることができる。「製塩事業研究第一報」[12]を参照すると、大師河原で実施した製塩試験場の報告が記載され、塩業経営者に多くの実験結果に基づく資料を提示することができたし、また、それ以前にも「会員鈴木誠氏ハ郷里磐城国石城郡豊間村ノ塩業ヲ改良セント欲シ、曾テ各地ノ塩業ヲ視察シ、殊ニ神奈川県橘樹郡大師河原村ニ設ケアル農商務省製塩試験場ニ於テ研究ノ末第一着トシテ製塩釜竈ヲ改良シ、去年第一回ノ試焚ヲサレタルニ稍属望ノ成蹟ヲ得タリト云フ……」というような成果がみられる[13]。この点、井上自身が書いた『塩政論』においても、表50の「内外食塩分析比較表」から明らかなように、大師河原塩田（神奈川）産の塩は、他の地域と比較した場合、夾雑物の少ない良質な塩であった。これらのことから、大師河原製塩試験場においてもそれ相応の成果があったと考えることができるのである。

次に、これまで少なからずの成果を挙げていた大師河原製塩試験場が、五年余で、松永および津田沼へ移転する要因について述べておこう。

松永及び津田沼への製塩試験場の設置は、井上の案が採用されたとはいえないが、著書『塩政論』では、以下の四点の理由を挙げ船橋近傍の設置を主張している。(14)

①川崎塩田の如く不適当の土地に非ず

②主務省の直轄上大に便なり

③技術上、主務省の方針次第に依り大学又は専門学者の補援を求め易く又其意見を徴し易きの利あり

④十州の塩業者は比較的技能の発展せるが故に唯だ其試験の結果に依りて得たる方法を訓授せば之が普及は必ずしも主務省の直轄機関を要せずと雖ども関東に在ては大に然らざるの事情あればなり

ここでは井上は、大師河原よりも船橋近傍の方が立地条件などの面からすぐれており、多角的な研究が可能であるとしている。このことは既存の塩田（特に関東の塩田を対象）に対し、十州塩田のような入浜塩田へと転換させ発展させていくことが井上の製塩試験場設置の意図するところであったことを示すといえよう。その意味で、十州塩田の中にある広島県松永にも製塩試験場が設置されたことで十州塩田そのものにおいても塩業の技術改良が求められたのである。

表50　内外食塩分析比較

各塩田名 ＼ 成分	行徳塩田産	金沢塩田産	大師河原塩田産	兵庫県通常塩	山口県通常塩
塩化曹達	84.238	81.550	88.879	85.677	81.321
塩化加里	2.866	2.590	3.761	2.334	3.302
塩化苦土	1.600	1.903	0.588	2.321	0.116
硫酸石炭	0.849	0.435	1.415	0.551	1.535
硫酸苦土	1.754	2.295	0.627	1.337	4.155
不溶解分	0.110	0.020	0.048	0.021	0.082
水　　分	7.899	10.433	2.849	7.370	9.989

「塩政論」参照（『日本塩業大系』史料編近現代㈢）

三　大日本塩業協会組織と製塩試験場移転

当時、塩業界において塩の生産過剰が問題とされていた。そして、その打開策として対外的に塩を輸出する案が出ていた。そして、その輸出先として清国を対象とした動きが見られたのである。第八帝国議会で塩業者議員を中心に提出した明治二七年（一八九四）の「清国へ向ひ食塩輸出の建議案」は、多くの賛成を得ることとなり法案の実現を見た。しかし、清国輸出の前段階に行われた清国の製塩状況の調査は、逆に日本塩業に大きな衝撃を与えることになったのである。(15) すなわち高値といわれた清国の塩価は、中国塩専売制に伴うものであり、製塩技術・塩質において日本と比較した場合、むしろすぐれていることが判明したのである。そして、このことは逆に塩業関係者に対する危機意識を生じることとなったのである。

表51は、外国塩の輸入高を表している。この表51に見られるように、製塩試験場を設置した明治二〇年代後半は、外国の塩輸入が急速に増加した時期でもあった。このことが、国内における塩業者の結束を必然化し、政治家・農商務省関係者・塩業経営者・塩販売者・学者などが集まり、その後の日本の塩業界をリードする大日本塩業協会を組織するに至ったのである。

大日本塩業協会は以上のような背景に基づき組織されたものであった。そして、発足当初から外国塩の流入に対する塩業界存続の危機意識が蔓延していたのである。この点について、明治二九年（一八九六）三月二九日の大日本塩業協会の発会式における発言の中から探っていくことにしたい。(16)

〈史料6〉

村田保（本会設立之主旨）

表51　外国塩輸入高

西暦＼項目	生産(単位千トン)	輸入(単位千トン)	輸出(単位千トン)
1871	300	0	0
1872	330	0	0
1873	350	0	0
1874	385	0	0
1875	400	0	0
1876	454	0	0
1877	648	0	0
1878	399	0	0
1879	484	0	0
1880	617	0	0
1881	494	0	0
1882	442	0	0
1883	216	0	0
1884	402	0	0
1885	456	0	1
1886	528	0	4
1887	571	0	9
1888	504	0	1
1889	407	0	1
1890	486	0	2
1891	550	0	7
1892	565	0	10
1893	665	0	11
1894	632	0	9
1895	599	0	14
1896	523	6	15
1897	617	15	22
1898	636	19	17
1899	581	7	23
1900	659	12	30
1901	690	21	23
1902	612	46	25
1903	671	39	27
1904	771	50	7
1905	441	39	7
1906	565	41	19
1907	593	46	12

島野隆夫著『商品生産輸出入物量累年統計表』（1980年，有恒書院）参照

……塩業ノ状態ヲ見ルニ製法概ネ旧慣ヲ守リ塩質ノ改善ヲ勉メズ塩価ハ日ニ低下シテ販路ハ未ダ拡張セズ製塩費ハ益々多キヲ加ヘ殊ニ燃料工銭ノ如キ他ノ工業ノ進歩ニ伴ヒ愈々昂騰スルハ数ノ免レサル所ナリ、今ニシテ斯業改善ノ策ヲ講セスンバ他日噬臍ノ悔アルニ至ルモ、亦未タ知ル可カラズ、而シテ斯業ノ改良ヲ計ラントスルニハ智識交換ノ機関ヲ設ケテ当業者ヲ啓発誘導スルヨリ急ナルハナシ……

〈史料7〉

榎本武揚（祝詞）

……塩業ノ改良ニ就テハ、従来政府ニ於テ敢テ注意ヲ怠ルコトナク、或ハ主任官ヲ内国製塩地方ニ派出シ塩田土壌製塩方法等ノ実況ヲ調査セシメ、或ハ製塩試験場ヲ設置シテ諸般ノ事項ヲ研究セシムル等専ラ斯業ノ改良発達ヲ企図セリ、然レトモ斯業上ニ於ケル学理ノ研究ト智識ノ開発トヲ図ル可キ、機関ノ具備セザルガ為メ尚未ダ著シキ成績ヲ観ルニ至ラザルハ余ノ遺憾トスル所ナリ……

〈史料8〉

近衛篤麿（祝詞）

……外国塩ニシテ若シ一旦輸入スルニ於テハ独リ塩業者ノ不幸ノミナラス一国ノ経済ニ関係ヲ及ホス、必ス鮮少ナラサルヘシ、是ニ由テ見レハ製塩法ノ改善ハ目下ノ急務ト謂ハザル可カラズ……

〈史料9〉

渡辺昇（内外塩業の優劣）

……英国ニ於キマシテハ食塩ノ先ツ平均相場ガ近頃ノ所デ一石十八銭六厘ト云フモノニ当ッテ居リマス、ソレカラ合衆国ニ於キマシテハ一石ノ価ガ四十四銭五厘トナッテ居リマス、独逸ニ於キマシテハ十一銭六厘ト云フコトニナリマス、仏蘭西デハ四十二銭五厘、斯ウ云フ調ベヲ得マスコトデアリマスガ、吾ガ製塩ノ今日ノ有様ヲ以テ見マスルト先ヅ唯今東京デ小売ノ相場ヲ今朝調ベサシテ見マスルト一石三円ト申シマス……

この他にも何人かの人が発会式に際し発言しており、その発言は必ずしも塩業の危機的状況に対する発言ばかりではない。しかし、当時の日本塩業の状況を真摯に見据え、外国塩に対抗することを目的とし、安価で良質な塩に改良し生産することを急務の課題とする意見が多く出されたのである。

また、明治三一年（一八九八）六月に開催された第二回総会では、諸外国塩の標本が開会の期間中、場内に陳列された。外国塩との対抗意識がより具体化されていたのである。さらに、総会議事では今日の塩業界の打開策のうち急務な事項として、①外国塩輸入の防遏、②差塩を真塩に改める（品質改良）、③台湾塩業について、などが議題として取り上げられたのである。(17)

そして、生産費低下を始めとした品質改良を目的とした試験場設立が決議された。その結果、翌三二年（一八九九）に大師河原から松永および津田沼に製塩試験場を移転することになったのである。

おわりに

本節では、大師河原に明治二九年（一八九六）、製塩試験場が設置されて以来、津田沼・松永に製塩試験場が移転された経緯について検討し、そこから明治政府の勧業政策の変質について展望した。以下これまで明らかにした点についてまとめておきたい。

大師河原塩田に製塩試験場を設置した背景は、水産調査所官制の一環であった。そしてそれは、明治政府における塩業に対して行われた勧業政策の一つとして位置づけられよう。この地に製塩試験場を設置した理由として、「先づ卑近なる点より漸次高尚の域に達せしむるを以て其宜きを得たるものと思惟し、且つ該試験場設置の位地に就ては神奈川県、川崎近傍に定めん」という意見が大半を占めたといわれる。明治二九年（一八九六）における製塩試験場設置の目的は、今後新たに塩田を開発する地域あるいは不良塩田の生産力向上を目的としていたのである。しかし明治三〇年（一八九七）になると、塩業を巡り情勢に大きな変化が見られる。国内で生産した余剰の塩を清国に送ることを企図したが、調査段階で挫折し、むしろ諸外国からの輸入塩増加に対する危機感が高まったのである。事実、明治二〇年後半から三〇年代になり安価で良質な外国塩が加速度的な輸入量の増加としてあらわれてくる。こうした事態を受け、政治家・学者・農商務省関係者・塩業経営者・塩販売者など塩業関係の多分野の人材を集めた大日本塩業協会を設立するに至ったのである。同時に外国塩に対する具体的な対応策として製塩試験場の充実が求められた。この時期に展開した塩業に対する勧業政策の考え方は、従来のような国内塩田の劣悪な塩田に対する改良の方針から、外国塩との対抗を目的とした国内塩田全体の向上へと転換する。こうして、川崎大師河原から、内湾塩業の中心地である津田沼と、当時中心的な製塩地であった広島県松永の二ヵ所に移転するに至ったのである。

注

(1) 加茂詮『近代日本塩業の展開過程』(北泉社、一九九三年)などを参照。
(2) 近代塩業史研究として、地主・小作関係をめぐる研究は塩田地主という表現によって見られる。近世から近代を展望した成果が多く、論文のいくつかを挙げると、渡辺則文・有元正雄「巨大塩田地主の形成と塩の生産構造」(『近世社会経済論集』一九七二年)、ナイカイ塩業株式会社社史編纂委員会編『備前児島　野崎家の研究―ナイカイ塩業株式会社成立史―』(一九八一年)、加茂詮「日本塩業における産業資本形成過程―地主 - 小作制の展開と崩壊―」(『日本塩業の研究』第三集、一九六〇年)、相良英輔『近代瀬戸内塩業史研究』(一九九二年、清文堂)を始め多くの研究を見ることができる。
(3) 内国勧業博覧会の開催と塩の出品の様子については、拙稿「明治政府殖産興業政策の展開と内国勧業博覧会」(『日本塩業の研究』第二五集、一九九七年)を参照のこと。
(4) 本書の第三章第三節と本章第四節を参照、また、当時の大師河原塩田の塩業の様子については、大日本塩業協会通常会員稲浦直治による報告「神奈川県橘樹郡大師河原村塩業一斑」(『大日本塩業協会会報』第参号、一八九六年)を参照のこと。
(5) 本節の内容は「大師河原塩田と製塩試験場」(中央大学大学院『論究』文学研究科篇第二四号、一九九二年)の成果を改稿したものである。
(6)「明治後期の機構改革」(農林大臣官房総務課編『農林行政史』、一九五七年)。
(7)『日本塩業大系』近代現史料編三(日本塩業大系編集委員会編、一九七八年)参照、なお、〈史料1〉と〈史料2〉の二つの史料が『日本塩業論』を参照している。ちなみに〈史料1〉は一四六頁、〈史料2〉は一四九頁である。

(8)『日本塩業大系』史料編近現代三（日本塩業大系編集委員会編、一九七六年）参照、なお〈史料3〉と〈史料4〉の両史料が『塩政論』（二二九頁）を参照している。

(9)『日本塩業大系』史料編近現代三（日本塩業大系編集委員会編、一九七六年）解題参照。

(10)『日本塩業論』（〈史料1〉を参照のこと）。

(11)『大日本塩業協会会報』第一九号（一八九八年）。

(12) 奥健蔵・上田健次「塩業事蹟研究第一報」『大日本塩業協会会報』五号（一八九七年）。

(13)「製塩試験」『大日本塩業協会会報』四号（一八九七年）。

(14)『日本塩業大系』史料編近現代三（日本塩業大系編集委員会編、一九七六年）参照。

(15) 柴田一「明治期における食塩市場と塩業界の動向―国産塩の輸出運動と外塩対策―」（『日本塩業の研究』第九集、一九六六年）は、こうした視点からの成果であるといえよう。

(16)『大日本塩業協会会報』第一号（一八九六年）。

(17)『大日本塩業協会会報』第一三号（一八九八年）。

第四節　行徳塩業と大師河原塩業の展開

――『大日本塩業全書』を中心として――

はじめに

近代における東葛飾郡・千葉郡に展開した塩田は、下り塩と同じ東京を販売先とすることから産地として瀬戸内塩田と対抗するような経営形態を必要とした。その中で行徳塩田では、石炭などの燃料転換や品質改良などが行われた。

本節では、行徳塩田と大師河原塩田の塩業経営の実態について、主として『大日本塩業全書』を素材として検討していきたい(1)。『大日本塩業全書』は、四冊によって構成され、明治三九年から大正四年の間に大蔵省専売局によって作成されたもので、内容は各地域の塩務局ごとに経営の内容を概観したものである。このため明治後期の各地の塩田経営の様子がわかるので、近代における各地の製塩業の様子を知る上で好史料であるといえよう。

第一章において、明治三六年(一九〇三)段階の製塩業の様子について、全国的な展望のもと生産力の地域差を概括してきた。本節では、この製塩地間にみられる地域差の実態について、『大日本塩業全書』を中心としながら、近世の段階では江戸売りが行われた行徳塩田と大師河原塩田の二つの塩田を比較検討しながら言及したい。

一 販売先

行徳塩田の販売方法と販売先について〈史料1〉を参照する(2)。

〈史料1〉

一従来ニ於ケル塩販売方法　従来製塩者ハ自己ノ製造シタル塩ヲ直チニ製塩場ニ於テ撤塩ノ儘、問屋又ハ仲買ニ売渡シ、代金ハ前金又ハ現品授受ノ際支払ヲ受クルモ、借越シアルトキハ年末ニ於テ決算スルモノトス、問屋ニアリテハ買受ケシ塩ヲ倉庫ニ貯蔵シ、古積塩トナシ注文ニ応シテ、各地方ニ販売シ、代金ハ荷為替又ハ現金ヲ以テ販売ノ時ニ受取ルモノトス、仲買ハ買受ケタル塩ヲ東京市中地塩問屋ニ売渡シ、地塩問屋ハ小売業者又ハ消費者ニ販売ス、代金ハ何レモ現金取引トス

(後略)

同史料を参照すると、行徳塩田の中に問屋・仲買(産地問屋)が組織されている。行徳塩は、仲買を通じて東京の

地廻り塩問屋あるいは北関東へ送られていた。また、地廻り塩問屋へは笊で運ばれ、上野・下野・信濃・甲斐・常陸・安房・上総など北関東と甲信地方への直接販売は角俵で送られ、近在には米俵で送られている。行徳で生産した塩は、明治以降も関東一帯を対象とした販売がなされたのである。また、取引方法は現金取引を基調としていることがわかる。

一方、大師河原塩田はどうであったのであろうか。(3)

〈史料2〉

一従来ニ於ケル塩販売ノ方法　従来大師河原ニテ生産スル塩ハ地方ノ消費者ニ販売シ、問屋仲買ニ売渡スハ極メテ稀ナリ、東京・横浜ノ市場ニテ品払底ノ為メ価格騰貴シタルトキ、又ハ一時ニ多量製産アル場合ニハ東京又ハ横浜ノ商人ニ販売スルコトアルモ、斯ルコトハ一ケ年僅ニ二三回ニ過キス、現品ノ授受ハ消費者販売スルモノハ買受人製造場ニ来リテ持チ行キ、京浜ニ出荷スルモノハ船積トス、代金ハ何レモ現品ト引換ナリ

大師河原塩田の販売先は、「東京府下荏原郡神奈川県橘樹郡等ナリ」と記載されてある様に、東京・横浜に送られることはほとんど無く、塩の販売先は周辺地域を対象としている。大師河原塩について、東京や横浜への販売は稀に塩が払底した時の価格が騰貴した時に送られる程度であった(年に二、三回程度)。取引方法は現金取引であり、近世・明治前期では、江戸・東京を販売先としていた。(4)しかし大正初期の段階では、大師河原塩の販売先は周辺地域となったのである。

二　経営

次に、行徳塩業・大師河原塩業と瀬戸内塩業の経営形態について比較検討してみよう。表52から表54が各地域の塩

業の収支を示したものである。

まず最初に、江戸内湾の塩田である行徳塩田と大師河原塩田を例にしてみよう。表52と表53を参照すると、塩田面積によって差異があるが、支出全体の割合の中で、労賃が三八パーセント、燃料費が三八パーセントと、行徳塩業と大師河原塩業はおおよそ同じ様な割合で出費が見られる。それに対し、瀬戸内塩田の場合、山口県三田尻塩田の経営を示した表54を参照すると、労賃は支出の三〇パーセント、燃料費は支出の二五パーセントとなっている。労賃や燃料費の割合が関東の塩田と比較して低く押さえられている。

表54によると、燃料費と労賃を安く押さえられている分は、地主へ支払われる加地子金として支出されている。とくに、注目できる点は、塩を運ぶための縄菰代が支出全体の六パーセントを占めていることである。これに対して大師河原塩田と行徳塩田の両方の収支を参照すると、縄菰代の記載は特に無い。行徳塩田や大師河原塩田で生産した塩は、笊に入れて周辺に売って

表52　行徳塩田塩業経営

収入品目	収入金額(円)	支出品目	支出金額(円)	支出比率(%)
製塩	856.380	労銀(採鹹作業)	292.500	30.494
苦汁	5.600	労銀(煎熬作業)	84.000	8.757
		採鹹費用(塩田修理費)	12.160	1.267
		採鹹費用(器具修繕費)	36.070	3.760
		採鹹費用(砂入替費)	3.820	0.398
		煎熬費(燃料費)	369.600	38.532
		煎熬費(修理費・器具費)	48.760	5.083
		公課	11.700	1.219
		納付費	25.630	2.672
		雑費	9.550	0.995
		固定資本利子	52.000	5.421
収入合計	861.980	支出合計	959.190	100.000

(1)「東京塩務局行徳出張所（行徳）」（大蔵省主税局編『大日本塩業全書』第一編，1906年）参照
(2)支出合計が不合であるが資料のままとした

表53　大師河原塩田塩業経営

収入品目	収入金額(円)	支出品目	支出金額(円)	支出比率(%)
塩卸売代	1,131.128	労賃(採鹹)	489.180	29.337
塩小売代	664.334	労賃(煎熬)	147.440	8.842
灰売上代	90.165	燃料代	639.548	38.355
苦汁売上代	22.350	器具器械償却費	77.740	4.662
		器具器械修繕費	77.010	4.618
		建物償却費	45.000	2.698
		建物修繕費	50.000	2.998
		資本金利子	50.000	2.998
		租税公課	41.500	2.488
収入合計	1,907.977	支出合計	1,667.410	100.000

(1)「横浜塩務局之部（大師河○）」（専売局編『大日本塩業全書』第四編，1915年）
(2)支出金額合計が不合だが資料のままにした

表54　三田尻塩田塩業経営

収入品目	収入金額(円)	支出品目	支出金額(円)	支出比率(%)
製塩	3,492.000	労銀(採鹹作業)	534.694	19.602
		労銀(煎熬作業)	187.810	6.885
		その他労銀	137.900	5.055
		塩田修理費	55.300	2.027
		燃料費	720.865	26.427
		諸税金	59.640	2.186
		縄菰代	184.805	6.775
		諸雑費	270.577	9.919
		器具	40.000	1.466
		固定資本利子	50.000	1.833
		加地子金	490.000	17.963
収入合計	3,492.000	支出合計	2,727.746	100.000

(1)「三田尻塩務局本局ノ部（西浦塩田）」（専売局編『大日本塩業全書』第四編，1915年）参照
(2)支出合計が異なるが，資料のままにしておいた

いたため、包装費による経費負担の必要が無かったのである。また、塩は苦汁分を含まない真塩を製品としていた。そして、塩以外に摘出された苦汁は、肥料・豆腐などの製造用として利用されたのである。

このように、行徳塩田と大師河原塩田では、東京近郊に立地していたという性格から笊による販売が可能となり、包装費を必要とせずに済んだ。また製塩は、塩のみでなく苦汁分も有効に利用することもあったのである。

三　労　賃

支出に対する労賃の比率は、行徳塩田と大師河原塩田と共に三八パーセントでほぼ同率である。労働者の性格についてもう少し検討してみよう。行徳塩田の労働者は、年季雇いとしての奉公人と日雇いによって構成されている。つまり、塩浜で働く人を奉公人として雇用し、この奉公人を製塩作業に従事させていた。それに対して、大師河原塩田は、ほとんどが家族労働で、それを補完する形で奉公人・日雇が存在する。この両者の賃金表を示した表55と表56を参照すると、行徳塩田の場合、奉公人の方が日雇と比較して一日相当の賃金が低い。また、年季雇いや日雇いの賃金と大師河原に見られる家族労働の賃金を比較すると、圧倒的に家族労働の賃金の方が高いことがわかる。この大師河原塩田の家族労働賃金は、家族労働を主とした能登の塩田の塩業経営の様子を示した表57を参照すると、非常に低賃金であった。ただし、能登の塩業経営の収支を示した表58を参照すると、労賃が全体の四二パーセントと、他所の労賃とほぼ同様な割合であり、逆に燃料費が低比率となっている。また、表52から表54の経営収支を参照すると、収支はほとんど同じだが、表58を参照すると、一〇〇円以上もの利益が算出できる。つまり、能登の塩田における家族労働の場合、経営収支全体の中で労賃が安価であるが、結局経営主が家族であることから収入分として算出されている。家族分が労賃に含まれないことが、こうした結果となったのである。

振り返って、大師河原塩田について見ると、経営収支の中で家族労働の労賃が高い割合を占めるという点は、収益がほとんど無い点と関係する。つまり、経営主でもあるはずの家族の収益は、労賃によって計算されているということによるといえよう。その意味では、経営主でもあることから、家族労働に対して高額の労賃を受けていたのである。

四　燃　料

塩業経営において経費としての比重が大きい燃料について、行徳塩田の場合以下の記載を見ることができる。

〈史料3〉

従来使用セシ釜ハ土釜ト称シ、貝殻ヲ焼キ粉末トシ苦汁ト練リ合セ方形ノ釜ヲ作リ、焼付ケ使用シタリシガ、明治十五六年ノ頃ヨリ鉄釜ヲ製造使用シ、大ニ其便益有ルニ感シ今日ニ至レリ竈ハ総テ灰ヲ練リテ築造シ、竈後ニ大ナル穴二ケヲ穿チ空気ヲ流通セシメ火気ヲ助ケ、燃料ハ松葉・萱等ヲ使用シタルニ、明治二十五年燃料著シク騰貴シタルニ件ヒ、石炭燃料ノ利益多キヲ知リ、石炭焚キ竈ノ築造ニ改良シ、種々考究ノ結果製塩ノ品質ヲ良好ナラシメ、遂ニ今日ノ如ク石炭ヲ使用スルモノ多数ヲ占ムルニ至レリ

燃料ハ古来松葉及萱等ヲ使用シ来リタルモ、明治二十五年燃料騰貴ノ結果、漸次石炭ヲ使用シ、且ツ石炭ノ方製塩ノ品質ヲ良好ナラシメ利益多キヲ以テ、管内ヲ通シテ石炭運輸ニ不便ナル場所ヲ除クノ外、盛ニ使用スルニ至レリ

同史料で明らかなように、燃料として松葉・萱だけでなく明治二五年ごろから石炭を利用し始め、漸次切り替えが行われている。この燃料の供給先は、表59の通りで、九州からも運ばれているが、それ以上に、九州よりも比較的安価の石炭が磐城から運ばれている。ちなみに常磐炭鉱は、嘉永四年（一八五一）に開坑したのが最初で、明治一六年

表55　大師河原塩田賃金

作業	名　称	男女	員数	延日数	一ヵ年一人当り賃金(円)	総 金 額(円)	一人一日相当賃金(円)
採鹹	奉公人	男	1	206	57.500	57.500	0.279
採鹹	奉公人	女	3	68	5.110	15.330	0.225
採鹹	日傭人	男	4	149	22.350	89.400	0.600
採鹹	日傭人	女	1	5	1.750	1.750	0.350
採鹹	家族	男	5	542	65.040	325.200	0.600
煎熬	家族	男	5	226	29.380	146.900	0.650
煎熬	奉公人	男	1	2	0.540	0.540	0.270

「横浜塩務局本局之部（大師河○）」（専売局編『大日本塩業全書』第四編，1915年）

表56　行徳塩田賃金

作業	名　称	男女	員数	延日数	一ヵ年一人当り賃金(円)	総 金 額(円)	一人一日相当賃金(円)
採鹹	大	男	3	450	67.500	202.500	0.450
採鹹	中	男	1	150	45.000	45.000	0.300
採鹹		女	1	150	45.000	45.000	0.300
煎熬	釜焚	男		140		56.000	0.400
煎熬	手伝	女		70		28.000	0.400

「東京塩務局行徳出張所之部（行徳）」（大蔵省主税局編『大日本塩業全書』第一編，1906年）

表57　能登塩田賃金

作業	名　称	男女	員数	延日数	一ヵ年一人当り賃金(円)	総 金 額(円)	一人一日相当賃金(円)
採鹹		男					0.250
採鹹		女					0.165
煎熬	釜焚			77	12.500		0.162

「金沢塩務局本局ノ部」（専売局編『大日本塩業全書』第二編，1907年）参照，なお，実際の労銀としては，玄米が支給されている。本表は玄米の時価一石相当12円50銭で換算したもの。

（一八八三）磐城炭礦社の設立以来急速に出炭高を高めたといわれている。

一方、大師河原塩田の方を見ることにしよう。

〈史料4〉

燃料ニハ変遷ナシしこ笹ト称スルモノヲ用フ、但シ昔時使用シタル燃料ハ篠笹ト称スル竹類多カリシモ、現今ノモノハ雑草多キヲ以テ火力弱シ、篠笹ノ多ク混シタル燃料ノ産地ハ久良岐郡三浦郡ナリシカ横浜市横須賀町ノ開カレテヨリ以来該地方ヨリ生産スルモノナシ、依テ現今ハ上総国君津郡産ノモノヲ使用スレトモ昔時ニ比シ品質大ニ劣ル

大師河原塩田の場合は、石炭を燃料とせず、火力の弱い笹・萱を購入している（史料中では火力が弱い雑草と記載されている）。燃料の供給先は、上総国君津郡などで、販売地域以上の広範囲に及んでいる。周辺から購入していた燃料の供給が得られなくなってきた様子がわかるであろう。京浜地帯が工業地帯へと変貌する中、行徳塩田は石炭へと燃料は切り替えられるが、大師河原塩田は笹や萱などを利用したのである。

表58　能登塩業経営

収入品目	収入金額(円)	支出品目	支出金額(円)	支出比率(%)
製塩	337.150	労銀（採鹹作業）	91.313	37.154
苦汁	4.505	労銀（煎熬作業）	14.438	5.874
灰	10.370	公課	2.140	0.870
		塩田修理費	26.291	10.697
		燃料費	84.143	34.237
		包装費	14.755	6.003
		雑費	6.320	2.571
		固定資本利子	6.165	2.508
収入合計	352.025	支出合計	245.765	100.000

(1)「金沢塩務局本局ノ部」（専売局編『大日本塩業全書』第二編，1907年）
(2)支出合計が異なるが，資料のままにしておいた

五　地主・小作関係

大師河原塩田は家族経営が基本であった。それに対し、行徳塩田は、地主・小作関係を有している。行徳塩田について、大正一二年（一九二三）に作成された、『千葉県東葛飾郡誌』によると、[(5)]「塩田許可段別ハ行徳、葛飾、船橋ノ二町一ケ村ヲ通ジ百四十二町五反二歩ニシテ、内休止塩田二十二町六反四畝二十八歩ナリ。而シテ製塩者数ハ五十一人（自作二十八人、小作二十一人、自作兼小作二人）」と記載されているように、約半数が地主経営を行っている。この行徳塩田の地主―小作関係の様子について〈史料5〉を参照しよう。

〈史料5〉

一小作人ト地主トノ関係　小作人ト地主トノ関係ハ二様アリ、一ハ塩田一反歩ニ付小作料一ケ年金五円乃至十円、一ハ製塩産出高一割乃至一割六分ヲ地主ニ支払フモノナリ

釜屋ハ地主ノ貸与ト小作人ノ所有スルトノ別アリテ、器具器械ハ小作人ノ全部負担トシテ、地主所有ノ釜屋ニ対シテハ貸借料一ケ年七円乃至十円ヲ支払ヒ作繕費ハ小作人ノ負担ナリ

年ノ豊凶及塩価ノ高低ニ付テハ小作料ニ関係ナシ

地主は小作に対して一定額か、産出高の一割から一割六分を地代として支払うこととなっている。そして生産手段である釜は地主からの貸与もあるが、そ

表59　行徳塩田燃料供給先

種類	名　称	産地	価格一万斤当	品質
粉炭	入山八尺炭	盤城	44円000	灰黒
粉炭	三星炭	盤城	46円000	灰黒
粉炭	新入炭	九州	58円000	黒
粉炭	王城炭	盤城		灰黒
粉炭	山口炭	盤城		灰黒
粉炭	岡田炭	盤城		灰黒
赤	松葉	上総	千束当小12円500	
黒	松葉	下総	大30円000，中25円000	

「東京塩務局行徳出張所之部（行徳）」（大蔵省主税局編『大日本塩業全書』第一編，1906年）

の他機器類などは小作自身が所有していた。

近代の行徳塩田を構成している三田新田は、明治一四年（一八八一）に官有水面を埋め立てて開発された塩田である。(6)この塩田面積は、二六町歩で、六名から九名の小作を雇用し経営が行われており、そのほとんどが小作によって経営が行われたのである。

おわりに

以上、近代における行徳塩業と大師河原塩業の展開を中心に見てきた。この二つの塩田は、東京の近郊に位置し、近世の段階では江戸を販売先としていた点に特徴がある。しかし、近代になると、行徳塩田は東京を販売先とし、奉公人を雇用し、石炭へと燃料を転換することで産地として成長するのに対し、大師河原塩田では、家族経営を基本としながら塩田周辺が販売先となっている。その意味では、塩田の在り方は大きな差異があった。

近代になり国内市場が形成されるに従い、江戸内湾の塩田は、産地として高度に合理化を図り存続する場合と、逆に家族労働として市場を限定する中で存続する場合の二つの方向性によって存続し続けたのである。

注

（1）『大日本塩業全書』は、各地域の塩務局に対して塩田の位置・沿革・製塩方法・包装販売などを調査させ、提出させたものである。四編（四冊）によって構成されており、刊行年は、第一編一九〇六年、第二編一九〇七年、第三編一九〇八年、第四編一九一五年である。

（2）「東京塩務局行徳出張所之部（行徳）」（大蔵省主税局編『大日本塩業全書』第一編、一九〇六年）。なお、行徳塩田に関する統計・史料については、特に注記がない限りこの史料を引用した。

（3）「横浜塩務局本局之部（大師河〇）」（専売局編『大日本塩業全書』第四編、一九一五年）。なお、大師河原塩田に関する統計・史料については、特に注記がない限りこの史料を引用した。
（4）東京周辺の塩田の流通関係については今後の課題としたいが、明治一〇年（一八七七）に「行徳・大師河原塩竈元為取替証」などが取り交わされていることからも販売先として東京があったことがわかるであろう。
（5）千葉県東葛飾郡教育会編『千葉県東葛飾郡誌』（影印版、崙書房、一九七二年）。
（6）楫西光速『下総行徳塩業史』（アチックミューゼアム　彙報第四九、一九四一年、後『日本常民生活資料叢書』第四巻、一九七三年に再録）。

おわりに

本章では、近代における江戸内湾の塩業について展望してきた。以下これまで明らかにしてきたことをまとめておこう。近代になり、国内市場の形成過程においても、江戸内湾の塩田は必ずしも荒廃するとはいえない。実際、行徳塩田などの製塩地面積は拡大し、逆に塩田の開発が行われる地域もあったのである。明治七年（一八七四）、水面埋立の無代価での埋め立て許可がなされている（本章第二節）。近世の段階では、海辺の利用は飼肥料採取の場を始めとして、農間渡世の場としての公共の場であったのが、近代以降開発可能な地として位置付けられたのである。海面における私的な所有権が認められたものと言えよう。

近世的な規制が無くなる中、関東に存した塩田は、一元的に荒廃する塩田ばかりではなかった。近代以降も存続し続ける江戸内湾の塩田を総体的に把握する時、二つの流れを見ることができる。一つは産地を形成し、東京市場を販売先とした場合であり、もう一つは、周辺売りを基調とした場合である。以下この二つの類型の塩田について、これまで明らかにした点を踏まえつつ紹介しよう。

第一は、近世以来江戸内湾最大の塩田地帯である行徳塩田の例である。近世の段階において、行徳領塩浜付村々は江戸城御春屋へ塩を上納する地域（江戸城城付地）として、幕府の御普請を受ける場であった。しかし近代になると、こうした性格を失った。実際、塩浜破損の際における普請事業の動向について、以下の通りの記載でまとめられてある。[1]

〈史料〉

明治ノ初年ヨリ同四年迄ハ年々天災ヲ被ラサルナク、其都度激浪怒濤ノ為メ堤防欠陥シ、塩田面ヲ破壊セラレ塩業ハ漸次衰頽ノ状況ヲ呈シ、殆ント窮窘ニ迫リタルヨリ、村民挙テ堤防修繕費ノ貸シ下ケ方ヲ県庁ニ向テ請願セシモ、廃藩置県ノ際ニテ勧業奨励ノ道未タ全ク開ケス、為メニ其事モ聴許セラレサリシカ時ノ県令大ニ塩業ノ衰頽ヲ憂ヒ、自ラ奮テ長州ノ藩士水野久兵衛ナル者ニ行徳浜塩業家当時ノ状態ヲ詳述セラレタル結果、行徳塩浜全体十一ケ村塩田反別八拾九町六反三畝拾四歩ニ対シ終ニ金五千円ヲ借リ受ケ堤防修繕等ヲ加ヘシカハ、逐次隆盛ナラントスルノ徴ヲ示シタリ、降テ明治十八九年ニ至リ堤防修繕費ノ内三分乃至七分ハ地方税ヲ以テ、県庁ヨリ補助セラレ更ニ亦明治廿八年ヨリ全部ノ補助ヲ受クルコト、ナリシヨリ、塩業者奮励漸次塩田ヲ開墾シ、以テ今日ノ盛況ヲ見ルニ至リタリ

同史料を参照すると、近代に入ったすぐの段階では近世以来から続いていた普請資金の調達は行うことができなかった。そして、県令自ら長州藩士である水野久兵衛に対して願い出てようやく普請金五〇〇〇円を調達できたのである。明治三年（一八七〇）一一月、小菅県から民部省に願い出て、翌明治四年より一〇年賦で六〇両の貸与が行われている。[2]その後、明治一八年・一九年（一八八五・一八八六）になると堤防修繕費の三割から七割は地方税より補助され、さらに明治二八年に全額補助となった。つまり、経営自体の自立性は図られつつも、それでもなお普請費用につ

いては、県ないしは国の援助を必要としたのである。また、ここで注意しておきたい点は、明治三年の段階では、民部省の補助で普請が行われているが、明治一〇年代以降は県が普請金の援助を担っている点であろう。近世の段階で、幕府が行徳塩田に対して行った御普請は、国ではなくむしろ県・郡によって担われるのである。国による製塩業への対応は、内国勧業博覧会や、製塩試験場の設立であった。近世の段階では、幕府の性格は国家としての性格と領主としての性格の二面的な性格を内包していた。明治一〇年代の段階でこの二面的な性格が国と県・郡によって分有されたのである。(3)

行徳塩田の場合、東京を市場の対象としていることから、下り塩と、その販売をめぐりダイレクトに競争が要請された。このため、一層の生産合理性を志向しながら経営が展開される。製塩地自体も、船橋方面に向け塩田開発が進み、製塩地面積を拡大させている（本章第四節）。また、堤防の修繕なども小破の場合は、小作人が負担しており、修繕の負担をめぐって地主と小作の間で紛争も起きている。(4)

行徳塩田が産地を形成するに当り、行徳塩田が実施した生産合理性の具体的な取り組みは二つあった。一つは、常磐炭鉱などから石炭を購入し、燃料を薪から石炭へと転換した。もう一つは、製塩業は農間余業とせず専業化とし、奉公人を雇用し、賃金を安く押さえたのである。

明治二六年（一八九三）六月には、行徳製塩同業組合が組織される。(5)下総国東葛飾郡・南行徳村・行徳町・葛飾村・船橋町の中の食塩製造に関わる人によって構成され、行徳製塩業組合を踏まえたものであった。(6)近世の段階では、行徳領塩浜付村々を構成単位としていたが、近代以降あらたな地域的な統合が、旧行徳塩田（行徳領塩浜付村々）より範囲を拡大して、塩業者側から自生的に製塩同業組合として再編成されたのである。この行徳製塩同業組合とは、塩田拡張・技術改良を前提としながら、棒手売などの販売組織の再編成と商慣行の継続を基調に据えたものであり、申合規約として一四条を取り結んでいる。そして、明治三二年（一八九九）七月一三日には、東葛飾郡塩業組合が結成されている。さらには、翌明治三三年二月に千葉県行徳塩業組合が組織されている。こうした組織が改変しながら運動の母胎となったのである。行徳領塩浜付村々というような形での村役人が主体となった地域ではなく、行徳地域（東葛飾郡・千葉郡）の塩業者が集まった産地が訴願・販売の基礎となったということができよう。また、製塩試験場も大師河原・津田沼と移転しつつも江戸内湾地域に設置されたことから、品質改良が行われた。この製塩試験場による技術改良の成果について、具体的に知ることはできないが、少なくとも行徳塩の品質は二等塩または三等塩が中心であり、品質的には瀬戸内塩と対抗できる水準を保っていた。近世の段階でも、下り塩に含まれていた苦汁分を除去した古積塩のようなものはあったが、こうした生産塩の良質な品質の製造は、近代以降のことであったと考えられる。各塩田の塩業者自身の努力もさることながら、明治二八年（一八九五）以来の大師河原、そして明治三二年以降津田沼へと移転しながら続いた製塩試験場の成果もあったのである。

　第二は、大師河原塩田や袖ヶ浦地域の塩田のように東京ではなく、塩田周辺の地域を販売先とした塩田である。これらの塩田は、塩田面積としても広くなく、家族労働を基調としていた。燃料も周辺地域から購入し、零細な塩業経営であった。しかも大師河原塩田の場合、地元販売であることから笊による販売で、俵装などの費用を必要とせず、費用が安価にすんだのである。

　また、袖ヶ浦の場合、鳥飼和一郎が食塩不足の地元地域の現状を打開するために私財を投げうって開発費用をあてている。ただし、こうした例はむしろ例外といえ、塩田周辺地域を販売先としていた塩田のほとんどは、近世以降から継続しながら存続した塩田であった。

　市原市今津朝山では、「今津塩」という名前で地域的にも知られていた。そして、「カラミ甚だ強からずと雖も味噌醸造に適する」といわれているように、今津川の川口の北側で沖に面したところに塩田が広がっていた。そして製塩業が盛んだったときは、「今津三百軒」といわれるように村内の活気があったといわれる。この地域における塩田を図示した「製塩図」[7]によると、入浜塩田による製塩方法で、笊取法で行われていたことがわかる。この地域の塩田は、大正六年まで続き、東京湾一帯に襲った津波によって廃田に至っている。[8]

以上のことからも、こうした塩田は零細であり、生産高も少量でありながらも、販売先が地元に限定されるがゆえに、逆に存続し続けたのである。

こうして考えると、国内市場が成立するなか、産地間競争により、塩田が荒廃するとは単純にいうことはできない。むしろ製塩地面積を問題として考えると、明治期では、江戸内湾の製塩地面積は、拡大の傾向を見ることができる。こうした要因については、対象とする市場の性格について一層の言及が求められよう。つまり、大正期における大師河原塩田、市原市今津朝山などの各塩田は、生産性の向上や製塩量を増やすことをせず、零細ながらも周辺売りを徹底することで、存続が可能であった。しかし、家族労働による若干の収益での経営を前提としているために、津波・地震などの塩浜破損に伴う普請費用は蓄積されていなかった。このため、塩浜の破損が直接的に塩浜の荒廃へと進展することが多かったのである。

塩専売制の実施以降四回にわたって製塩地の整理が行われているが、戦前では明治四三年から四四年（一九一〇・一九一一）と昭和四年・五年（一九二九・一九三〇）の二度に渡って製塩地の整備が行われた。[9] 戦前に実施された二度にわたる製塩地整理の目的は、不良塩田の整備であった。第一次製塩地整理では、江戸内湾でも五井・八幡町（千葉県）・金沢村（神奈川県）など、ほとんどの製塩地がその整理の対象となっている。[10] さらに、大師河原塩田や行徳塩田なども第二次製塩地整理によって整備の対象となっていく。そして、これらの整備された塩田の跡地は、水田や養魚池となり、そして工場用地へと変貌し[11]、近代的な京浜工業地帯の一角へと変貌したのである。

注

(1)「東京塩務局行徳出張所ノ部」(大蔵省主税局『大日本塩業全書』第一編、一九〇六年)。

(2) 明治三年一一月「行徳領塩浜営繕手当金ノ儀ニ付伺」(日本塩業大系編集委員会編『日本塩業大系』資料編 近・現代二、一九七六年)。

(3) 高橋美貴『近世漁業社会史の研究』(一九九五年、清文堂)は、三陸沖の漁業史を近世から近代までを展望したもので、直接関係しない他分野の成果であるが、地域論を考える上での研究視角の上で多くの示唆を与える好書である。同書によると、府県について「政府の漁業政策を貫徹する媒介ともなった府県」と位置付けている。この点、筆者にとっての府県の位置付けとは若干意味合いを異にするが、注目できる指摘だろう。

(4) 楫西光速『下総行徳塩業史』(アチックミューゼアム彙報第四九、一九四一年)。

(5)「行徳塩製造組合申合規約」(国立史料館所蔵祭魚洞文庫旧蔵水産史料、六七〇)。

(6)「行徳製塩組合規約」(国立史料館所蔵祭魚洞文庫旧蔵水産史料、六六九)。

(7) 深河浅蔵『名物実記』。

(8) 千葉県教育委員会『東京湾の漁撈と人生』(一九六七年、隣人社)。

(9) 加茂詮『近代日本塩業の展開過程』(北泉社、一九九三年)。

(10) 専売局『製塩地整理事蹟報告』(一九一二年)。

(11) 小沢利雄「東京湾沿岸の塩田跡地利用と土地造成について」(『日本塩業の研究』第一四集、一九七三年)。

終章　地域から産地へ

一　はじめに

近世から近代にかけて、江戸内湾における塩業の展開について明らかにしてきた。これまでの研究成果によると、生活必需品である塩の確保を目的とした幕府の保護政策が、塩田の存続要因であるとし、近代になると衰微したとされてきた。しかし現実には、幕藩制的な全国市場のもと、下り塩が関東へ多く送られるのに対し、行徳塩田を始めとした江戸内湾各地の塩田が必ずしも荒廃するとは限らず、存続し続けたのである。本書の課題は、かかる事実を、如何に評価するかという点であった。そして、本書で明らかにした通り、幕府の行徳塩田に対する対応は、保護政策として位置付けるものではなく、むしろ幕府の公権力的な対応であること、そして、近代以降塩田が荒廃する地域もあるが、江戸内湾総体として見た場合、製塩地面積は拡大していることを明らかにしてきた。

そして本書では、この江戸内湾における塩田存続の在り方として、大きく二通りの塩田に分類できることを明らかにしてきた。一つは、産地化を志向することで存続する塩田であり、もう一つは地域経済に根差した形で存続する塩田であった。

前者の塩田としては、行徳塩田がある。近代における行徳塩田の場合、燃料は、周辺地域からの薪などの供給を主とせず、むしろ石炭へと転換している。さらに、近世後期には産地問屋の形成と共に、家族労働に依存せず、奉公人の雇用など経営合理化を志向したのである。

他方、地域経済に根差して存続する塩田は、周辺地域を販売先とし、燃料は周辺地域から供給する松葉や薪を利用している。さらに家族労働を基本とした経営が行われている。

こうして、近世から近代にかけて江戸内湾の塩田は、二層的に展開した。本書では、かかる点について、行徳塩田を中心とし、①その動向、②他所の塩田との比較検討、③販売先である江戸地廻り塩問屋、④販売先（江戸と北関東）で競合関係になる下り塩問屋―仲買の問題、などについて検討してきた。最後に本書で最も紙面を割いて述べてきた行徳塩田の展開を中心に、これまで明らかにしてきた点をまとめておくことにしたい。

二　行徳塩業の展開

近世における行徳塩田とは、行徳領塩浜付村々といわれる行徳領の村々の中で塩浜が存在した地域のことをいう。そして近代以降は、行徳町だけでなく、船橋町・津田沼町などの塩田をも包括した呼称となる。その意味で、近世の行徳塩田は、江戸城城付地としての地域編成に基づいた地域であった。実際、行徳塩田の塩は、近世前期の段階から「行徳領の塩」といわれている。そして、近世を通じ行徳塩田は、江戸城御舂屋へ塩を納める場として、その地域を性格付けたのである。さらに日常的にも、行徳領塩浜付村々は構成単位として訴願が行われたのである。

こうした行徳塩田の展開を近世から近代を通じて概観する時、大きく分けて、①近世前期の軍事的な産業立地に基づき存在した時期と、その軍事的な編成が薄まり、元禄検地による編成がなされた時期、②享保期に、江戸城周辺地域の地域再編成が改めて展開した時期、③明治二六年（一八九三）六月、旧来の行徳塩田を中心に行徳製塩同業組合が組織された時期の大きく分けて三つに分けることができよう。以下、この三つの時期に分けながらまとめてみることにしたい。

1　近世前期の軍事的産業立地と展開

天正一八年（一五九〇）徳川家康は関東に入国すると、軍需物資であり生活必需品である塩の確保を目的として、小名木川を開鑿し、行徳塩の確保に着手している。軍事的な産業立地を基調とした地域編成の中で、行徳領は塩を産する場として位置付けられたのである。同様に、伊豆諸島の各島も、扶持方米の支給と引き換えに生活の大半を製塩に宛てさせた。そして、そこで生産された塩は「御要害」として位置付けられる伊豆国下田とその周辺の村々に備畜されたのである。これは、単に製塩地のみならず燃料供給地においても負担を塩で納めさせ、製塩地との関係を密にせしむることで、製塩業の維持に努めたのである。

それが貞享四年（一六八七）正月に最初の生類憐みの令が出され、さらに関東に存在していた鷹場が廃止されると、軍事を基調とした地域編成が薄まった。これにより行徳領も軍需物資である塩を生産する場としてではなく、塩を生業とする場として掌握されたのである。伊豆諸島での塩の現物納から金納への訴願もこうしたことを背景に出されたのである。そして、元禄検地によって、塩浜は中世的な無主・空白地として共同利用する場としてではなく、田畑と同様の近世的な土地所持地として掌握される場として新たに位置付けられたのである。

また、元禄検地以前は、塩年貢の現物納分と代金納分の割合が各村々で異なっていたが、この元禄検地によって四分の一が現物納で、四分の三が代金納となっている。いわゆる四分一塩四分三代金納となったのである。そして、現物納分の塩は、江戸城御春屋に納められたのである。この御春屋上納分だけで江戸城の塩を賄うには至らないものの、行徳領の塩浜（行徳領塩浜付村々）は、江戸城の食料を賄う場所として、近世を通じて位置付けられたのである。さらに、元禄検地を通じて、塩浜では土地所持権を有することになり、塩年貢として負担を負うかわりに、塩浜の存続維持の権利を受けることになった。実際、元禄期の段階では、塩浜が破損した際、幕府はその処置を塩浜に任せ援助はほとんどなされていない。しかし、元禄検地が行われた以降の宝永期の段階で、塩浜が破損した時は、拝借金の貸与が行われ、さらに享保期以降は塩浜に対する全額援助の御普請が行われるようになったのである。また、この土地所持権が確定することは、一筆相当の面積が確定することを意味した。これによって、単位当りの作業面積が確定し、瀬戸内の様に塩田の統廃合は進むことはなかったのである。かくして、この元禄検地によって、存続・維持が図られる一方で、製塩業発展への規制がかけられたのである。

2　享保期以降における行徳塩業の展開

享保期以降、行徳塩田に対する幕府の普請は、幕末に至るまで御普請を基調として展開する。近世における御普請を概観すると、全額負担を基調とした時期と、普請費用について金利運用を利用した積金貸付御普請を基調とした時期の大きく二つに分けることができる。本項では、享保期以降における行徳塩業の展開について、この二つの時期に分けて述べておきたい。

I

享保期になると、関東では御鷹場の設定に見られる江戸城城付地の地域的再編成が見られる。これまでの研究で明らかなように、御鷹場が六筋に再編成され、行徳領も葛西筋の一つとして江戸城城付地として再編成されたのである。この時期、行徳領の代官を勤めた小宮山杢之進は、度重なる塩浜の破損に際し、全額幕府負担の御普請によって対応している。さらに、小宮山堤といわれるような堅固な堤を築造している。こうしたことから小宮山杢之進は広く顕彰され、その後、行徳塩田のあった付近の字名として小宮山という名が残されると共に、塩浜由緒書を作成した人物として、行徳塩田を始めとして広く知れ渡ることになったのである。ただし、こうした背景は、小宮山杢之進自身のパーソナリティーに求めるものではなく、むしろ享保期における地域編成の政策転換によるものということができよう。実際、小宮山杢之進自体、地元における顕彰とは裏腹に不正を追求され代官の任を解かれている。元禄検地によって把握された行徳領塩浜付村々は、江戸城御春屋に塩を納める場（江戸城城付地）であると共に、享保期以降御普請を受けるといった公権力的対応を受ける場として位置付けられたのである。

しかし、その一方で同じ行徳領の塩浜付村々であっても、元禄検地の段階で高入れが行われなかった塩田は、御普請としての対応が得られない場合もあった。西海神村の塩浜は、行徳領に属しながら、一度塩浜が荒廃したために、天明五年（一七八五）に再開発を行い高請けが新たに行われた。その際、西海神村の塩浜は、新浜として位置付けられ、御普請を受けられないこともあったのである。伊奈役所に対して、御普請を願い出た寛政元年（一七八九）の駈込訴訟はこうした要因で引き起こされたのである。元禄検地で把握された塩浜を古浜とし、古浜と新浜は明確に区分されたのである。

近世前期の段階では、普請金の借金は地廻り塩問屋に依存していた。しかし、普請が幕府による御普請となることで、地廻り塩問屋に依存する必要が無くなった。また、これまでは塩年貢の四分の三は代金納であり、換金のために地廻り塩問屋に依存する必要があった。しかし、それも近世中期以降の貨幣経済の浸透と、それに伴う販売先の拡大によって地廻り塩問屋のみで換金を求める必要はなくなった。こうして、行徳塩の販売先として地廻り塩問屋に規制される必要はなくなり、塩買人や産地問屋を形成し、行徳塩田自体で自立化を志向することになったのである。

II

行徳塩田に対する公権力的な対応の一つである御普請は、享保期以降幕末にいたるまで質的変容を見ながらも行われた。ここで実施される御普請は、瀬戸内のような入浜塩田の築造を目指すものではなく、むしろ破損箇所の修復を基調としたものであった。その意味では、近世中期以降行われた御普請の性格は、塩浜の存続・維持を志向したものといえる。かかる幕府の公権力的側面は、近代以降県（郡）と国に分有される。塩浜普請金の援助は県にゆだねられ、近代国家は勧業政策として、製塩試験場や内国勧業博覧会の開催による全国的規模で品質・生産力の向上を図ったのである。その意味で、瀬戸内との競争力の強化を基調とした近代国家の対応（一九〇〇年代以降では、国際競争力の強化）と、御普請に見られる幕府の公権力的対応とは性格を異にしている。

また、幕藩権力の公権力的対応としての御普請においても、享保期の段階では、破損箇所の全額負担とした御普請許可が一般的であった。しかし、その後文化・文政期ごろになると、積金貸付けによる御普請となり、金利を運用した資金運用に基づく御普請へと変化する。その後、安政四年（一八五七）の御普請の時に一度ほとんど幕府負担の御普請となるが、御普請の性格は、質的に享保期以降大きく変容した。

享保期以降、行徳領塩浜付村々は行徳塩田として御普請など、幕府の公権力的対応を受けることにより存続し続けた。ただし、注意しておきたい点として行徳塩田は、なにも無原則に御普請が行われ近世を通じて存続し続けたわけではなかった（この点が行徳塩田の存続要因を幕府の保護政策に求めるのではなく、公権力的対応に求めている点である）。その背景には、地域民衆の能動的な対応がなされていたのである。元禄検地による高請けは、公権力的対応を受ける論拠となるが、それだけでなく、一八世紀中ごろから重要な意味を持つのは塩浜由緒書を作成した点であろう。この塩浜由緒書は、先にも指摘したように、享保期に行徳塩田の代官として活躍した小宮山杢之進が作成した覚書に基づき作成したといわれる。その内容は家康以来の行徳塩田との関係を始め、行徳塩田に対する諸事績を由緒書としてまとめたものである。この塩浜由緒書は、明和六年（一七六九）に年貢減免の許可を求めることを目的として作成され、現実に年貢減免が許可されている。つまり、この塩浜由緒書の作成の背景には、単に行徳塩田を後世に伝えようとする叙述だけではなく、むしろ塩浜御普請や年貢減免の許可を得るための正当性を主張する論理的武器としての積極的な意味があったのである。その後、幕末にいたるまで塩浜御普請・年貢減免などの訴願の文面に、この塩浜由緒書の内容を引用したものが多く見られる。この塩浜由緒書を論理的な根拠として塩浜存続が意図されたのである。そして、この塩浜由緒書を裏付ける実践的要素として江戸城御春屋への上納行為もまた、訴願論理に積極的に位置付けられた。そして、たとえ年貢減免を願い出ても、御春屋への上納分の塩は年貢減免願の対象から外されており、御春屋への上納分は必ず確保しようとする姿勢が見られた。このように地域の存続は、検地による高入れを前提としながら、塩浜由緒書やそれを具体的に証明する行為である江戸城御春屋への上納によって行われたのである。塩浜年貢の減免を願い出ても、現物納分は支払う姿勢を見せているのもこうした点によるといえよう。この点、行徳塩は、実際のところ信濃・甲斐にも販売が及んでいたにも関わらず、行徳塩の消費の対象は、関東領国とし、それを国益として位置付け、訴願の論理に組み込んでいるのも、同様なことといえる。

この行徳領といわれる領という単位は幕府による地域編成の単位として編成されたものであるが、地域民衆もそれを受け止め、検地帳の一括管理など行徳領塩浜付村々は生活体として実態的にも機能していた。そして、塩浜を生産する場として行徳領は近世を通じて位置付けられるが、これは、改革組合村が編成された以降も、あくまでも領を単位とした行徳領塩浜付村々を枠組として存続維持し続けたのである。このように、行徳塩田の範囲を意味する行徳領塩浜付村々の行徳領は、近世を通じて機能し続けたのである。

また、地理的には行徳領に位置せず葛西領に属する前野村も湊新田分として、行徳領塩浜付村々の構成村となった。行徳領塩浜付村々という単位は、行徳塩田の構成単位として近世を通じて変化はない。ただし、西海神村などは、再開発地であることから新浜として位置付けられ御普請の対象にもなっていないが、その後安政四年の御普請の際は、西海神村も御普請の対象村として位置付けられている。行徳領塩浜付村々の構成村は新浜をも取り込んだ形で再組織されつつ存続し続けたのである。また、幕末期に行われた平井新田塩浜の開発に際し、江戸城御春屋への上納分については、行徳領分の正塩上納分に組み込んで行うようにとしている。こうした議定書が取り交わされるように、行徳塩田は特権的な要素を行徳塩田独自のものとして位置付けたのである。

また、行徳領は訴願の構成単位として存在しつつも、その基礎となるのは村であった。負担を負う単位としては、村が実質的な単位であった。よって訴願を行う際の訴願主体は、行徳領塩浜付村々におけるそれぞれの村役人であった。このため、普請金の横領なども見られ、浜方と地方との利害の不一致を見ることができるのである。

幕末期になると、江戸内湾の各地で塩田の開発が見られるようになる。これは、直接的には関係ないものの、幕末に佐藤信淵が主張したような海防（江戸湾防備）を基調とした江戸内湾の塩田開発の主張の流れとも関わりながら理解することができよう。この時期、行徳塩田での訴願論理に由緒以外に御国恩という文言が見られるが、こうした点も関東での領域経済を志向した一環として考えることができる。実際、三浦半島の各地で塩田の開発が行われている。しかし、この塩田の開発について、海辺は公共の場であり飼肥料採取の場であったことから、海辺利用の用益権をめぐり争論にいたる例もしばしばあった。こうした海面を利用して開発を行うことを制度的に可能としたのは、明治八年（一八七五）二月のことであったのである。

かくして、行徳塩田は、幕府からの御普請金を得ることを通じて、塩業経営の日常的経営基盤の確保を可能とした。結果、行徳塩田は地廻り塩問屋に依存する必要性が無くなり、北関東などへの販路拡大を可能としたのである。そしてそれが塩買人の特定、産地問屋の設定へとつながった。さらに、幕府からの普請金の援助が得られなくなると、御普請金の調達を目的としながら、地廻り塩問屋からの自立を志向した塩会所の設立を訴願するに至ったのである。こうした動きは、大師河原塩田でも、塩垂仲間が組織されるなど、一八世紀中後期以降、江戸周辺の塩田の地廻り塩問屋からの自立化の志向性の問題として指摘することができよう。

行徳塩田が江戸の地廻り塩問屋から自立する方向性は、市場の拡大と相場の決定方法の問題としても表われる。幕末になると、下り塩を買入れ苦汁分を減らした古積塩を北関東へ販売するようになる。さらに、江戸の相場決定においても、これまでは下り塩相場に準じて決定されたのが、生産地の意向を反映した月三度の出会い相場へと変更を余儀なくされたのである。

3　近代における行徳塩業

近代以降になると、普請の際に行徳塩田に対して普請金が与えられるものの、特に行徳領を単位としたわけではなかった。その範囲は、近世に存在した行徳領を超えた地域となったのである。そして、明治二六年（一八九三）六月に、①製塩業の拡張、②品質改良を中心とした技術向上、③塩浜年季雇人の雇傭、④塩販売協定などを中心とした規約を作成し、旧来の行徳塩田を再構成した行徳製塩同業組合が組織されている。さらに、明治三二年（一八九九）七月一三日には、範囲を南行徳村・行徳町・葛飾村・船橋町と拡大して東葛飾郡塩業組合が組織されるようになる。この段階になって塩業者によって直接、国・県に請願がなされるようになり、塩田の存続が意図されたのである。そして、明治三七年（一九〇四）の専売制が敷かれた以降には、行徳町・葛飾村・船橋町・津田沼町を構成単位として東京塩務局行徳出張所が設置されるに至ったのである。

近世的な行政単位として機能していた領は、明治維新によってその有効性を失い、むしろ開発が進んだ周辺地域の塩田をも取り込みながら地域として製塩業存続を意図したのである。

三　おわりに——地域から産地へ——

江戸内湾塩業（特に行徳塩田）の展開について、地域との関わりから明らかにしてきた。

近世における行徳塩田は、行徳領における塩浜付村々という幕府の地域編成単位が基礎になっている。そして、塩浜由緒書を作成し御普請など訴願の論理的根拠となったのである。近世においては、この行徳領塩浜付村々という単位によって行徳領内に塩浜が存続していくことは可能であった。しかし、それは、既存の塩田の場合であることを忘れてはならない。江戸内湾塩業総体としては逆に発展を抑制する近世固有の要素として二つ見ることができる。一つは、既存塩浜（古浜や行徳領塩浜付村々）が原則的に優先するという点である。つまり、塩浜を開発する場合でも、平井新田塩浜のような新浜の場合、行徳塩田と議定書を取り交わし、上納塩・燃料・人夫などの多岐の側面で制約が与えられていたのである。もう一つは、海面地利用は、地方の人々にとって藻草などの肥料採取の場であったことから、塩浜開発の際、その用益権をめぐり争論になることもしばしばあったのである。

こうした要素をもちつつ、行徳塩田としては、近世中後期以降、塩浜御普請など幕府の公権力的対応に支えられながら、産地問屋の形成・地廻り塩問屋からの自立化など行徳塩田は産地化を志向する。さらに近代以降、奉公人の雇傭や石炭の使用など生産力の向上も積極的に意図されるようになる。そして、明治二六年（一八九三）には行徳製塩同業組合が組織されるに至ったのである。この組織は、その後塩田開発が行われた地域を含めながら、地域的範囲を拡大し再組織されるが、これらが県・郡・国に対する請願の主体となっていく。近世の場合、御普請や年貢減免の訴願を始めとした公権力への対応はあくまでも編成された地域をファクターとしていた。つまり、塩浜における問題点においても直接関係あるか否かは別として、当該地域の村役人が訴願の担い手となっていた（稀に塩浜惣代が訴願などを行うこともあるが）。行政的手腕が村役人から、塩業者そのものに委ねられるのは近代以降のことであったのである。ここに、行徳塩田が産地として形成されるに至ったのである。

近世的な地域（＝あくまでも訴願の主体が村役人であり、必ずしも生産者それ自体ではない）から、産地（＝産地そのものが主体的意志をもった存在）への転換が見られたのである。

あとがき

私が中央大学の大学院に通っていた一時期東京都の府中市に下宿していたことがあった。ちょうどその時、駅前の再開発がはじまりつつあった。駅前にあった小売店は、店舗を移すか、あるいは店じまいするものが多くなり、家屋が取り壊されることも多く見られるようになった。こうした中、大型スーパーマーケットが依然残っていた。私も、帰りにこうしたスーパーに立ち寄り買物をすることがしばしばであった。いつもと同じ様にスーパーで買物をした帰り、ふと気がつくと、元気のいい青果屋さんが目についた。群がるように人が居て、どんどんと売れている。スーパーと比較して、決して安くも、新鮮でもないにもかかわらずである。スーパーには、何でも揃って、流通コストを削減することで安価にし、新鮮なものを販売している。照明などにも気にかけ、品物の印象をよくしている。しかし、人々は、むしろ青果屋の掛け声に引き付けられていく。掛け声では「今日は新鮮なトマトが入ったよ」「おや、あんた今日は顔色が悪いね、今日は青物がいいよ」「昨日はあんた茄子を買っていったから、今日は胡瓜がいいんじゃない」など、その人に応じた話しをしてくれている。安価で良質、かつ品揃いの豊富なスーパーとは異なる青果屋独自の販売方法で、彼らは力強く販売しているのである。

こうした青果屋は決して一般的ではないかもしれない、また消費者の多くはスーパーで購入するのだから比率としては低く主流ではないかもしれない。そして最終的にはこうした青果屋は再開発の波に呑まれて無くなってしまう存在なのかもしれない。しかし、私は青果屋の存在を単にこうした位置付けで切り捨てるのではなく、現実に存在していることを認めて、積極的に評価したいと思う。世間の荒波に耐えきれず青果屋をやめてしまう人が多い中、再開発が進みつつある時でも、その不安を隠しつつ声を出し笑顔で販売し続けている人を私はもっと賞賛したいと思う。そして、一面合理的と思われる理屈だけで、不都合な事実を切り捨てるのではなく、もっともっと現実に存在する事実を見据え直すことで豊かな社会像を展望したいと思う。本書では、近世を通じて安価で良質だと言われる瀬戸内の塩が関東の市場を席捲しつつある中、地廻り塩が存続し続けていく姿を描き、そこから近世社会を展望することを目標とした。その視点は以上の様な問題関心によるといえよう。

本書は、学位論文「江戸内湾塩業史の研究」の一部を整理し、改めてまとめ直したものである。博士（史学）を取得できたのは、平成八年三月のことであるが、学位論文を提出したのは、平成七年三月のことであったので、学位論文の提出から刊行まで約四年の月日を要してしまった。それはひとえに本人の怠慢の結果であるが、この間、日本学術振興会特別研究員となり、平成七年度から九年度の三年間、「日本塩業史の研究」として文部省科学研究費補助金（特別研究員奨励費）を受けることができた。このため、新たな成果を取り入れたり、原稿枚数を減らすなどといった、試行錯誤を繰り返した結果でもある。拙い本書ではあるが、まがりなりにも本書の様にまとめることができたのは、多くの人々に支えられた結果であるといえる。

藤野保先生は、私が中央大学三年生の時九州大学から赴任して来られたが、この時、夏休みのレポートを報告し、大変褒められた。中学校から高校・大学と必ずしも成績は良くなかった私にとって、そのことは一つの事件であり感激でもあった。私にとって、この藤野先生の一言は、大学院で勉強しようと思った大きなきっかけになった出来事であった。それ以来、藤野先生には指導教授として卒業論文・修士論文・博士論文までずっと指導していただき、論文審査にも、常に立ち合って下さった。先生が研究室に居る時は、しばしば立ち寄り、論文の指導だけでなく、仕事や研究に対する姿勢についても厳しく指導を受けた。実際、締切などの時間には大変厳しく、非常に几帳面な方であった。厳しい先生であったが、常に私を見守っていただき優しく励まして下さることもしばしばであった。また、自由な雰囲気で勉強させていただき、自分が今日まで研究を続けることができたのも、先生のこうしたお心遣いによるものだと思っている。本書の刊行に際しても、尻込みする自分を叱咤激励されたのは、藤野先生であり、出版社まで紹介していただいた。心より感謝申し上げたい。

指導教授である藤野先生を始め母校中央大学では、多くの先生方と接し御指導をいただいた。とりわけ中田易直先生は、同じ近世史の先生として私の修士課程の時に「貨幣史の諸問題」として講義を受けたが、その時自由課題として提出したレポートが広島藩の藩札の問題であった。このレポートは、中田先生の目にとまり、『日本歴史』に成果としてまとめることができた。自分の研究を理解していただき、時を見て色々と励ましていただいた中田先生に感謝申し上げたい。

中央大学の他の諸先生方や諸先輩方には、直接間接にお世話になっている。いい意味でも、悪い意味でも、苦楽を共にし、失礼ながらも自分自身も率直な意見を出すことができる人達であった。そして、学会や研究会などで批判され落ちこんでいる自分を励まし、奮い立たせてくれたのも、こうした中央大学の先生や先輩方でもあったのである。

私が塩業史研究を始めるきっかけは、卒業論文の時であった。当時、百姓一揆に関心があった私は、特殊な騒動の一つとして竹原塩田の賃上げ騒動に注目したのが始まりである。卒業論文指導に際し、藤野先生に相談したところ、渡辺則文先生を紹介していただいた。広島大学の渡辺先生の研究室でお会いしたのであるが、その時の感動は今でも忘れられない。研究の進展上、塩浜の構造などを検討する必要は当然あったが、現在まで様々な視点に手を出しながらも、塩業史研究を続けることができたのは渡辺先生の人柄によるところが大きいと思う。

そして、大学院時代から多くの研究会や共同研究などで報告したり、勉強させていただいた。そして、大学を超えて多くの先生や仲間を得ることができたことだと思う。そこで培ったものが、現在の自分を支えてくれていると思う。関東近世史研究会、社会経済史学会、社会文化史学会、首都圏形成史研究会、醤油醸造業史研究会、多摩川流域史研究会、中央史学会、日本塩業研究会、幕藩研究会、広島近世近代史研究会、物流史研究会、歴史学研究会などでは、大会・例会の際、報告の機会を得ることができた。報告に際し、忌憚のない厳しい批判もあり、しばしば落ちこむこともあったが、自分の研究に常に刺激や活力を与えてくれるものでもあった。これらの機会を与えてくれた人達や共に研究会で学ぶことができた多くの先輩や仲間達に感謝したい。

また、塩業史という特殊産業史研究に拘泥することなく、できるだけ広い視野を得ることができたのは、多くの自治体史に関わることができたからだと思う。特に、中野区立歴史民俗資料館には三年間嘱託として勤務したが、その時に得た、展示活動や社会教育事業については、研究の成果を区民に訴えていくことについて勉強することができ、自分の学問的視野を広げることができたと思う。また、同時期に行われた『山崎家文書』の史料集刊行に際し、年末年始を返上して校正作業を行ったことは、今や懐かしい思い出でもある。かかる自治体史編纂事業に関わることは、単に仕事としてだけでなく、地元の人と対話する絶好の機会でもあった。とかく、会話が同業者に限られてしまうことが多い中、こうした対話が貴重であり楽しみでもあった。

大学院から今日に至るまでの一〇年間で、多くの史料を閲覧する機会に恵まれることができた。塩事業センターや市立市川歴史博物館を始めとした、関係諸機関には心より謝意を表したい。

なお、本書刊行に際し、平成一〇年度文部省科学研究費補助金「研究成果公開促進費」の交付を受けた。また、刊行に当り編集作業に多大な尽力を賜った吉川弘文館の皆様に感謝申し上げたい。

大学時代は、ほとんど研究なども せず、古文書に触れることもなかった自分にとって、研究らしきものを始めたのは大学院になってからであった。その意味では、まだ研究を始めて一〇年に過ぎない。しかし、この一〇年間で本当に多くの人々と接し学ぶことができた。また、本書刊行に当っても、多くの人々のアドバイスや様々な形での支援を受けている。こうした仲間が居ることは、私にとって将来を含めた財産だと思う。

一九九八年四月から広島修道大学商学部に赴任した。関東圏から離れて住むのは初めてのことで、いささか不安であったが、教員を始め職員の皆さんに暖かく迎えていただき、自由な雰囲気で、楽しく充実した毎日を過ごさせていただいている。これからは、これまでの研究を推進すると共に、新たな研究の場として瀬戸内海地域をフィールドとし、さらなる研究を進めることができればと考えている。

最後に、決して楽ではない生活の中、私のわがままを聞き、育ててくれた両親に感謝して筆を置くことにしたい。

一九九八年九月

落合功

索　引

事　項

本文の部分を中心に作成した（史料・表引用部分は省略している）．
歴史上の人物名も掲載した．

ア

カ

サ

4　事　項

タ

ナ

ハ

地　名

本文の部分を中心に作成した.

カ

サ

タ

ナ

ハ

マ

ヤ・ラ・ワ

研 究 者

ア

カ

サ

タ

ナ・ハ

マ・ヤ・ワ

表　一　覧

著者略歴
一九六六年　神奈川県生まれ
一九九五年　中央大学大学院博士後期課程修了
日本学術振興会特別研究員・中央大学非常勤講師を経て
現在　広島修道大学専任講師、博士（史学）
〔主要編著書〕
『近世日本の社会と流通』（共著、一九九三年、雄山閣出版）
『近世国家の成立・展開と近代』（共著、一九九八年、雄山閣出版）

江戸内湾塩業史の研究

平成十一年一月二十日　第一刷発行

著　者　落《おち》合《あい》　功《こう》

発行者　吉　川　圭　三

発行所　株式会社　吉　川　弘　文　館
郵便番号　一一三―〇〇三三
東京都文京区本郷七丁目二番八号
電話〇三―三八一三―九一五一〈代〉
振替口座　〇〇一〇〇―五―二四四

印刷＝東洋印刷・製本＝石毛製本

江戸内湾塩業史の研究（オンデマンド版）

Digital Publishing

2017年10月1日　発行

著　者　落合《おちあい》　功《こう》

発行者　吉川道郎

発行所　株式会社 吉川弘文館
〒113-0033 東京都文京区本郷7丁目2番8号
TEL　03(3813)9151(代表)
URL　http://www.yoshikawa-k.co.jp/

印刷・製本　株式会社 デジタルパブリッシングサービス
URL　http://www.d-pub.co.jp/

落合　功（1966～）
ISBN978-4-642-73348-9